巴 黎 评 论

作家访谈 1

美国《巴黎评论》编辑部 编　黄昱宁 等 译

人民文学出版社
PEOPLE'S LITERATURE PUBLISHING HOUSE

著作权合同登记号　图字 01-2019-5251

THE PARIS REVIEW INTERVIEWS Vol.1

图书在版编目(CIP)数据

巴黎评论·作家访谈.1/美国《巴黎评论》编辑部
编;黄昱宁等译.—北京:人民文学出版社,2017.8(2024.2重印)
ISBN 978-7-02-013211-9

Ⅰ.①巴… Ⅱ.①美… ②黄… Ⅲ.①作家-访问记
-世界-现代 Ⅳ.①K815.6

中国版本图书馆 CIP 数据核字(2017)第 198909 号

责任编辑　卜艳冰
特约策划　骆玉龙
封面制作　钱　珺

出版发行　人民文学出版社
社　　址　北京市朝内大街 166 号
邮政编码　100705

印　　制　上海盛通时代印刷有限公司
经　　销　全国新华书店等

开　　本　890 毫米×1240 毫米　1/32
印　　张　12
字　　数　254 千字
版　　次　2012 年 2 月北京第 1 版
印　　次　2024 年 2 月第 12 次印刷

书　　号　978-7-02-013211-9
定　　价　65.00 元

如有印装质量问题,请与本社图书销售中心调换。电话:010-65233595

the PARIS REVIEW

INTERVIEWS *vol. 1*

By the editors of *The Paris Review*

目　录

杜鲁门·卡波蒂

◎ 黄昱宁/译

　　杜鲁门·卡波蒂住在"布鲁克林高地"的一幢黄色大房子里,他新近把这房子装修了一通,装修中所体现的品位与优雅特质正是他的作品的典型风格。我进门时,他的脑袋和肩膀都钻在一个新到的板条箱里,那里面装着一只木刻的狮子。"瞧啊!"他把狮子拖出来,摆到锯屑和刨花堆里的一块漂亮的空地上,"你有没有见过这么漂亮的东西? 哦,就是这么回事,我看见它了,就把它给买下来了。现在它整个都是我的了。"

　　"它真大,"我说,"你打算把它搁在哪里呢?"

　　"哦,当然是搁在壁炉上啦。"卡波蒂说,"一起到客厅里去吧,我叫人来把这堆垃圾处理掉。"

　　客厅的装潢是维多利亚样式的,囊括了卡波蒂最喜爱的藏品,其中既有艺术品,也有他的私人宝贝,虽然这些物件在抛光的桌面和竹制的书柜上摆得整整齐齐,可还是会让你联想到一个狡猾的小男孩身上的口袋。比方说,厅里有一只从俄国带回来的复活节金蛋,一只铁狗——已经多少有点饱经风霜的样子了,一只俄国法贝热作坊的药匣,几颗弹珠,蓝色陶瓷水果,镇纸,巴特西珐琅盒,明信片以及老照片。简而言之,但凡看起来在"环球一日历险"中有用的东西、趁手的物件,这里应有尽有。

　　只消瞥卡波蒂一眼,便觉得他本人也与这样的环境相得益彰。他个子矮小,金发碧眼,额上的一绺头发顽固地垂下来遮住双眼。他的笑容倏然绽开,和煦温暖。他跟任何陌生人熟络的过程,都充满坦率的好奇和友善。也许什么样的花招都能骗得了他,事实上,他看起来简直是乐此不疲。尽管如

1

97.

She spent entire days slopping
about in her tiny, sweatbox kitchen
(José says I'm a fabulous cook.
Better than the Colony. Who would
have thought I had such a great
natural talent. A month ago. I couldn't
scramble eggs.") And she still
couldn't, for that matter. The simpler
dishes, steak, a proper salad, were
beyond her; instead, she fed José
outré soups (brandied black terrapin
poured into avocado shells), dubious
innovations (chicken and rice served with
a chocolate sauce: An East Indian ~~specialty~~
specialty, darling."), Nero-ish novelties

杜鲁门·卡波蒂《蒂梵尼的早餐》的一页手稿

此，他身上仍有某种气质让你觉得，哪怕他心甘情愿，蒙骗他还是很艰难，最好别做这样的尝试。

大厅里传来一阵嘈杂，卡波蒂随即进门，一条白脸大牛头犬跑到他面前。

"这是奔奇。"他说。

奔奇在我身上嗅了一通之后，我们坐了下来。

——帕蒂·希尔，一九五七年

《巴黎评论》：你什么时候开始写作的？

杜鲁门·卡波蒂：那会儿我还是个十岁或十一岁的小孩，住在莫比尔①附近。我每个周六都要进城看牙医，顺便参加《莫比尔新闻纪事报》组织的"阳光俱乐部"活动。报纸的儿童版常常举办作文比赛和涂色比赛，每周六下午他们还会开一场派对，提供免费的"妮孩"②和可口可乐。短篇作文比赛的奖品是一匹小马或一条狗，到底是哪个我记不清了，反正我很想要。我一直在留心几个不怀好意的邻居的日常活动，就写出一篇用了化名的"纪实小说"，名叫《老"多事"先生》，投稿参加比赛。第一部分在某个周日刊出，署的是我的真名"杜鲁门·斯特莱克福斯·珀森斯"。可是有人突然意识到我把本地丑闻端出来编成了小说，于是第二部分再也没有出现。当然啦，我什么奖也没得。

《巴黎评论》：那时你就确信想当作家吗？

卡波蒂：那时我是意识到自己想当作家，但是直到十五岁左右才确信我可以当作家。当时我已经开始鲁莽地把短篇小说投给杂志和文学季刊了。毫无疑问，每个作家都不会忘记第一篇稿子被接受的经历；可是，在十七岁

---

① 美国阿拉巴马州西南部一港口城市。

② 美国一软饮料品牌。

一个美好的日子里,我在同一个上午接连收到了我的第一份、第二份、第三份稿件录用函。哦,让我来告诉你吧,"欣喜若狂"可不仅仅是个成语。

《巴黎评论》: 刚开始你写的是什么?

卡波蒂: 短篇小说。即便是我那些更为坚定的雄心,也还是围绕这种形式展开的。如果认真研究,我觉得短篇小说是现存的散文写作形式中难度最高、规矩最严的一种。无论我可能拥有怎样的技巧和控制力,都要完全归功于在这种体裁中得到的训练。

《巴黎评论》: 你说的"控制力"的准确含义是什么?

卡波蒂: 我指的是始终在风格上和情感上掌控你的材料。我相信,一个句子——尤其是临近结尾的句子,如果乱了一处节奏,或者分段失败,甚至标点有误,就可能把整个故事给毁了。亨利·詹姆斯就是善用分号的大师。海明威则是一流的分段行家。从听觉的角度衡量,弗吉尼亚·伍尔夫从来没写坏过一个句子。我并不是想暗示我已经成功地实现了我所鼓吹的目标,但我在努力,仅此而已。

《巴黎评论》: 怎样才能掌握短篇小说的技巧?

卡波蒂: 每个短篇都有各自的技巧问题,所以显然没法用二乘二等于四的套路去概括。想要替你的短篇找到合适的形式,其实只需悟到如何用最自然的方式讲故事就可以了。若想考察一个作家是否慬悟到了他的故事的自然形态,只要通过这样的方法:读完小说后,你是否能想象故事换一种讲法,或者说现在的讲法是否能让你的想象黯然失色,让你觉得它是无懈可击、不容置疑的?好比一只橘子是不容置疑的,你所要追求的就是如同一只橘子那样,被大自然创造得恰到好处。

《巴黎评论》: 是否存在提高写作技巧的利器?

卡波蒂: 据我所知,多写是唯一的利器。写作具有关于透视、影调的诸般法则,就像绘画或音乐一样。如果你生而知之,那很好。如果不是,那就要学习这些知识。然后将它们以适合你自己的法则重新编排。即便是我们那位最傲慢的乔伊斯,也是个超级工匠;他之所以能写《尤利西斯》,是因为他能写《都柏林人》。似乎有太多的作家都把写短篇小说只当成一种指法练习,好吧,如果是这样,那么他们得到操练的当然仅仅是他们的手指而已。

《巴黎评论》:早年你是否得到很多鼓励?如果是,那是谁的鼓励?

卡波蒂:我的天!恐怕你是被什么传奇故事给骗了吧。答案是整整一个蛇洞的"不"和区区几个"是"。你瞧,虽然不是全部,但大体上,我的童年是在乡下度过的,身边是一群从不显摆文化姿态的人。从长远看,这也许不是坏事。这样一来,我小小年纪就变得强韧起来,逆流而上,在某些地方我甚至练就了名副其实的梭鱼的肌肉,特别是掌握了如何对付敌人的技巧,这种技巧可跟知道如何欣赏朋友一样重要。

回到正题。顺理成章地,在刚才说到的那种环境里,别人都觉得我多少有点古怪,这么说倒也算公平。他们还说我笨,对此我报以得体的愤怒。不仅如此,我还看不起学校——或者说学校们,因为我总是从一所转到另一所。年复一年,出于憎恶与厌倦,那些最简单的科目我总是考不及格。我至少一周逃两次学,还老是离家出走。有一回我跟一个住在街对面的朋友一起跑了,那是个比我本人大好多的女孩子,后来此人名声大噪,因为她谋杀了半打人,在新新惩教所①被电刑处死。还有人替她写了本书。他们管她叫"寂寞芳心杀手"。反正那一回,我又四处流浪来着。最后,我猜大概是我十二岁左右,校长给我们家打了个电话,告诉他们,在他看来,在学校全体员工看来,我这人"低能"。他认为,既理智又人道的做法,是把我送到某家有办法对付坏小子的特殊学校去。且不论我家里人心里到底怎么想,反正他们在表面上发了一通火。为了证明我并非低能,他们火速行动,把我送到东部某所大学的一家精神病研究诊所,替我测了智商。整个过程让我乐不可支,

---

① 新新惩教所是纽约州的一所监狱。

而且——你猜怎么着——我顶着天才的头衔回了家,那可是被科学撑了腰的。我不知道究竟谁更惊讶:是我以前的老师呢——他们不肯相信,还是我家里人——他们不愿相信,只希望别人说我是个乖巧正常的男孩子也就够了。哈哈!可是对我来说,这可真是好得不能再好了!我跑来跑去,瞪着镜子里的自己,吸吸腮帮子,心潮起伏,我的伙计,你和福楼拜平起平坐啦,要不就是莫泊桑、曼斯菲尔德、普鲁斯特、契诃夫、沃尔夫,反正就是某个当时的偶像。我开始用一种令人生畏的热情写作——我的脑瓜每天晚上都彻夜飞转,我觉得我有几年时间都没怎么睡着过。这种情形直到我发现威士忌能让自己放松为止。我那时太年轻啦,才十五岁,自己还不能买酒,可我有几个年长的朋友,在这方面很乐意帮忙,于是我很快就积攒起整整一行李箱的酒,从黑莓白兰地到波旁威士忌,应有尽有。我把这个箱子藏在壁橱里。我多半在临近傍晚时喝酒,喝完再嚼一把"森森"薄荷糖,然后下楼吃晚餐。在那里,我举止怪异,目光呆滞,一言不发,这种情形渐渐地让大家惊恐万状。我的一个亲戚说道,"说真的,如果找不到更好的理由,那我发誓他肯定烂醉如泥了。"哦,当然啦,这出小小的喜剧——如果可以这么说的话,以真相败露、灾难临头告终,过了好多好多个月以后我才能再沾上一滴酒。不过我好像又跑题了。你问的是有没有人鼓励过我。说来奇怪,头一个真正帮过我的人居然是个老师。我的高中英文老师,凯瑟琳·伍德,对于我的雄心壮志,她在各方面都予以支持,我永远都会感激她。至于后来,从我开始出书起,任何人梦寐以求的鼓励,我就都不缺了,尤其是《淑女》杂志的小说编辑玛格丽塔·史密斯,《时尚芭莎》杂志的玛丽·路易斯·阿斯维尔以及兰登书屋的罗伯特·林斯考特。在文学生涯的起点,如果你指望得到比我更好的运气,那真成了饕餮之徒。

《巴黎评论》:你提到这三位编辑鼓励了你,是指他们买下你的作品,还是他们同时也对你提出了批评?

卡波蒂:哦,我没法想象,还有什么比有人买下你的作品更鼓舞人心的了。我从来不写——实际上,我也确实不会写——任何我觉得拿不到报酬的东西。不过,事实上,我提到的这些人,还有其他一些人,都一点不吝啬他们的建议。

《巴黎评论》:有没有某些很久以前写下的东西,让你觉得比起现在写的那些也毫不逊色?

卡波蒂:有。举个例子,去年夏天我在看我的小说《别的声音,别的房间》,自从它八年前出版之后,这是我头一回重读,那感觉就像是我在看一个陌生人的作品似的。事实上,我才是那本书的陌生人;它的作者仿佛与现在的我全无相似之处,我们的心智、我们的体温都迥然不同。尽管这本书有点拙朴,但它具有一种惊人的强度,一种真正的激情。我很高兴自己能在当时写下这本书,如果那时不写就永远不可能写成了。我也很喜欢《草竖琴》,还有我的几个短篇,但不喜欢《米丽亚姆》,那算是一场不错的演出,但仅此而已。嗯,我更喜欢《过生日的小孩》和《关上最后一道门》。哦,还有几篇别的,特别是有一个短篇,《悲惨大师》,似乎没几个人在意过,它收在我的短篇集《夜之树》中。

《巴黎评论》:你最近出版了一本书,讲的是《波吉与贝丝》到俄国演出的那段旅程。这本书最有趣的特质之一,是即使与那些常年公正记录事实的新闻记者笔下的报道相比,它的文风也显得异常客观。本书给人的印象是,它已经尽其所能、最大程度地接近了从另一个人眼里看到的真相,鉴于你大多数作品都具有鲜明的个人特质,这一点就颇为惊人了。

卡波蒂:其实我并不认为这本书——《缪斯入耳》与我的虚构作品的风格截然不同。也许之所以会有那样的感觉,是因为本书的内容描述的是真实事件。毕竟,《缪斯入耳》是不折不扣的新闻报道,而一旦从事新闻报道,你的身边就充斥着真实情况和表面文章,充斥着未予置评的暗示——你不能用写小说的方法达到一针见血的深度。不过,我想要做纪实报道的原因之一,就是要证明我能把自己的风格应用到新闻事实里去。我相信我的虚构方式同样是客观超然的——如果感情用事,我会失去写作的控制力;我必须先将情感耗尽,然后才觉得自己冷静得足以分析它并使之形象化,在我看来,这是发挥真正的技巧的法则之一。如果说我的小说看起来更个人化,那是因为它仰仗着艺术家极其个人化的、发人深思的部分:他的想象力。

《巴黎评论》:你是怎么把感情"耗尽"的? 是不是在某一段特定的时间里将这个故事翻来覆去地琢磨就够了,还是需要考虑别的东西?

卡波蒂:不,我认为那不仅仅是时间问题。想想看,如果你整整一个礼拜除了苹果以外什么都不吃,那会怎样? 毫无疑问,你会对苹果完全倒胃口,而苹果到底是什么滋味,你也肯定心知肚明。在我开始写一个短篇之前,我可能已经对它没有一点饥饿感了,但是我想我完全知道它的滋味如何。关于《波吉与贝丝》的那些文章跟这个问题没什么关系。那是纪实报道,不太涉及"情感"问题——至少不是我指的那种深奥而私密的感情领地。我依稀记得读过狄更斯在写作时,碰到下笔幽默的地方,他会笑得喘不过气来;要是笔下的某个人物死了,他会潸然泪下,那一页就会被泪水湿透。而我自己的理论是:作者应该先殚精竭虑,把自己的眼泪哭干,在很久很久以后才开始动手,努力在读者身上唤起相似的反应。换句话说,我相信,任何艺术形态的最高强度都是由一副深思熟虑、坚定冷静的头脑来实现的。比如福楼拜的《一颗淳朴的心》。这是一个温暖的故事,写得暖人肺腑;但是,唯有一个对真正的技巧——这些是必不可少的东西——烂熟于心的艺术家才能写得出来。我相信,在某个时刻,福楼拜肯定已经对这个故事有过一番深思熟虑——但不是在他写的时候。或者,再举个更现代的例子,凯瑟琳·安·波特那部精彩绝伦的小长篇《正午的酒》。它具有那么大的强度、那么逼真的现场感,行文却又如此收敛,故事内在的节奏如此完美,让我颇为肯定:波特小姐与自己的材料保持着一定的距离。

《巴黎评论》:你最好的短篇小说或者单行本是写在人生相对比较稳定的阶段呢,还是当感情承受着压力的时候,你的工作反而能更出色?

卡波蒂：我多少有那么一种感觉，就好像我从来没有经历过什么"稳定阶段"似的，除非你把间或由安眠药诱发的情境也计算在内。不过，我想起来了，我曾在西西里岛的一座山顶上的一栋非常浪漫的房子里住过两年，我猜那段时间可以算是"稳定"的。上帝知道，那日子很安静。我就是在那里写下《草竖琴》的。但我还是得说，有那么一点压力，那种在截稿期限前奋力赶稿的状态，对我是有好处的。

《巴黎评论》：前八年你都是在国外生活的，这次为什么决定回到美国？

卡波蒂：因为我是一个美国人啊，永远不能，也不想成为别的什么人。除此之外，我喜欢城市，纽约是唯一一座真正的城市。在那八年里，除了有两年例外，我每年都会回美国，而且我从来都不接受更换国籍的主意。对我而言，欧洲相当于一种提高洞察力和得到教育的方法，一块通往成熟的垫脚石。可世上还有报酬递减律呢，大约两年前，它开始发挥作用了：欧洲给了我好多好多，可是，突然间，我觉得这套程式好像颠倒了——她似乎在剥夺着什么。于是我回到家，觉得自己长大了不少，也能在我的故土安顿下来了——那并不是说，我已经买好一把摇椅，变成了一块岿然不动的石头。其实并非如此，只要国境线仍然开放，我就打算随时出去闯世界。

《巴黎评论》：你是不是读得很多？

卡波蒂：太多了。而且什么都读，包括标签、处方和广告。我对报纸充满热情——每天都会把纽约所有的日报看一遍，还会看报纸周日版和几份国外杂志。至于那些我没买的报纸，我会站在报摊跟前看。我平均每周读书五本左右——正常长度的小说约莫两小时读完。我喜欢看惊悚小说，有朝一日也想写一篇。虽然我更喜欢一流的小说，但近几年我的阅读似乎集中在书信、日记和自传上。边写边读对我没什么影响——我是说，我不会突然发觉另一个作家的风格从我的笔下渗出来。不过，有一回，我对詹姆斯（·乔伊斯）着迷许久，在那段时间里我自己的句子确实长得要命。

9

《巴黎评论》：哪些作家对你影响最大？

卡波蒂：就我意识所及，我从未察觉任何直接的文学影响，不过有几个评论家告诉我，我早期的作品受惠于福克纳、韦尔蒂以及麦卡勒斯。有可能。上述三位都是我推崇备至的，还得加上凯瑟琳·安·波特。虽说仔细想想，我觉得他们之间，或者说他们跟我之间，并没有多少共同点，唯一相同的是我们都生在南方。尽管十三至十六岁之间并不是唯一适合阅读托马斯·沃尔夫的年纪，但那段时间却最容易对他佩服得五体投地——当时在我眼里他是一个伟大的天才，现在我还这么看，可是已经一行也看不下去了。这就像其他那些熄灭的青春火焰一样——爱伦·坡、狄更斯、斯蒂文森，我在记忆里热爱他们，但他们的书我已经读不下去了。而以下作家仍时时能唤起我的激情：福楼拜、屠格涅夫、契诃夫、简·奥斯丁、詹姆斯、E.M.福斯特、莫泊桑、里尔克、普鲁斯特、萧伯纳、薇拉·凯瑟——哦，这份名单太长了，所以我就到詹姆斯·艾吉打住吧，他是一个美好的作家，两年多以前辞世，真是个大损失。顺便说一句，艾吉的作品深受电影影响。我认为，大多数年轻作家是学习和借鉴了电影中视觉和结构方面的技巧，我也一样。

《巴黎评论》：你写过电影剧本，不是吗，情形如何？

卡波蒂：那是闹着玩的。至少有一部我写的电影——《打鬼》很搞笑，那是同约翰·休斯顿合作，电影的外景是在意大利拍的，有些急等着拍的场景干脆就是临阵写的。演员们根本摸不着头脑——有时候连休斯顿本人都好像不明白到底是怎么回事。自然，这些场景是必须遵循一定的逻辑顺序写出来的，在某些特殊的时刻，所谓情节的唯一真正的大纲就存在我的脑瓜里，被我带来带去。你一直没看出来？哦，你应该能看出来的。那真是个不可思议的笑话。不过恐怕制作人笑不出来。让他们见鬼去吧。这部片子只要重映我就会去看看，看得很开心。

不过，说正经的，我认为作家在一部电影里没多少机会施加自己的影响，除非他跟导演打得火热，或者自己就是导演。电影是一种如此适合导演施展的媒介，因此它培养了一位作家，他专写剧本，可以称之为银幕天才。

我指的就是那位生性腼腆、讨人喜欢的小农夫扎瓦蒂尼①。多好的视觉感啊！百分之八十的优秀意大利电影都是根据扎瓦蒂尼的剧本拍的，比如所有德·西卡②的电影。德·西卡是个迷人的男子，一个既天赋异禀又老于世故的人；但他多半只充当了扎瓦蒂尼的扩音器而已，他的电影绝对是扎瓦蒂尼的创作，每一丝神韵、每一种情绪，点点滴滴都显然受到扎瓦蒂尼剧本的指引。

《巴黎评论》：说几点你的写作习惯好吗？你用不用书桌？你用不用打字机？

卡波蒂：我是一个"水平"的作家。只有躺下来——不管是躺在床上还是摊在一张沙发上，香烟和咖啡触手可及，我才能思考。我一定得吞云吐雾、细啜慢饮。随着午后时光渐渐推移，我把咖啡换成薄荷茶，再换成雪利酒，最后是马蒂尼。不，我不用打字机。开始时不用。初稿我是手写的，用铅笔。接着我从头到尾改一遍，也是手写的。我觉得自己本质上是一个风格化作家，而让风格化作家恶名远扬的是：他们会执迷于一个逗号的位置或一个分号的分量。如此这般的执迷，让我自己都受不了。

《巴黎评论》：你似乎认为风格化作家与非风格化作家之间是泾渭分明的，那么你认为哪些作家是风格化的，哪些不是？

卡波蒂：什么是风格？"什么"——正如禅宗公案里问到的"独手击拍之音何若"，没人能确切知道；然而，你要么知道，要么就是不知道。在我看来，如果你能原谅我使用一个颇为粗陋的小意象，那么，我觉得风格就是能映照出一位艺术家的感性而非作品内容的镜子。在某种程度上，所有的作家都有风格——罗纳德·菲尔班克除了风格之外几乎一无所有，而且感谢上帝，他也意识到了这一点。可是，拥有风格，一种风格，常常是一道障碍，一股反

---

① 塞萨·扎瓦蒂尼(1902—1989)，意大利剧作家。
② 维托里奥·德·西卡(1902—1974)，意大利导演兼演员。

作用力，而不能达到它应该达到的效果，不能像 E. M. 福斯特、科莱特、福楼拜、马克·吐温、海明威以及伊萨·迪内森那样，用风格给自己加分。比方说，德莱塞是有风格的——可是，哦，老天爷呀！还有尤金·奥尼尔。还有福克纳，尽管他是那么辉煌。我觉得他们都成功地克服了强烈却有害的风格，那些风格并不能切实加强作者与读者之间的交流。还有一种是"没有风格的"风格家——难度很高，很让人敬仰，也总是很流行：格雷厄姆·格林、毛姆、桑顿·怀尔德、约翰·赫塞、薇拉·凯瑟、瑟伯、萨特（记住，我们讨论的不是内容）、J. P. 马昆德，等等。不过，对啦，还有那么一种叫做"非风格家"的动物。可他们不是作家；他们是打字员。汗流浃背的打字员在成磅成磅质地优良的文件纸上涂满无形无态、不能"看"也不能"听"的信息。那么，在年轻一辈的作家里，有哪几个仿佛知道天下还存在"风格"这回事呢？P. H. 纽拜、弗朗索瓦丝·萨冈，有那么点意思。威廉·斯泰伦、弗兰纳里·奥康纳——那姑娘有时候表现不错。詹姆斯·梅利尔、威廉·戈扬——如果他不再那么歇斯底里的话。J. D. 塞林格——尤其是在口语传统方面。科林·威尔森？又一个打字员罢了。

《巴黎评论》：你说罗纳德·菲尔班克除了风格几乎一无所有，那你认为单单靠风格能否成为一名伟大的作家呢？

卡波蒂：不，我觉得不行——不过，这一点是有争论余地的，如果你把普鲁斯特的风格和他本人分开，那会怎样？风格从来不是美国作家的强项。可是，有些最好的风格化作家是美国人。霍桑给我们开了个好头。在过去的三十年里，就风格而言，海明威对其他作家的影响力，在全世界范围里都是最大的。眼下，我认为我国的波特小姐对于风格的全部含义的理解，不比任何人逊色。

《巴黎评论》：作家能通过学习形成风格吗？

卡波蒂：不，我想风格是不能刻意达成的，就好像眼睛的颜色不能刻意达成一样。毕竟，你的风格就是你本身。归根结底，作家的个性与其作品息息相关。"个性"是个备受争议的词儿,我知道,但我就是这个意思。作家独立的人性,他对着全世界说的话、打的手势,看起来就得像一个在与读者交流的人。如果个性模糊,教人困惑,或者仅仅具有文学性,那就行不通啦。福克纳、麦卡勒斯——他们就设计了自己的个性。

《巴黎评论》:有趣的是,你的作品在法国广受赞赏,你觉得风格能被翻译吗?

卡波蒂:为什么不能呢?只要作者和译者在艺术上是一对双胞胎就行了。

《巴黎评论》:好吧,恐怕我刚才打断了你用铅笔写的短篇小说草稿,下面该写什么?

卡波蒂:让我看看,这是第二稿。然后我要在一张黄纸上打出第三稿,这是一种非常特殊的黄色纸。不,我不会从床上爬起来干这件事。我就把打字机搁在膝盖上。当然,这样干活挺不错的;我每分钟能打一百个词。唔,等黄纸上的这一稿完成,我就把手稿搁一段时间,一个礼拜,一个月,或者更长。等我再把它拿出来的时候,我会尽可能冷静地读一遍,再大声念给一两个朋友听,决定我想做怎样的修改,还要决定我愿不愿意出版。我扔掉过好几个短篇、一部完整的长篇,还有半部长篇。不过,如果一切顺利,那么我在白纸上打出最后一稿就完事了。

《巴黎评论》:写一本书,你是在动笔之前就已经完全组织好了结构呢,还是一边写一边展开,让你大吃一惊?

卡波蒂:两者兼有。我总是会有幻觉,认为故事的开端、中间和结尾,整出戏都在我头脑里同时上演——我好像能在刹那之间都看见。可是,在工作的过程中,在写作的过程中,无数意外频繁发生。感谢上帝,因为那些意外、那些转折、那些在恰当的时刻凭空冒出来的词汇是一笔意料之外的红利,那可喜的小小动能能推着作家前进。我一度在笔记本上写过短篇小说的故事大纲，但是我发觉，不知怎么的，这么做会泯灭我的想象力所催生的灵感。如果那个概念足够好，如果它确实属于你，那么你就不会忘记它——它会一直萦绕在你心头，直到你把它付诸笔端。

《巴黎评论》：你的作品里有多少自传的成分？

卡波蒂：极少，真的。有一小部分是受到真实事件或真实人物的激发，不过，从某种角度看，一个作家写的一切都是具有自传性的。《草竖琴》是我写过的作品里唯一真实的，但每个人都自然而然地认为它是完全虚构的，而把《别的声音，别的房间》想象成自传。

《巴黎评论》：对于未来你有什么明确的观念或计划吗？

卡波蒂（若有所思）：唔，有，我相信有。到目前为止，我写下来的总是对我而言最容易的东西；我想要尝试点别的，一种有节制的奢华。我想倾注更多的心思，使用更多更多的色彩。海明威说过，每个人都能用第一人称写部小说，我现在总算知道他是什么意思了。

《巴黎评论》：你有没有受到过其他艺术形式的诱惑？

卡波蒂：我不知道那算不算艺术，不过我已经痴迷舞台多年了，我最想成为一名踢踏舞演员。我曾苦练过单人踢踏舞，一直练到家里每个人都想杀掉我。后来，我又渴望在夜总会里自弹自唱。于是我攒钱买了把吉他，整个冬天都去上课，可是末了，我真正会弹的只有一首适合初学者弹的曲子，名叫《但愿恢复单身》。我对吉他实在是烦透了，有一天干脆就把它送给了巴士站上的一个陌生人。我对画画也很感兴趣，学了三年，不过那份热情，说实话，恐怕现在已经荡然无存。

《巴黎评论》：你觉得批评对你有帮助吗？

卡波蒂：如果是在出版之前，如果批评是出自那些你认为其判断力可信的朋友，对，批评当然是有用的。可是，一旦作品已出版，我就只想读到或者听到表扬了。任何低于称赞的评价都叫人讨厌。如果你能找出一个作家，他肯坦言自己曾经从评论家的吹毛求疵和屈尊俯就中得到什么教益，那么我就给你五十美元好了。我不是说，那些职业批评家个个都不值一谈——但是那些优秀的评论家却没有几个会经常动笔的。最重要的是，我相信你应该在抵挡各种意见的过程中变得更坚强。我收到过，而且仍在不断地收到对于我的谩骂，其中有些是猛烈的人身攻击，可是现在这些再也不会让我心烦意乱了。对于大部分针对我本人的离谱的造谣中伤，我都能够安然读完，心跳不会骤然加快。在这种情况下，我强烈主张：永远不要自贬身份跟一个批评家斗嘴，永远不要。在脑子里给那个编辑写信就够了，别写到纸上去。

《巴黎评论》：能说说你个人有什么怪癖吗？

卡波蒂：我想我的迷信可以被看成一种怪癖。我会把所有的数字都加起来。有那么几个人，我从来不给他们打电话，就因为他们的号码加起来是一个不吉利的数字。出于同样的原因，我也会拒绝饭店里的某间房。我无法忍受黄玫瑰出现——那可真是不幸啊，因为黄玫瑰恰恰是我特别喜欢的花。我不允许同一只烟缸里搁着三个烟头，不肯登上一架坐着两个修女的飞机。周五我不会开始或者结束一件事。这些我不能做、不愿做的事情，真是没完没了。然而，在服从这些古老观念的过程中，我能得到某种古怪的慰藉。

《巴黎评论》：有人引述过你的话，说你最喜欢的消遣"依次是交谈、阅读、旅游和写作"，你真的是这个意思吗？

卡波蒂：我想是这样。至少我很肯定，交谈对我是最最重要的。我喜欢倾听，我也喜欢说话。老天，小妞，你难道没看出来我喜欢说话吗？

（原载《巴黎评论》第十六期，一九五七年春/夏季号）

欧内斯特·海明威

◎ 苗　炜/译

海明威：你看赛马吗？

访问者：偶尔看。

海明威：那你读马经了……那你就掌握虚构的真谛了。

——一九五四年五月，在马德里一家咖啡馆的对话

欧内斯特·海明威在卧室里写作，他的房子位于哈瓦那近郊的圣弗朗西斯科·德·保拉地区。在房子西南一个外形方正的角楼里，有一间特设的工作室，但他偏爱卧房，唯有小说里的"角色"能驱使他爬上角楼。

卧室在一层，和主厅相连。当间的门虚掩着，一本介绍世界飞机引擎的厚书横在门缝里。卧室很大，阳光充足，从东侧和南侧窗户照进来的日光直射在白色墙壁和泛黄的地砖上。

整间卧室被一对齐胸高、同墙面成直角摆放的书架隔成两边，其中一边放了张低矮的大双人床，大尺码的拖鞋整整齐齐地摆在床尾地板上，两只床头柜上垒满了书。在卧室另一头，立着一张宽大的平板书桌，两边各放一把椅子。书桌上，纸张和纪念品有秩序地摆放着。卧室尽头立着一只大衣柜，柜顶上方挂了张豹皮。一排白色书架倚在房间另一侧的墙上，书多得溢到地板上，底下还堆放着旧报纸、斗牛杂志和一沓沓用橡皮筋绑好的信。

其中一排混乱的书架的顶端——就是对着东侧窗户，距离床差不多三英尺远的那个——是海明威的"工作台"，大概一平方英尺大的空间，一侧堆满书，另一侧是成沓的纸、手稿和小册子，上面盖着报纸。余下的地方刚好

16

"I could take it," the man said. "Don't you think I could take it, Nick?"

"You bet."

"They all hurt their hands on me", the little man said "They couldn't hurt me."

He looked at Nick

"Sit down," he said. "Want to eat?"

"~~Sure.~~ ~~Yeah~~." Nick said. "I'm hungry"

"Listen," the man said, "Call me Ad"

"Sure."

"Listen," the ~~man~~ little man said "I'm not quite right."

"What's the matter?"

"I'm crazy"

He put on his cap. Nick felt like laughing. "You're all right," he said.

"No I'm not. I'm crazy. Listen, you ever been crazy?"

"No," Nick said "How does it get you?"

"I don't know," Ad said, "When you got it you don't know about it. You know me don't you?"

"No."

"I'm Ad Francis."

"Really?"

欧内斯特·海明威短篇小说《杀人者》的一页手稿

放下一台打字机，上面有一块木质读写板，五六支铅笔和一大块镇纸用的铜矿石，以防纸张被东侧窗户吹进来的风刮跑。

站着写作是海明威最初就养成的习惯。他总是穿一双大号拖鞋，站在那块发旧的捻角羚羊皮上——面对着齐胸高的打字机和读写板。

海明威如此开始每项新的工作：在读写板上放好半透明的打字纸，拿起一支铅笔。他用纸夹板固定好一沓白纸，放在打字机左侧。从标有"亟待付清"字样的金属夹子下面抽纸，每次只取一页。把纸斜放在读写板上，左臂倚着读写板，一只手按住纸。随着岁月的流逝，纸面上的字越来越大，更像是孩子的笔迹，只用很少的标点符号和大写字母，句号常用一个"×"代替。当一页完成，他就会把纸反过来，页面朝下夹在打字机右侧的纸夹板里。

当写作顺畅无阻或是碰到相对容易进行的部分，比如人物对话，海明威会掀开读写板改用打字机。

他把每天的工作进程记录在一张大表格上——"以防自欺欺人"。这张工作表用包装盒侧面的硬纸板制成，立在墙边，上面悬挂着一个小羚羊头标本。表格上的数字代表每天产出的文字量，从 450、575、462、1250，到 512。高产的日子定是因为海明威加班工作，免得因为第二天要去海湾小溪钓鱼而内疚。

海明威不习惯用那张嵌在壁凹里的书桌，它虽然更宽敞一些，却同样堆满杂物：一沓沓信件；一个毛绒狮子玩具，在百老汇红灯区常常能看到的那种；一只装满食肉动物牙齿的麻袋；一根鞋拔子；木雕的狮子、犀牛、两头斑马和一只疣猪，在桌子表面摆成一排。当然，还有许许多多的书垒在书桌上方。除了这些，还有胡乱堆放在书架上的小说、历史书、诗歌集、剧本和散文，瞥一眼书名就知道种类有多么繁复。当海明威站在"工作台"前写作时，他膝盖正对的书架上立着弗吉尼亚·伍尔夫的《普通读者》，本·阿米斯·威廉姆斯的《分裂之家》《偏执的读者》，查尔斯·比尔德的《共和对话录》，塔尔列的《拿破仑入侵俄国》，佩吉·伍德的《你看上去如此年轻》，奥尔登·布鲁克斯的《莎士比亚与染工的手》，鲍德温的《非洲狩猎》，T. S. 艾略特的诗集，还有两本关于卡斯特将军在"小巨角战役"中失败的书。

第一眼望去，房间杂乱无章，仔细看看却能发现，主人爱好整洁但不忍丢掉任何一样东西——特别是那些附着情感的物品。其中一排书架顶端摆放了一排奇特的纪念品：一头用木珠做成的长颈鹿；一只铸铁小乌龟；一个火车头模型，两辆吉普车车模和一艘威尼斯轻舟模型；一个后背插着钥匙的小熊玩具；一只拿着铜钹的猴子；一架微型吉他模型，还有一架美国海军双翼飞机模型(一只轮子不见了)歪歪扭扭地摆在圆形的草编桌垫上——这些收藏品不过是些零碎罢了，如同每个小男孩藏在衣柜鞋盒里的好玩意儿。显而易见，每一件纪念品都有其珍贵之处。好比海明威摆在卧室里的三只水牛角，尺寸大小并非重点，它们之所以珍贵是因为那次的狩猎过程，开始并不顺利而最终否极泰来。"每次看到它们，都会让我十分开心。"他说。

海明威或许会承认自己对这些物件的迷信，但他宁愿不去谈论它们，感觉它们的价值会在言谈中消减。这同他对待写作的态度一样。在采访过程中，他曾多次强调，写作这门手艺不该被过度的探究所干扰——"虽然写作中的某些方面很坚硬，无论怎么讨论都不会对它造成伤害，但其他部分却是脆弱的，一旦谈起来，它们的构造就会轰然瓦解，而你一无所得。"

因此，作为一个充满幽默感、善于讲故事、对自己感兴趣的东西研究颇深的人，谈论写作仍会令海明威颇感艰难——并非对此主题没有过多想法，而是因为他强烈地意识到，有关写作的思考不该被表达出来，相关的采访提问往往会"惊吓"到他(此处用了海明威最喜欢的表达)，甚至令他失语。采访中的大部分回答他更愿意在读写板上完成。海明威偶尔的尖刻口吻同样印证了他的观点：写作是私人的、孤独的职业，在终稿完成前，不需要任何旁观者在场。

海明威全心投入艺术所表现出的个性，或许同传统观念中那个放荡不羁、以自我为中心的角色有所出入。事实上，虽然海明威很会享受生活，但他同样对自己从事的每一件工作虔心付出——怀着严谨态度，对那些不精准的、带有欺骗性的、迷惑人的、半成品的想法深恶痛绝。

若要验证海明威对写作事业的付出，没有任何地方比得上这间铺有黄色地砖的卧室。清早起床后，海明威会全神贯注地站在读写板前，唯有将重心从一只脚换到另一只脚时，才会挪动一下身体；写作顺利推进时，他大汗淋漓,兴奋得像个小男孩;而当艺术家的触觉突然消失,他便会感到烦躁、痛苦——他是一个严于律己、自我约束力极强的人。直到晌午时分,他才会拿起圆头手杖离开房子,到泳池边开始每日半英里的游泳。

——乔治·普林普顿,一九五八年

《巴黎评论》:真动笔写的时候是非常快乐的吗?

欧内斯特·海明威:非常。

《巴黎评论》:你能不能谈谈这个过程?你什么时候工作?是否严格遵循一个时间表?

海明威:写书或者写故事的时候,每天早上天一亮我就动笔,没人打搅;清凉的早上,有时会冷,写着写着就暖和起来。写好的部分通读一下,知道接下来会发生什么、会写什么就停下来。写到自己还有元气、知道下面该怎么写的时候停笔,吃饱了混天黑,第二天再去碰它。早上六点开始写,写到中午,或者不到中午就不写了,停笔的时候,你好像空了,同时又觉得充盈,就好像和一个你喜欢的人做爱完毕,平安无事,万事大吉,心里没事,就待第二天再干一把,难就难在你要熬到第二天。

《巴黎评论》:你离开打字机的时候能不去想你正写的东西吗?

海明威:当然可以。不过,这得训练,不练不成。我练成了。

《巴黎评论》:你读前一天写好的那部分时是否会修改?还是等全篇结束时再修改?

海明威:我每天停笔之前会修改一遍,全部完成之后自然会再改一遍。别人打字之后,有机会再更正和修改,打字稿看得清楚。最后是看校样。你得感谢有这么多修改的机会。

《巴黎评论》:你修改的程度有多大?

海明威:这得看情况。《永别了,武器》的结尾,最后一页,我改了三十九次才满意。

《巴黎评论》:有什么技术问题? 是什么让你为难?

海明威:找到准确的词。

《巴黎评论》:是不是重读能重振"威力"?

海明威:重读让你在必须往下写之前,知道你写的已经跟你想要达到的水平一样好了。"威力"总是能在某个地方爆发的。

《巴黎评论》:可有没有灵感全无的时候呢?

海明威:当然有。你要是在知道接下去会发生什么的时候停笔,就能接着写下去。只要你能开始,问题就不大,元气自然贯通。

《巴黎评论》:桑顿·怀尔德说,有一回你告诉他,你削尖了二十支铅笔。

海明威:我不记得一下用过二十支铅笔,一天用七支 2 号铅笔就不错了。

《巴黎评论》:你发现有什么地方最有益于写作吗? 两世界旅馆一定是一个,你在那里写出了不少作品。写作环境对你有影响吗?

海明威:哈瓦那的两世界旅馆是非常好的写作地点。这个庄园也是个很好的地方,或者说以前很好。不过,我在哪儿都工作得挺好。我是说我能在各种环境下工作,只有电话和访客会打扰我写作。

《巴黎评论》:要写得好是否必须情绪稳定? 你跟我说过,你只有恋爱的时候才写得好，你能就此多说点儿吗？

海明威：好一个问题。不过，我试着得个满分。只要别人不打扰你，随你一个人去写，你任何时候都能写，或者你狠狠心就能做到。但最好的写作注定来自你爱的时候。如果你也是这样的，我就不多说什么了。

《巴黎评论》：经济保障呢？对写出好东西有害吗？

海明威：如果钱来得太早，你爱写作又爱享乐，那么就要有很强的个性才能抵制诱惑。写作一旦成了你最大的恶习又给你最大的快乐，那只有死亡才能了结。经济保障的好处是可以让你免于忧虑，坏身体和忧虑会相互作用，袭击你的潜意识，破坏你的储备。

《巴黎评论》：你记得你想当作家的确切时间吗？

海明威：不记得，我一直想当个作家。

《巴黎评论》：菲利普·扬在评论你的书里提出，一九一八年你中了迫击炮弹，那次重伤把你震成了一个作家。我记得你在马德里简单说起过你对他这个论调不以为然，你还说，你认为艺术家的才能不是后天能养成的，根据孟德尔的观点，是先天的。

海明威：显然在马德里那年，我的脑子不能算是正常。我只是简单提到扬先生那本书和他的文学创伤理论，也许两次脑震荡和那年的头盖骨骨折弄得我说话不负责任，我的确得告诉过你，想象力是种族经验遗传的结果。在脑震荡之后愉快的谈话中，这说法听起来不错，也多少有点儿不靠谱。等我下次为自由受创伤的时候再聊吧，你同意吗？我感谢你删去我可能涉及的亲属的名字，谈话的乐趣在于天南地北地闲聊，但大多数谈话和那些不负责任的说法都不应该写下来。一写下来，你就得担着。说的时候也许是看看你信不信。至于你提的问题，创伤的影响是不同的，没伤到骨头的不要紧，有时候还给你信心。伤了骨头和损坏神经的创伤对作家是不利的，对谁都不利。

《巴黎评论》:对想当作家的人来说,你认为最好的智力训练是什么?

海明威:我说,他应该出去上吊,因为他发现要写好真是无法想象的困难。此后他应该毫不留情地删节,在他的余生里逼着自己尽可能地写好。至少他可以从上吊的故事开始。

《巴黎评论》:那些进入学术界的人怎么样? 你如何看待有许多作家做出妥协,放弃了文学生涯而谋得一个教席?

海明威:这要看你说的放弃是什么意思。是被抛弃的妇女那个意思? 是政治家的一种妥协? 是你愿意多付点钱给杂货店老板或裁缝,但打算晚点再付这种意义上的妥协吗? 既能写作又能教书的自然能两样都干,好多能干的作家已经证明他们能做到。我做不到,我知道,我佩服那些能做到的。我认为学术生活会中止你的外部经验,有可能限制你对世界的了解。而了解越多,作家的负担越重,写起来越难。想写出一些具有永恒价值的东西是一件全日制的工作,实际写作可能一天只有几个小时。作家好比是一口井,有多少种井就有多少种作家,重要的是井里得有好水,定量汲水比一下抽干再等井渗满要好。我看我是离题了,不过这问题没什么意思。

《巴黎评论》:你会建议年轻作家干报纸吗? 你在《堪萨斯城星报》受到的训练对你有帮助吗?

海明威:在《星报》工作,你得学着写简单的陈述句,这对谁都有用。新闻工作对年轻作家没害处,如果能及时跳出,还有好处。这是最无聊的老生常谈,我感到抱歉,但是,你要是问别人陈旧而扯淡的问题,就会得到陈旧而扯淡的回答。

《巴黎评论》:你在《大西洋两岸评论》上写道,写新闻报道的唯一原因是报酬高,你说,"写报道会毁掉你最有价值的东西,干这个就是为了赚大钱",你把那样写看成一种自我毁灭吗?

海明威:我不记得我这么写过。这话听起来愚蠢又粗暴,好像是我为了避免苦思冥想而故作聪明的判断。我当然并不认为写这类东西是自我毁灭，不过，写新闻报道过了一定程度，对一个严肃的创作型作家来说会成为一种日常的自我毁灭。

《巴黎评论》：你觉得同其他作家相处，智识上相互刺激，这对一个写作者来说有价值吗？

海明威：当然。

《巴黎评论》：二十年代你在巴黎和其他作家、艺术家一起有没有"群体感"？

海明威：没有。没有群体感。我们相互尊重。我尊重许多画家，有的跟我差不多年纪，有的比我大，格里斯、毕加索、布拉克、莫奈——当时他还活着。我尊重一些作家——乔伊斯、埃兹拉和斯泰因好的一面……

《巴黎评论》：写作时，你是否会发现自己受到正在阅读的书籍的影响？

海明威：自打乔伊斯写《尤利西斯》之后就没有了。他的影响也不是直接的。可那个时候，我们掌握的词语对我们构成阻塞，我们不得不为一个单词而较劲，他的作品的影响在于他把一切都改变了，这为我们摆脱限制提供了可能。

《巴黎评论》：你能从作家身上学到关于写作的东西吗？比如，你昨天对我说，乔伊斯不能容忍谈论写作。

海明威：你同你这行当的人在一起，通常会谈论其他作家的作品。那些越少谈论自己写了什么的作家，写得就越好。乔伊斯是一个很伟大的作家，他只跟笨蛋解释自己干了什么。他所尊重的那些作家，应该读了他的作品就知道他在干什么。

《巴黎评论》：这几年你好像在刻意避免和作家来往，为什么？

海明威：这个有些复杂。你写得越深入就会越孤独。好朋友、老朋友大多去世了，还有些搬得远了。你几乎见不到他们，但是你在写作，就好像同他们有来往，就好像和他们一起泡在咖啡馆里。你们互通信件，写得滑稽，兴之所至会淫秽、不负责，这几乎跟聊天一样美妙。但是你更孤独，因为你必须工作，能工作的时间总体来说越来越少，你要是浪费时间就会感到犯了不可饶恕的罪。

《巴黎评论》：有些人，特别是你同时代的人，对你的作品有什么影响？格特鲁德·斯泰因有没有影响？还有埃兹拉·庞德？或者麦克斯·珀金斯？

海明威：对不起，我不擅长这样的尸检。有文学界和非文学界的法医专门干这样的事情。斯泰因小姐关于她对我的影响有许多相当不靠谱的絮叨，她有必要这么做，因为她从一本叫《太阳照常升起》的书里学到了写对话。我很喜欢她，我觉得她学会了怎么写对话实在了不起。对我来说，向不管是活人还是死人学习并不是新鲜事，但我没想到我对她有这么强的影响。其实她在其他方面已经写得很好了。埃兹拉对自己真正了解的题目有极端的才智。这类谈话你不觉得厌烦吗？这类私下的文学八卦，捣腾三十五年前的糗事，让我恶心。要是谁想试着说出整个真相那又不同，那会有点儿价值。我们简单点更好：我感谢斯泰因，我从她那里学到了字与字之间的抽象联系——看我多喜欢她；我重申我对埃兹拉作为伟大诗人和好朋友的忠诚；我非常在乎麦克斯·珀金斯，从来没能接受他已经死了。他从来没要求我改动我写的东西，除了删掉一些当时不能发表的字眼。删掉的地方留下空白，知道那些字的人自然知道空白之处该是什么字。对我来说，他不是一个编辑，他是一个睿智的朋友、极好的伙伴。我喜欢他戴帽子的方式和嘴唇抽动的那副怪样子。

《巴黎评论》：说说你的文学师承——你从哪些人身上学到的东西最多？

海明威：马克·吐温、福楼拜、司汤达、巴赫、屠格涅夫、托尔斯泰、陀斯妥耶夫斯基、契诃夫、安德鲁·马维尔、约翰·多恩、莫泊桑、好的吉卜林、梭罗、马里亚特船长、莎士比亚、莫扎特、克维多、但丁、维吉尔、丁托列托、耶罗尼米斯·博斯、勃鲁盖尔、帕蒂尼尔、戈雅、乔托、塞尚、梵高、高更、圣十字若望、贡戈拉——全记起来要用一整天。这样一弄，就好像我在卖弄我不具备的博学，而不是真的想回忆一切对我的生活和创作发生影响的人似的。这不是一个无趣的老问题，这是一个严肃的好问题，必须凭良心作答。我把画家放在里面，是因为我从画家身上学习如何写作同从作家那里学到的一样多。你要问怎么学的，这又要花一天去解释。我还觉得，一个作家可以向作曲家学习，学习和声与对位法的效果很明显。

《巴黎评论》：你玩过乐器吗？

海明威：我玩过大提琴。我母亲让我在校外学了一整年的音乐和对位法。她认为我有能力学音乐，但我绝对没这个才能。我们搞室内乐，有人来拉小提琴，我姐姐拉中提琴，母亲弹钢琴，大提琴——我弹得比世上任何一个人都糟。当然那一年我还出去干别的事情。

《巴黎评论》：你会重读这名单里的作家吗，比如，吐温？

海明威：你必须隔两三年再读吐温，因为记得太清楚了。我每年都读一点莎士比亚，通常是《李尔王》，读了心里就高兴。

《巴黎评论》：读书已成为一种经常性的消遣和乐趣？

海明威：我总是在读书，有多少读多少。我给自己定量，所以我也总是有补给。

《巴黎评论》：那你读手稿吗？

海明威：这么干会惹麻烦，除非你和作者私交不错。几年前我被指控剽窃，有个人说，我的《丧钟为谁而鸣》抄袭了他没有发表的一个电影剧本。他在某个好莱坞聚会上朗读过这个剧本，我在那儿，他说至少有个叫"欧尼"的家伙在场听了他的朗读,这就足以让他起诉要求一百万美元的赔偿。他还控诉了电影《西北骑警队》和《捕青鱼的孩子》的制片人,说是也剽窃了他那部没发表的剧本。我们上了法庭,当然,我赢了官司,结果那家伙破产了。

《巴黎评论》: 好啦,我们还是回到你那个名单上,谈一位画家——希罗尼穆斯·波希?他作品里那种梦魇般的象征似乎和你的作品风马牛不相及?

海明威: 我有过梦魇,所以了解他人的梦魇。但是你不一定把他们写下来,你省略掉你所了解的东西,但它们依旧存在于你的作品中,它们的特质依然会显现出来。当一个作家省略掉他所不了解的东西,它们就会像作品中的漏洞一样显现。

《巴黎评论》: 这是不是意味着,你熟悉了你那份名单上那些人的作品后,你就能灌满你刚才说的那口"井"?或者说,他们会有意识地帮助你提高写作的技巧?

海明威: 他们是我学习去看、去听、去想、去感觉和不去感觉、去写的一个部分。你的井是你的"元气"所在,谁也不知道它由什么构成,你自己更不知道。你所知道的只是你有了"元气",或者你不得不等待"元气"恢复。

《巴黎评论》: 你愿意承认你的小说中存在象征主义吗?

海明威: 既然批评家不断找到了象征,那我想就有吧。要是你不介意,我不喜欢谈论象征,也不喜欢被问到象征。写了书和故事又能不被别人要求去解释它们可真够难的。这也抢了解释者的饭碗,要是有五个、六个或者更多的好批评家不断地在解释,我为什么要去干扰他们呢?读我写的东西是为了读的时候愉快,至于你从中发现了什么,那是你的阅读带来的理解。

《巴黎评论》: 在这方面再多问一个问题:有一个编辑顾问发现在《太阳照常升起》中,在斗牛场的戏剧性人物和小说人物的性格之间有一点对比。

他指出这本书头一句话说罗伯特·科恩是一个拳击手;后来,在开铁栏时你描写那头公牛像一个拳击手似的用它的两个角又挑又戳,后来见了一头阉牛就被吸引住了,安静了下来;罗伯特·科恩听杰克的话,而杰克是被阉过的,就跟阉牛一样。编辑顾问把杰克看成是斗牛士,一再挑动科恩。编辑的论调这么推演,但是他不知道你是否有意识地用斗牛仪式的悲剧结构来组织你的小说。

海明威:听起来这位编辑顾问真有点钻牛角尖。谁说杰克是"阉割过的一头阉牛"? 他是在不寻常的状况下受的伤,他的睾丸完好无损。他具备一个男人的正常感觉,就是没法圆满。重要的区别在于,他伤在肉体而不是心理,他不是一个阉人。

《巴黎评论》:这些追究技术的问题真的是有点烦。

海明威:明智的问题既不会让你高兴也不会让你烦恼。我还是相信,作家谈论自己怎么写非常不好,他写出来是给读者用眼睛看的,解释和论述都不必要。你多读几遍肯定比最初读一遍得到的东西要多。在此之后,叫作者去解释,或者在他创作的更艰难的国土上去当向导,就不是作者该干的事情了。

《巴黎评论》:与此相关,我记得你也警告过,作家谈论自己正在写的作品是危险的,他可能把作品"谈没了",怎么会这样? 我之所以问这个问题,是因为有许多作家,吐温、王尔德、瑟伯、斯蒂文森,都是先给听众检验,再修饰他们的材料。

海明威:我不相信吐温拿《哈克贝里·芬历险记》给听众"检验"过,如果他这么做了,他们没准儿让他删掉好的加上坏的。了解王尔德的人说他讲的比写的好,斯蒂文森也是讲的比写的好。他的写作和谈话有时都让人难以相信,我听说他年纪大了之后好多故事也改变了。如果瑟伯谈的和他写的一样好,他准是一个最了不起、最不招人烦的谈话者。我所认识的人里,谈论自己那行当最好的是斗牛士胡安·贝尔蒙特,又让人高兴,又"毒舌"。

《巴黎评论》：你能不能谈谈，你是经过怎样的努力才形成你独特的风格的？

海明威：这是一个长效的累人问题，如果你花几天的时间回答这个问题，你就会变得非常自知而不能再写作了。我可以说，业余爱好者所说的风格就是不可避免的别扭，那是缘自你首次尝试去做前人没做过的事情。没有一个新的经典会和老经典类似。一开始，人们只看到别扭，后来不大看得出来了。当它们显得那么笨拙的时候，人们认为这些笨拙就是风格，还有好多人去模仿，这太遗憾了。

《巴黎评论》：你有一次在信中告诉我，在简陋环境下写出小说的不同片断，对作家是有益的，你能用这个来说说《杀人者》吗？你说过，这个小说、《十个印第安人》和《今天是星期五》是在一天之内写成的，或许还有你头一个长篇小说《太阳照常升起》？

海明威：我想想，《太阳照常升起》是我生日那天在巴伦西亚动笔写的，七月二十一日。我妻子哈德莉和我一早就到巴伦西亚去买看斗牛的好位置的票，那是七月二十四日开始的狂欢聚会。和我年龄相仿的人都写过一部小说，可我写上一段还觉得费劲。所以我就在生日那天动笔写书，整个假日都在写，早上在床上写，到马德里之后接着写。那里没有狂欢节，我们订了一个有桌子的房间，我能在桌子上写真是太奢侈了。旅馆拐角、阿尔瓦雷斯街上有一个挺凉快的喝啤酒的地方，我也去那儿写。最后热得写不下去了，我们就去昂代伊，那里有片又长又美的沙滩，有一家便宜的小旅馆，我在那儿写得很顺。后来又到巴黎去，在圣母院路一一三号一家锯木厂楼上的公寓里写完了第一稿。从动笔算起用了六个星期。我把初稿拿给小说家内森·阿什看，他有很重的口音，他说，"海姆，你说你写了个小说是甚么意思？一个小说啊哈，海姆，你是在坐旅行巴士吧。"我听了内森的话并没有特别丧气，又改写了这个小说，保留了福拉尔贝格州施伦斯村陶伯旅馆的那部分旅途内容（关于钓鱼旅行和潘普洛纳那部分）。

你提到我一天之内完成的那几个小说，是五月十六日在马德里圣伊西德罗斗牛场写的,当时外面在下雪。头一个我写的是《杀人者》,以前试着写过一稿但失败了。午餐之后我上床暖和暖和又写了《今天是星期五》。我底气充沛,我想我快要疯了——还有六个故事要写呢。所以我穿上衣服,到佛诺斯,那间老斗牛士咖啡馆去喝咖啡,然后回来又写《十个印第安人》。这弄得我很悲伤,喝了点白兰地酒上床睡觉。我忘了吃饭,结果有个服务员叫我起来吃了点鲈鱼、一小块牛排,还有炸土豆,喝了一瓶瓦尔德佩尼亚斯产的葡萄酒。

掌管酒店的那个女人老是担心我吃得不够,就派个服务员来。我记得我坐在床边吃饭、喝"瓦尔德佩尼亚斯",服务员说他要再拿一瓶上来,他说老板娘想知道我是不是还通宵写作,我说不了,我想歇上一会儿。你为什么不试着再写一个呢? 那个服务员问我。我倒是想再写一个呢,我说。扯淡,他说,你能写六个。我明天试试,我说。今儿晚上就试试,他说,你觉得为什么那个老女人会给你送吃的上来?

我告诉他,我累了。胡说,他说(他可不是胡说),写三个悲惨小故事你就累了? 给我讲一个。

让我清静会儿,我说,你不让我一个人待着,我怎么接着写? 我就在床上坐着,喝"瓦尔德佩尼亚斯",想,如果我的第一个故事就像我希望的那么好,那我是个多么该死的作家啊。

《巴黎评论》:你如何在脑子里完成一个短篇小说的构想? 是主题、情节,还是人物变化推动?

海明威:有时候你了解这个故事。有时候你得写起来才能让故事浮现,又不知道它是从哪里冒出来的。运转起来就什么都变了。运转起来就造成故事。有时候运转会很慢,就像不动似的,但总有变化发生,也总是在动。

《巴黎评论》:长篇小说也是一样吗? 你在动笔之前就列出整个写作计划并严格坚持吗?

海明威:《丧钟为谁而鸣》是我每天都要应对的问题。原则上我知道接下去要发生什么,但写的时候我每天都在虚构发生了什么。

《巴黎评论》:《非洲的青山》《有钱人和没钱人》《过河入林》一开始都是短篇,后来才发展成长篇的? 这样说来,这两种形式很相似,作家可以从短篇过渡到长篇而不用完全改造他的路径?

海明威:不,不是这样。《非洲的青山》不是一本小说,写出来是看看我能否写一本绝对真实的书,描绘一个国家的面貌,记述一个月的活动,看这种真实的呈现能否和虚构的作品相媲美。写完《非洲的青山》,我写了两个短篇小说,《乞力马扎罗的雪》和《弗朗西斯·麦康伯短促的幸福生活》,这两个故事来源于《非洲的青山》里如实记述的那一个月打猎旅行所获得的见识与经历。《有钱人和没钱人》《过河入林》都是从短篇小说开始的。

《巴黎评论》:你觉得从一个文字工程转移到另一个容易吗? 还是你开始一个就要先完成一个?

海明威:事实上,我中断自己认真的工作来回答你这些问题,足以证明我蠢得应该被判以重刑了。别担心,接着来。

《巴黎评论》:你觉得你在和别的作家竞争吗?

海明威:从来没有。我总试着比我确定其价值的死去的作家写得要好些。长久以来我只是单纯努力尽自己的可能写到最好。有时我运气不错,超水平发挥。

《巴黎评论》:你是否认为,一个作家年纪大了,创造力就消退了? 在《非洲的青山》里,你提到,美国作家到了一定年纪就变得自我重复。

海明威:我对此并不知晓。那些知道自己在干什么的人会一直干到死。你提到的那本书里,要是你细究起来,会发现我那是和一个没有幽默感的奥地利人乱喷美国文学,我想去干别的事,可他逼着我谈文学。我对那番对话有准确的记述。我不是要发表一个不朽的宣言,差不多的宣言就足够好了。

《巴黎评论》:我们还没有谈论人物,你小说中的人物都毫无例外地来自真实生活?

海明威:当然不是。有些人来自真实生活。你创造的大多数人物来自你对人的见识、理解和经验。

《巴黎评论》:你能不能谈谈把真实生活中的一个人变成一个虚构人物的过程?

海明威:如果我解释了我是怎么干的,那会成为诽谤罪律师的一本手册。

《巴黎评论》:你是否像E. M. 福斯特那样把"扁平人物"和"圆形人物"区别开?

海明威:如果你只去描写一个人,那就是平面的,好比一张照片,从我的立场看,这就是失败;如果你根据你的经验去塑造,那就会是全方位的。

《巴黎评论》:回想你所塑造的人物,其中哪一个是你特别喜欢的?

海明威:这会列一个很长的名单。

《巴黎评论》:这样说来,你挺享受读自己的书的——你不会想去修改一些地方?

海明威:有时我感到写不下去,就读自己的书让自己高兴起来。记得写作从来都是艰难的,以往也曾有过看似不可能写下去的时候。

《巴黎评论》:你怎么给你的角色起名字?

海明威:尽力起好。

《巴黎评论》:你写故事的过程中就想好书名了吗?

海明威:不是。我写完一个故事或者一本书,开列一个题目单子——有时会有一百个，接着开始划掉，有时一个不剩。

《巴黎评论》：有的题目直接来自内文，《白象似的群山》也是这种情况？

海明威：是的。题目是后来加的。我在普吕尼耶遇见一位姑娘，午饭之前去吃牡蛎的时候，我知道她已经打过一次胎。我走过去和她聊天，没谈到打胎，但回家的路上我想出这个故事，午饭也没吃，花了一下午把它写了出来。

《巴黎评论》：这么说，你不写的时候也在观察，以便寻找一些能用的东西？

海明威：当然。作家停止观察就完了。但他不必有意识地观察，老想着怎么去用。一开始可能是这状况。但后来，他观察到的东西进入他所知所见的大储藏室。知道这一点可能有用：我总是用冰山原则去写作；冰山露在水面之上的是八分之一，水下是八分之七，你删去你所了解的那些东西，这会加厚你的冰山，那是不露出水面的部分。如果作家略去什么东西是因为他并不了解那东西，那他的故事里就会有个漏洞。

《老人与海》本来可以有一千页以上，把村子里每个人都写进去，包括他们怎么谋生、出生、受教育、生孩子，等等。有的作家这么写，写得很好很不错，写作这行当，你受制于既存的完美杰作。所以我得努力学着另辟蹊径。第一，我试着把向读者传递经验之外的一切不必要的东西删去，这样他或她读了一些之后，故事就成为他或她的一部分经验，好像确实发生过。这做起来很难，我一直努力在做。

总之，先不说怎么做成的，我这次有难以置信的好运气，能够把经验完整地、前所未有地传达出来；运气在于我有一个好老头和一个好孩子，近来的作家都已经忘了还有这样的事情。还有大海也同人一样值得描述。这是我的运气好。我见过马林鱼交配，知道那是怎么回事。我把这些放弃。在那一片水面上，我见过五十多头抹香鲸的鲸群，有一次我叉住了一头几乎有六十英尺长的鲸鱼，却让它逃走了。可我也没把这些写到小说里。我对渔村所了解的一切都略去不写，但那正是冰山在水下的部分。

《巴黎评论》：阿奇博尔德·麦克利什说过一种向读者传达经验的方法，他说是你过去在《堪萨斯城星报》写棒球比赛时形成的。这很简单，用小的细节去传递经验，秘密隐藏的、又有能够显示整体的效果，使读者意识到在他们潜意识中有所察觉的东西……

海明威：这个传闻不靠谱。我从来没给《星报》写过棒球。阿奇博尔德要记起来的是一九二〇年前后我在芝加哥怎么努力学着寻求那些产生情绪又不被注意的东西，比如一个外野手扔掉手套而不回头看一眼手套落在哪里的样子，一个拳击手的平底帆布运动鞋下树脂底发出的吱吱声，杰克·布莱克本从监狱刚出来时的灰色皮肤。我像画家画素描一样还注意到其他一些东西：你见过布莱克本那种古怪的肤色、剃刀留下的老伤疤、对不了解其历史的人吹牛的方式，这是在你知道一个故事之前就触动你的东西。

《巴黎评论》：你是否描写过某一种你没有个人体验的情形？

海明威：这是个奇怪的问题。所谓个人体验，你是说肉体的体验吗？如果是这样，回答是肯定的。一个作家，如果他是好作家，不会去描写。他是创作，根据他亲身经历或非亲身经历的经验来虚构，有时他似乎具备无法解释的知识，可能来自已经忘却的种族或家庭经验。谁去教会信鸽那样飞？一头斗牛的勇气或一只猎狗的嗅觉从何而来？这次谈话是对上次我们在马德里谈话的阐释和浓缩，那次我头脑靠不住。

《巴黎评论》：你觉得对一种体验应该超越到什么程度才能用小说的形式去表现？就拿你在非洲遇到的飞机事故来举例如何？

海明威：这取决于经验本身。有一部分经验你一开始就抱着完全超脱的态度，另一部分经验就很纠结。我想并没有什么规定要作家应当隔多久才能去表现，这要看作家个人调整得怎么样，看他或她的复原能力。对一个训练有素的作家，飞机着火坠落当然是一次宝贵的经验，他很快就学会一些重要的东西。这对他有没有用,要看他能不能生存下来。生存,体面地生存,这个过时的、极度重要的词,对作家来说始终是又困难又极度重要。那些没活下来的人常常更招人喜爱,因为没人看见他们为了他们所认定的必须在死之前完成的任务,而进行的长期、沉闷、无情、既不宽恕别人也不求别人宽恕的奋斗。那些死得早、轻巧放弃的人更有理由招人喜欢,因为他们能被理解,更人性化。失败和伪装巧妙的胆怯更有人性,更可爱。

《巴黎评论》:我能不能问一下,你认为作家对他所处时代的社会问题应该有怎样程度的关心?

海明威:每个人都有自己的良知,不应该规定说良知起的作用应该到什么程度。对于一个关心政治的作家,你可以确定的一点是,要是他的作品想持久,你读的时候就要把政治那部分跳过去。许多所谓参与政治的作家都经常改变他们的政见,这对于他们和他们的政治文艺批评很刺激。有时他们重写自己的政治观点——匆匆忙忙地。也许作为一种找乐子的方式,这也值得尊重。

《巴黎评论》:埃兹拉·庞德对种族隔离主义者卡斯帕产生的那种政治影响是否也作用于你,当你认为这位诗人应该被从圣伊丽莎白医院释放出来时?

海明威:不,不是这样。我认为埃兹拉应该被释放,被允许在意大利写诗,只要他许诺不再参与任何政治。我很高兴看到卡斯帕尽快入狱。大诗人不必是女孩子的向导、童子军团长,或者对青年人有什么好影响。提几个人名,魏尔伦、兰波、雪莱、拜伦、波德莱尔、普鲁斯特、纪德,这些人不应该被禁闭起来,只因害怕他们的思想、举止或道德被当地的卡斯帕所效仿。我肯定,过不了十年,这段要加上一个脚注来说明卡斯帕是谁。

《巴黎评论》:你能说,你的作品中就没有说教的意图吗?

海明威:说教是个被误用的词,被用滥了。《午后之死》是一本有教益的书。

《巴黎评论》：有人说，一个作家在作品中始终只贯彻一两个理念。你能说说你的作品表现的一两个理念吗？

海明威：谁说的？听起来太简单了。说这话的人自己可能只有一两种理念。

《巴黎评论》：好，这么说也许更好一些：格雷厄姆·格林说过，一种对于统治地位的激情让一架子小说形成一个体系。我相信，你自己也说，伟大的创作来自对不正义的感觉。一位小说家就是这样被某种紧迫感所支配，你认为这重要吗？

海明威：格林先生发表声明的才能我不具备。对我来说，不可能对一架子书、一群呆鸟，或者一群鹅做一个概括。不过，我还是概括一下。一个对正义和非正义没有感觉的作家还不如去给特殊学校编辑年鉴而不是写小说。再概括一条，你看，事儿明摆着也不难概括，一个优秀作家最本质的才能在于他内嵌的、雷打不动的狗屎探测器。这是作家的雷达，所有伟大作家都有这玩意儿。

《巴黎评论》：最后，触及根本的问题，作为创作型作家，你认为虚构艺术的功能何在？为什么要表现现实而不是写事实本身？

海明威：干吗为这个感到困惑？从已发生的事情，从存在的事情，从你知道的事情和你不知道的那些事情，通过你的虚构创造出东西来，这就不是表现，而是一种全新的事物，比任何东西都真实和鲜活，是你让它活起来的。如果你写得足够好，它就会不朽。这就是你为什么要写作，而不是你所知的其他什么原因。可是，那些没人能知晓的写作动因又是什么样子呢？

（原载《巴黎评论》第十八期，一九五八年春季号）

亨利·米勒

◎ 王岳杭/译

一九三四年,四十二岁的亨利·米勒住在巴黎,出版了他的第一本书。一九六一年,他的书终于在祖国出版,而且迅速成为畅销书,这也让他成为名人。这些年来,关于审查制度、色情和淫秽的争论已经把这一潭水搅浑,说什么的都有,就是没人谈论书本身。

但这不是什么新鲜事。就像 D. H. 劳伦斯,亨利·米勒很长时间以来就是一个话题和传奇。评论家和艺术家追捧他,朝圣者崇拜他,"垮掉的一代"仿效他……他是高高在上的文化英雄——或者是某些认为他威胁了法律和秩序的人眼中的文化恶棍。他甚至可能被描述成一个民间故事的男主角:流浪汉、先知、流亡人士,在其他所有人都回家的时候去了巴黎的布鲁克林男孩,在美国艺术创作的悲惨世界中坚守的饥肠辘辘的波希米亚人……最近几年,他是大瑟尔①的圣贤。

他这一辈子,都以第一人称写在那一系列自传性质的流浪汉冒险记里:《黑色的春天》是在布鲁克林度过的青涩岁月;《南回归线》以及"殉色三部曲"是二十年代了寻找自我的奋斗;《北回归线》是三十年代在巴黎的冒险。

一九三九年,他去希腊拜访劳伦斯·德雷尔。那次短暂逗留为《玛洛西的大石像》打下了叙述的基础。因为"二战"爆发不得不返回美国,那一年奥

---

① 大瑟尔:美国加州西部的风景区,又译为大南方岬。《大瑟尔》全名为《大瑟尔与希罗尼穆斯·波许的橘子》,是亨利·米勒在二十世纪五十年代创作的一部文集,集散文、杂谈、逸事及故事于一体,整部作品所围绕的中心就是作者在大瑟尔的生活。

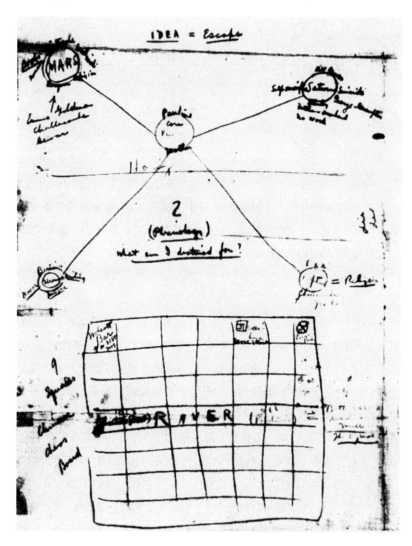

亨利·米勒最早做的笔记中关于《南回归线》的部分：拥抱星蚀；区域地
图，地标建筑、街道和墓地；命中注定，要么，环境所迫——根据情况来；重
要的事件；有力的想法；心理模式。

德赛式的返乡之旅记录在《空调噩梦》中。然后到了一九四四年,他在加州宏伟空旷的海岸边定居下来,之后的生活杂七杂八都写在《大瑟尔与希罗尼穆斯·波许的橘子》这本集子里。现在,因为他的名,大瑟尔成了朝圣者云集的中心,所以他逃出那个地方,再次上路。

古稀之年的亨利·米勒,准确地说,看起来像刚吞下一只金丝雀的和尚。很快你就会发现他是个热情幽默的人。尽管脑袋上只剩一圈白发像光环一样围住光溜溜的头顶,可他一点儿也不显老。他的身体——出人意料的轻小,完全是年轻人的样子,连一举一动,都散发着青春的味道。

他的声音相当迷人,像是施了魔法的低音提琴,醇美却不失洪亮,洪亮却不失安静,安静却不会听不见,而且还有丰富的转调。这种音乐性的魔咒,不可能像他表现的那样是无意识的。他用修正过的布鲁克林口音说话,时不时会停下来,插入一些纯属修辞性质的短句,比如"你明白吗"、"你知道吗",有时说着说着就坠入沉思,发出一连串回音壁式的、逐渐变弱的咕哝,"是呀,是呀……嗯嗯……嗯嗯……呀……嗯……嗯",然后没了声音。这个男人的味道和真诚也在于此,没听过他说话的人是不会完全明白这点的。

本次访谈于一九六一年九月在伦敦完成。

——乔治·威克斯,一九六二年

《巴黎评论》:首先,和我们说说你写作前的准备工作吧。比如海明威每次写东西之前会先削好铅笔,你会这么做吗? 或者会以其他的什么事情开始呢?

亨利·米勒:不会,一般来说不会,不会做那样的事。通常我吃完早饭就开始写。就坐在打字机前面写。要是发现写不出来,我就走开。但是不会有一个特定的准备工作。

《巴黎评论》：有没有一个特定的时间段或者特定的几天，你的写作状态会比平常好些？

米勒：我现在喜欢在早上写东西，写上两三个小时。最开始，我比较习惯在午夜之后到凌晨这段时间干活，不过那是很久以前的事了。我到巴黎之后就发现，早上干活更好。不过那时候一写就写上很长时间。我会从早上开始，午饭后小睡一会儿，起来继续写，有时候会写到半夜。最近十到十五年里，我发现其实没必要写那么长时间。实际上那样并不好，那是竭泽而渔。

《巴黎评论》：你是说你写得很快？佩莱斯在《我的朋友亨利·米勒》里面说，你是他认识的打字速度最快的作家之一。

米勒：是，很多人都这么说过。我写东西的时候肯定噼里啪啦很吵。我想我确实写得蛮快的。但是后来也不完全是这样。我可以很快地写上一阵，然后会卡住，可能一个小时就停在那一页上。不过那种情况很少发生，因为当我发现自己陷入泥潭，我会跳过困难的部分继续往下写，知道吗，你完全可以在以后的某天再回来解决那个问题。

《巴黎评论》：就你早期作品而言，从你开始写到写完一本书，一般会花上多长时间？

米勒：这我没法回答你。需要多长时间能写完一本书，这是完全没法预测的——就算我从现在开始写，不管写什么东西，我都不知道什么时候才能写完。而且哪怕一个作家说，他是从哪天开始写，到哪天写完的，这也是不够老实的说法，因为这并不意味着这段时间里他一刻不停地在写。就拿《色史》，或者说整个"殉色系列"来说，我记得从一九四〇年就开始写了，到现在，我还在写。那是不是说，我这二十多年就一直在写"殉色"？这么说很可笑。中间有几年，我都完全忘了还有这回事，这又怎么算呢？

《巴黎评论》：好吧，我知道你重写了好几遍《北回归线》，而且那是你所有的作品里,带给你麻烦最多的一部,不过话说回来,那毕竟是你的第一部作品。那么现在呢? 我想对现在的你来说,写作应该不会像以前那么艰难了吧?

米勒:我觉得这些问题毫无意义。花多长时间写一本书,这能说明什么? 如果你问西默农那样的问题,他会告诉你明确的答案。我想他写一本书的时间大概是四到七周。他知道这么长时间足够了。他的书长度都是差不多的。再说,他是那种很少有的例外,就是当他说"现在,我要开始写这本书了",他就一心一意地写它了。他就是那样的作家。他会把自己关起来,其他什么事都不想不做。好吧,我的生活从来不是那样的。我写东西的时候,还有大好的日子要过。

《巴黎评论》:你改稿改得厉害吗?

米勒:有的多,有的少,这也是没有一定的。我在写的过程中,从来不做修改或者校正。这么说吧,我会先用一种方式把一个东西写出来,然后,等它冷却下来——我会让它休息一会儿,一个月,也可能是两个月,我会用一种全新的眼光来看它。这是很美妙的时刻,我拿着斧头就开工了。不过并不是所有的都会这样,有时候,我会觉得它差不多就是我想要的样子。

《巴黎评论》:那如果要改,你会怎么做呢?

米勒:要改的话,我会用钢笔和墨水把要改的部分标出来,划掉、插入。改完之后的手稿看起来漂亮极了,像巴尔扎克。然后我会重新打一遍,在重打的过程里,我还会改动一些地方。我喜欢自己亲自动手重打原稿,因为就算已经把所有想要修改的地方都改好了,单纯敲打键盘的机械动作所带来的手指的触感,都会让我产生很多新的想法,然后就发现自己在修改已完成的东西。

《巴黎评论》:你的意思是,你和打字机之间会有奇妙感应?

米勒:是,从某种程度上说,打字机扮演着兴奋剂的角色。这是一种合作关系。

《巴黎评论》:在《我一生中的书》里面,你说大多数作家和画家干活的时候,姿势都是很别扭的,你认为这样有助于创作吗?

米勒:我是这么想的。不知怎么的,我就是觉得,把自己弄得舒舒服服的,这是一个作家或者画家干活的时候最后才会想到的事情。可能这种不舒服,也是一种帮助或者说兴奋剂。人是会选择在悲惨条件下干活的,哪怕明明可以舒服一点。

《巴黎评论》:这种不舒服有时候会不会是心理层面的? 比如像陀思妥耶夫斯基那种……

米勒:这我可不知道了。我知道陀思妥耶夫斯基总是苦大仇深的样子,但你没法说他是故意跟自己过不去。不,我不太相信他是那样的。我不认为任何人会那样对自己,除非是无意识的。我倒是觉得,很多作家有一种你或许会称之为心魔的天性。他们总是把自己搞得一团糟,你知道的,不仅仅是在写作的时候,也不仅仅是因为写作,而是在生活的方方面面、婚姻、爱情、事业、钱,一切。全部都给拴在一起了,所有的东西都打在一个包里。这是创造型人格的一种表现。不是所有的创造型人格都是这样,但有一些是。

《巴黎评论》:在你的一本书里,你曾经提到过"口述"这种写作状态,说有点儿像着了魔,说那些字像是自己从你嘴里蹦跶出来的,这是怎么回事?

米勒:这个,其实只在极少有的几个时候发生过,这种口述。有人接管了你的大脑,你只是把那人说的话照着念出来。这事在我写一本关于 D. H. 劳伦斯的书期间发作得最厉害。那本书一直就没写成——因为我得思考太多东西。你看,我觉得思考不是件好事儿。一个作家不应该思考太多。偏偏那就是一本不思考就没办法写的书。我对思考这事不怎么在行。我写东西,是用本能的,所以写的时候,我并不清楚地知道会写成什么样子。我知道我想写什么,但不是那么确定怎么来说。可是在那本书里,我要和很多想法搏斗；它必须有一定的形式、意义什么的。我干了好一阵儿，我想，有整整两年吧。我完全沉浸进去了，着了魔，无法丢开它。我甚至没办法睡觉。好吧，就像我前面说的，在那段时间里，口述附体的情况发生得比较多。写《南回归线》的时候也发生过这事，写其他书的时候也碰到过。我觉得那些段落特别棒，不知道其他人有没有注意到。

《巴黎评论》：那些就是你称之为"华彩乐章"的段落吗？

米勒：对，我是用过这个说法。所谓华彩乐章，就是那些狂暴的段落，一个词紧接着一个词倾倒出来。我不确定还能不能继续这样写东西。当然，我想写作一直就应该是这样的才对。你看这就是东西方在思维方式、行为模式以及修行方法上表现出来的最大的也是最本质的不同。比方说，一个禅宗高手要做点什么之前，他会先用很长一段时间来修行，冥想，做准备，深思熟虑这件事，然后无念无声无我无这个那个——这个过程可能要几个月时间，也可能要几年。然后，他动手了，像闪电，直接命中目标——完美。好吧，我觉得，所有的艺术品都应该是用这种方式创造出来的。可是谁这么做了呢？我们的生活总是和我们的信念背道而驰。

《巴黎评论》：作家有没有一套特定的训练方法，像禅宗剑客那样的？

米勒：哎呀，方法当然有，可是谁会这么做呢？不管是有意还是无意，每个艺术家终究都要修行的，以这样或者那样的方式。每个人都有自己的道路。毕竟，绝大部分写作都不是用打字机完成的，甚至不是在桌子上完成的。我想说的是，大多数时候，写作是一件无声无息的事，就在你走路的时候、刮胡子的时候、玩游戏的时候，或者干着其他随便什么事的时候，甚或是在和无关紧要的人有一搭没一搭说话的时候。你在写东西，你的大脑在写东西，就在你意识的背后。那么，你在打字机前面做的事情，其实和转账差不多。

《巴黎评论》：你前面说过，你身体里面有什么东西附体。

米勒：是,没错。听着,谁写了那些伟大的书? 不是签上名字的我们。艺术家是什么? 就是那些长着触角的人,知道如何追逐空气中宇宙中涌动的电流的人,他们只是靠着他们的机敏,从来就是如此。哪个人是原创的? 我们做过的每一件事、闪过的每一个念头,都是现成就有的,我们无非只是一种媒介,让空气中的某些东西变得有用的媒介,如此而已。为什么伟大的思想、伟大的科学发现,总是同一时期在世界上不同的地方爆发? 它们是如何诞生的,一首诗、一部伟大的小说或者任何一种艺术,也就是怎样诞生的。它们就在空气中,只是不会说话罢了。它们需要一个人、一个翻译员,让它们显形。嗯,确实还有一种情况,没错,有些人超越了他们的时代。但是现如今看来,超越时代的人,我觉得不大可能是艺术家,而会是那些科学家。艺术家拖着腿慢吞吞走在后面,他们的想象力根本跟不上科学家的脚步。

《巴黎评论》：有些人为什么特别有创造力呢? 安格斯·威尔逊说,艺术家写作是因为受了某种创伤,他用他的艺术作为某种治疗,这样就不至于彻底地失心疯。另一方面,奥尔德斯·赫胥黎却有完全相反的看法,说作家的心智非同一般的健全,要是不幸有神经衰弱的毛病,则会成为写作的障碍。你对这个问题怎么看?

米勒：我觉得每个作家的情况是不太一样的。我不认为作家可以作为一个整体一概而论。一个作家,说到底是个人,和其他人一样的人。他可能会神经质一些,也可能不会。我是说,这种神经质,或者不管他们把他的这种性格特征叫什么,并不能为他的写作加分或者减分。这两者之间的关系,比那要神秘复杂得多。这个问题,我碰都不想去碰。我说了,一个作家,是长触角的人。要是他真知道自己是怎么回事,他会非常谦卑。他会意识到,自己是被某种才能附体的人,命中注定要用这种才能为他人服务。他没什么可以得意的,他的名字一文不值,他的自我就是零,他只是一架乐器,这样的乐器还排了好长一列。

《巴黎评论》：你是什么时候发现自己拥有这种才能的? 最开始写作是

什么时候?

米勒:我肯定是在给西联打工①的时候开始写东西的。发现自己的才能,当然是在写第一本书的时候,无论如何都可以这么说。那时候我还写点其他小东西,但是真正的创作应该是在离开西联之后,就是一九二四年,我决定成为一个作家,全身心投入写作。

《巴黎评论》:那么说来,在《北回归线》出版之前,你已经写了十年?

米勒:差不离,是这么回事。那段时间里我还写了另外两三本小说。确切地说,《北回归线》是我写的第三本小说。

《巴黎评论》:能告诉我一些那时候的事吗?

米勒:嗯,其实在"殉色三部曲"——《色史》《情网》《梦结》里面已经写了很多那时候的事情。《梦结》的后半本里也会有不少。我把那段时间的苦水一股脑儿地倒出来了——我的物质生活、我的困境。我像条狗那样写啊写,同时还——怎么说呢,很迷茫。那段时间,我不知道自己到底在干什么,我不知道自己到底想要什么。我应该写一部小说,就是这本伟大的小说,但实际上我那时候没写出什么东西来。有时候一天也写不了三四行。我妻子晚上回到家,问我,"写得怎么样了,嗯?"(我从不让她看打字机里的东西)我会说:"噢,写得正欢呢。""那现在写到哪儿了?"这下,你才想起来,感觉好像已经写了很多,可能实际上只有三四页,不管怎么样,我都会说得好像已经写了一百页或者一百五十页的样子。我会接着说我写了什么什么,就在跟她说话的同时构思我的小说。她会听我讲,鼓励我,心里十分清楚我是在骗她。隔天,她回家来会说:"你那天说的那段后来怎么样了?"而这彻头彻尾是个谎言,你看,我和她,两人谁也没说真话。奇妙,实在是奇妙……

《巴黎评论》:你是什么时候开始把所有这些自传体小说作为一个整体

---

① 二十世纪二十年代初,亨利·米勒在西联电报公司当人事经理。

来考虑的？

米勒：是在一九二七年，那一年我妻子去了欧洲，撇下我孤身一人。我在皇后饭店的停车部门找了份活儿，有一天，下班之后，我本该回家的，却突然被一个念头占住了，就是构思一本关于自己的生活的书，然后干了整整一个通宵。我现在已经写出来的所有东西，都在那个计划里面，打了有四十也不知道是四十五页纸。用笔记的形式写的，电报风格。不过整件事情已经有了雏形。从《南回归线》开始到"殉色系列"，我写的全部东西都是在写那七年，就是我和这个女人一起生活的七年，从我遇到她开始，到我去欧洲。《北回归线》不算，那个写的是当时的即时生活，就是紧接那七年之后发生的事。那个晚上，我并不晓得自己什么时候会离开，但是知道自己迟早是要走的。那是在我作家生涯中至关紧要的一段时间，就是离开美国前的那阵子。

《巴黎评论》：德雷尔说一个作家要在写作上有所突破，需要倾听自己内心的声音，这话实际上是你说的吧？

米勒：是，我想是的。不管怎么说，对我来说，《北回归线》就是这么回事。在那之前，你完全可以说，我是一个毫无创意的作家，受到所有人的影响，从每一个我喜欢的作家那里抄点东西，学他们的腔调、作品的色调。我那时就是个文学青年，你可以这么说。后来我不是了：我剪断了束缚。我说，我只做力所能及的事，决不伪装，是什么样就写什么样——这就是为什么我用第一人称，为什么写的都是自己的事。我决定从我自己的经验出发来写，写我所知道的事情和感受。那是我的救赎。

《巴黎评论》：你最开始写的小说大概是什么样子的？

米勒：我能想象你会发现——而且很自然地，你一定会发现，那里面有我自己的一些影子。可是那时候我很在意故事讲得好不好，有没有包袱可以抖。那时我更关心结构和叙述风格，而不是真正重要的、本质的、有生命力的东西。

《巴黎评论》:那就是你所说的"文学青年"的模式?

米勒:对,那是过时的、无用的东西,你得甩掉那层皮。文学青年必须被干掉。很自然地,你并不想杀掉身体里的他,对想当作家的你来说,他可是非常重要的帮手,而且可以肯定的是,每个艺术家都会对技术入迷。但,你要记住,是"你"在写东西,不是他。我后来发现一点,天底下最厉害的技巧,就是根本没有技巧。我从来没觉得自己必须牢牢掌握一套特别的写作手法。我努力保持开放和灵活,随时准备让风带走我,让思绪带走我。那就是我的状态、我的技巧。你非要说的话,就是一定要既灵活又警惕,只要当时觉得是好的,就去弄。

《巴黎评论》:在《致广大超现实主义者的一封公开信》中,你说"我在美国进行超现实主义写作那会儿,还没听说过这个词呢",那么现在呢? 你怎么理解"超现实主义"?

米勒:我住在巴黎的时候,我们有一个说法,非常美国式的,从某种意义上来说是最好的说法。我们总是说,"我们来带个头。"那意思是,沉下去,潜入无意识,只遵从于你的本能,跟随你的冲动、你的心,或者说那一股子劲,不管你把它叫做什么都行。但这只是我的理解,不是正儿八经的超现实主义教条。恐怕其他人并不能认同,安德烈·布勒东就不会。不过,法国人的观念、教条主义的观念,对我来说没什么意义。我唯一关心的是,我从中发现了另一种表达方法,是过去没有的,一种更高明的方法,但你得明智地去使用它。那些有名的超现实主义者使用这个技巧的时候,常常为了超现实主义而超现实主义,有点太过了,起码在我看来是如此。它变得莫名其妙,不解决任何问题。一旦事情变得完全不可理解,那就失败了,我是这么觉得。

《巴黎评论》:你所说的"进入夜生活",是否就是指超现实主义?

米勒:可以这么说。它首先是梦境。超现实主义者利用梦境,而且毫无疑问地,那种体验有着不可思议的丰饶面貌。有意或无意,所有的作家都从梦里面挖东西,就算不是超现实主义者也是如此。醒着的大脑,你看,对于艺术来说是最没有用处的。写作的过程中,一个人是在拼命地把未知的那部分自己掏出来。仅仅只是把自己有意识的东西摆出来,毫无意义,真的,那是不成的。任何人只要稍微练习一下就能做到那样,任何人都能当那样的作家。

《巴黎评论》:你把刘易斯·卡罗尔叫做超现实主义者,而且著名的卡罗尔式的胡言乱语有时也会出现在你的作品里……

米勒:就是,就是,刘易斯·卡罗尔是我喜爱的作家。只要能写出他那样的书来,取走我的右臂作为交换都是可以的。哪怕只是稍微向他靠拢一些,我都肯拿这只写字的手来换。等把手头这个计划写完,如果还继续写的话,我会很乐意写点完全的、纯粹的废话。

《巴黎评论》:那你怎么看"达达主义"呢? 有过接触吗?

米勒:有,对我来说,达达主义甚至比超现实主义还要重要。达达主义艺术家们做的那些东西,是真正意义上的革命。这是一种有预谋的、有意识的努力,把台面上的东西和台面下的东西颠倒过来,让你看到我们置身其中的生活有多么疯狂,我们以为有价值的东西其实全都狗屁不是。达达主义运动当中有一些极好的人,他们都有一种幽默感。他们做的东西会让你发笑,也会让你深思。

《巴黎评论》:在我看来,你的《黑色的春天》就是挺达达主义的。

米勒:确实如此。我那会儿特别敏感。刚到欧洲那会儿,我对所有正在发生的事情都感兴趣。有一些东西,我在美国的时候已经有所了解,真的是这样。在美国,我们读到了《变调》杂志①,约拉斯这个不可思议的家伙选了

---

① 《变调》,一九二七年由尤金·约拉斯创刊的文学杂志,倡导"现代精神",刊登了十八节《芬尼根守灵》和塞缪尔·贝克特、格特鲁德·斯泰因、威廉·卡洛斯·威廉斯及纪德等人的作品后,名声鹊起。约拉斯夫妇也是詹姆斯·乔伊斯的挚友。

一些稀奇古怪的作家和艺术家，很多都是我们从来没听说过的。我记得当时还看了很多神奇的东西，比如说，去军械库展览会看马塞尔·杜尚的《下楼梯的裸女》，还有很多其他的。我昏头昏脑地喜欢上了这些东西，就像喝了酒一样兴奋。所有这一切都是我一直在寻找的，它们对我来说是那样亲切。

《巴黎评论》：相比在美国或英国，你的作品在欧洲大陆总是获得更好的理解和评价，你觉得是为什么呢？

米勒：这个，开始的时候，是因为我在美国没有什么机会被人理解。因为我的书根本没有在那儿出版。不过除此之外还有个原因——尽管我百分之百是个美国人（我一天比一天更清楚这点），我和欧洲人更好沟通些。我能跟他们交谈，更容易表达自己的想法，更快地被理解。我和他们处得更好些，比和美国人感觉好。

《巴黎评论》：你在关于帕琛的书里讲到过，一个拒绝妥协的作家在美国是永远不会被接受的，你真的那么想吗？

米勒：是，现在更是如此。我感觉美国本质上是站在艺术家的对立面的，艺术家是美国的敌人，因为艺术家代表的是个体和创造性，不晓得为什么，这和美国格格不入。我觉得在所有的国家当中——当然不包括共产主义国家，美国是最机械化、自动化的国家，其他都要好一些。

《巴黎评论》：在三十年代，什么东西是你在巴黎找得到而在美国找不到的？

米勒：首先，我想我找到了一种在美国无法想象的自由。我发现跟人们交流容易多了——就是说，我找到了能愉快地与之交谈的人。我在这里碰到更多的同类。最重要的是，我感觉到他们的宽容。我并不要求理解或者认可，能容忍我，已经足够。在美国，我从未有这种感觉。不过那时候，欧洲对我来说是个新世界。我猜其实在任何一个地方都会感觉挺好——只要去别的地方，完全不同的世界，当外国人。因为我这一辈子，真的是，也可以说是心理意义上的——该怎么说呢，很怪，我总是喜欢在别处。

《巴黎评论》：换句话说，如果你一九三〇年就去了希腊而不是一九三九年去的，那你找到的东西会一样吗？

米勒：可能不会是一样的东西，但我还是会在那里找到表达自我、解放自我的方法。或许不会成为现在这样一个作家，但是我感觉一定会找到自己。在美国的话，我很可能就被逼疯了，或者会自杀。我感觉完全是孤立的。

《巴黎评论》：那大瑟尔怎么样？你觉得那里的环境舒服吗？

米勒：哦，不，那儿什么都没有，除了大自然。孤身一人，恰如我所愿。我待在那里，就因为那是一个与世隔绝的地方。我早就学会随遇而安地写作。大瑟尔是极好的换换脑子的地方。我完全把城市抛在了身后。我受够了城市生活。当然了，大瑟尔这地方，并不是我的选择，你晓得吧。有一天，一个朋友把我带到那儿，然后把我丢在路边。他走的时候说，"你去见一个什么什么人，她会让你住上一晚，或者一个星期，这是个不错的地方，我想你会喜欢它的。"然后我就爱上了它，就这么回事。在那之前，我从没听说过大瑟尔这地方。我以前知道有瑟尔角，因为我读过罗宾逊·杰弗斯。我在巴黎的圆顶咖啡馆看的《瑟尔角的女人》——这辈子都忘不了。

《巴黎评论》：你一向都是都市写作，怎么会突然以这样一种方式回归自然呢？

米勒：这个嘛，你看，我本质上是个中国人。你晓得不，在中国古代，艺术家、哲学家老了之后，会隐退乡间，生活并静思。

《巴黎评论》：但你是因为误打误撞？

米勒：完全是这么回事。不过，你看，我这辈子里所有重要的事情都是这么发生的——纯属意外。但我也不相信这世界上有那么多意外。我相信，种瓜得瓜，种豆得豆。要我老实回答的话，我觉得一切答案都在我的星座里。对我来说，这是明摆着的事。

《巴黎评论》：你后来为什么再也没回巴黎住过？

米勒：原因有好几个。首先是，我到大瑟尔不久就结婚了，然后有了几个小孩，然后没有钱，然后的然后，也因为我爱上了大瑟尔这个地方。继续巴黎的生活，那样的想法，我完全没有，那都结束了，大多数朋友都不在了，战争毁坏了一切。

《巴黎评论》：格特鲁德·斯泰因说，住在法国让她的英语得到净化，因为她平时不再使用这种语言，而且这让她找到了自己的语言风格。你在巴黎的生活是不是也对你产生了这样的影响？

米勒：不完全是，但是我明白她的意思。当然我在那儿的时候，说的英语比格特鲁德·斯泰因多得多。换句话说，基本上不说法语。不过，法语还是一直对我有很大的影响。每天听人家讲另一种语言，会让你自己的语言变得锐利，让你意识到以前无法察觉的微妙之处。而且，随之而来的轻微的遗忘感，会让你产生更加强烈的愿望，要去抓住那些特定的措辞和表达。你对自己的母语变得更加有意识。

《巴黎评论》：你和格特鲁德·斯泰因有过某种接触吗？或者她的圈子？

米勒：没有，一点都不搭界。从来没碰见过她，也不认识她那个圈子的任何人。不过那会儿我和任何圈子都不熟，你可以这么说。我一直都是一匹孤独的狼，总是远离团体、圈子、门派、同人社、主义或者这类的东西。我认识几个超现实主义者，不过从来不是任何超现实主义团体或任何团体的成员。

《巴黎评论》：你在巴黎认识什么美国作家吗？

米勒:我认识瓦尔特·洛温费尔斯、塞缪尔·帕特南、迈克尔·弗兰克尔。舍伍德·安德森、多斯·帕索斯、斯坦贝克,还有萨洛扬,都是后来碰到的,回美国后,我和他们也就接触过几次,不是太熟,算不上有什么真正的来往。就我见过的美国作家来说,舍伍德·安德森是我认为最出色也是最喜爱的。多斯·帕索斯是个热情的小伙子,人很好,不过舍伍德·安德森——唔,我以前就极爱他的作品、他的风格、他的语言,最开始看的时候就是。我也喜欢这个人——尽管我们在任何事情上,尤其是对美国的看法上意见完全相左。他爱美国,他熟悉这个国家,他爱美国的人和与之有关的一切,我正好相反,但我喜欢听他讲对美国的感受。

《巴黎评论》:你认识什么英国作家吗? 你和德雷尔还有波伊斯,已经是老朋友了,对吗?

米勒:德雷尔,绝对是,不过那会儿我并不怎么把他当做一个英国作家,我完全就是把他当做英国佬来交往。约翰·考珀·波伊斯,当然也是。他曾经对我影响很大,不过当时我可不认识他,一点儿没来往。我怎么敢! 我狗屁不是而他是伟人,你明白吧。他曾是我的上帝、我的导师、我的偶像。我二十来岁的时候见过他几回。当时他在纽约的劳工之家,还有库珀联合学院那样的地方做讲座,去听一次只要十美分。大概三十年后,我去威尔士拜访他,发现他竟然知道我的书。让我更为吃惊的是,他似乎还挺看得起我的书。

《巴黎评论》:你那时候还认识奥威尔,是吗?

米勒:我碰到过奥威尔两三次,每次都是他来巴黎的时候。他不算是我的朋友,只是点头之交。不过我疯狂喜欢他那本书,《巴黎伦敦落魄记》,我觉得那是部经典。我现在还是认为,那是他最好的书。虽然他某种程度上是个很不错的家伙,我指奥威尔,可说到底,我还是觉得他有点蠢。他像很多英国人一样,是一个理想主义者,而且,在我看来,是一个愚蠢的理想主义者。一个有原则的人,我们也可以这么说。有原则的人让我觉得无趣。

《巴黎评论》:你对政治好像不怎么关心?

米勒:有什么可关心的? 在我看来,政治就是一个完全烂透了的散发着恶臭的世界。我们从那儿什么也得不到。任何东西跟它沾边就变味儿。

《巴黎评论》:就算是像奥威尔这种政治上的理想主义者?

米勒:特别受不了这种! 政治上的理想主义者缺少一种真实感,而一个政治家首先得是一个现实主义者。这些有理想有原则的人,他们全都弄错了,这是我的看法。想搞政治的人,不能有太多教养,得有点儿杀人犯的素质,随时准备并且乐意看到人们被牺牲掉、被屠杀掉,仅仅为了一个或善良或邪恶的念头。我的意思是,他们都是些很夸张的人。

《巴黎评论》:历史上有没有什么伟大的作家是你特别感兴趣的? 你研究过巴尔扎克、兰波和劳伦斯,是不是某一类作家特别吸引你?

米勒:很难这么说。我喜爱的作家很杂。他们是那种超越了作家的作家。他们都具有神秘的 X 特质,这种特质很抽象很玄妙,很那个什么——我不知道该怎么形容它,反正就是比文学的范畴稍微再多那么一点的东西。你看,人们阅读是为了获得愉悦,为了消磨时间,或者是为了受教。现在,我读书,再也不是为了消磨时间,再也不是为了受教了。我读书,是为了忘记自我,沉醉其中。我总是在寻找可以让我灵魂出窍的作家。

《巴黎评论》:你能说说为什么一直没能完成 D. H. 劳伦斯那本书吗?

米勒:嗯,答案很简单。越深入这本书,我越不明白自己在干什么。我发现自己陷入了一大堆自相矛盾中。我发现,其实我并不真正了解劳伦斯是怎么样一个人,不知道他到底是怎么一回事,不知道怎么来搞他,就是写了一阵之后,我不知道该拿他怎么办了。我变得完全不知所措。我把自己带进了一个丛林,然后找不到出来的路了,所以只好放弃这件事。

《巴黎评论》:但是你写兰波没遇到这样的麻烦?

米勒:没有,这真是太古怪了。他的个性完全是个谜,没错。但另一方面,兰波的书里没有那么多让人纠结的想法。劳伦斯绝对是个很有想法的人,他把他的文学挂在那些想法构成的架子上。

《巴黎评论》:你并不完全赞同劳伦斯的想法,是吗?

米勒:不,不是所有的都赞同,但我钦佩他的追求、他的探索、他的挣扎。而且劳伦斯有很多东西,我是认同的。另一方面,劳伦斯也有很多东西,让我觉得好笑,那些有点荒谬有点愚蠢有点鲁莽的东西。今天来看他,我看得更清楚一些,但我不再觉得把这些看法说出来有多么重要了。那时候他对我来说意味着一些东西,我完全落入了他的手掌心。

《巴黎评论》:嗯,现在,我想我们得谈谈关于色情描写和淫秽手法这个问题了。希望你不会介意。不管怎么说,你在这方面被认为是权威。你以前是不是在某个场合讲过"我赞成淫秽但反对色情"这话?

米勒:唔,其实很好区分。淫秽会是很直接的,色情是拐弯抹角的。我的信念是有一说一有二说二,可能结果会让人不舒服,有时不可避免地会让人讨厌,但决不粉饰。换句话说,淫秽是一个净化的过程,而与之相反,色情是越描越黑。

《巴黎评论》:哪种意义上的净化?

米勒:一旦禁忌被打破,就会有好东西出来,更有生命力的东西。

《巴黎评论》:所有的禁忌都是不好的吗?

米勒:对原始人来说不是这样。原始社会的禁忌是有道理的,但在我们的生活中,在文明社会里,禁忌是没有道理的。禁忌,在这里,是危险而病态的。你看,现代人的生活并不遵循道德准则或任何原则。我们谈论它们,就是嘴皮子动动,但是没人真的相信这些。没人真的实践这些规则,它们在我们的生活中是找不到的。禁忌,说到底只是历史的残留物,是一些脑袋破掉的人想出来的东西。你或许可以说，是一些可怕的人想出来的东西，这些人缺乏生活的勇气却道貌岸然地活着，还想把这些东西强加于我们。我眼中的世界，这个文明世界，是一个很大程度上没有信仰的世界。对现代人有影响的信仰，都是不真实和伪善的，都是和这些信仰的创始人的本意背道而驰的。

《巴黎评论》：不过，你自己却是很有信仰的人。

米勒：是的，但不信奉任何宗教。那是什么意思？意思就是对生活存有敬畏，信仰生，而不是死。此外，"文明"这个词语，在我脑子里总是和死亡联系在一起。每次我用到它的时候，就会想起一个胖到不能再胖、连动作也变得笨拙的人。对我来说从来就是如此。我不相信什么黄金年代，你知道吧。我的意思是，对少数人来说，确实存在所谓的黄金年代、少数精英分子的黄金年代；而对大多数人来说，生活总是不幸的，人们迷信而愚昧，被践踏，被教堂和政府压制。我现在依然是斯宾格勒的忠实信徒，再没有比他说得更透彻的了。他把文化和文明对立起来。文明，就是得了动脉硬化症的文化。

《巴黎评论》：大约十年前，德雷尔给《地平线》杂志写过一篇关于你的文章，其中谈到淫秽是一种技巧。你把淫秽当做一种技巧吗？

米勒：我想我明白他的意思。我想他是指它触碰到读者的神经了。嗯，或许我潜意识里是想要这样，但我从来不是故意去那样使用它。我运用淫秽就像我用其他方式说话一样自然。它就像呼吸，是我整个节奏的一部分。有些时候你是淫秽的，也有其他一些不淫秽的时候。不管怎么说，我并不认为淫秽是最重要的元素。但是，它是很重要的元素，而且你决不能抗拒它、忽视它，或者压制它。

《巴黎评论》：它也有可能被滥用……

米勒：有可能，不过这又有什么坏处呢？我们到底有什么可焦虑，有什么需要害怕的呢？文字，不过是文字，里面有什么东西会吓到我们？是思想

55

吗？就算它们很让人厌恶，我们难道是一群胆小鬼吗？还有什么东西我们没有面对过？我们难道没有过濒临毁灭的时刻并一再经历战争、疾病、瘟疫和饥荒？被滥用的淫秽，怎么就威胁到我们了呢？危险在哪儿？

《巴黎评论》：你曾经批评过，和美国平装本中充斥的暴力相比，淫秽显得相当温和无害。

米勒：是，所有这些反常的虐待狂式的描写，我都极其讨厌。我总是说，我的描写很健康，因为它们是愉快的并且自然的。我从来不表达那些超出人们日常语言和行为的东西。我的语言从哪儿来？不是从礼帽里变出来的。我们生活在其中，每天呼吸着它，人们只是不肯承认它的存在罢了。书面语言和口头语言为什么非要不一样？你知道吗，我们从前并没有这种禁忌。在英语文学的历史上，曾经有过一个时候，几乎任何东西都是允许的。只是在最近两三百年里，我们才有了这种恶心的态度。

《巴黎评论》：可是，我们发现，亨利·米勒用过的一些词，就连乔叟都没用过。

米勒：但你也会发现其中有很多快乐的东西，健康的本能、非常自由的语言。

《巴黎评论》：《巴黎评论》上有一篇德雷尔的访谈，他说现在回过头去看《黑皮书》，觉得有点过于淫秽了，你怎么看？

米勒：他这么说？嗯，要我说，那正是最对我胃口的部分。我第一次读到那些描写的时候，我觉得它们棒极了。我现在还是这么认为。他可能是在说反话呢，德雷尔这家伙。

《巴黎评论》：你为什么会有那么多性描写呢？性对你来说意味着什么？它有什么特别的意义吗？

米勒：这可不好说。你知道吗，我觉得我写的意识流废话跟性描写一样多,就是被那些视我为洪水猛兽的评论家称为"胡言乱语"的东西。只不过他们眼睛只盯着性描写而已。不,我无法回答这个问题。我只能说,它是我生命中一个重要的部分。我的性生活很好很丰富,而且我看不出有任何省略的必要。

《巴黎评论》:在某种意义上,这是和你在纽约的生活的一种决裂吗?

米勒:不是,我不这么想。不过事情是这样的——在美国生活过之后,你在法国会清楚地意识到,性无处不在。它就在那儿,在你周围涌动,像液体。我现在可以肯定,美国人对性关系的体验,和其他任何人类一样,也有强度、深度和多样性,但是,不晓得怎么回事,它不会像空气那样包围你。然后还有一点,在法国,女人在男人的生活中扮演了更为重要的角色。女人在那儿更有地位,女人是被重视的,女人是被当做人来交谈的,而不仅仅是一个妻子或者情人或者什么玩意儿。除此之外,法国男人还特别喜欢跟女人待在一起。在英格兰和美利坚,男人好像只有在一群男人当中才比较自在。

《巴黎评论》:不过你在修拉小屋的生活还是很男性化的。

米勒:确实如此,不过总也少不了女人。天下没有不散的筵席,这是真的,不过友情却一辈子长存。这也是我的星座特征:我注定会有很多朋友。这或许是我生命中最重要的基因,而且或许我不想这样都不行。从我开始写作,我就逐渐意识到别人对我有多么好。我这一辈子一直在获得帮助,有的来自朋友,有的来自素不相识的人。当我有这么多朋友的时候,还需要钱干什么呢?要是一个人有这么多朋友,还能有什么不满足呢?我有很多朋友,非常好的朋友、一辈子的朋友。只是,现在我正在失去他们,他们一个个地去了另一个世界。

《巴黎评论》:那我们不谈性了,来说点儿画画的事吧。现在我们知道,你差不多是在二十世纪中期开始爆发写作的冲动,开始画画也是那时候的事情吗?

米勒:差不多前后脚的事情。我记得大概是一九二七年或是一九二八年开始的。不过不像写作那么当回事,那是肯定的。写作的欲望在我生命中是一件很重大的事情、非常大。如果说我一直到很晚才开始写作——我真正开始写东西是在三十三岁的时候,那并不等于之前我就没有想过这件事。之前我只是一直把写作放在一个很高的位置上,觉得我没有那个能力去写,对能否成为一个作家、一个好作家没有自信。我甚至都不敢想象自己可以是那样一个人,你明白吗?嗯,画画对我来说就不是这么回事。我发现自己还有另外一面可以发挥。画画带给我很多乐趣,它是消遣,是其他事情之余的休息。

《巴黎评论》:你现在还在玩这个吗?

米勒:哦,当然,只是玩玩。

《巴黎评论》:可是,你有没有发现艺术之间有一些基本的东西是相通的?

米勒:正是如此! 如果你在某方面表现出具有创造性,那你在其他方面也是如此。其实最开始,你知道吗,对我来说最重要的东西是音乐。我弹过钢琴,当时想成为一个好的钢琴家,不过在那方面我缺少天赋。尽管如此,音乐对我还是影响很大。我甚至可以说,音乐对我的意义,比写作和画画都要大,它一直就在我大脑背后。

《巴黎评论》:你有一阵对爵士乐特别有感觉。

米勒:有过。不过最近没那么热衷了。我现在觉得爵士乐蛮空洞的,太狭隘了。就像我对电影的发展感到痛惜,我也痛惜爵士乐的命运。它越来越机械了,没有足够的发展,干瘪了。它像是在给人灌鸡尾酒,而我想要葡萄酒和啤酒,也要香槟和白兰地。

《巴黎评论》:三十年代你写过几篇关于电影的随笔,你有过实践这种艺术的机会吗？

米勒:没有,不过我还抱着希望,没准会遇到一个给我这种机会的人。我最痛惜的是,电影的技巧从来没有获得充分的挖掘。它是一种充满了各种可能性的诗意的媒介。想想看我们的梦和幻想吧。可是我们有几次能得到那样的东西呢？偶尔摸到一点边,我们就目瞪口呆了。然后想想看我们掌握的技术设备吧。可是我的老天呐,我们甚至都还没用到它们呢。我们本该可以创造出惊人的奇迹、奇观,无限的欢乐和美好,结果我们得到了什么呢？全都是垃圾。电影是所有媒介中最自由的,你可以用它制造奇迹。事实上,我热切期盼着文学被电影取代的那一天,到时候就不再有阅读的必要了。你会记住电影里的那些面孔,还有表情和动作,而读一本书是无法让你记住这些的。如果电影足够吸引人,你会完全让自己投入进去。就算是听音乐的时候,你也不可能那样投入。你去音乐厅,环境很糟糕,人们打着哈欠,或者索性睡着了,节目单太长,还没有你喜欢的,诸如此类,你明白我的意思。可是在电影院里,坐在黑暗中,影像来了又消失,这就像是——你被一场流星雨击中。

《巴黎评论》:你这是在说《北回归线》的电影版吗？

米勒:这个事嘛,有所耳闻。是有一些提议,不过我想象不出谁有本事把那本书拍成电影。

《巴黎评论》:你想亲自来做这件事吗？

米勒:不,我不会。因为我觉得,把那本书拍成电影基本上是不可能的任务。我在那里面找不到故事,这是其一。其二,它太依赖语言本身。把这种火热的语言转换成日语甚或土耳其语,没准有人能侥幸成功。我想象不出用英语怎么表演,你能吗？电影一定是生动而有形的媒介,总之,是图像组成的东西。

《巴黎评论》:你当过戛纳电影节的评委,对吗,就在去年？

米勒:是,尽管我是个相当可疑的人选。法国人大概是想通过这种方式表达对我作品的喜爱。当然他们知道我是个影迷,不过当一个记者问我是否还喜欢电影时,我不得不说,我已经基本不看电影。在过去这十五年里,我几乎就没看到过什么好电影。但有一点是肯定的,我在内心深处依然是一个影迷。

《巴黎评论》:嗯,你现在还写了一个舞台剧,你对这种媒介怎么看?

米勒:我始终希望能搞定这种媒介,可是一直没有勇气。在《梦结》里面,就是我住在地下室里奋力写作的那段生活期间,有一段描写,非常逼真,讲我如何努力想写一个关于那段时间生活的舞台剧。我到底没能写完它。我想最多完成了第一幕吧。我在墙上订了一份精心制作的提纲,而且一说起它就眉飞色舞,但就是写不下去。我刚写的那个剧本,是从礼帽里掉出来的,可以这么说。我正好是在一个很少有的状态里:无事可做,无处可去,没什么东西吃,没人在身边,于是我就想,干吗不坐下来试试呢?开始的时候都不知道自己在干什么,词语就跑出来了,我也就顺其自然,基本没费什么劲儿。

《巴黎评论》:是讲什么的?

米勒:什么都讲,但也什么都没讲。我不认为它讲什么有多重要,真的。是那种闹剧,或者说滑稽戏,有超现实主义的元素。然后里面还有音乐,背景音乐,从自动唱片点唱机里面出来,飘荡在空气中。我不觉得它有多大价值。关于它,最多只能说,你看了会睡不着的。

《巴黎评论》:你觉得你会继续写出更多的舞台剧吗?

米勒:我希望如此,是的。下一个将会是悲剧,或者是那种会让人哭泣的喜剧。

《巴黎评论》:你现在还写点其他什么呢?

米勒:其他什么也不写。

《巴黎评论》:难道你不打算继续写《梦结》第二卷了吗?

米勒:哦,是,没错,那是我不得不做的事情。可是那个还没开始呢。我试过几次,不过都放弃了。

《巴黎评论》:你刚才说,你不得不做?

米勒:啊,是啊,从某种意义上来说,我必须完成我的计划,就是我一九二七年做好的那个。《梦结》是它的终点,你明白吗。我想,之所以迟迟不把它写完,有一部分原因就是,我不想让这个计划结束。结束就意味着我非得转身,寻找一个新的方向,发现一片新的领域,就像过去曾经发生的那样。因为我已经不想再写我的个人经历了。我写了这么多自传体小说,并非因为觉得自己有多重要,而是——你可不要笑——因为最开始的时候,我觉得自己经历了天底下最悲惨的事,而我要写的故事是一个前所未有的人生悲剧。随着一本接一本地写,我发现自己算不上什么真正的悲剧人物,顶多是个业余爱好者。当然我确实有过非常悲惨的经历,但我不再觉得那有多么糟糕了。这也是为什么我把这个三部曲叫做"殉色"——玫瑰色的磨难的原因。我发现这种磨难对我是有益的,它打开了通往快乐生活的大门,就在你经受磨难的过程中。当一个人被钉上十字架,当他牺牲了自己,心房会像花儿般开放。当然你并没有死掉,没人真的会死,死亡并不存在,你只是进入了一个新的视野层面、新的意识领域、新的未知世界。就像你不知从何而来,你也不知会去往何处。但是,那儿是有点儿什么的,前生和来世,我坚信这点。

《巴黎评论》:这么多年来,你一直处于有创造性的艺术家常常会遭遇的困境,现在成了畅销书作家,你是什么感觉?

米勒:我真的对此毫无感觉。对我来说是缺乏真实感的,整件事情。我没觉得这事跟我有什么关系。实际上,我还有点儿不喜欢这样。它不能带给我快乐。我知道的只是,我的生活更多地被打断、更多地被侵入,增添了更多无价值的东西。人们关心的,是我已经不感兴趣的东西。那书对我来说已经不再有任何意义。人们认为,他们都激动了,我也该激动。他们认为,经过这么多年我终于被认可,对我是件重要的事情。好吧,其实我觉得我很早就已经被认可了,起码在那些我在意他们认可不认可的人那里。被一帮乌合之众认可,对我来说没有任何意义。事实上,这还是件相当痛苦的事。因为,这种认可是建立在误解的前提下的。那不过是一种猎奇心理,它并不意味着我真正的价值获得了赞赏。

《巴黎评论》:你始终知道自己会获得成功,书卖得好不过是成功的表现之一。

米勒:是的,确实如此。但另一方面,难道你不明白吗,真正的赞誉只能来自于那些和你同一个层次的人,来自你的同伴。只有这个是要紧的,而我早已得到它了,我知道这点已经有几年了。

《巴黎评论》:你的书里面,哪本你觉得写得最满意?

米勒:我总是说《玛洛西的大石像》。

《巴黎评论》:评论家,我是说大部分,认为《北回归线》是你最杰出的作品。

米勒:这个嘛,当我重读《北回归线》的时候,我发现它比我自己原来印象中的要好。我喜欢它。事实上,我有点吃惊。我已经好多年没看过它了,你知道吗。我觉得它是一本非常不错的书,具有某些恒久的品质。但写出《大石像》的我,是另一个层次的生命。我喜欢它的地方在于,它是一本愉快的书,它表达愉快,它提供愉快。

《巴黎评论》:《天龙座和黄道》这本书后来怎么样了? 你几年前提过。

米勒:没怎么样。我都忘了这回事了,不过没准哪天我又开始写了,这总是有可能的。原来的想法是写一个小册子，解释一下我写了这么多关于自己生活的书，到底是为什么。换句话说，是要把已经写的东西丢在脑后，想再说说清楚，自己本来想要写什么东西。是想通过这样一种方式，从作者的角度，给出对作品的某种理解。你看，作者的角度也是众多角度的一种，而他对自己作品的理解和看法，已经被其他人的声音淹没了。他真的像他想象的那样了解自己的作品吗？我可不这么想。我倒是觉得，当他回过神来，他会对自己说过的话做过的事感到惊奇，就像灵媒。

（原载《巴黎评论》第二十八期，一九六二年夏/秋季号）

弗拉基米尔·纳博科夫

◎ 丁骏/译

弗拉基米尔·纳博科夫跟他的妻子薇拉住在瑞士蒙特勒市的蒙特勒皇宫饭店，蒙特勒位于日内瓦湖畔，是上个世纪俄国贵族最喜欢的度假胜地。他们住在几间相连的酒店房间里，这些房间感觉就像临时的流放地，一如他们美国的住宅和公寓。其中有一间是给儿子德米特里来访时住的，还有一个杂物间，放了各式各样的东西：土耳其语和日语版的《洛丽塔》、别的书、运动装备、一面美国国旗。

纳博科夫一大早就起身工作。他总是在卡片上写作，之后逐步誊写、扩写、重组，直到这些卡片变成他的小说。蒙特勒天暖的时候，他喜欢晒太阳，在酒店附近一个公园的水池里游泳。时年六十八岁的他体态敦实，不怒自威。他很容易开心，也容易着恼，不过还是开心的时候多一些。他的妻子是个毫不含糊、绝无二心的合作者，时时处处上心，替他写信，处理经济上的事务；若她觉得纳博科夫说错了话，有时甚至会打断他。她是个极其美貌的女人，身材苗条，眼神沉着冷静。纳博科夫夫妇还常常外出捕蝴蝶，尽管走不远，因为他们不喜欢坐飞机。

采访者事先发了几个问题过去，等他到达蒙特勒皇宫饭店，恭候他大驾的是一只信封：这些问题被打乱重组，变成了访谈。后来又加了几个问题和回答，之后这篇访谈出现在《巴黎评论》一九六七年夏/秋季号上。按照纳博科夫的要求，所有的回答都是写下来的。他声称他需要用写的方式来作答是因为他对英语不熟悉；他常常这样亦庄亦谐地开玩笑。他说英语带有夸张的剑桥口音，偶尔略微夹杂些许俄语发音。事实上，英语口语对他而言根

peace, and of nights with her, the red blaze of her hair spreading
all over the pillow, and, in the morning, again her quiet laughter,
the green dress, the coolness of her bare arms.

In the middle of a square stood a black wigwam: ~~they were~~
~~working on~~ *were being repaired* the tram tracks. He remembered how he had got today
under her short sleeve, and kissed the touching scar from her small-
pox vaccination. And now he was walking home, unsteady on his feet
from too much happiness and too much drink, swinging his slender
cane, and among the dark houses on the opposite side of the empty
street a night echo clop-clopped in time with his footfalls; but
grew silent when he turned at the corner where the same man as
always, in apron and peaked cap, stood by his grill, selling
frankfurters, crying out in a tender and sad bird-like whistle:
"Würstchen, würstchen..."

Mark felt a sort of delicious pity for the frankfurters,
the moon, the blue spark that had receded along the wire and, as
he tensed his body against a friendly fence, he was overcome with
laughter, and, bending, exhaled into a little round hole in the
boards the words "Klara, Klara, oh my darling!"

On the other side of the fence, in a gap between the buildings,
was a rectangular vacant lot. Several moving vans stood there like
enormous coffins. They were bloated from their loads. Heaven knows
what was piled inside them. Oakwood trunks, probably, and chandeliers
like iron spiders, and the heavy skeleton of a double bed. The moon

纳博科夫先生的写作方式是先在索引卡上写短篇故事和长篇小说,在写
作过程中时不时打乱卡片的顺序,因为他不想按照情节发展的顺序写作。
每张卡片都会重写很多遍。写完后,卡片的顺序也就固定了。然后,纳博
科夫口述,由其夫人打字,最后输出三份。

本不在话下。然而，错误引证倒是个不大不小的问题。毫无疑问，丧失故土俄罗斯，这一历史阴谋之下的国破家亡对纳博科夫来说是悲剧性的，更令他人到中年，却以并非他童年梦里的语言从事着他一生的事业。然而，他一再为自己的英语水平致歉，这显然不过是纳博科夫的又一个特殊的伤心玩笑：他说的是真心话，他不是故意的，他为自己的国破家亡而悲伤；若有人批评他的风格他会怒不可遏；他假装只是一个可怜的外国人，而事实上他是美国人，一如"亚利桑那州的四月天"。

纳博科夫目前正在写一部探索时间的奥秘与歧义的长篇小说。说起这本书，他的声音和目光仿佛一个快乐而又困惑的年轻诗人，急不可待地想要动笔。

——赫伯特·戈尔德，一九六七年

《巴黎评论》：早上好。我想问四十个左右的问题。

弗拉基米尔·纳博科夫：早上好。我准备好了。

《巴黎评论》：你深感亨伯特·亨伯特与洛丽塔的关系是不道德的。然而在好莱坞和纽约，四十岁男人同比洛丽塔大不了多少的女孩发生关系屡见不鲜，即使结婚也不会引起什么公愤，顶多是公开的嘘声罢了。

纳博科夫：错，不是我深感亨伯特·亨伯特与洛丽塔的关系不道德；是亨伯特自己。他在乎，我不在乎。我压根不管什么社会道德观，美国也好，其他任何地方也罢。话说回来了，四十多岁的男人跟十几岁或者二十出头的女孩结婚跟《洛丽塔》扯不上任何关系。亨伯特喜欢"小女孩"，不光是"年轻女孩"。小仙女指的是还是孩子的女孩，不是少女明星，也不是性感小妮子。亨伯特遇到洛丽塔的时候，她是十二岁，不是十八岁。你也许记得洛丽塔满十四岁时，亨伯特口中的她已是他那"老去的情妇"。

《巴黎评论》：有一位评论家(普里斯-琼斯)对你有过如下评价："他的情感是独一无二的。"你对这话怎么看？这是否意味着你比其他人更了解自己的情感？或者说你在其他层面上发现了你自己？或者只是说你的过去很独特？

纳博科夫：我不记得这篇文章；不过如果哪个评论家说了这样的话，那么他肯定应该已经研究过不下几百万人的情感世界，至少是三个不同国家的人，然后才能下这样的结论。如果是这样，我还真算得上一只怪鸟。如果，这么说吧，如果他只不过是拿他自己家里或者哪个俱乐部的成员做的测试，那也就不可能把他的话当真了。

《巴黎评论》：另一个评论家曾经说过，你的"世界是静止的世界。这些世界也许会因执迷而变得紧张，但是它们不会像每天的现实世界那样分崩离析"。你同意吗？你对事物所持的观点中是否存在某种静止的特质？

纳博科夫：谁的"现实世界"？什么地方的"每天"？请允许我指出"每天的现实世界"这个短语本身才是彻底静止的，因为它预设了一个可随时被观察到的情境，这个情境本质上是客观的，而且无人不知。我怀疑是你编造出了那个"每天的现实世界"的专家。无论是专家，还是"每天的现实世界"，两个都不存在。

《巴黎评论》：他确实存在［说出评论家的名字］。还有一位评论家说你"贬低"你自己笔下的人物，"将他们变成一部宇宙闹剧中的无足轻重的小人物"。我不同意；亨伯特尽管可笑，还是有着一种经久的感人特质：一个被宠坏的艺术家的特质。

纳博科夫：我宁愿这样说：亨伯特·亨伯特是一个虚荣、残忍的坏蛋，却让自己看上去很"感人"。"感人"这一述语在其真实的、泪如彩铱的意义上来说，只适用于我笔下那个可怜的小女孩。再说了，我怎么可能将我自己创作的人物"贬低"成无足轻重的小人物云云呢？你可以"贬低"一个传记人物，但不可能贬低一个幻想出来的人物。

《巴黎评论》:E. M. 福斯特说他笔下的主要人物有时候会不听指挥,自行决定他小说的发展方向。你也遇到过同样的问题吗? 还是说你可以掌控一切?

纳博科夫:我对福斯特先生所知有限,只读过他一部小说,也不喜欢;无论怎样,小说人物不听作者使唤这个老套的古怪念头也不是他最先想出来的——老得跟鹅毛笔的历史差不多,虽则他笔下那些人如果一个劲儿想从那趟印度之旅①里逃出来,或者逃离作者想让他们去的别的什么地方,你当然还是会同情他们的。我笔下的人物是清一色的奴隶。

《巴黎评论》:普林斯顿大学的克拉伦斯·布朗曾经指出你的作品存在惊人的相似之处。他说你"重复得无以复加",你是以截然不同的方式述说本质上一模一样的东西。他说"纳博科夫的缪斯"是命运。你是有意识地在"重复你自己"呢,还是换句话说,你努力想跟你书架上的书达到一种有意识的统一?

纳博科夫:我想我没见过克拉伦斯·布朗的文章,不过他讲的东西可能有点道理。非原创的作家看起来八面玲珑,因为他们大量模仿别人,过去的,现在的。而原创艺术只能拷贝它自身。

《巴黎评论》:你认为文学评论到底有没有目的,无论是泛泛而论,还是就你自己的书而言? 文学评论有启发意义吗?

纳博科夫:一篇评论文章的目的是就一本书说点什么,评论家可能看过也可能没看过那本书。评论是可以有启发意义的,这是指评论能让读者,包括书的作者,对评论家的智力水平,或者诚实与否,或者两者同时有所了解。

《巴黎评论》:那么编辑的作用呢? 确有编辑提出过文学方面的建议吗?

纳博科夫:我想你所谓的"编辑"就是校对员吧。我认识的校对员里倒

---

① 指 E. M. 福斯特的著名小说《印度之行》。

颇有一些地道的，无比机敏、和善，他们跟我讨论一个分号的劲儿仿佛这个符号事关荣誉，当然，艺术的符号往往的确如此。不过我也碰到过一些自以为是的、一副老大哥样的混蛋，他们会试图"提意见"，对此我只大吼一声："不删！"

《巴黎评论》：你是一位悄悄追踪你的猎物的鳞翅类学者？如果是这样，你的笑声难道不会吓到它们吗？

纳博科夫：恰恰相反，我的笑声会把它们诱入一种蛰伏状态，昆虫在模仿一片枯叶时都会产生这种安全感。尽管我并不热衷于评论我作品的文章，但我碰巧记得有这么一篇东西，是一位年轻女士写的，她试图在我的作品中找到昆虫学的象征符号。要是她对鳞翅目昆虫略知一二，那她的文章也许还能有点儿趣味。天哪，她是彻底一窍不通，她用的那一堆乱糟糟的术语佶屈聱牙、荒唐透顶。

《巴黎评论》：你与那些所谓的俄罗斯白人难民十分疏远，对此你作何解释？

纳博科夫：嗯，从历史上来说，我自己也是个"俄罗斯白人"，广而言之，所有那些跟我的家庭一样反对布尔什维克暴政，因而在其当权的早期便离开俄国的俄罗斯人都是、也一直都会是俄罗斯白人。但是这些难民分裂成很多社会小团体和政治小团体，就跟布尔什维克政变之前的整个国家一样。我不跟"黑色百人运动"①的俄罗斯白人打交道，也不跟所谓的"布尔什维克者"即左派打交道。另一方面，我的朋友中有些是支持君主立宪制的知识分子，有些则是社会革命派的知识分子。我父亲是个老派的自由主义者，我倒不介意也被贴上一个老派自由主义者的标签。

《巴黎评论》：你与当今的俄国亦十分疏远，你怎么解释？

---

① 二十世纪初俄罗斯的反革命运动，支持沙皇统治。

纳博科夫：我对眼下大做广告的假惺惺的冷战解冻一说深表怀疑，对无可救赎的邪行罪孽念念不忘，对时下能令一位苏联的爱国主义者感动的任何东西彻底无动于衷。对本人早在一九一八年就观察到了列宁主义的meshchantsvo（小资产阶级的沾沾自喜，庸俗主义的本质）兀自得意。

《巴黎评论》：你现在如何评价勃洛克和曼德尔斯塔姆以及其他那些在你离开俄国之前写作的诗人？

纳博科夫：我小时候读过他们，半个多世纪以前了。自那以后我一直都深深地喜爱勃洛克的抒情诗。他的长诗比较弱，那首著名的《十二个》①很吓人，有意识地采用一种惺惺作态的"原始"腔，最后粘上一个粉红色硬纸板做的耶稣基督。至于曼德尔斯塔姆，我也烂熟于胸，不过他给我的愉悦感没有那么强烈。今天，透过悲剧命运的折光镜，使他的诗歌显得名声比实际水平高。我碰巧注意到文学教授们仍然把这两位诗人划入不同的流派，而他们只有一个流派：天才流派。

《巴黎评论》：我知道你的作品在苏联也有人读，并且受到攻击。如果你的作品出了一个苏联版本，你会有何感想？

纳博科夫：哦，欢迎他们读我的作品。事实上，维克多出版社正要出我的《斩首之邀》，是一九三八年俄语版的重印本。纽约一家出版社（菲德拉）正在印我翻译的俄文版《洛丽塔》。我觉得苏联政府肯定会乐于正式接受一部看似隐含对希特勒政权的预言的小说，一部对美国的汽车旅馆业大肆抨击的小说。

《巴黎评论》：你跟苏联公民有过接触吗？是哪一类的接触？

纳博科夫：我跟苏联公民可以说从未有过接触，不过的确有过那么一

---

① 勃洛克代表作《十二个》是描写十月革命的第一首长诗，显示了十月革命胜利初期圣彼得堡的独特生活氛围，象征性地表现了革命所向披靡的气势。

次，三十年代初还是二十年代末的时候，我答应见一位来自布尔什维克俄国的政府代表——纯粹是出于好奇，他当时正试图劝说流亡的作家和艺术家回归祖国。他有一个双名，莱博德夫什么的，还写过一个中篇小说，题目是《巧克力》，我心想说不定这人会很好玩。我问他我是否可以自由写作，如果我不喜欢那里，我是否可以离开俄国。他说我肯定喜欢那里都来不及，哪有时间去考虑再出国。他说，苏维埃俄国允许作家使用的主题多的是，那叫一个慷慨大度，我完全可以自由选择，比如农场、工厂、法吉斯坦的森林——哦，太多迷人的题材了。我说农场什么的我没兴趣，这位想引诱我的可怜家伙很快放弃了。作曲家普罗科菲耶夫对他比我好多了。

《巴黎评论》：你把自己看做美国人吗？

纳博科夫：是的。我是地道的美国人，地道得就像亚利桑那州的四月天。美国西部的植被、动物、空气，是我同远在亚洲北极圈的俄罗斯的纽带。当然，是俄罗斯的语言和风光滋养了我，我不可能在精神上同美国的本土文学，或者印第安舞蹈，或者南瓜派，亲近到什么程度；不过当我在欧洲边境上出示我的绿色的美国护照时，我确实感觉到一股温暖轻松的自豪感涌上心头。对于美国事务的粗暴批评会让我生气难过。在内政方面，我强烈反对种族隔离。在外交政策方面，我绝对站在政府一边。在不确定的时候，我的做法很简单，只要是让左派和罗素们不满的我就拥护。

《巴黎评论》：你有没有觉得自己是属于哪个群体的？

纳博科夫：说不上有。我脑子里可以聚集起很多我喜欢的人，但是如果在现实生活中，在一个现实的小岛上，他们会形成完全不同的、互不相容的团体。可以这么说，跟读过我的书的美国知识分子在一起，我会很自在。

《巴黎评论》：对于创作型的作家而言，你认为学术界这个大环境怎么样？关于你在康奈尔大学教书时的收益或者不满你能具体说一说吗？

纳博科夫：一个一流的大学图书馆，位于舒适的校园之内，这对一个作家来说是个不错的大环境。当然，还是有教育年轻人的问题。我记得有一次，假期里，不是在康奈尔，有一个学生把一台晶体管收音机带进阅览室，他振振有词地说，第一，他是在听"古典"音乐；第二，他开得"很轻"；第三，"夏天看书的人不多"。我就在那里看书，一个人的大众。

《巴黎评论》：你能描述一下你同当代文学圈的关系吗？同埃德蒙·威尔逊、玛丽·麦卡锡、你的杂志编辑以及小说出版人的关系？

纳博科夫：我唯一一次同其他作家合作是二十五年前跟埃德蒙·威尔逊一起为《新共和》杂志翻译普希金的《莫扎特与萨列里》，去年他厚颜无耻地质疑我对《叶甫盖尼·奥涅金》的理解，让自己当众出丑，也让我对于那段合作的回忆似是而非起来。玛丽·麦卡锡最近对我倒是很不错，也是在《新共和》，尽管我确实感觉她在金伯特①的李子布丁的微暗的火里加了不少她自己的甜酒。我不想在这里提及我跟格罗迪亚斯的关系，不过对他那篇《奥林匹亚选集》中的无耻文章，我已经在《常青树》上做了回应。除此之外，我跟我所有出版人都相处得非常好。我与《纽约客》的凯瑟琳·怀特②和比尔·麦克斯韦尔的友谊之温暖，即便是最傲慢的作家，只要一想起都会心存感激和喜悦。

《巴黎评论》：你能就你的工作习惯说点什么吗？你是根据预先制订的计划表写作吗？你会从一个部分跳到另一个部分，还是从头到尾地顺着写？

纳博科夫：我写的东西总是先有个整体布局。然后像一个填字游戏，我碰巧选了哪里就先把那里的空填上。这些我都写在索引卡片上，直到完成全书。我的时间表很灵活，但是对于写作工具我相当挑剔：打线的蜡光纸以及削得很尖、又不太硬的铅笔，笔头上得带橡皮。

---

① 金伯特是纳博科夫的小说《微暗的火》的主人公之一。
② 美国作家 E.B.怀特的妻子。

《巴黎评论》:有没有一幅特别的世界画面是你想描绘的? 对你来说过去始终就在眼前,即便是在一部关于"未来"的小说中,比如《左侧的勋带》。你是一个"怀旧者"吗? 你想生活在哪个时代?

纳博科夫:我想生活在拥有无声飞机和优雅的航空车的未来,银色的天空万里无云,一个遍布全世界的地下公路体系,卡车只许在地下行驶,就像摩洛克斯族人①一样。至于过去,我不介意从各个不同的时空角落找回一些失落已久的享受,比如灯笼裤和又长又深的浴缸。

《巴黎评论》:我说,你不必回答我提的所有金伯特式的问题。

纳博科夫:要想跳开那些难搞的问题永远都行不通。我们继续吧。

《巴黎评论》:除了写小说,你还做什么,或者说,你最喜欢做什么?

纳博科夫:哦,那当然是捕蝴蝶,还有研究蝴蝶。在显微镜下发现一个新的器官,在伊朗或秘鲁的某座山脚发现一只未经记载的蝴蝶,都令人心醉神迷。相比之下,文学灵感所带来的愉悦和收获根本不算什么。俄国若是没有发生革命,我也许就全身心投入鳞翅类昆虫学,根本不会写什么小说,这不是没有可能的。

《巴黎评论》:什么是现代小说界最典型的"庸俗"(poshlust)②? 庸俗之恶对你有没有一点儿诱惑? 你有没有中过招?

纳博科夫:"Poshlust",更好的翻译是"poshlost",这个词有很多微妙的含义,显然,在那本关于果戈理的小书里,我对于这些含义描述得还不够清楚,不然你也不至于问出是否有人会被 poshlost 所诱惑这样的问题。装模作样的垃圾,俗不可耐的老生常谈,各个阶段的庸俗主义,模仿的模仿,大尾巴狼式的深沉,粗俗、弱智、不诚实的假文学——这些都是最明摆着的 poshlost 的

---

① H. G. 威尔斯的科幻小说《时间机器》中一群生活在地下的变形人。
② poshlust 是俄语,意为"庸俗",包含平庸琐碎、附庸风雅、精神世界贫乏空洞等特点。

例子。如果我们想揪出现代文字中的 poshlost，我们就必须到以下这些东西里面去找：弗洛伊德的象征主义、老掉牙的神话、社会评论、人道主义的要旨、政治寓言、对阶级和民族的过度关心，以及大家都知道的新闻报道里的老一套。"美国不比俄国好多少"，或者"德国的罪孽我们全都有份"这一类的概念就是 poshlost 在作怪。Poshlost 之花盛开在以下这些短语和词组中："真实一刻"、"个人魅力"、"存在主义的"（被严肃地使用）、"对话"（用在国与国之间的政治会谈），以及"词汇量"（用在泥工身上）。把奥斯威辛、广岛和越南混为一谈是煽动性的 poshlost。属于一个一流的（冠以某个犹太财政部长的名字）俱乐部是斯文的 poshlost。胡侃一气的评论通常都是 poshlost，但是 poshlost 同样也潜伏在所谓高品位的文章之中。Poshlost 称"空空先生"为伟大的诗人，称"假假先生"为伟大的小说家。Poshlost 最大的温床之一要数艺术展会；所谓的雕塑家们在那里以拆卸旧车零件所用的工具制造出一堆不锈钢曲轴蠢物，禅学立体声，聚苯乙烯臭鸟，现成物品艺术，比如公共厕所、炮弹、装在罐头里的球。我们在艺术展上欣赏所谓的抽象艺术家们创作的厕所墙纸上的图案，欣赏弗洛伊德超现实主义，欣赏露水般的点点污渍，以及罗夏墨迹——所有这一切都跟半个世纪前学术性的《九月之晨》[①]和《佛罗伦萨的卖花女》[②]一样老掉牙。Poshlost 的名单很长，而且当然了，谁都有他自己最讨厌的那一个，一群之中尤其可恶的那只黑畜生。对我来说，最不能忍受的是一个航空公司的广告：一个诏媚的小荡妇给一对年轻夫妇送上餐前小吃——女的两眼冒光盯着黄瓜土司，男的双目含情欣赏那位空姐。当然了，还有《威尼斯之死》[③]。你知道范围有多广啦。

《巴黎评论》：有没有哪些当代作家是你颇感兴趣的？

纳博科夫：是有几个我感兴趣的作家，但是我不会说名字。匿名的快乐不碍任何人的事。

---

① 法国画家保罗·查贝斯(1869—1937)的作品。
② 美国画家弗兰克·杜韦内克(1848—1949)的作品。
③ 德国小说家托马斯·曼(1875—1955)的著名短篇小说。

《巴黎评论》:有没有哪些是你很不喜欢的?

纳博科夫:没有。很多广为接受的作者对我来说根本不存在。他们的名字刻在空空的坟墓上,他们的书空洞无物,就我阅读的品位而言,他们彻底无足轻重。布莱希特、福克纳、加缪,还有很多其他的作家,对我来说毫无意义。当我看到评论家和其他作家泰然自若地将查泰莱夫人的交配活动,或者那个冒牌货庞德先生的一派胡言,称作是"伟大的文学",我着实进行了一番思想斗争,我真怀疑这是他们联合策划的针对我的大脑的阴谋活动。我注意到在某些人家里,庞德的书已经代替了施韦策医生①。

《巴黎评论》:你很欣赏博尔赫斯和乔伊斯,看起来你也跟他们一样喜欢拿读者寻开心,用一些小把戏、双关语、哑谜之类。你认为读者与作者之间的关系应该是什么样的?

纳博科夫:我想不起博尔赫斯用过任何双关语,但话说回来,我读的只是他作品的译本。无论如何,他那些精致的小故事和微型弥诺陶洛斯,跟乔伊斯的宏大机器毫无共同之处。我在那本最明白易懂的小说《尤利西斯》里头也没发现太多的哑谜。另一方面,我讨厌《芬尼根守灵》,华丽的词汇组织如癌细胞般生长,饶是如此,却也不能拯救那个快活得可怕的民间传说,还有那个简单的、太简单的寓言。

《巴黎评论》:你从乔伊斯那里学到了什么?

纳博科夫:什么也没学到。

《巴黎评论》:哦,别这样说嘛。

纳博科夫:詹姆斯·乔伊斯没有在任何方面对我有任何影响。我第一次与《尤利西斯》的短暂接触是一九二〇年左右,在剑桥大学。当时有个朋友,彼得·穆若佐夫斯基,他从巴黎带了本《尤利西斯》来,在我宿舍里一面

---

① 施韦策医生(1875—1965),德国神学家、非洲传教医师,获一九五二年诺贝尔和平奖。

跺着脚来回地走，一面对我念了一两段莫丽的很刺激的独白——这话也就在你我之间说说，是全书最弱的一章。直到十五年之后我才读了《尤利西斯》，而且非常喜欢，那时我已是个混得不错的作家，不情愿再去学习什么，或者忘掉什么已经学过的东西。我对《芬尼根守灵》不感兴趣，所有用方言写成的地方性文学我都觉得兴味索然，即便是天才的方言。

《巴黎评论》：你不是在写一本关于詹姆斯·乔伊斯的书吗？

纳博科夫：但不是只写他。我想做的是发表几篇关于几本小说的文章，都在二十页左右——《尤利西斯》，《包法利夫人》，卡夫卡的《变形记》，《堂吉诃德》，等等，都以我在康奈尔和哈佛的讲座手稿为基础。我记得曾经在纪念堂里当着六百个学生的面高高兴兴地把《堂吉诃德》，一本残忍而又粗糙的老书一撕为二，有几个比较保守的同事当时瞠目结舌，非常尴尬。

《巴黎评论》：那么其他人的影响呢？普希金怎么样？

纳博科夫：在某种意义上——这么说吧，不比托尔斯泰或者屠格涅夫受普希金艺术的骄傲和纯洁的影响更大。

《巴黎评论》：那么果戈理呢？

纳博科夫：我很小心地不从他那里学任何东西。作为一个老师，他有些可疑，且危险。写得最糟糕的时候，比如他那些乌克兰的东西，他就是个一文不值的作家；写得最好的时候，他是无可比拟的，是不可模仿的。

《巴黎评论》：还有别人吗？

纳博科夫：H. G. 威尔斯，一位伟大的艺术家，他是我小时候最喜欢的作家。《深情的朋友》《安·维罗尼卡》《时间机器》《盲人国》，所有这些故事都比贝内特或者康拉德的任何小说好得多，事实上，胜过威尔斯所有同时代作家所能创作的任何小说。当然他的社会学观点完全可以不去管它，但是他的浪漫作品和奇幻作品是一级棒。有一次那才叫尴尬，那天晚上我们在圣彼得堡的家里吃晚饭，威尔斯的译者金娜塔·凡格洛夫猛一转头，向威尔斯宣布道："要知道，你的作品中我最喜欢的是《失落的世界》①。""她是指火星人输掉的那场战争②。"我父亲飞快地说。

《巴黎评论》：你从你康奈尔的学生那里学到什么了吗？还是说在那里的经历纯粹是经济性质的？教书有没有教给你任何有价值的东西？

纳博科夫：我教书的方法预先杜绝了我同学生的真实接触。他们至多是在考试时把我脑子里的一些碎片反刍一下。我每堂课的讲义都是认认真真、一腔热情地手写并打字的，然后我在课堂上很放松地念出来，有时候停下来把一个句子写一遍，有时候把一整段重复一遍——这是为了帮助记忆，然而却很少会改变那些做笔记的手腕的节奏。我很欢迎听众中的一小部分速记能手，满心指望他们能把自己储存起来的信息传递给其余那些没那么走运的同学。我曾试图用在大学的广播里播放录音带来代替出勤上课，但是没成功。另一方面，课堂上这时那时这里那里会传来一些咯咯的表示欣赏的笑声，让我深感欢欣鼓舞。我最大的回报是十年抑或十五年之后，我以前的一些学生写信来，告诉我他们现在明白了我当时为什么要教他们想象爱玛·包法利那个被翻译错了的头型，想象萨姆沙③家房间的布局，或者是《安娜·卡列尼娜》中的那两个同性恋。我不知道我有没有从教书中学到什么，不过我知道我在为我的学生分析那一打小说时积累了大量令人激动的有价值的信息。我的工资，你碰巧也知道的，并非王侯俸禄级的。

《巴黎评论》：关于你夫人与你的合作，你有什么想说的吗？

纳博科夫：二十年代初的时候，我的第一部小说是在她的主持下完成的，她是顾问加法官。我所有的故事和小说都至少会对着她念两遍；她打字、改样稿、检查多种语言的翻译版时会全部再重读一遍。一九五○年的一

---

① 英国作家柯南·道尔的作品。
② 书名"The Lost World"中的"lost"可以理解为"输掉"的意思。
③ 卡夫卡小说《变形记》主人公格里高尔的姓。

天,在纽约州的绮色佳①,我纠结于一些技术上的困难和疑惑,想把《洛丽塔》的前面几章都扔进花园的垃圾焚化炉里,是我妻子阻止了我,鼓励我再缓一缓,三思而后行。

《巴黎评论》:你跟你作品的译本之间是怎样的关系?

纳博科夫:如果是我和我妻子会的语言,或者是我们能阅读的语言——英语、俄语、法语,以及一定程度的德语和意大利语,那么就完全是严格地检查每个句子。如果是日语或者土耳其语的版本,我就试着不去想象有可能每一页上都有的灾难性错误。

《巴黎评论》:你未来有什么工作计划?

纳博科夫:我正在写一部新的小说,但是无可奉告。另一个我已经筹划了一段时间的项目是出版我为库布里克写的《洛丽塔》的完整剧本。他的电影从剧本中借用的部分刚好还能让我保持剧本作者的合法身份,尽管如此,电影本身只是我想象中的那部精彩作品的模糊寒碜的一瞥,我在洛杉矶的别墅里工作了六个月,一幕一幕地写下来。我不是要暗示库布里克的电影很平庸;就它自身而言,它是一部一流的影片,只不过跟我写的不一样。电影以其歪曲的镜头使小说变形、变粗糙,总会让小说带上一点 poshlost 的痕迹。我觉得库布里克在他的作品中避免了这一错误,但是我永远不会明白为什么他没有追随我的指导、我的梦。太遗憾了;不过至少我可以让人们阅读我的《洛丽塔》剧本的原稿。

《巴黎评论》:如果说你会因为一本小说被人们记住,只有一本,让你选择的话,你会选哪一本?

纳博科夫:我正写的这本,或者不如说我正梦想要写的这本。事实上,我会因为《洛丽塔》以及我关于《叶甫盖尼·奥涅金》的研究而被记住。

---

① 康奈尔大学所在地。

《**巴黎评论**》：你作为一个作家有没有感觉到自己有什么明显的或者秘密的缺陷？

纳博科夫：我没有一个自然的词库。承认这一点很奇怪，但是事实。我所拥有的两个工具，其一——我的母语——我已经不能用了，这不仅是因为我没有俄国读者，也因为自从我一九四〇年改说英语之后，以俄语为媒介的文字历险中的激动已经逐渐消逝了。我的英语，我一直都拥有的第二个工具，却是个相当僵硬的、人工的东西，用来描述一场日落或者一只昆虫可能没什么问题，但是当我想知道从仓库去商店可以抄哪条近路时，却无法掩饰句法之弱以及本土词汇之贫。一辆旧的劳斯莱斯并非一直都比一辆普通的吉普车更好。

《**巴黎评论**》：你对于目下竞争性很强的作家排名怎么看？

纳博科夫：是的，我注意到了在这方面我们的职业书评人是名副其实的造书的人。流行谁，不流行谁，去年的雪现在何处。很有意思。我被排除在外有点儿遗憾。没人能决定我到底是个中年美国作家，还是一个老俄国作家——还是一个没有年纪的国际怪胎。

《**巴黎评论**》：你的事业中最大的遗憾是什么？

纳博科夫：我没有早点儿来美国。如果三十年代就住在纽约就好了。如果我的俄文小说那时候就被翻译过来，它们也许会给亲苏联的狂热分子一点打击和教训。

《**巴黎评论**》：你目前的名气对于你是否有什么显著不利的地方？

纳博科夫：有名的是《洛丽塔》，不是我。我是一个默默无闻的、再默默无闻不过的小说家，有着一个不知该怎么发音的名字。

（原载《巴黎评论》第四十一期，一九六七年夏/秋季号）

杰克·凯鲁亚克

◎ 菊子/译

凯鲁亚克家没有电话。特德·贝里根几个月前和凯鲁亚克联系过,说服他接受这次采访。特德觉得该是他们见面的时候了,就贸然来到凯鲁亚克家。陪他一起来的有两个诗人朋友,阿拉姆·萨洛扬和邓肯·麦克诺顿。凯鲁亚克听见门铃声,出来了,贝里根快速地自报姓名,并说明来访意图。凯鲁亚克欢迎诗人们的到来,但还没等他将客人让进门,他的妻子,一个非常有主见的女子,就从后面抓住他,请来访的这帮人立即离开。

"杰克和我同时开口,说'《巴黎评论》'、'访谈',等等,"贝里根回忆说,"邓肯和阿拉姆开始悻悻地往车那边走去。我们眼看一无所获,但是我坚持用我希望是文明、理性、冷静和友好的腔调说服了她,不久,凯鲁亚克夫人答应让我们进去二十分钟,条件是不许喝酒。

"等我们进去后,见我们来的目的的确比较严肃,凯鲁亚克夫人友好些了,于是我们也就可以开始访谈了。看来,人们还是川流不息地到凯鲁亚克家里来寻找《在路上》的作者,而且一待就是许多天,喝光所有的酒,也使得凯鲁亚克无法做他的正事。

"随着夜色渐深,气氛也发生了很大变化,凯鲁亚克夫人斯特拉其实也是一个很优雅、很有魅力的女主人。杰克·凯鲁亚克的最精彩之处是他的声音,他的声音和他的作品一模一样,它可以在瞬间产生令人极为震惊和不安的变化;它操控一切,包括这次访谈。

"凯鲁亚克整个访谈期间一直坐在一把肯尼迪总统式的摇椅中,访谈结束后,他挪到一张大沙发里,说:'嗯,你们几个小伙子都是诗人啊,是吧? 那

《格洛兹的空虚》的原稿。凯鲁亚克用来写作的这种纸卷是电
传打字纸，每张纸长达几百英尺。

么,我们听听你们的诗吧。'我们又待了一个多钟头,阿拉姆和我读了些我们的东西。最后,他给了我们每人一张有他签名的他最近一首诗的招贴,然后我们就告辞了。"

——特德·贝里根,一九六八年

《巴黎评论》:我们能不能把脚凳放在这儿,然后把这录音机放那上面?

斯特拉:可以。

杰克·凯鲁亚克:老天爷,你那么不中用啊,贝里根。

《巴黎评论》:嘿,我又不是个录音师,杰克。我不过是个耍嘴皮子的,跟你一样。好了,我们可以开始了。

凯鲁亚克:行了吗?[吹口哨]行了吗?

《巴黎评论》:我这么开个头吧……大部分人都是先读你的《在路上》,很奇怪,我读的你的第一本书……我读的第一本是《镇与城》……

凯鲁亚克:嘿!

《巴黎评论》:我是从图书馆里借的这本书……

凯鲁亚克:嘿!你读《萨克斯大夫》了?《特丽斯特莎》呢?

《巴黎评论》:可不是吗。我连《兰波》都读了。我有一本《科迪的幻象》,是罗恩·帕吉特在俄克拉荷马的塔尔萨买的。

凯鲁亚克:操他的罗恩·帕吉特!你知道为什么吗?他办了个叫《白鸽评论》的小杂志,在堪萨斯城,对吧?塔尔萨?俄克拉荷马……对。他写道:"支持我们的杂志创刊,给我们寄一首伟大的好诗吧!"于是我把《搏击的鸽子》寄给他了。然后我又给他寄了另外一首,结果他不要第二首,因为他的杂志已经创刊完毕。你看看,这帮家伙就是这样利用别人达到自己的目的。噢,他可不是什么诗人。你知道谁是大诗人吗?我知道哪些人是伟大的诗人。

《巴黎评论》:哪些人?

凯鲁亚克:我想想看,是……温哥华的威廉·比塞特。一个印第安小伙子。比尔·比塞特?要么是比松内特。

萨洛扬:我们还是谈杰克·凯鲁亚克吧。

凯鲁亚克:凯鲁亚克并不比比塞特强,但他很创新。

《巴黎评论》:我们能不能先谈编辑?你是怎么……

凯鲁亚克:好。自马尔科姆·考利之后,我的所有编辑都得到指令,我写的文字一定要原封不动。马尔科姆·考利当我的编辑的时候,就是《在路上》和《达摩流浪者》这两本书,不管是好是坏,我没有权利坚持自己的风格。马尔科姆·考利没完没了地修改,塞进去无数毫无必要的逗号,比如说,"怀俄明州,夏延市"(举个例子,直接说"怀俄明州夏延市",不就结了),好嘛,我花了五百美元来将《流浪汉》的稿子完全恢复原状,然后从维京出版社收到一份名为"修改"的账单。哈哈哈。你问的是我怎么和编辑打交道?如今,我只是感谢他帮助我校对手稿,找出时间、地名之类的逻辑错误。比如说,我上本书写到"福斯湾",后来经编辑提议,我再去查核了一下,发现我其实是从"克莱德湾"开始航行的,诸如此类。或者我把"Aleister Crowley"拼写成了"Alisteir",或者他发现我把足球赛的码数搞错了,如此等等。你已经写完的东西便不再修改,主要是为了将你在写作过程本身当中你大脑的实际成果呈交给读者:你用你无法更改的方式,坦承你对事件的想法。嗯,你想想,你有没有听说过,一个人在酒吧里给一大帮人讲一个又长又离奇的故事,所有人都在笑着听着,你听说过吗,然后这人停下来纠正自己,回到前面一句话,把这句话改得更好,赋予它节奏性的思想影响……如果他停下来擤擤鼻子,他难道不是在准备下一句话?如果他放弃下一句话,这不就是他本来就要使用的讲述方式吗?难道他不是已经离开了这句话的思路,就像莎士比亚所说的那样,在这个话题上"从此永远不置一词",因为他已经越过了这句话,就像一条河流过一块岩石,一去不回头,在时间上,不可能再流过这同一块石头？巧了，那是《铁路大地上的十月》中的一段散文，很实验性质的，本意是想象像一辆蒸汽机车，拖着一百节车厢，最后一节是能够说话的尾车厢，一路不停丁咣丁咣地往前走，这就是我当时的方式。而且如果快速写作过程中的思路是忏悔性质的、纯洁的、对写作中的生命感到极其兴奋的，那么这样的写法，我今天也还是可以做到的。听清楚了，我整个青年时代都荒废在慢条斯理地修改、没完没了地重复猜测和删除上，最后搞得我一天只能写一句话，而这句话还没有任何感情。他妈的，艺术中，我喜爱的是感情，不是匠气，或者是隐藏感情。

《巴黎评论》：是什么东西启发你使用《在路上》的"自发"风格？

凯鲁亚克：《在路上》那样的自发风格，我是在读老尼尔·卡萨迪给我的信时得到的灵感，他的信全都是第一人称、快速、疯狂、忏悔性的、极端严肃、极为详尽，不过，他那里用的是真名（毕竟是信件嘛）。我还记得歌德的告诫。歌德的预言是，西方未来的文学在本质上将会是忏悔性的；此外，陀思妥耶夫斯基也有过这样的预言，而且，如果他再活得长一些，可以着手写他计划中的巨作《大罪人的生活》，说不定他还会开始使用这种风格。卡萨迪年轻时开始写作，也是试着使用那种缓慢、刻苦和诸如此类的匠气写法，但他也和我一样对这玩意儿心生厌倦，因为这种写法，不能用逼真的方式，将他的五脏六腑真实地倾吐出来。但我从他的风格中得到了灵感。西海岸那些家伙撒了个残酷的谎，说我的《在路上》的灵感来自尼尔。他写给我的所有信件，说的都是我遇见他之前的青少年时代，一个和父亲在一起的孩子，诸如此类，还有他后来十几岁时的经历。他写给我的信，也被人误写成是一封一万三千字的信……不，一万三千字的是他的小说《第一个三分之一》，他一直自己保存着。他的信，我指的是他主要的一封信，有四万字，你记住，是一整部短篇小说。那是我读过的最伟大的作品，比美国任何人都强，至少足以让梅尔维尔、吐温、德莱塞、伍尔夫，不管谁吧，在他们的坟墓里睡不安稳。艾伦·金斯堡让我把这封长信借给他，这样他也可以读。他读了，然后，一九五五年，他又把信借给一个叫格尔德·斯特恩的人，这人住在加州索萨利托的一座船屋上，结果这家伙把信给弄丢了——我猜是掉进水里了。为了方便，我和尼尔管它叫《琼·安德森信件》。故事是关于在丹佛的台球室、旅馆房间和监狱里的一个圣诞节周末，整个都是热闹欢腾又很悲剧性的事情，甚至还有一幅窗户画，上面还有帮助读者理解的尺寸，什么都有。听着，如果我们能够找到这封信，印刷版权会是尼尔的，但是，你应当了解，这封信是我的财产，因为它是写给我的一封信，艾伦不该对这封信那么不小心，那个住在船屋上的家伙也不该那么不小心。如果我们能找到这封长达四万字的信件全文，尼尔将会得到应有的承认。早在一九五二年，我们两个就对着录音机进行了很多快速谈话，我们又把录音听过那么多次，我们两个都得到了讲故事的秘诀，明白这是表达这个时代的速度、紧张和令人欣喜若狂的痴狂的唯一方式……这么多够了吗？

《巴黎评论》：从《在路上》以后，你认为这样的风格发生了什么样的变化？

凯鲁亚克：什么风格？哦，《在路上》的风格。我说了，考利在那里打理了我的手稿的本来风格，我没有权利抱怨，从那以后，我所有的书都是按我写就的样子发表的。我说了，风格各有不同，有《铁路大地》那种很带有实验性质的快速写作；有《特丽斯特莎》那样充斥着往肉里长的指甲盖的神秘风格；有带着（陀思妥耶夫斯基的）《地下室手记》那样疯狂的自我忏悔的《地下人》；还有《大瑟尔》那种三合一的完美，我得说，那是用一种光滑的奶油般的文学手法讲述一个平凡的故事；还有《巴黎之悟》，这是我身旁摆着酒（干邑白兰地和麦芽酒）写的第一本书……别忘了《梦之书》，一个人从睡眠中半醒过来，然后用铅笔在床头奋笔疾书……对，铅笔……什么活计！眼神模糊，疯癫的大脑因为睡眠而变得困惑不解，你一边写，细节一边往外跳跃出来，你自己都不知道这些细节是什么意思，直到醒了，喝了咖啡，再看，你才能明白，才能用梦的语言本身来看待梦的逻辑，明白吧？……最后，我决定在疲惫的中年慢下来，用一种更温和的风格写了《杜洛兹的空虚》，这样一来，在我这些年的晦涩写作之后，我的某些早期读者可以回来，看看这十年是如何改变了我的生活,改变了我的思想……这也是我唯一能够贡献的东西,就是我所目击的故事,按照我目击的原样记下的故事。

《巴黎评论》:你口述记录了《科迪的幻象》的部分章节,后来你还用过这种方式吗?

凯鲁亚克:我没有口述记录《科迪的幻象》的部分章节。我把我和尼尔·卡萨迪(即科迪)的录音对话的一部分在打字机上敲了出来,内容是他早年在洛杉矶的冒险经历。总共有四章。从那以后,我再也没有用过这个办法;这么做出来的结果总是有点不对劲,尼尔和我,等什么都写下来时,到处都是嗯、啊,还有,最可怕的一件事是,那个鬼东西在不停地转,你总是被迫惦记着不要浪费电,不要浪费磁带……不过,我也说不好,最终我没准还是要用这个办法;我觉得累了,我的眼睛也要瞎了。这个问题把我难住了。不管怎么说,我听说,很多人都在用这个办法,但我还是在用笔划拉。麦克卢汉说,我们做的口述越来越多,我猜,我们都要学着更好地朝机器里说话了。

《巴黎评论》:什么是那种能够为自发写作提供理想气氛的"叶芝式的半恍惚状态"?

凯鲁亚克:嘿,这就对了,你的嘴里不断地叽叽咕咕,你还怎么进入恍惚状态……写作至少是一种沉默的冥想,尽管你在以每小时一百英里的高速飞驰。记得《甜蜜的生活》里的一个场景吗,老神甫很生气,因为一大群疯子蜂拥而来,要看孩子们看见了童贞女玛丽亚的那株树。他说:"异象是不会出现在这种疯狂愚蠢、狂喊乱叫、乱挤乱推中的;只有在沉默和冥想中,才能看到异象。"哈,对了。

《巴黎评论》:你曾经说过,俳句不是自发写成的,而是经过返工和修改。你所有的诗歌也都是这样? 写诗的方法,为什么一定会不同于写散文的方法?

凯鲁亚克：不对，首先，俳句最好经过返工和修改。我知道，我试过。俳句必须彻底简练，没有树叶，没有花卉，没有语言旋律，必须是一幅用三小行字组成的简单的小画面。至少，这是老大师们写俳句的办法，花了几个月在三小行文字上，最后出来的，就是，比如：

在废弃的小船上

冰雹

四处腾跳

这是正冈子规。如果是一般的英文诗歌，我开头也跟写散文一样，听着，就是用笔记本上的一页纸来决定这首诗的格式和长度，就像一个音乐家、一个爵士音乐家，在一定数量的音乐行数、一部合唱中，就要把他的主题传达出来，合唱可能会拖延到下一个部分去，但是合唱那一章终结的时候，他就必须停止。最后，还有一点，写诗的时候，你可以想说什么就说什么，你不一定要讲一个故事，你可以用一些秘密笑话，这也就是我写散文的时候常说的"现在没时间写诗，就讲个平淡的故事吧"。

［上饮料］

《巴黎评论》：你怎么写俳句？

凯鲁亚克：俳句？你想听俳句？你得把一个长长的大故事压缩成短短的三行文字。首先，你进入一个俳句状态——你看见一片树叶，像我那天晚上告诉她的那样，在一场强大的十月风暴中，树叶落在了一只麻雀的背上。一片大树叶落在一只小麻雀的背上。你怎么把它压缩成三个短行？在日语里，你必须把它压缩成十七个音节。我们美国话——英语不用这么做，因为我们没有日语那种音节破玩意儿。于是你说："小麻雀"——你不用说小——人人都知道麻雀很小，因为它们会跌下来，所以你说：

麻雀

背上一片大树叶

风暴

不好，这个不行，我不要。

一只小麻雀

当一片秋叶骤然沾上背

风中飘至

哈，这就行了。不行，有点太长了，对吧？已经有点太长了，贝里根，你知道我的意思吧？

《巴黎评论》：好像是有一个多余的词，好像是"当"。要么把"当"字给删掉？这么着：

一只小麻雀

一片秋叶骤然沾上背

风中飘至

凯鲁亚克：嘿，还真行。我也觉得"当"是多余的。你理解我的意思了，奥哈拉！"一只麻雀，秋叶骤然下"——我们不必说"骤然"，对不对？

一只麻雀

秋叶沾上背

自风中

［凯鲁亚克将完成版写在一本螺旋笔记本上］

《巴黎评论》："骤然"绝对是我们这里不需要的那种词。你发表这首诗的时候，能不能加个脚注，说你问过我几个问题？

凯鲁亚克：［书写］贝里根注意到了，对不对？

《巴黎评论》：你经常写诗吗？除了俳句外，你还写别的诗吗？

凯鲁亚克：俳句很难写。我写很长的印第安诗歌。你想听我傻乎乎的印第安长诗吗？

《巴黎评论》：哪种印第安人？

凯鲁亚克：易洛魁族人。你看看我的样子就知道了。［从笔记本上阅读］

在通往商店的草地上

邻居们尽皆听见这个四十四岁的人

嗨，看看啊，妈，我伤着了。特别是

喷的那股水

知道什么意思吗?

《巴黎评论》:再说一遍。

凯鲁亚克:嗨,看看啊,妈,我伤着了。在去商店的路上我受伤了,我倒在草地上,我冲我妈喊着嗨,看看啊,妈,我伤着了。我再加上,特别是喷的那股水。

《巴黎评论》:你倒在洒水管上了?

凯鲁亚克:不是,我爸喷在我妈里面了。

《巴黎评论》:隔着那么远?

凯鲁亚克:唉,我不说了。不,我知道你没明白是什么意思,我还得解释。〔再次打开笔记本,朗读〕

非犹太人才是快乐。①

《巴黎评论》:把这个送给金斯堡。

凯鲁亚克:〔朗读〕所谓幸福的人都是伪君子——它意味着

没有必要的欺骗,没有某些计谋和谎言和隐瞒

幸福的波长就根本无法运作

伪善和欺骗,不是印第安人。不要笑

《巴黎评论》:不是印第安人?

凯鲁亚克:你之所以对我有一种暗藏的敌意,贝里根,是因为法印战争。

《巴黎评论》:也可能吧。

萨洛扬:我在霍勒斯·曼家的酒窖里看见一张你打橄榄球的照片,你那阵子真是挺胖的。

斯特拉:塔非! 来这儿,塔非! 来啊,小猫咪……

凯鲁亚克:斯特拉,我们再来一两瓶吧。是啊,如果他们开除我,我要把他们所有人都给杀了。我就是那么干的。浇上热巧克力的冰激凌! 嘭! 我

---

① 原文为"Goy means joy"。Goy 是希伯来语和意第绪语中对非犹太人的称呼。

每次比赛之前，都要吃两三个浇热巧克力的冰激凌！卢·利特尔——

《巴黎评论》：他是你在哥伦比亚大学的教练？

凯鲁亚克：卢·利特尔是我在哥大的教练。我父亲走到卢·利特尔跟前对他说："你这个狡猾的长鼻子骗子，你干吗不让我儿子，泰·让，杰克，在和陆军的比赛中第一轮上场，让他报报复复他那些洛威尔的死敌？"卢·利特尔就说："因为他还没到火候。""谁说他还没到火候？""我说他还没到火候。"我父亲就说："你这个长鼻子香蕉鼻子大骗子，你给我滚开！"于是我父亲就嘴里叼着一支大雪茄冲出了办公室："杰克，咱们走，咱们离开这个地方。"所以我们就一同离开了哥伦比亚大学。战争中——一九四二年，我在美国海军的时候，那天我正站在海军上将们面前，我父亲走进来说："杰克，你是对的！德国人不应该是我们的敌人。他们应该是我们的盟军，时间会证实这一点。"海军上将们都在那儿听得目瞪口呆。我父亲可不受任何人的鸟气，我父亲什么都没有，就只有一个［用手臂在身前比划］这么大的大肚皮，他会嘭！［凯鲁亚克站起来示范，用爆炸般的力量将他的肚子鼓起来，然后说嘭］有一次他和我妈手拉手在街上走，在纽约的下东区，那是旧时代，是吧，二十世纪四十年代，然后街上来了一大帮手拉着手走路的犹太拉比……踢里踏拉、踢里踏拉……然后他们不给这一对基督教夫妇让路。所以我父亲就"嘭"地闯了过去！把一个拉比给撞到水槽里去了。然后他来拽上我妈，扬长而去。

贝里根，不管你喜欢不喜欢，这就是我的家族的历史。他们不受任何人的鸟气。迟早，我也不会去受任何人的鸟气。你可以记录下来。

这是我的酒吗？

《巴黎评论》：《镇与城》是按自发写作的原则写就的吗？

凯鲁亚克：有些部分，先生。我还写了一个藏在地板下的版本，和巴勒斯一道。

《巴黎评论》：对，我听说过关于这本书的传言。谁都想搞到这本书。

凯鲁亚克：书名叫《而河马被煮死在水槽里》。河马。一天晚上，我和巴勒斯在酒吧里坐着，我们听见一个新闻播音员说："埃及人进攻了，等等，等等——此外，伦敦动物园里发大火，大火蔓延过地面，河马在它们的水池里给煮熟了！各位听众，晚安！"这就是比尔，他注意到了这条新闻。他总是注意到这类事情。

《巴黎评论》：你在丹吉尔真的把他的《赤裸的午餐》的手稿打字打出来了？

凯鲁亚克：不是……只是第一部分。头两章。我上床，会做噩梦……梦见我嘴里吐出长长的大香肠。我打那份手稿时做噩梦……我说："比尔！"他说："接着打字。"他说，"我在这北非给你买了个煤油炉，你知道。"在阿拉伯人中间……煤油炉子很难搞到。我会点上煤油炉，带上铺盖卷和一点大麻，或者按我们在那里的说法，kef……有时候叫 hashishi……顺便说一下，这玩意儿在那里是合法的……然后我就噼里啪啦敲啊敲，等我晚上上床睡觉时，香肠之类的玩意儿就会不停地从我嘴里吐出来。最后，别的家伙，阿兰·安森和艾伦·金斯堡来了，他们毁了这份手稿，因为他们打字的时候没有照着巴勒斯写就的样子打。

《巴黎评论》：格罗夫出版社在重出他在奥林匹亚出版社①出过的书，做了很多改动，加了很多东西。

凯鲁亚克：喔，在我看来，巴勒斯还没有给我们任何能够像他的《赤裸的午餐》那样吸引我们破碎的心的东西。现在他只是忙着搞那种"拼贴"玩意儿；这玩意儿就是……你写一页散文，你再另写一页散文……然后你把它折叠上，再把它裁开，又把它拼到一起……这种狗屎玩意儿……

《巴黎评论》：那《垃圾》呢？

凯鲁亚克：《垃圾》是经典。比海明威还好——它就像海明威一样，甚至比海明威还要好一点。书上说："一天晚上，丹尼走到我的垫子上，说：'嗨，

---

① 奥林匹亚出版社 1950 年代成立于巴黎，以出版色情、出格的小说和先锋文学著称。威廉·巴勒斯的《赤裸的午餐》等作品就是在那里首先出版的。

比尔,我能借你的棍子吗?'"你的棍子——你知道棍子是什么吗?

萨洛扬:是警棍吧?

凯鲁亚克:是警棍。比尔说:"我拉出我下面的抽屉,从一些好衬衫下面拉出了我的警棍。我把它交给丹尼,说:'你可别把它丢了啊,丹尼。'丹尼说:'别担心,我不会丢的。'他一转眼就把它丢了。"

棍子——警棍——那就是我。棍子——警棍。

《巴黎评论》:这是一首俳句。棍子,警棍,那就是我。你得把它写下来。

凯鲁亚克:不。

《巴黎评论》:我可能得把它写下来。我想用它,你介意吗?

凯鲁亚克:满屁股汽油,滚一边去球!

《巴黎评论》:你不相信合作?你有没有跟人合作过?和出版商合作不算。

凯鲁亚克:我在阁楼里和比尔·坎纳斯特拉在床上合作过两回,和金发女郎。

《巴黎评论》:他就是霍姆斯在《走》里写过的,在阿斯托地铁站爬下地铁的那个家伙吧?

凯鲁亚克:正是。对了,他说:"咱们把衣服脱了,绕着街区跑一圈吧。"——要知道,天正下着雨呢。第十六街,第七大道。我说:"我的短裤我可不脱。"他说:"别,别穿着短裤。"我说:"我要穿着短裤。"他说:"那也行,但我可不穿短裤。"然后我们就踢踢踏踏绕着街区跑起来。从十六街到十七街……我们跑回来了,跑上楼——谁也没看见我们。

《巴黎评论》:什么时辰啊?

凯鲁亚克:但他可是一丝不挂——凌晨三四点钟。下着雨。什么人都在。他在破玻璃上跳舞,放着巴赫的音乐。比尔就是那个从房顶上往下跳的家伙——六层楼高啊,你知道吧?他会说:"你想让我掉下去吗?"我们会说:"不,比尔,不。"他是意大利人。你也知道,意大利人都很野。

《巴黎评论》：他写作吗？他是干什么的？

凯鲁亚克：他说："杰克，跟我来，看看这个窟窿。"我们顺着窟窿看下去，我们看见很多东西……在他的马桶里。

我说："我对这个不感兴趣，比尔。"他说："你对什么都不感兴趣。"奥登是第二天来的，第二天下午，来喝鸡尾酒。好像是和切斯特·卡尔曼一起来的，还有田纳西·威廉斯。

《巴黎评论》：尼尔·卡萨迪那些日子也在吗？你和比尔·坎纳斯特拉在一起的时候，已经认识尼尔·卡萨迪了吗？

凯鲁亚克：噢，是，认识，啊哼……他有大大的一包大麻。他一直是一个热爱大麻的人。

《巴黎评论》：你知道尼尔为什么不写作吗？

凯鲁亚克：他写了啊……写得漂亮着呢！他写得比我还好。尼尔是一个很搞笑的人物。他是一个真正的加州人。我们一起找的乐子，比五千个美孚石油公司加油站伙计加起来能够找到的乐子都要多。在我看来，他是我毕生碰到的智商最高的人。尼尔·卡萨迪。顺便提一下，他是耶稣会教徒。他曾经在唱诗班唱过歌。他是丹佛的天主教堂的唱诗班男孩。他教会了我所相信的关于神的所有值得相信的东西。

《巴黎评论》：关于埃德加·凯西的？

凯鲁亚克：不，在他遇见埃德加·凯西之前，他和我一起在路上的时候，他会告诉我他生活中的林林总总——他说："我们知道上帝，对吧，杰克？"我说："对啊，哥儿们。"他说："我们不是知道吗，什么事情都不会出错的？""是啊，哥儿们。""我们会不停地继续继续继续……轰隆轰隆轰隆……"他真棒。他总是很完美。每次他来看我，我根本就插不上嘴。

《巴黎评论》：在《科迪的幻象》中，你写过尼尔打橄榄球。

凯鲁亚克：对，他是个很好的橄榄球手。有一次，他在旧金山北滩搭上了两个穿蓝牛仔裤的"垮掉的一代"的人物。他说："我得走了，梆梆，我是不是得走了？"他在铁路上班……拿出他的表……"两点一刻，天啊，我两点二十得到那儿。我说，你们俩开车带我过去吧，这样我可以赶上我的火车。……这样我就可以搭上火车去——"那地方叫什么名字来着——圣何塞？他们说："当然可以了，兄弟。"尼尔就说："这是大麻。"这下子——"我们可能看着像蓄着大胡子的'垮掉的一代'……但我们是警察。我们要逮捕你。"

嗯，有个人到了监狱，代表《纽约邮报》采访尼尔，尼尔说："告诉凯鲁亚克，如果他还相信我，就给我送个打字机来。"于是，我寄给艾伦·金斯堡一百美元，要他给尼尔搞一台打字机。尼尔就得到了打字机。他也用打字机写了笔记，但他们不让他把笔记带出来。我不知道这台打字机现在在哪儿。让·热内的《鲜花圣母》全部都是在茅房……监狱里写成的。让·热内是一个伟大的作家。他写啊写啊，一直写到只要想高潮就能达到高潮的程度……直到他在床上射精——在班房里。法国班房。法国牢房。监狱。这一章就结束了。每一章都是热内射精。我得承认，萨特也注意到了这一点。

《巴黎评论》：你认为这是另外一种自发写作吗？

凯鲁亚克：哦，我可以去蹲监狱，我也可以每天写一章麦吉、马戈和莫莉。很美。热内是自凯鲁亚克和巴勒斯以来的最诚实的作家。但他在我们之先，他年龄大些。噢，他和巴勒斯一样大。但我不觉得我不诚实。啊，我玩得真开心！老天，啊，我在这个国家里坐着车东跑西跑，像蜜蜂一样自由。但热内是一个非常有悲剧性、非常美丽的作家，我把皇冠颁给他，我给他桂冠。我不会把桂冠颁发给理查德·威尔伯！或罗伯特·洛威尔。桂冠属于让·热内和威廉·苏厄德·巴勒斯。还有，特别是艾伦·金斯堡和格雷戈里·科尔索。

《巴黎评论》:杰克,彼得·奥洛夫斯基的作品怎么样？你喜欢彼得的东西吗？

凯鲁亚克:彼得·奥洛夫斯基是个白痴！他是个俄国白痴。连俄国白痴都不是,他是波兰人。

《巴黎评论》:他写过一些好诗。

凯鲁亚克:哦,我的天……什么诗？

《巴黎评论》:他有一首很美的诗,叫《第二首诗》。

凯鲁亚克:"我兄弟尿炕了……然后我走到地铁,看见两个人亲吻……"

《巴黎评论》:不,诗里说"油漆地板,比扫地板更有创造性"。

凯鲁亚克:这全是狗屁胡说！这是另外一个波兰白痴写的那种诗歌,那个叫阿波里奈尔的波兰疯子。

阿波里奈尔不是他的真名,对吧？

旧金山有些人告诉我,彼得是个白痴。但我喜欢白痴,我喜欢他的诗。想想看,贝里根。不过按我的口味,还是格雷戈里。

那玩意儿给我一片。

《巴黎评论》:你说的是这种药片？

凯鲁亚克:对。不是药片是什么？分叉单簧管哪？

《巴黎评论》:这叫Obetrol,是尼尔告诉我的。

凯鲁亚克:色彩？

《巴黎评论》:色彩？不是,糖衣①。

萨洛扬:你怎么说的来着……在格罗夫版文集的封底上……你说你让一行字一直长下去,然后在句子末尾填充上秘密图像。

凯鲁亚克:他是一个真正的亚美尼亚人！泥沙。三角洲。泥泞。就是诗歌开篇的地方……

　　我在街上行走

---

① Obetrol这个药名和"色彩"(overtones)、"糖衣"(overcoats)拼写相近。

看见湖边,人们在切割我的臀部

一万七千个神甫,像乔治·伯恩斯一样歌唱

然后你再接下去……

我在开自己的玩笑

在尘世间折断我的骨头

这就是我,那个伟大的约翰·亚美尼亚

回到尘世

现在你想起你从哪儿来的了,然后你就说……

啊哈!塔塔塔塔嘟哒!操他妈的土耳其!

看见了没?最后那一行你要记忆……中间,你要失去理智。

萨洛扬:对。

凯鲁亚克:这对记叙文和诗歌都同样适用。

《巴黎评论》:但记叙文中,你在讲一个故事……

凯鲁亚克:在记叙文中,你划分段落,每一个段落都是一首诗。

《巴黎评论》:你就是这样写一个段落的吗?

凯鲁亚克:在城里奔跑的时候,我是要这么干;我在床上躺着,就跟那个女孩在一起,然后一个伙计拿出他的剪刀,然后我把他让进来,他给我看了些黄色图片。我出去了,和土豆包一起摔下了楼。

《巴黎评论》:你喜欢过格特鲁德·斯泰因的作品吗?

凯鲁亚克:我对她的东西兴趣从来不大。我稍微有点喜欢《梅兰克莎》。

我真该去学校教教那些孩子。我一个星期可以赚上两千美元。这些东西你是学不来的。你知道为什么吗?因为你必须生来就有一个悲剧性的父亲。

《巴黎评论》:你还非得生在新英格兰才成。

凯鲁亚克:顺便说一下,我父亲说你父亲没有悲剧性。

萨洛扬:我觉得我父亲没有悲剧性。

凯鲁亚克:我父亲说,萨洛扬——威廉·萨洛扬一点悲剧性也没有——

他全是臭狗屎,然后我和他大干一架。《空中飞人架上的勇敢年轻人》挺有悲剧性的,我得说。

萨洛扬:你知道,他那时还只是个年轻人。

凯鲁亚克:是,但他那时在挨饿,他还在时报广场。飞翔。空中飞人架上的年轻人。那是一个美丽的故事。我还小的时候,这个故事把我征服了。

《巴黎评论》:你记得威廉·萨洛扬的这个故事吗,一个印第安人来到镇上,买了一辆车,让一个小孩子给他开?

斯特拉:一辆凯迪拉克。

凯鲁亚克:是哪个镇?

萨洛扬:弗雷斯诺。是在弗雷斯诺。

凯鲁亚克:哦,你记得吧,一天晚上我正在呼呼大睡,你骑着白马来到我的窗前……

萨洛扬:《美丽白马之夏》。

凯鲁亚克:我往窗外一看,说:"这是什么?"你说:"我叫阿拉姆。我骑着白马。"

萨洛扬:穆哈德。

凯鲁亚克:"我叫穆哈德。"抱歉。不对,我叫……我是阿拉姆,你是穆哈德。你说:"醒醒!"我不想醒过来。我想睡觉。那本书叫《我叫阿拉姆》。你从一个农场主那里偷了一匹马,你把我叫醒,阿拉姆,要我和你一起去骑马。

萨洛扬:穆哈德是那个偷了马的疯家伙。

凯鲁亚克:嘿,你给我的那东西是什么?

《巴黎评论》:Obetrol。

凯鲁亚克:噢,奥比。

《巴黎评论》:那么,爵士乐和波普音乐的影响呢……同萨洛扬、海明威和沃尔夫相比?

凯鲁亚克：对，爵士乐和波普，意思就是，一个男高音深吸一口气，然后朝他的萨克斯管里吹进一句，一直吹到他吹出所有的气，等他呼吸完成时，他的句子，他的宣言就完成了……因此，这就是我划分我的句子的办法，用呼吸划分思想……我建构了在记叙文和诗歌中用呼吸作为计量单位的理论，别管奥尔森，查尔斯·奥尔森是怎么说的？我是在一九五三年，应巴勒斯和金斯堡的请求，建构了这个理论的。然后，就是爵士乐的速度、自由和幽默，而不是那种可怕的分析，还有什么"詹姆斯进入房间，点着了一支雪茄。他想，说不定简觉得这个姿势太含糊……"你知道这套把戏。至于萨洛扬，我十几岁的时候热爱过他，他把我拉出了我当时试着学习的那种十九世纪套路，靠的不仅是他那有趣的格调，还有整洁的亚美尼亚诗意——我也不知道到底是什么……反正他就是令我折服……海明威也很令人着迷，一张白纸上的一串珍珠般的文字，给你一幅准确的画面……但是，沃尔夫却是一股美国天堂和地狱的洪流，他使我第一次将美国当做一个主题去看待。

　　《巴黎评论》：电影呢？

　　凯鲁亚克：对，我们都受到了电影的影响。马尔科姆·考利碰巧提起过好多次。他有时候感觉特别灵敏，他提起过，《萨克斯大夫》中不断地提及小便，这很自然，因为我没有地方写作，只能在墨西哥城的一个小厕所的马桶盖上写，这样才能避开公寓里的那些客人。碰巧，那里的风格也是真正的幻觉，因为我一直是（抽着大麻）趴在马桶上写完全书的。[①]不是讲笑话，嗬嗬。

　　《巴黎评论》：禅对你的作品有影响吗？

　　凯鲁亚克：对我真正有影响的是大乘佛教，就是古老印度的佛本人，乔达摩·释迦牟尼的原始佛教……禅是他的佛教，或者菩提，传入中国，后来又传入日本后衍生出来。影响我的写作的那种禅，就是俳句中蕴含的禅，就

---

　　①　这是一个双关笑话，"pot"既是厕所，也是大麻。

是芭蕉、一茶、子规那些几百年前的老大师,和一些更近代的一些大师写的那种三行十七个音节的俳句。一句话,又简短又甜蜜,句子中有一点突然的思维跳跃,这就是一种俳句。你可以有很多自由和乐趣来使自己感到惊奇,让思维自由自在地从树枝跳到小鸟。但是,我的严肃的佛教,就是古印度的那种,真正影响了我的写作,你可以说它是宗教性的,或者是狂热的,或者是虔诚的,差不多快赶上天主教对我的影响了。原始佛教指的是连续不断的自觉的同情,兄弟之情和檀波罗蜜(意思是"慈善的完美"),不要踩着小虫子,所有这些,谦恭、行乞、佛的甜蜜哀伤的面孔(顺便说一下,其实他是雅利安人种,我指的是波斯的武士阶层,而不是像照片显示的那样的东方人)……在原始佛教中,进入佛寺的少年不会得到这样的警告:"我们在这里将他们活埋。"他只是得到温和的鼓励,去静修,并对人和善。不过,禅是这样开始的:佛将所有的僧人召集在一起,宣布一次讲经,并要遴选大乘教的始祖:他一言不发,只是举起一朵花。所有人都惊呆了,只有迦叶(kāśyapa)是例外,他只是微笑着。迦叶[同上!!]被任命为一祖。中国人喜欢这种思想,就像六祖慧能说的,"本来无一物"。要撕毁佛经中记录的所有佛祖说法;佛经是"语录"。这样看来,在某种意义上,禅是一种温和的但有点疯傻的异端,虽然在什么地方肯定有真正善良的老和尚,我们也听说过一些疯狂的和尚。我没去过日本。当然了,你的耀大禅师不过是这一学派的门徒,根本没有创建什么新的东西。在约翰尼·卡森的节目里,他甚至都没有提及佛的名字。他的佛说不定是米娅①。

《巴黎评论》:你怎么从来没有写过耶稣? 耶稣不也是个伟大的人物吗?

凯鲁亚克:我从来没写过耶稣? 换句话说,你是个发疯的骗子,跑到我家里来……然后……我写的所有东西都是关于耶稣的。我是埃弗哈德·莫丘利安,耶稣会军的将军。

萨洛扬:耶稣和佛祖有什么区别?

———————————

① 似指米娅·法罗(Mia Farrow),当时正走红的美国女演员。

凯鲁亚克:这个问题问得很好。没有区别。

萨洛扬:没有区别?

凯鲁亚克:但是,印度的佛祖,和越南的佛有区别,越南的佛只不过是剃光了头,穿上了黄袈裟,其实是一个搞宣传鼓动的特务。佛祖甚至不在嫩草上走,免得把嫩草毁掉了。他生于戈勒克布尔,是入侵的波斯人领事的儿子。他被称为武士之圣,有一万七千个骚货给他通宵跳舞,捧着花朵,说:"我主,你要闻闻吗?"他说:"你们这些婊子,给我滚出去。"你知道,他和她们中很多人都睡过。但等他到了三十一岁的时候,他觉得彻底厌倦了⋯⋯他的父亲在保护他,不受外部事件的干扰。他瞒着父亲,骑着马出去了,看见一个女人正要死,一个男人在台阶上被焚烧。他说:"为什么尽是死亡和腐朽?"仆人说:"世事本来一直如此。你父亲不让你看到世间的真相。"

他说:"什么?我父亲?牵我的马来,给它套上鞍!让我骑到森林里去!"他们骑马进了森林;他说:"现在给马卸鞍。把鞍放到你的马上去,挂起来⋯⋯拉着我的马的缰绳,骑着它到城堡去,告诉我父亲,我再也不会见他了!"那个仆人恰那哭了起来,佛说:"我也不会再见到你了。我不在乎!走吧!走了走了!走开!!"

他在森林里住了七年时间。咬紧牙关。什么也没有发生。他用饥饿磨练自己。他说:"我要咬紧牙关,一直到我找到死亡的原因。"后来有一天,他跟跟跄跄地蹚过拉布蒂河的时候,昏倒在河里了。一个年轻姑娘端着一碗牛奶过来说:"我主,一碗牛奶。"[咻溜咻溜]他说:"这牛奶给了我巨大的力量,谢谢你。"然后他就走过去坐在菩提树下。无花果树。他说:"现在[示范动作]我要盘腿⋯⋯然后磨砺我的牙齿,一直到我找到死亡的原因。"凌晨两点,一万个鬼魂向他发起进攻。他没有动弹。凌晨三点,大蓝鬼!啊!!!都来招呼他。(你看,我真是苏格兰人)凌晨四点,地狱的疯魔⋯⋯从纽约的地下井盖里⋯⋯爬了出来。你知道华尔街那些冒热气的地方吧?你知道华尔街,那些地下井盖⋯⋯冒热气的?你打开那些井盖⋯⋯呀!!!六点钟,一切都安宁了,小鸟们开始颤声啁啾,他说:"啊哈!死亡的原因⋯⋯死的原因是生。"

简单吧？然后他就开始沿着大路向印度的巴纳拉斯走去……留着长发，跟你一样，嗯。

于是，三个人。一个人说："佛来了，啊，他曾经在森林里和我们一起挨过饿。他在那个桶上坐下的时候，不要洗他的脚。"佛在桶上坐下……那家伙冲着跑过去，为他洗脚。"你为什么要洗他的脚？"佛说："因为我要到巴纳拉斯去敲生之鼓。""那是什么？""那就是：死的原因是生。""你是什么意思？""让我来告诉你。"

一个女人走上来，怀里抱着一个死婴。她说："如果你是我主，那你让我的婴儿起死回生吧。"他说："行啊，我什么时候都可以。你到舍卫城[请给第一个 A 和 I 上面加一横杠，谢谢！]去，找到一个在过去五年中没有人去世的人家。从他们家要一点芥末籽，带回到我这里来，然后我就能让你的婴儿起死回生。"她满城去找啊，哥儿们，两百万人啊，那个城市叫舍卫城[同上！]，比巴纳拉斯要大啊，她回来说："我找不到这样的人家。他们在过去五年中都有过死亡。"他说："那么，埋葬你的婴儿吧。"

后来，他一个嫉妒他的表兄提婆达多（这是金斯堡，你看……我是佛祖，金斯堡是提婆达多），把大象弄醉了……他用威士忌把这头大公象给灌醉了。大象站起来——[模仿大象站起来的声音]一个大身子，佛祖从路上走过来，拉过大象，然后跪下来。大象也跪了下来。"你被悲伤的泥泞埋葬了！稳住你的身体！待在这儿！"他是个驯象师。然后提婆达多将一块大圆石头滚下悬崖，石头差点儿打到佛祖的头，差一点就砸着了。嘭！他说："这又是提婆达多了。"然后，你看吧，佛祖就这样在他的门徒跟前走过[来回踱步]。他身后是热爱他的堂弟……阿难……是梵语中"爱"的意思[继续踱步]。在监狱里，你这么来回走着，能保持身体健康。

我知道很多关于佛祖的故事，但我不能确切地知道他每一次都说了些什么。但我知道他对那个朝他吐口水的人说了什么。他说："既然我不能接受你的侮辱，你自己把它拿回去吧。"他真伟大。

[凯鲁亚克弹钢琴。饮品端上来了]

萨洛扬:有点门道。

《巴黎评论》:我母亲弹过这个曲子。我不知道怎么把这些音符写到纸上,可能得附上一段你弹琴的录音。为了留个记录,你能重新弹一下这个段子吗,帕德雷夫斯基先生的曲子? 你能弹《阿卢埃特》吗?

凯鲁亚克:不能。只能是非洲——德国音乐。我毕竟是一个英裔加拿大人。我不知道威士忌能够对这些药品产生什么作用。

《巴黎评论》:那么,仪式和迷信呢? 你开始工作的时候,有什么仪式和迷信吗?

凯鲁亚克:我曾经有过一个仪式:点燃一支蜡烛,在蜡烛光下写作,完成后准备就寝时再将蜡烛熄灭……或者在开始写作之前跪下来祈祷(我是从一个描写乔治·弗里德里希·亨德尔的法国电影里学到这个的)……可是我现在纯粹讨厌写作。我的迷信? 我现在开始怀疑满月。另外,我偏爱数字九,虽然人家告诉我,我这种双鱼座的,应该认准数字七才对;不过我坚持每天做九个倒立,就是,我大头朝下倒立在厕所里,在一只拖鞋上,然后用脚趾碰地板,碰九次,一边还保持着平衡。顺便提一句,这可比瑜伽厉害,这可是体育壮举。我的意思是,想一想,我都这么做了,谁还能说我"不平衡"。坦率地说,我确实觉得我的神智在渐渐变坏。所以,另外一个你称做"仪式"的东西,就是向耶稣祈祷,希望他保守我的神智和能量,让我能够帮助我的家庭,我的家庭就是我残废了的母亲、我的妻子和无时不在的猫咪们,对不对?

《巴黎评论》:你用三个星期敲出了《在路上》,三天三夜敲出了《地下人》,你还能用这种疯狂的速度写作吗?你能不能谈谈你坐下来开始疯狂打字之前,一件作品是如何诞生的——比如说,有多少是已经在你的头脑中了?

凯鲁亚克:你想好实际上已经发生了的事情,你给朋友们讲出这个长长的故事,你在头脑里反复思考,然后悠闲地将它们连接起来,然后,等到又该付房租的时候,你强迫自己坐在打字机前,或者是笔记本前,尽快地把它写完拉倒……这么做没有什么坏处,因为你已经将整个故事铺陈好了。如何铺陈,就看你的小脑瓜里有什么样的钢铁陷阱了。这个听起来像是吹牛,不过,一个女孩曾经告诉我,说我有一个带钢铁陷阱的脑瓜,意思是,我可以抓到她一个小时之前说过的某句话,虽然我们的谈话早已跑题了十万八千里……你知道我的意思吧,就是像一个律师的大脑,比如说。自然,所有的东西都在我脑子里,除了使用时的语言……至于说《在路上》和《地下人》,不,我再也不能写得那么快了……三个晚上写完《地下人》,确实是一个狂热的体育壮举,也是一个精神壮举,你真该看看我写完这本书时的模样……我的脸色像纸一样煞白,体重掉了十五磅,在镜子里看着像个陌生人。我现在呢,就是夜深时分,每坐下一回就写个平均八千字左右吧,一个星期以后再写个这么多,两次之间就是休息、叹息了。我真是讨厌写作。我从中无法得到乐趣,因为我不能起床后就说,我在干活呢,关上门,让人把咖啡端过来,然后像个"骚人墨客"那样坐在那里"干他一天八小时的活计",然后用沉闷的自说自应的狗屁胡说(cant and bombast)来充斥印刷界,bombast 是苏格兰语枕头里塞的枕芯的意思。你没听说过吗,政治家用一万五千字说他本来只用三个字就能说完的话。所以我把这些玩意儿丢开,免得连我自己都烦。

萨洛扬:你通常是不是重在先把事情看清楚,而不去想话语——只是尽量看清所有的事情,然后凭感觉去写? 比如说,《特丽斯特莎》。

凯鲁亚克:你听起来就像印第安纳大学的写作班。

萨洛扬:我知道……

凯鲁亚克:我所做的一切,就是和那个可怜的姑娘一起受罪,然后她摔了脑袋,差点摔死……记得她头着地摔下来吗? 她摔得遍体鳞伤。她是你能见得到的最妖艳的印第安小娘儿们。我说的是印第安人,纯种印第安人。埃斯佩兰萨·比亚努埃瓦。比亚努埃瓦是一个西班牙名字,我也不知道是从哪儿来的——卡斯蒂利亚。但她是印第安人。所以她是半印第安人,半西班牙人……美人。绝对的美人。她浑身骨头,喔,只有骨头,皮包骨头。在书中,我没有说我最后是怎么搞上她的。她说:"嘘!!! 别让房东听见了。"她说:"别忘了,我又弱又病。"我说:"我知道,我正在写一本书,写的就是你又弱又病。"

《巴黎评论》:那你为什么没有把这个部分写到书里去?

凯鲁亚克:因为克劳德①的妻子告诉我别把它写进去。她说这会毁了整本书。

但那不是一次征服。她像光一样快速。靠着 M。M 就是吗啡。实际上,我大老远地从城里跑到城外的穷人区……然后我说:"这东西给你。"她说:"嘘!!!"她给自己注射了一针。然后我说:"啊……现在是时候了。"然后我就掏出了我那没出息的坏家伙。但是……这么着,去墨西哥就值得了!

斯特拉:来这儿,猫咪!它又跑了。

凯鲁亚克:她人很好,你会喜欢她的。她的真名叫埃斯佩兰萨。你知道这个名字是什么意思吗?

《巴黎评论》:不知道。

凯鲁亚克:西班牙语里,是"希望"。特丽斯特莎在西班牙语里的意思是"悲伤",但她的真名是"希望"。她现在嫁给了墨西哥城的警察局长。

斯特拉:不太对吧。

凯鲁亚克:不过,你不是埃斯佩兰萨——我这么跟你说吧。

斯特拉:我不是,我知道,亲爱的。

凯鲁亚克:她特别瘦……羞涩……瘦得像一根杆子。

斯特拉:她嫁给了一个警察局副局长,你跟我说的,不是局长。

凯鲁亚克:她真不错。总有一天,我要再去看她。

斯特拉:没门儿。

《巴黎评论》:你真是在墨西哥时就写了《特丽斯特莎》吗? 不是后来才写的?

---

① 克劳德是凯鲁亚克为吕西安·卡尔(1925—2005)所取的化名,在《杜洛兹的空虚》中也曾用过。

凯鲁亚克:第一部分是在墨西哥写的,第二部分······也是在墨西哥写的。对的。一九五五年第一部分,五六年第二部分。这有什么重要的呢?我又不是查尔斯·奥尔森,那个伟大的艺术家!

《巴黎评论》:我们只是搜集事实。

凯鲁亚克:查尔斯·奥尔森会给你所有的日期,你知道,关于他怎么在格鲁斯特的海滩上找到猎狗的所有细节。看见有人在······叫什么来着?温哥华海滩?挖狗河?······狗镇的海滩上手淫。对,他们就管那地方叫"狗镇"。这是梅里马克河上的狗屎镇。洛厄尔就叫"梅里马克河上的狗屎镇"。我不会去写一首叫狗屎镇的诗,糟蹋我自己的镇子。不过,如果我有六英尺六,那我想写什么就可以写什么,对吧?

《巴黎评论》:你和其他作家相处得怎么样? 你和他们通信吗?

凯鲁亚克:我跟约翰·克莱隆·霍姆斯通信,但一年一年越来越少;我变懒了。我不给读者们回信,因为我没有一个秘书来记录我的口述,打字,买邮票、信封,等等,我也没什么可回复的。我不会用我下半辈子的时间,像个竞选某个政治职位的候选人一样,微笑、握手、交换老生常谈,因为我是一个作家——我得像葛丽泰·嘉宝一样,让我的思想独自清静。不过,当我出去时,或者家里有不速之客时,我们玩得比一群猴子还欢实。

《巴黎评论》:妨碍你创作的都有哪些事情?

凯鲁亚克:妨碍创作的······妨碍创作的——浪费时间的? 我得说,主要是那些暗中雄心勃勃想当作家的人对一个臭名昭著的作家倾注的注意(注意啊,我说的是"臭名昭著",不是"著名"),他们跑来,或者写信,或者打电话,来让我给他们帮助,这些事,其实都是该由一个该死的文学代理商给他们做的。当我还是一个人称"无名的挣扎中的年轻作家"时,我是自己跑腿的,我在麦迪逊大街上跑来跑去许多年,从一个出版商到另一个出版商,从一个代理商到另一个代理商。我这辈子从来没有给一个出过书的著名作家写信要求指点或帮助，或者，我的天，居然有种把我的手稿寄给某个可怜的作家，然后他还得急忙把手稿寄回来，免得人家说他偷了我的主意。我给年轻作家们的建议是，自己找一个文学代理商，或者通过他们自己的大学教授（我是通过我的教授马克·冯·多伦找到我最早的一些出版商的），然后自己干跑腿的活，或者俗话说的"活计"……所以，妨碍我创作的不过是某些"人"。

保护创作的是夜晚的宁静，"当整个世界都在沉睡"。

《巴黎评论》：写作的最佳时间和地点是？

凯鲁亚克：房间里的一张桌子，靠近床，很好的灯光，从半夜到清晨，累了喝一杯酒，最好是在家，如果你没有家，就把旅馆房间或者汽车旅馆房间或者一块垫子当作你的家；和平。［拿起口琴吹起来］哇，我真会吹！

《巴黎评论》：那么，在毒品的影响下写作呢？

凯鲁亚克：《墨西哥城蓝调》的第二百三十首纯粹是在吗啡的作用下写出来的。这首诗的每一行都是隔一个小时写出来的……吸了一大剂吗啡之后高起来了。［找到一堆稿件读起来］

　　爱情那广袤的衰败的尸骨堆，

一个小时以后：

　　英雄泼洒的牛奶，

一个小时以后：

　　沙暴摧毁了丝绸手帕，

一个小时以后：

　　蒙住双眼的英雄的安抚，

一个小时以后：

　　被谋杀的人迎回此生，

一个小时以后：

　　骷髅们交易着手指和关节，

一个小时以后：

　　善良的大象那颤抖的肌肉

　　被乌鸦撕碎咬开，

（看见了吧，金斯堡是从我这儿偷走这个的。）

一个小时以后：

　　诞生出精致的膝盖。

念这一句，萨洛扬。

萨洛扬：诞生出精致的膝盖。

凯鲁亚克：很好。

　　恐惧，滴答着细菌的老鼠。

一个小时以后：

　　各各他，冰冷的希望换来冰冷的希望。

说这一句。

萨洛扬：各各他，冰冷的希望换来冰冷的希望。

凯鲁亚克：真够冰冷的。

一个小时以后：

　　潮润的秋叶，倚傍着

　　船上的枯木，

一个小时以后：

　　海象胶质的纤巧模样。

你可以念，萨洛扬。

忍受长久的侮辱,直至死亡。

萨洛扬:忍受长久的侮辱,直至死亡。

凯鲁亚克:与优雅神秘掩藏性别的生物作战。

萨洛扬:与优雅神秘掩藏性别的生物作战。

凯鲁亚克:

　　块块佛料冻结,切开

　　在显微镜下

　　在北方的停尸房。

萨洛扬:嗨,我说不了这个。块块佛料冻结,切开,在显微镜下,在北方的停尸房。

凯鲁亚克:阴茎的苹果将要播种。

萨洛扬:阴茎的苹果将要播种。

凯鲁亚克:割开的食道多如泥沙。

萨洛扬:割开的食道多如泥沙。

凯鲁亚克:就像亲吻我的宠猫的肚皮。

萨洛扬:就像亲吻我的宠猫的肚皮。

凯鲁亚克:我们温软的赏赐。

萨洛扬:我们温软的赏赐。

凯鲁亚克:他真是威廉·萨洛扬的儿子吗? 太好了! 你能重复这一句吗?

《巴黎评论》:我们应该问你一些直截了当的严肃问题。你是什么时候认识艾伦·金斯堡的?

凯鲁亚克:我先认识了克劳德。然后再认识艾伦,最后认识巴勒斯。克劳德是从防火通道中进来的……胡同里有枪声——砰! 砰! 而且还在下雨,我妻子说:"克劳德来了。"然后防火通道里就走出这么个金发碧眼的家伙,全身透湿。我说:"这是怎么回事,这他妈怎么回事?"他说:"他们正追我呢。"第二天,艾伦走进来了,怀里抱着书。十六岁,耳朵支棱着。他说:"嗯,分寸是美好中更好的那一部分!"我说:"哎,闭嘴,你这个小抽筋的。"然后,第二天巴勒斯来了,身上穿着泡泡纱套装,身后还跟着另外一个人。

《巴黎评论》:哪个人?

凯鲁亚克:就是后来死在河里的那个。就是来自新奥尔良、后来克劳德杀死了扔进河里的那个人。克劳德用童子军的刀在他心脏上捅了十二刀。

克劳德十四岁的时候,他是新奥尔良最美丽的金发碧眼男孩。然后他参加了童子军……童子军的头头是一个红头发的大同性恋家伙,上的是圣路易斯大学,我记得好像是。

那时,他已经爱上了巴黎一个跟克劳德长得很像的男人。这个家伙在全国追着克劳德,这个人害得克劳德被从鲍德温、图兰和安杜佛预科学校开除……这是个同性恋的故事,但克劳德不是同性恋。

《巴黎评论》:那么,金斯堡和巴勒斯的影响呢? 你那时有没有想到过你们三个人对美国文学写作会留下的烙印?

凯鲁亚克:我决心成为一个"伟大的作家",引号,就像托马斯·沃尔夫那样的,你瞧。艾伦总是在读诗写诗……巴勒斯读很多书,四处走动,观察事物。我们相互之间的影响,已经给翻来覆去写过好多次了……我们只是三个很有兴致的人物,住在有趣的大都市纽约,身处校园、图书馆和咖啡馆。你在《空虚》中能找到很多具体细节……在《在路上》里,巴勒斯是布尔·李,金斯堡是卡洛·马克斯;在《地下人》里,他们分别是弗兰克·卡莫迪和亚当·穆拉德。换句话说,虽然我不想因为这个对你们不礼貌,我在我的小说里那么忙着自己采访自己,那么忙着写下那些采访,我真不知道为什么在这过去十年里,我还是要忍痛向所有采访我的人(成百的记者、成千的学生)重复,再重复我在书中已经解释过的东西。实在是没有意义。而且这些本来就不重要。我们的作品本身才算数,如果这些作品真有意义的话,我对梭罗和其他作者以来的我自己的或他人的作品也并没有特别自豪,也可能是因为我们还是身在此山中。骂名,用文学的方式进行公开忏悔,是你与生俱来的心灵的磨难,请你相信我。

《巴黎评论》：艾伦曾经说过，他是听了你向他阅读莎士比亚以后，才学会如何阅读莎士比亚的，在此之前，他根本就不懂莎士比亚。

凯鲁亚克：这是因为在我的前世，我就是莎士比亚。

> 离开了你，日子多么像严冬，
>
> 你，飞逝的流年中唯一的欢乐……
>
> 我受尽如此寒冻，每天如此灰暗。
>
> 而辉煌而去的夏天却在我的花园拉下一堆粪便。
>
> 一头又一头猪跑来吃食
>
> 冲破我破旧的山中陷阱，还有老鼠
>
> 陷阱！要结束这首十四行诗，你一定要
>
> 说：塔拉塔拉塔拉！！！！！

《巴黎评论》：这是即兴创作吗？

凯鲁亚克：哦，头一部分是莎士比亚……第二部分是……

《巴黎评论》：你写过十四行诗吗？

凯鲁亚克：我给你来一首即兴十四行诗。得是什么时候，现在？

《巴黎评论》：十四行。

凯鲁亚克：这是十二行诗，再加两行结句。你在结句里拿出你的重磅炮弹。

> 此间苏格兰的鱼看见你的眼
>
> 我所有的渔网都吱吱作响……

要押韵吗？

《巴黎评论》：不用。

凯鲁亚克：

> 我可怜的皲裂的手无力地垂下
>
> 看见教皇那邪恶的眼睛。
>
> 头发蓬乱的疯鬼们在我的房间游晃
>
> 聆听我的坟墓

这个不押韵。

七行了?

《巴黎评论》: 有八行了。

凯鲁亚克:

> 地球上所有的生机都会爬行
>
> 像猎狗爬过秘鲁的坟墓
>
> 苏格兰的坟墓

十行了。

> 不过不必担忧,我甜蜜的天使
>
> 你的珍宝
>
> 已经嵌入我的珍宝

《巴黎评论》: 还真不错,杰克。你怎么写的呢?

凯鲁亚克: 和金斯堡不同,我没有学过格律。我结识金斯堡……我从墨西哥城一路招手搭车到了伯克利,这可是很长一段路啊哥儿们,很长的一段路。杜兰戈……奇瓦瓦……得克萨斯。我回到金斯堡那里,走进他的小房子,说:"哈,我们要放点音乐。"他说:"你知道明天我要干什么吗? 我要往马克·肖勒桌子上扔出一个新的韵律理论! 关于《奥维德》的韵律安排!"

[笑声]

我说:"慢着,哥儿们,坐到树下来,别去想那个,和我喝杯酒……和菲尔·惠伦、加里·斯奈德和旧金山的所有流浪汉。你可别想当什么伯克利大教授,就当一个树下的诗人吧……我们会搏斗,我们会有突破的。"他还真采纳了我的建议。他还记得这个。他说:"你教个什么呢……你的嘴唇都裂了!"我说:"当然了,我刚从奇瓦瓦过来。那儿非常热,唷! 你出门,小猪们会跑过来蹭你的腿,唷!"

然后斯奈德带着一瓶葡萄酒来了……惠伦也来了,那个谁也来了,雷克斯罗特,谁都来了……于是我们就有了旧金山的诗歌复兴。

《巴黎评论》: 那艾伦被哥伦比亚大学开除呢? 你跟这个有没有关系?

凯鲁亚克: 哦,没关系……他让我在他房间里睡觉。他不是因为这个被哥大开除的。他头一次让我在他的房间里睡觉时，和我们在房间里一起睡觉的是兰卡斯特，英国的什么白玫瑰或红玫瑰的后代。但有个家伙闯进来……管这个楼层的家伙，他以为我是在追求艾伦，而艾伦已经在纸上写了，我在那里睡觉不是因为我追求他，而是因为他追求我。但我们是在真的呼呼睡觉。后来他拿出一个小本子……他那里有些偷来的东西……他那里有小偷，维基和汉克，他们全都栽在偷东西上，一辆车翻了，艾伦的眼镜破了，这些都写在约翰·霍姆斯的诗《走》里面了。

艾伦·金斯堡十九岁的时候问我："我是不是应该把我的名字改成艾伦·雷纳？""你要是把你的名字改成艾伦·雷纳，我就一脚踢在你的蛋上！还是叫金斯堡……"他就还是叫金斯堡。这是我喜欢金斯堡的一个地方。艾伦·雷纳！

《巴黎评论》：这是不是将你们所有人在五十年代维系在一起的东西？是什么东西将"垮掉的一代"团结在一起？

凯鲁亚克："垮掉的一代"只是我一九五一年在《在路上》的手稿中用过的一个短语，形容像莫里亚蒂那样开着车跑遍全国，找零活、找女朋友和寻开心的家伙们。后来，西海岸的左派团体们借用了这个词，把它变成了"垮掉的一代的反叛"和"垮掉的一代的造反"诸如此类的胡说八道；他们只是为了自己的政治和社会目的，需要抓住某个青年运动。我和这些没有任何关系。我是一个足球运动员、一个拿奖学金上学的大学生、一个商船上的水手、一个火车上的铁路司闸、一个看稿件写概要的、一个秘书……莫里亚蒂-卡萨迪是戴夫·尤尔在科罗拉多新雷默的牧场里的一个牛仔……这是哪门子的"垮掉的一代"？

《巴黎评论》："垮掉的一代"人群里，有没有一种"集体"的感觉？

凯鲁亚克：这种"集体"感主要是我提起的那些人激起来的，比如费林盖蒂、金斯堡；他们的思想都很社会主义，想让所有人都住在某种狂热的基布兹①里，团结啊什么的。我是个孤独的人。斯奈德和惠伦不同，惠伦又和麦克卢尔不同，我和麦克卢尔不同，麦克卢尔和费林盖蒂不同，金斯堡和费林盖蒂又不同，但我们还是就着葡萄酒找到了很多乐趣。我们结识了成千上万的诗人、画家和爵士乐手。你所说的"垮掉的一代"根本就不存在……那么，司各特·菲茨杰拉德和"迷惘的一代"呢，听起来对不对？或者歌德和他的"威廉·麦斯特的一代"？这个话题真无聊。把那个杯子递给我。

《巴黎评论》：那么，他们为什么在六十年代初解散了？

凯鲁亚克：金斯堡对左派政治发生了兴趣……就像乔伊斯，我说，二十年代乔伊斯对埃兹拉·庞德说："别拿政治来烦我，我感兴趣的唯一一样东西是风格。"此外，我也厌烦了新的先锋派和甚嚣尘上的煽情主义。我在读布莱士·帕斯卡，记关于宗教的笔记。我想和非知识分子们混在一起，你可能会这么叫他们，而不是要没完没了地把我的头脑教条化。他们甚至开始在活动中将鸡钉上十字架，下一步该是什么？真的将一个人钉上十字架……如你所说，垮掉的一群于六十年代初解散了，各走各的路，我走的是这一条路：家庭生活，和当初一样，偶尔去本地的酒吧里咪上一口。

《巴黎评论》：你认为他们现在在干什么？艾伦的激进的政治参与？巴勒斯的拼贴法？

凯鲁亚克：我是亲美国的，而激进的政治活动却别有他图……这个国家厚待了我的加拿大家庭，或多或少，我们没有什么理由来贬低这个国家。至于巴勒斯的拼贴法，我希望他能够回到他曾经写的那些特别好笑的故事和《赤裸的午餐》里那些出色的平凡的插曲。剪贴不是什么新花招，事实上，我这个钢铁陷阱的头脑，一路上都在不停地拼贴……就像每个人在交谈或思考或写作的时候，他的头脑都在拼贴一样……这只是一个古老的达达把戏，

---

① 基布兹是以色列的集体农场。

是一种文学拼贴。不过,他还是搞出了一些很好的效果。我想让他优雅、有逻辑,所以我不喜欢他搞拼贴,用拼贴来告诉我们人的思维是破碎的。当然了,人的思维是破碎的,每个人在吸毒达到的幻觉中都能看到这一点,但是,如何解释这种破碎,让人在工作日的某个时刻也能够理解它?

《巴黎评论》:你如何看待嬉皮和迷幻现场?

凯鲁亚克:他们已经在改变了,我不好做出判断。他们也不是都属于同一种类型,挖掘者就不同……再说,我连一个嬉皮都不认识……我觉得,他们认为我是个卡车司机。我确实是个卡车司机。至于迷幻现场,对家里有心脏病的人来说可不是什么好事。[将麦克风碰下了脚凳……捡回来]你有什么理由从这个道德中看到什么好东西?

《巴黎评论》:对不起,你能重复一下你的问题吗?

凯鲁亚克:你说你的肚皮上有个小胡子,为什么在你的道德肚皮上有个小胡子?

《巴黎评论》:让我想想。实际上,是一粒小白药片。

凯鲁亚克:一粒小白药片?

《巴黎评论》:很好的东西。

凯鲁亚克:给我。

《巴黎评论》:我们应该等场面冷静下来再说。

凯鲁亚克:对。这粒小药片是你的道德的小白胡子,劝诫你、告知你,你会在秘鲁的坟墓里长出长指甲。

萨洛扬:你觉得你像人到中年了吗?

凯鲁亚克:没有。听着,我们的录音带快到头了。我想加点东西。问我"凯鲁亚克"是什么意思。

《巴黎评论》:杰克,再跟我说说,凯鲁亚克是什么意思。

凯鲁亚克:好,kairn。K(或 C)A-I-R-N。cairn 是什么?是一堆石头。康沃尔。凯恩-沃尔。对了,kern,也就是 K-E-R-N,和 cairn 是一个意思。

Kern。Cairn。Ouac 的意思是"康沃尔人的语言"。Kerr,就是黛博拉·蔻尔(Deborah Kerr)那个蔻尔。Ouack 的意思是水的语言。因为 Kerr 和 Carr 的意思就是水。Cairn 的意思是一堆石头。一堆石头里没有语言。凯鲁亚克。凯鲁-(水),亚克(的语言)。它和古老的爱尔兰名字克维克(Kerwick)有关系,克维克是一个变种。这是个凯尔特名字,凯尔特本身的意思就是石头。照歇洛克·福尔摩斯的说法,这些都是波斯文。当然你知道他并不是波斯人。你记得吗,歇洛克·福尔摩斯和华生医生一起去老康沃尔破了一个案子,然后他说:"华生,针头!华生,针头……"他说:"我在康沃尔这里破了这个案子。现在我有权利坐在这里,做出决定,读书,然后会向我证明……为什么凯尔特人,又名凯鲁阿克或者凯鲁亚克的,是波斯人的后代。我即将开始的事业,"他注射了一针毒品后,接着说,"将会充满艰难险阻,不适合你这样花样年华的女子。"记得这个吗?

麦克诺顿:我记得。

凯鲁亚克:麦克诺顿记得这个。麦克诺顿。你以为我会忘记一个苏格兰人的名字吗?

(原载《巴黎评论》第四十三期,一九六八年夏季号)

约翰·厄普代克

◎ 盛韵/译

一九六六年,《巴黎评论》第一次要求采访约翰·厄普代克,被他拒绝了:"也许我写小说是因为觉得把什么都说得一清二楚很愚蠢;当话题是我自己的时候,我会禁不住自嘲哀叹。而且,我真的没有太多东西可以告诉采访者,我学到的那点人生感悟和小说的艺术,都已经写在作品里了。"

第二年,《巴黎评论》的再次请求终于被接受,但是厄普代克的种种担忧导致了采访一拖再拖。应该先看采访提纲、写好回答、再面谈?还是倒过来?或是根本不需要面谈?(厄普代克甚至一度害怕自己变成"又一个牛皮满天、自说自话的人")终于,在一九六七年的夏天,《巴黎评论》先给他看了问题大纲,然后在玛莎葡萄园岛采访了他,当时他和家人正在那里度假。

厄普代克给人的第一眼印象是兴高采烈,这对于一个有着他那样的技法与感性的作家来说并不寻常。从埃德加敦的狭窄大路上一路冲下后,年轻的作家钻出破破烂烂的科威尔车,头发乱蓬蓬的,光着脚,穿着汗衫和咔叽布沙滩裤。

厄普代克很会说话,但很明显,他并不想通过谈话让别人进入他的内心。因此,这次访谈的最后阶段是由他修改自己的口头回答,然后成文。结果自然是一篇虚假的访谈,但同时也是一件艺术品,这正契合了作者的信仰:只有艺术才能追溯经验中的微妙之处。

——查尔斯·托马斯·塞缪尔斯,一九六八年

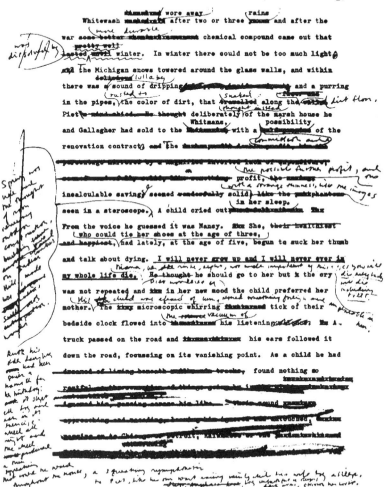

约翰·厄普代克《夫妇们》的一页修改稿

《巴黎评论》：你在小说里写到了自己的童年，在访谈里也曾提及，但对于在哈佛上大学的日子却没怎么提起过，我想知道大学时代对你有什么影响。

约翰·厄普代克：我在哈佛的日子除了第一年比较忙碌，其他都是够惬意的，就像有的人说的那样，很成功。但我在那段日子里的感觉，好像一只毛毛虫在慢慢变成蝴蝶时一定会有的那种怨恨。我记得弗格美术馆明亮的窗户，记得我未来的妻子推着叮叮作响的自行车走过白雪皑皑的校园，记得当我走进前廊时《讽刺》[①]杂志地下室里钻出的老杂志的那股潮味儿就会冲进鼻孔，还有无数在教室里的愉快发现——所有这些都记忆犹新，但是，我知道许多人都曾这样走过，他们比我更能感受那种尊贵的荣耀，而且写得也很充分。我对哈佛时光的所有记忆似乎都写在了一个短篇《基督徒室友》里，还有一篇《向保罗·克利致意》，只发表在《自由环境》杂志上，没有收入书里。《夫妇们》里的福克茜·惠特曼会记得我做过的一些事情。她和我一样，在变成好人的过程中隐约觉得被蒙蔽了，安抚了。也许我不信任那种特别神圣美好的地方。哈佛已经有太多歌颂者了，不缺我一个。

《巴黎评论》：你在为《讽刺》写稿的过程中受益良多吗？

厄普代克：《讽刺》对我很好。除了同好聚集的温暖感和工作上的全权委托，我还开始画插图，先是为不少打油诗配图，后来越来越多地为散文配图。当时总是有很多地方要填。而且，我对笑话也缺乏抵抗力，我们常常自称笑话编织者。我尤其擅长中国笑话。在一个生日派对上，孩子们对着羞红脸的小寿星唱道："生日快乐，Tu Yu!"或者是，苦力们听完一个煽动者的演说后，面面相觑："难道我们工作不就是为了拿苦力的工资么？"或者是一幅卡通画：一个童话公主在塔里，她的长头发垂到地上，上面写着"火灾紧急出口"。我还记得宾克·扬，现在是圣公会牧师，他把穿着破烂运动鞋的脚跷在桌子上，一脸严肃地谋划着如何从波士顿港偷一艘战舰。也许，作为一

---

① 哈佛大学学生刊物。

只没有完美变形的毛毛虫，我应该感谢那些真正的蝴蝶的陪伴。

《巴黎评论》：你后来完全放弃画画了吗？我注意到你最近发表的《安圭拉岛来信》是由你自己画的插图。

厄普代克：很高兴你注意到了。多年来我一直想给《纽约客》画插图，最后终于如愿了。我的第一个理想是为沃尔特·迪斯尼画漫画，后来我想当杂志漫画家。刚结婚那会儿我常画玛丽和孩子们，还在艺术学校念过一年，但后来我什么都不画了，连接电话的时候都不会涂鸦。这是一种损失，对我来说很悲伤。我对具象诗很感兴趣，也试图回归手稿创作，充分利用纸页上的空白，探索技术上的可能性。我的新书是一首长诗，叫《中点》，就做了这种尝试。既然我们为了眼睛而创作，何不动真格的，好好款待一下眼睛？字母原本就是小型图画，这样可以让我们把绘图形象、照片形象和文字组合起来。我的意思是让它们融合在一起。说到这里，我想起了庞德的中国字，当然还有阿波里奈尔；还有我自己的诗《胡桃夹子》，把"胡桃"用黑体显示，对我来说就像乔治·赫伯特的天使翅膀①一样美好。

《巴黎评论》：从哈佛毕业后，你在《纽约客》工作了两年。大概是什么样的工作？

厄普代克：我是"城中话题"栏目的作者，这意味着我既要跑腿，也要写稿。真是叫人兴奋的职位！正是有趣的工作让我看遍了整个城市。我驾过船，看过大剧场里的电子展览，也试着根据不同对象和听到的对话来创作印象派诗歌。

《巴黎评论》：为什么辞职了呢？

厄普代克：工作两年之后，我开始怀疑自己是否拓展了这种体裁。我和我太太有了第二个孩子，需要一套更大的公寓，当时的最佳选择似乎是离开

<hr>

① 乔治·赫伯特(1593—1633)，威尔士诗人、新教牧师，其诗歌段落常如天使的翅膀般展开。

城市,也就等于辞掉工作。他们仍旧把我的名字放在工作人员表上,我还会写一些评论,我感到十分舒服,因为有这样一个职业之家,他们认为我有能力。从总体上来说,美国对作家并没有多少期待。其他东西,有可能;但能力,不。

《巴黎评论》:你的名字多年来一直同《纽约客》连在一起,对此你有何感想?

厄普代克:很高兴。十二岁时阿姨给我订了份《纽约客》作为圣诞礼物,我当时就觉得这是世上最好的杂志。一九五四年六月他们登了我的诗和小故事,这可是我文学生涯中的重大突破。编辑的细心程度以及他们对喜爱作品的感激程度是其他杂志所无法相比的。我也喜欢他们的版式——在文章结尾处署名,所有人的字号都一样大,标题斜体,令人有一瞬间感觉二十年代、波斯和未来仿佛在同一时空中。

《巴黎评论》:你似乎有点儿躲避文学圈,为什么呢?

厄普代克:我有吗? 我这不是坐在这里和你说话。一九五七年我离开纽约时,的确没有什么遗憾,那不过是文学经纪人和时髦外行们的风月场罢了,一个没有养料且颇为烦人的世界。海明威曾经把纽约的文学圈形容成满满一瓶绦虫,互相养活。当我写作的时候,脑子里想的不是纽约,而是堪萨斯州东部的一个模糊的地点。我想着那些在图书馆书架上的书,没有封皮,经年陈旧,一个乡下少年找到了它们,让它们对他说话。那些评论、布伦塔诺书店的书架,都只是障碍物,需要跨越它们去把书放在那个书架上。总之在一九五七年我满脑子想说的就是宾夕法尼亚,搬去伊普斯威奇居住给了我写作的空间。在那里我过着俭朴的生活,养育孩子,跟真人交朋友而不是在文字里神交。

《巴黎评论》:那些想在你的小说里找到自己影子的邻居,现在的伊普斯威奇和以前的西灵顿的邻居们,会不会很失落?

厄普代克：我想不会的。我相信人们明白生活和书本之间的差别，通常他们都明白。在西灵顿的时候，我住在离镇上很远的地方，所以小说里虚构的成分更多些，会显得更扭曲或压抑。在奥林格的故事①里面的那些人物绝对不会冒犯什么人。伊普斯威奇我写得不多。《夫妇们》写到的沼泽地也许有原型，但那些夫妇都是在东部随处可见的成年人。《夫妇们》出版后，我住的小镇起先有些震惊，但我想他们读过书以后就会安心的。这书出版一周后，波士顿的几家报纸用一种小报风格大肆宣传，《大西洋月刊》又登了戴安娜·特里林的一篇义正词严的檄文，搞得加油站的伙计和高尔夫球场里遇见的陌生女人都会拉住我说上几句安慰恭维的好话。我在市中心的一家餐馆的楼上工作，每天早晨人们都会看到我爬上楼梯去办公室，我想伊普斯威奇的人们肯定在同情我，因为我要靠如此平凡而薄利的琐事来维生。而且，我还要参与当地事务，比如参加公理会教堂建筑委员会、民主城镇委员会，就在《时代周刊》登的我那张歪瓜裂枣的封面把《夫妇们》炒上天的时候，我还在为镇上的"十七世纪日"撰写庆典脚本呢。我童年和成年后生活的两个小镇跟我脑海中构思的城镇都不太一样。奥林格和塔博克斯的区别更在于童年和成年的区别，而不仅是地点的不同。他们是我朝圣之旅中的阶段，而不是地图上的两个地点。

《巴黎评论》：你的父母呢？他们似乎经常出现在你的作品中，他们对你早期作品的反应会不会影响你之后的作品？

厄普代克：我父母不应被一一对应到任何小说人物中去。但我并不介意承认乔治·考德威尔从韦斯利·厄普代克身上汲取了某些鲜活的姿势或困苦处境。在《马人》出版后，一次我回到普洛维尔，遭到了我父亲在主日学校的一名学生的斥责，因为书中的描写令他无法容忍。而我父亲，带着一如既往的圣洁，上来调解，他说："他写的是真的。这孩子看透了我。"我母亲

---

① 奥林格是厄普代克虚构的一小镇名，位于宾夕法尼亚州。厄普代克写有短篇集《奥林格故事集》。

则是另外一种圣人,她是一位理想的读者,一位理想的宽容的作家母亲。他们二人都有一种非中产阶级的对可怕真相的喜好,在用温暖和多彩的生活充实了我的童年后,他们让我在成人道路上自由驰骋,从不干涉,一直鼓励,哪怕我在出版作品中谈及旧疮疤或者孩童时代的幻觉。我在写作时完全不用担心失去父母的爱。

《巴黎评论》:你的大部分作品发生在同一地点:奥林格。所以你在《奥林格故事集》的前言中对那个世界说再见,令人产生兴趣,但第二年你又出版了《农庄》,为什么你如此被这一素材所吸引?

厄普代克:但《农庄》是说火镇的,他们只去过奥林格的集市。我受宾夕法尼亚东南部的吸引是因为我知道在那儿事情会如何发生,或者至少是过去如何发生。一旦你对一个地方的可能性有了深入骨髓的了解,你就能自由地想象那里。

《巴黎评论》:我不是这个意思。我想问的不是你为何不断地写奥林格本身,而是为何你写了那么多大部分人认为是你自己的青春期和家庭的故事。比如许多评论都指出了《农庄》《马人》与《我祖母的顶针》之类的故事的相似之处,而《航班》似乎就是《农庄》的早期版本。

厄普代克:我认为这是无可避免的,青春期对我而言很有趣。从某种意义上说,我父母都是相当出色的演员,他们让我的青年时代充满了戏剧性,以至于等到我成年时,已经形成了一些物质负担。所以的确,小说里会埋着一条暗线,我猜这条暗线就是自传。在《农庄》中,尽管人物姓氏与《马人》不同,地理位置也不同,但两本书的主人公都叫乔治。《农庄》从某种意义上说,是在观察马人去世后《马人》中的那个世界。顺便说一句,我得重复强调我并不是说考德威尔真的在《马人》中死去了,他是在生活、回去工作、充当儿子的保护伞此类意义上死去了。但乔伊·罗宾森三十五岁那年,他的父亲死了。同理,《兔子,跑吧》里面的跑马河也存在一种奇妙的联系,可以追溯到《马人》中的奥尔顿。两本书中的跑马桥将它们连在一起。我小时候喜欢把毫不相干的东西画在一张纸上,比如烤面包机、棒球、花儿什么的,然后用线把它们连起来。但说真的,每篇小说对我来说都是新的开始,那些小联系比如几个名字的重现,或者皮特·哈内玛的失眠将他带回高中时代,看到约翰·努德霍尔姆、大卫·科恩和艾伦·道并肩而坐,这些都是一种流动的、间接的连续。每次我构思一个人物——顺便说一句,我会完全躲在那张面具之后,我的记忆和想象变得难以分辨。我对过去的记忆没有责任,我在纸上的创作必须自由超脱于任何事实之外,我正是这样做的。我说得够清楚了吗?

《巴黎评论》:还行吧。

厄普代克:换句话说,我不承认自己的生活和作品之间有任何重大联系。我觉得这是一种病态的、不合适的考虑,虽然很自然——许多病态的考虑都是自然的。但是作品,写在纸上的那些字,必须和我们的当下生活保持距离;我们坐在桌旁写作,正是为了摆脱这副躯壳。但除了那些逗趣的小关联之外,这三部小说以及《鸽羽》中的一些短篇故事都体现了一种飞离、逃离或失落的中心意象,我们逃离过去的方式。我还试图在小说中表达一种负罪感,比如标题特长的三部曲小说《波士顿的福佑之人》《我祖母的顶针》和《扇形岛》,其中的波利尼西亚叙述者走进了一场虚空。就此意义而言,在时间和空间中我们常常选择离开他人,这样就会产生一种负罪感,好像我们亏欠了他人——比如逝者、被弃者,至少有心要回报他们。我在奥林格所获得的那些创伤或教训,必然与压抑的痛苦、与我假设的中产阶级生活(我猜我要说的是文明的生活)所要付出的牺牲和代价有关。那个父亲,不管他的名字叫什么,牺牲了活动的自由,那个母亲,牺牲了——噢,我猜是——多彩的性生活;他们都被困住了。当我回过头去想这些小说(你也知道我是多么喜爱这些小说,如果只让我送一本书给别人,那一定是《奥林格故事集》),我特别会想到《航班》里的那一刻,男孩急于逃离之时,他碰巧撞见莫莉·宾格曼,自己似乎已经成人又没完全长成,他看到妈妈躺在那儿,埋首阅读她那些远方寄来的特别信件,背景是新奥尔良爵士,然后是祖父的声音从楼梯上传下来,他哼唱着:"远方有片乐土……"这就是曾经,也是当下。我生活里从来没有如此凝练的场景,但同时我又感受到了自己的力量和价值,以及一种对活着并且要走下去的无法挽回的悲伤。

我真的不觉得我是唯一一个会关心自己前十八年生命体验的作家。海明威珍视那些密歇根故事的程度甚至到了有些夸张的地步,而我会让它们适得其所。看看吐温,看看乔伊斯,二十岁之后的我们身上发生的任何事情都与自我意识脱不开干系,因为那时开始我们已经以写作为业。作家的生活分成了两半。在你决定以写作为职业的那一刻,你就减弱了对体验的感受力。写作的能力变成了一种盾牌、一种躲藏的方式,可以立时把痛苦转化为甜蜜——而当你年轻时,你是如此无能为力,只能苦苦挣扎,去观察,去感受。

《巴黎评论》:厄普代克夫人对你的作品有何反应?《时代周刊》引用你的话说她从来不会完全肯定你的小说?

厄普代克:玛丽是个极为难得的敏锐的读者,她真的总是对的。假如我有时在小说中保留了她没有完全同意的写法,也是因为我内心爱开玩笑、鲁莽的一面占了上风。通常我只在完成或卡壳的时候才会让她看,我从不会无视她的意见,她提意见的时候也很讲策略。

《巴黎评论》:你在评论詹姆斯·艾吉的《写给神父弗莱尔的信》时,为职业写作做了辩护。即便如此,你会因为以写作为生而感到厌烦吗?

厄普代克:不会,我一直想以画画或者写作为生。教书匠也是一种传统的选择,但看上去十分空费力气,令人堕落。我能够从事更体面的形式——比如诗歌、短篇小说、小说等来养活自己,而且我做过的新闻工作也很有用。必要时我还可以为除臭剂或者番茄酱品牌写广告词。能把想法变成思想、思想变成文字、文字变成印刷品这样的奇迹从来不会让我感到腻味,哪怕是装订书的技术细节,从字体到装订胶水都让我着迷。做好一样东西和糟蹋一样东西的区别到处都有,不管是在天堂还是地狱。

《巴黎评论》：你写了很多文学评论，为什么？

厄普代克：因为：(a)有些作者如斯帕克或博尔赫斯的作品让我激动，我想分享好消息；(b)当我想写文章的时候，内容可以是浪漫爱情或巴特①的神学理论；(c)当我觉得对某种东西比如法国现代小说一无所知的时候，接受一次书评约稿可以迫使我去阅读和学习。

《巴黎评论》：这对你自己写小说有帮助吗？

厄普代克：我觉得对一个作者来说是有好处的。在他自己常常为晦暗不明的评论所困惑时，写评论会让他发现评论是一种多么执拗任性的艺术，连在综述中保持情节直线都很难，更别说整理出一个人的真实回应了。但是评论不应该成为一个习惯。这会让作家以为自己是个专家、权威，以为小说是集体产业和专业物种，以为想象力是一种理智的、社会的活动——这些都是极为有害的错觉。

《巴黎评论》：如果可以的话我想问些关于你的工作习惯的问题。你的工作日程是怎样的？

厄普代克：我在每个工作日的上午写作。我会试着变换写作内容，散文或诗歌都会有帮助。如果我有一个长期计划，我会试着在最烦闷的时候也坚持写。我每出版一部小说，就会有一部未完成或是报废的作品。我现在临时想起的短篇，比如《救生员》《金属的味道》《我祖母的顶针》都是从报废作品中的片断改写而成的。大部分作品一开始就有方向，好像福斯特说他的诗歌"取决于自我融化"；如果没有融化，而故事还在继续，你最好停下来看一看。在写作的过程中，必须有一种超出意志之外、无法被预定的"幸福感"，它必须歌唱，必须自然顺畅。我会马上试着设置一种悬念或好奇，然后在故事结尾处调整，以完成呼应。

---

① 即卡尔·巴特(1886—1968)，瑞士新教神学家，新正统神学的代表人物之一。

《巴黎评论》：当你的工作时间结束后，你能立刻把它放在一边吗？还是写作的内容会一直纠缠到下午，对你的生活产生影响？

厄普代克：嗯，我觉得潜意识还是会不时浮现的，有时候一个不安的句子或者意象会直接跳出来，这时候你就得记录下来。如果我被一个想法套住了，我会在自己重新坐下来之前努力解套的，因为在朋友、音乐、好空气中度过一天要比幽闭在房间里的打字机旁边折腾一天舒服多了。当然，要在脑子里记住整个草稿很困难，有时候你走到桌子旁坐下，发现你在失眠的时候想到的那些解决办法根本不适用。我想我从来没有完全抛开作家的身份以及正在进行中的写作计划，一些特定的场所比如汽车、教堂（都是私人场所）会对我的写作特别有启发。《夫妇们》几乎全部是在教堂里构思的，一有触动或灵感我就记下来，然后星期一带去办公室完成。

《巴黎评论》：你不仅是作家，而且是出名的作家，出名有没有给你带来什么不便？

厄普代克：采访太多了。我能推的都推了，但哪怕一个采访也太多了。无论你多么想保持诚实和完满，访谈从本质上来说都是虚假的。这里面怎么都不对劲，我让自己投身这个机器中，然后你从机器中得到了你的版本——可能你是个聋子根本听不见我说什么，也可能这机器本身就坏了。所有出来的东西都会被冠上我的名字，可这根本就不是我。我和你的关系、我这样线性地口头应付，其实都是一种歪曲。任何访谈中，你都会有些添油加醋或是省略。你离开了自己的胜场，变成了又一个牛皮满天、自说自话的人。我不像梅勒或者贝娄，我没有对大事件发表看法的欲望，什么改造国家、竞选纽约市长，或者像《最后的分析》里的主角那样，用笑声伺候整个世界。我的生活从某种意义上说就是垃圾，而其中的残渣就是我的写作。那个《时代周刊》封面上的人，或者这个自言自语将要被印在《巴黎评论》上的人，既不是活生生的我，也不是写小说和诗歌的我。也就是说，每件事都无限美好，任何观点比起真实事物的质地都要粗糙些。

我觉得要有观点是很难的。神学上我喜爱卡尔·巴特；政治上我偏向民主党。但是我觉得约翰·凯奇的一句话很宝贵:我们真正应该在意的是开明和好奇的态度,而非判断。你对不了解的事务发表意见,最终只会侵蚀你在本行中的发言权。

《巴黎评论》:我常想到一件事——知名作家肯定一直收到那些想成为作家的文学爱好者寄来的作品。你有过类似经历吗? 如果有,你会怎么处理它们?

厄普代克:我倾向于扔掉它们,那些稿件。我还记得自己想当作家的时候,你知道,我可从来没这样做过。我认为作家一定是不停地写作,直到他们有一天达到发表水平为止,我觉得这是唯一的方法。现在有年轻人给我写很漂亮的信,邀请我去指导一门写作课。很明显,我已经成了应该为年轻人服务的当权派,就像大学校长或者警察那样。但我自己还在努力学习呢,我只想为充实自己而读书。

《巴黎评论》:当我们谈到你的公众角色时,我很好奇你对自己的小说在大学课程里出现得越来越多会有怎样的反应。

厄普代克:哦,真的吗? 他们在用我的小说吗?

《巴黎评论》:我就用得挺多。作为一个作家,你如何看待这个问题? 你觉得这会干预读者对你作品的理解或感受吗? 我的意思是,你同意特里林的观点吗,比如现代文学因为出现在教室等社会环境中而被冲淡了,还是你对此并无所谓?

厄普代克:不。回想我自己上大学的经历,大学课程只是一种把你带到书本前的途径,一旦你拿起书,作者与读者的关系就建立了。我在一门课上读到陀思妥耶夫斯基,还哭了。

如果你说的是真的,我感到很高兴。我觉得要教真正的当代写作非常难,而现在这样的课还挺多的。(在牛津,他们通常讲到丁尼生就停了)当然,也许我已经不算当代了;也许我是像艾森豪威尔或者……

《巴黎评论》：人一过三十，就要开始走下坡路了。

厄普代克：别笑——大部分美国作家的确三十岁就开始走下坡路了。也许我像谢尔曼·亚当斯或法兹·多米诺或其他一些半边缘的人物，他们都对历史有一定兴趣。美国人太急于迅速整理行囊，其实一个作家在棺材板被钉牢之前再打包也不迟。

《巴黎评论》：嗯，我现在想到了另一种行囊，不是时间的，而是国家的。你认为自己属于美国的某一类文学传统吗？或者你觉得自己是美国传统的一部分吗？

厄普代克：肯定是的，我没怎么出过国。

《巴黎评论》：具体来说，你觉得从美国经典作家如霍桑、梅尔维尔、詹姆斯等人那里学到了什么？或者你同谁有精神上的相通感？

厄普代克：我热爱梅尔维尔，也喜欢詹姆斯，但我更倾向于向欧洲作家学习，因为我觉得他们的力量远远超过了清教传统，不会把直觉等同于真实。

《巴黎评论》：也就是说，你希望从不同于本国的传统中汲取养料？

厄普代克：是的。我不是说我可以像梅尔维尔和詹姆斯那样写作，而是说他们表现出的那种激情和偏见已经在我的骨子里了。我不觉得你需要不停地训练你的本能，如果能找到你不会做的模式会更好。美国小说对女性的描述是出了名的单薄。我曾试着刻画一些女性形象——我们本可以达到某个文明或衰败的点，在那里我们可以观察女人；我不觉得马克·吐温能做到这点。

《巴黎评论》：让我们来看看你的作品。在《生活》杂志的一次访谈里，你对批评家们针对"是的，但是"的态度表达了一些遗憾。是不是大家对你回避宏大主题的经常性抱怨催生了《夫妇们》？

厄普代克：不，我的意思是我的作品说了"是的，但是"。在《兔子，跑吧》中，"是的"指我们内心中急切的私语，"但是"则指社会组织崩塌了。在《马人》中，"是的"指个人牺牲和责任，"但是"——一个人的个人痛苦和萎靡该怎么办？在《贫民院集市》中，"不"针对的是社会均质化和信仰缺失，"但是"——听听那声音，那顽强的存在的喜悦。在《夫妇们》中，"不"针对的是建立于身体和身体渗透的宗教社区，"但是"——上帝毁掉了我们的教堂，我们还能怎么办？我没法花太多时间去关心评论家对我作品的看法；如果好，它会在一代或两代之内浮出水面，如果不好，它会湮没，但同时能够让我维持生计，提供休闲的机会，并得到一个匠人的自我满足。我写《夫妇们》是因为我生活的节奏，以及我的全集的需要，而不是为了安抚那些致幻的批评声音。

《巴黎评论》：你说《夫妇们》中的那些宗教社区的背景是上帝毁了我们的教堂，这是什么意思？

厄普代克：我认为名词的"上帝"以完全不同的两种意义重复出现，一种是在美丽的白色教堂里供奉的、多少打了些折扣的清教徒的上帝；还有一种是代表着终极权力的上帝。我从来没法真正理解那些神学理论：发起了地震、台风、让儿童饿死的上帝，居然也没有责任。一个不是创世者的上帝对我来说不太真实，所以的确，这肯定是劈闪电的上帝，而且这个上帝高于那个善良的上帝、那个我们崇拜并爱的上帝。我要说的是，有一个残忍的上帝高于善良的上帝，而前者才是皮特信奉的上帝。无论如何，当教堂被烧后，皮特得到了道德上的解脱，他可以选择福克茜了，或者说，他可以接受福克茜和安吉拉一同为他所做的选择了，可以走出内疚的无力感，进入一种自由状态了。他与超自然离婚，与自然结了婚。我想让失去安吉拉变成一种真正的失去——安吉拉比福克茜善良，然而福克茜才是他心底最想要的，福克茜才是那个隐约中打开他心房的人。所以这本书的结局的确皆大欢喜。但是还有一方面，应该说（又要说到"是的，但是"了），随着教堂的被毁，随着内疚的消失，他变得无足轻重了。他仅仅成了上一段中的一个名字：他成了一个得到满足的人，从另一方面说也就死去了。换句话说，一个人一旦拥有了他想要的，得到了满足，一个满足的人也就停止去成为一个人了。没有堕落的亚当只是一头猿。的确，这正是我的感觉。我觉得要成为一个人，必须处于一种紧张状态中、一种辩证的状态中。一个完全适应的人根本就不是真正的人，只是穿上衣服的动物或是统计数据。所以这个故事有一个"但是"在结尾，成了好结果。

《巴黎评论》：我印象很深的是，《夫妇们》中对于口交的表现和《兔子，跑吧》中的唯一一次提及（兔子坚持要求鲁丝口交，从而导致了他们的分手）形成了鲜明对比。

厄普代克：不对，詹妮丝有了孩子才是他们分手的原因。

《巴黎评论》：好吧，如果你这么说。但我还是想知道，为何一种行为在前一本书里如此重要，而在后一本书里却如此无关紧要？

厄普代克：《夫妇们》一部分要讲的是性风俗的变化，这是在《兔子，跑吧》出版后（一九五九年末）才发生的；很快我们又有了《查泰莱夫人的情人》和亨利·米勒的处女作，而现在连食品店的架子上都是色情书。记得皮特躺在弗莱迪的床上，羡慕着弗莱迪收藏的格罗夫出版社的书吗？《兔子，跑吧》里要求而不得的东西，在《夫妇们》里可以随意取用。还有什么呢？就是亚当吃苹果学到的东西。这里有些怀旧情绪，对皮特来说是安娜贝尔·沃伊特，对福克茜来说是犹太人。德·鲁日蒙在写特里斯坦和伊索尔德的书里提到了爱人的不育，皮特和福克茜面对面也无法开花结果。最近我和一个生物化学家朋友聊天，他不但强调了酶的化学成分，也强调了它的结构，令我很受启发；在我的人物里，重要的不光是他们本身，还有他们如何互相关联。口交问题到此为止。

至于笼统的性，我们当然可以在小说里写，而且可以根据需要写得很详细，但真的，真的必须有其社会的和心理的联系。让我们把交媾拿出柜子，拖下神坛，放进人类行为的连续统一体中。亨利·米勒的小说中有不少地方回应了人性；《洛丽塔》中的性尽管藏在疯子爱少女的故事背后，但也回应了真实；我发现 D. H. 劳伦斯从女性视角出发写性，也十分有说服力。在个体意识的小宇宙中，性事所占比重虽大但也不是全部；就让我们试着给它合适的尺度吧。

《巴黎评论》：现在我们来谈谈《马人》吧。如果我的判断正确，这是一部形式上没有什么特色的小说，所以我想知道为何你却对它情有独钟。

厄普代克：嗯，好像在我的记忆里，这是我最快乐、也最真实的书。我拿起来读上几页，看到考德威尔在坚持讨好一个吃蛾子的流浪汉，而此人正是酒神狄俄尼索斯，我就开始笑。

《巴黎评论》：你是怎样决定使用这种神话的平行的？

厄普代克：起先我很受赫拉克勒斯神话中喀戎(Chiron)传说的感动，这是古典作品中少见的自我牺牲的例子，而且他的名字也同基督(Christ)有相似处。这本书开始是想宣传这则神话。我在如下方面植入了神话：在处理彼得的怀旧感的扩大化影响时；在夸大考德威尔的排斥感以及他对身边神秘事物的感知时；作为乏味的真实程度的理想对照；找借口开玩笑；为了严肃地表达我的一种感觉，即我们遇见的人都带着伪装；为了掩盖一些神秘的事情，也许是我们头脑中的原型或渴望。好像对我来说，我们会先入为主地喜欢一些女人超过其他女人。

《巴黎评论》：为什么你没有用这种形式多写几部作品呢？

厄普代克：但是我在其他地方也用到了神话形式。除了写特里斯坦和伊索尔德的短篇小说外，在《贫民院集市》里有圣斯蒂芬的故事；在《兔子，跑吧》里有彼得兔的故事。有时候它是半意识的，比如我到最近才看见布鲁尔城里画着花盆的那些砖头，那就是蛮哥古里古先生寻找彼得兔时翻过的花盆呀。而在《夫妇们》中，皮特不仅是哈内玛(Hanema)或阿尼玛(anima)①或

---

① 荣格用语，一译女性潜倾，意即男性心中的女性意象。

生活(Life)，他也是罗得，那个留下了妻子，带着两个处女女儿逃离了索多玛的人。

《巴黎评论》：当然，特里斯坦的故事很像《马人》，但尽管你的其他小说里有神话或《圣经》故事的元素，它们并没有像《马人》里那样强行进入，所以请允许我重新组织一下问题。为什么你在其他书里没有让这种平行结构更为明显呢？

厄普代克：噢，我不觉得这样的平行应该很明显。我认为书应该有秘密，就像人那样。这些秘密应该成为敏感读者的额外奖赏，或者是一种潜意识的颤动。我不觉得二十世纪小说家的责任只是重新把老故事再讲一遍。我常常感到好奇，艾略特在他那篇著名的谈《尤利西斯》的散文里要讲什么？他的意思是我们自己如此缺乏通灵的能量、缺乏精神的和原始的力量，所以便只能重复老故事吗？他的意思是人类的爱、死、某些能克服的挑战或某些把我们打垮的挑战，已经拥有了经典叙述形式吗？我实在不太明白艾略特的意思。我知道我们肯定都会受到一些老故事的吸引，我们这一代人不是读《圣经》长大的，希腊神话故事倒是更为普遍，它们肯定比希伯来故事更能滋养现代创造。（不过请读克尔凯郭尔在《恐惧与战栗》中对亚伯拉罕和以撒故事的精彩重写）比如弗洛伊德就以之命名了不少精神状况。

我读了一些老传奇——《贝奥武夫》和《马比诺吉昂》，想要找出故事的最基本形态，一个故事到底是怎样的？为什么人们喜欢听？它们是一种经过伪装的历史吗？抑或更有可能的是，它们是一种排遣焦虑的方式？还是令之朝外转化为一种虚构的故事，从而达到涤荡净化的效果？无论如何，我感到在叙述奔涌时对这种资源的需求，也许唤醒了我那些隐藏在记忆深处的典故。这很有趣，有些事情你在做的时候并没有意识；我意识到作为罗得的皮特，我也意识到作为特里斯坦和伊索尔德的皮特和福克茜，但我没有意识到作为唐璜的他。有一天我收到了一封来自韦斯利安的读者的精彩长信，用唐璜传奇分析了这本书，并找出了无数极有启发的相似之处。他认为历史上的唐璜们都出现在大帝国的转折时期，经典唐璜出现在西班牙刚刚失去尼德兰之时,皮特的活动时期恰好也是我们在越南失利之时。这些对我都很新鲜,而且听起来很对头。我会把这封信再看一遍。它为我引出了某种基本的和谐、某种在西方意识中的原型重合,我很乐意接受这些。

《巴黎评论》:让我们从神话转向历史吧。你曾表示有写总统布坎南的愿望,但是就我目前观察的结果,美国历史通常在你的书中是缺席的。

厄普代克:不是这样,恰恰相反。在我的每部小说中,都有确切的年代和总统,《马人》讲的是杜鲁门时期,《兔子,跑吧》是艾森豪威尔时期。《夫妇们》只可能在肯尼迪时代发生;有这股社会潮流的独特年代,就像草地里的花朵只在夏日盛开一样。即便《贫民院集市》里,也有一位总统洛文斯坦。如果《农庄》里没有提到总统的名字,可能是因为那本书的内容怪诞地发生在未来,虽然只是写作时一年之后的未来——现在已是过去了。胡克、考德威尔、阿珀史密斯一家都会谈历史,而且日常琐事时常点缀着报纸头条,隐约地、下意识地却足够坚定地影响着人物的观感:皮特迈出了引诱福克茜的第一步,很明显是受了肯尼迪孩子之死的影响;而《马人》中弥漫的惊恐气氛是冷战早期的预示。我的小说讲述普通人的日常生活,比历史书包含更多历史,正如考古学比一张战争和政府变更名单包含更多栩栩如生的历史。

《巴黎评论》:那么暴力呢? 很多评论文章抱怨甚至指责你的小说里没有暴力,而我们的世界中有很多暴力存在。为什么你对暴力惜墨如金呢?

厄普代克:我的生活里几乎没有暴力。我没打过仗,连架也没打过。我不认为一个生活中信奉和平主义的人应该在小说里假装暴力。比如纳博科夫写的那种血淋淋的事情,我觉得更像文学想象而不是真实生活。穆丽尔·斯帕克书里的暗杀是我们在脑海里犯下的;梅勒最近的暴力行为虚有其表,就像莱斯利·菲德勒干号着要更多更多。我对我笔下的人物有一种温情,不允许自己对他们施暴。总的来说,本世纪北美大陆上没什么大灾难发生,我也没见证什么生灵涂炭的景象。我所有的小说都以假死或部分死亡结尾。如果真有一天我活着看到了一场大屠杀,我肯定自己能够提高表述暴力的能力；但如果没有的话，我们也不要为了时髦的幻想而滥用在出版业中的特权。

《巴黎评论》：嗯，我敢肯定，所有读过你小说的人都会对"事实的精确性"印象深刻。比如，你可以提供肯·惠特曼谈论光合作用的数据，或者皮特谈论建筑修复的数据。你是主动研究了这些内容，还是靠已有的知识呢？

厄普代克：嗯，两者都有吧，我很高兴你觉得它们有说服力。我从来不敢太确信。一个一辈子都花在生物化学或者造房子上的人，他的大脑会朝特定的方面倾斜。我觉得让专家向我解释是非常困难的事，每次我问他们一些智性的问题、正确的细微差别——我都觉得要在头脑里重构一个花了二十年钻研的人的头脑很困难，然而还是要努力尝试。当代小说中对于世界（除了学术世界）是怎样运作的描述很薄弱。我的确尝试了，特别是在这部小说中，去给人物设定职业。萧伯纳的戏剧中有各种各样的职业，他对经济发展的了解一是帮助他去关心，二是帮助他去表达，去探索一个扫烟囱的人或者一位大臣的秘密。一本书对于读者的最低责任之一便是事实正确，这和版式舒适、校对正确一样。作家的基本道德要求你至少应该试着去想象技术细节，好比想象情感和对话一样。

《巴黎评论》：我想问个关于《贫民院集市》的问题。许多人对康纳的愚蠢感到厌烦，他似乎太容易成为笑柄，你觉得这批评能成立吗？

厄普代克：我得再读一遍书才知道。可能是因为我对于我想让他代表的那些东西没有什么同情。当然，一个作家没有资格改变读者的反应。水平就是一切，如果我无法真的给你鲜活感，那么我现在说什么都不管用。但对我来说，康纳是《马人》里考德威尔的准备研究，都有肥厚的上唇和一种爱尔兰特性，一种坚韧、一种——他们都不太守规矩，我想到他们的时候会注意到这点。我没有打算讽刺他们。我可能会否定他们，但不会讽刺。我不觉得我写的任何一部小说中有哪怕任何一丝讽刺的意图。你不能为了讽刺而牺牲小说人物，因为他们是你的创造。你必须且只能爱他们。我觉得我在创造康纳的那一刻并没有尽全力去爱他,没有尽全力让他的头脑和心灵活起来。

《巴黎评论》:你说从不讽刺你笔下的任何人物,《医生的妻子》可不就是例外吗?

厄普代克:你觉得我在《医生的妻子》中讽刺了吗? 我是在批评医生的妻子。的确,我有时觉得她是个种族主义者,但我并没有尝试,或者说我不觉得我在尝试把她变得好笑,只因为她是个种族主义者。

《巴黎评论》:你的诗歌中有些讽刺,不是吗? 但是我很好奇,为什么你只写轻松诗而少有例外?

厄普代克:我是从写轻松诗开始写诗歌的,这是一种文字式的卡通。有几年里我为《电线杆》写了不少严肃诗,但我还是与戏剧所依赖的押韵保持了距离,那是柏格森所说的有机体上包裹的机械壳。但是轻松诗在押韵和韵律学之中加入了一些科学发现,有很严肃的意义——宇宙科学向我们揭示的一切与我们的原始想象简直毫无关联。当此类诗歌创作顺畅时,我所获得的愉悦和满足感不亚于任何其他形式的文学活动。

《巴黎评论》:你已经发表了几乎所有文学形式的作品,只除了戏剧,为什么没有涉足过这一形式呢?

厄普代克:我自己就不喜欢去看戏剧。它们总是有一个人在没完没了地说,而我常常听不见。我记得上一次看的戏是《微妙的平衡》,我的座位靠着墙,墙那边有辆卡车在不停地换挡变速,于是我几乎啥也没听见。画着浓妆的人们站在一个舞台上说着几个月来一直重复的话,这种非现实感实在令我无法视而不见。而且我觉得剧院是个流沙池,会把金钱和能人都吸进去。哈罗德·布罗基是个岁数跟我差不多大的优秀作家,他消失了五年投身于一出话剧,却从未上演过。从吐温、詹姆斯到福克纳、贝娄,兼为剧作家的小说家的历史实在悲凉。一个小说家不适宜写话剧,正如长跑运动员不适合跳芭蕾。戏剧是话语的芭蕾，而在这个等式中，我对芭蕾持强烈的保留态度：它不算完美，甚至很无聊。话剧的模仿能力只能达到小说的一小部分。从莎士比亚到程度更低的萧伯纳，他们的戏剧都是为相熟的演员写"急转弯"之类的练习；如果没有威尔·肯普，就没有法斯塔夫。而假如没有此类的亲密关系，一出戏剧具有生命力的几率则微乎其微。我觉得目前的美国剧院主要是一个社交场所。

《巴黎评论》：如果我没记错，你曾经表达过想写电影剧本的愿望。我觉得《兔子，跑吧》特别有镜头感。目前你有这样的计划吗？

厄普代克：《兔子，跑吧》最初的副标题就是"一部电影"。用现在时叙述的部分原因就是要表现一种剧场感。开头的男孩们打篮球的场景正是为了配合标题和鸣谢。然而这不表示我真的要写一部电影剧本，只说明我想表现一部电影。我自己写一本书达到这一目标要比通过好莱坞更实际。

《巴黎评论》：你觉得电影能够教育小说家吗？

厄普代克：我不敢说。我觉得我们生活在一个视觉主导的时代，电影、图形艺术、绘画艺术常常纠缠着我们，纠缠着写字的人。在对罗伯-格里耶及其理论的评论中，我表达了我们的妒忌之情。简言之，我们妒忌是因为视觉艺术俘获了所有的魅力人群——富人和年轻人。

《巴黎评论》：你有没有觉得，相比影像的直接性和完整性，小说家处于劣势，所以得奋起直追？你有这种感觉吗？

厄普代克：噢，当然。我觉得我们太贪图成功了，想拓宽吸引力。做一部电影真的不需要太多力气，它就那样直冲向我们，好像牛奶倒进杯子，同时加上点脑力，就能把纸上的一堆机械记号变成活动的影像。所以，当然了，电影的力量十分强大，能把傻瓜变成天才，这让我们着迷，将我们催眠……我不明白的是，模仿这种即时的、混乱的影像跟小说家的艺术有什么关系。我认为小说从两种源头发展而来：历史叙述和书信。私人信件、书信体小说、理查逊①的小说现在仅被视为一种绝技,但的确具有电影般的即时性,时间在纸页上流淌。然而在当代小说中,这只是支流;我们现在感兴趣的是作为历史的小说,叙述过去的事情。叙述过去的事情能够消减那种主持的、健谈的、坦白的风格,于是说教式的作者便可能成为死去的传统。也就是说,任何上过写作课的人都会被告知作者凌驾于人物之上给读者发信号(正如狄更斯那样)是多么陈腐、糟糕。然而我觉得在这种权威中——作者就是上帝,一个爱说话的、唠叨的上帝,整本书都充斥着他的宇宙——有些东西失落了。现在我们有了过去时,一种模棱两可的死态:上帝两手一摊,不管事儿了。我们可能在两个世界都过得很糟。

《夫妇们》从某种程度上说是一部旧体小说,我对最后三十页(那命运转变的逐渐积累直至高潮)尤其满意。从一个人物写到另一个人物,我让自己有了一种飞翔感,好像征服了空间。而在《兔子,跑吧》中,我喜欢用现在时。你可以在不同的头脑、思想、物体和事件之间游走,带有一种过去时无法提供的奇妙的轻松。我不太确定这种感觉对于读者来说是否像作者那样清晰,但现在时中的确有种诗意和音乐性。我不知道自己为何没有再写一本现在时的小说。开始时我只是实验一下,但每写一页,就越觉得自然合宜;我在写《马人》时也一直被现在时吸引,于是最后有整整一章用了现在时。

《巴黎评论》:你说到现在的作者不情愿越过人物发信号时似乎有些遗憾。我对你对三位当代作家的评价很感兴趣,他们似乎都很愿意直接给读者发信号。我想提的第一位是罗伯特·潘·沃伦。

厄普代克:对不起。我对沃伦的文字还没有熟到能够评论的地步。

《巴黎评论》:那么约翰·巴思呢?

厄普代克:巴思我不算太了解,但是我读过他的头两本小说以及最近两本小说的一部分,还有些短篇。我也认识他本人,他是一个很讨人喜欢、有

---

① 指英国小说家塞缪尔·理查逊(1689—1761)。

吸引力、谦逊的人。他和我差不多是同龄人，出生地也挺近，他生在马里兰，我在宾州东南部。我对他的作品时而熟稔，时而反感。我觉得他重重地撞到了虚无主义的地板，然后满身煤尘地回到我们面前。当我们横穿巴思的动荡年代和高尚情操时，会接近灵魂深处。我最喜欢的他的书是《漂浮的歌剧》，它和《贫民院集市》一样，以一种狂欢结束，是对活着这一事实的无脑庆祝。至于现在，巴思对我来说是从另一个星球来的极有主见、有创造力、强有力的声音；他的小说中有些来自别的世界的东西，既炫目又空洞，至少对我而言，我宁可去天王星也不愿通读《羊孩贾尔斯》。

《巴黎评论》：那你怎么看贝娄？

厄普代克：贝娄身上有种小教授的影子，一个教授小妖精一直在小说人物边拍翅膀，我不确定这种声音是不是我最喜爱的贝娄人物。他总在那里，在句子后面发表感叹式的评论，发表些小意见，总体上在邀请我们加入一种道德决定。这个人（我认为就是作者）导致了小说结尾的失焦。小说中部的细节如此丰富，充满了对生活的爱，我记得《雨王亨德森》里他回忆着如何在怀孕的妻子的肚子上擦油去抚平妊娠纹。也是这个教授，这个热切关心社会问题的人，为了想让我们成为更好的人，把结尾弄糟了，不一定是大团圆，但一定是为了指明道路。他太在乎这些，以至于会特意召唤出一个小角色，让它通篇打滚。

作者出现的普遍问题，我觉得是一个作者变成明星，那时候就很讨厌。在塞林格的晚期作品、梅勒的大部分作品中，作者会作为大人物出现，有一群青少年等在那里聆听他们的教诲。我不觉得这种退回到契诃夫之前的做法有什么意义。当然，假装作者不存在也只是一种姿态罢了。可能荷马式的作者比较合适，他在那里，但是毫不重要，受着国王的压迫。

《巴黎评论》：那你怎么看装腔作势的文化？我是说，你怎么看巴塞尔姆这样的作家？

厄普代克：他是某种类型的艺术总监，就像凯鲁亚克的作品是一种回应泼洒绘画的泼洒式写作。所以巴塞尔姆的短篇小说和一部中短篇在我看来像是一种在散文里加上波普的尝试。你知道,这一方面像是安迪·沃霍尔的金宝汤罐头,另一方面像是《白雪公主》里面七个小矮人在做的中国婴儿食品①。然后你再次感受到了一种硬边写作。他在一个短篇里写过,坚硬的、栗色的词语给任何人都能带来审美满足感,除了傻子之外。我还觉得他的小说中没有写到的东西也很重要,因为那些不出现在他小说中的东西,通常是陈词滥调。

的确,我觉得他很有趣,但是作为一个文化图景中的投机取巧者而有趣,而不是我精神的歌唱者。一个古怪的说法很可能会背叛我。

《巴黎评论》:那么那些影响过你的作家呢? 塞林格? 纳博科夫?

厄普代克:我从塞林格的短篇中学到了很多,他移走了那些聪明人的小叙事,那些三四十岁人的爱夸耀的人生片断。正如大部分创新艺术家,他为无形创造了新空间,描写了一种似乎真实存在过的生活。我想到了《就在跟爱斯基摩人开战之前》,而不是《为埃斯米而作》,后者已经显示出了过于情绪化的征兆。至于纳博科夫,我钦佩他,但只愿意效仿他对这一行的高度奉献精神,他写的书不会滥竽充数,值得一读再读。我觉得他对美学范式、象棋残局以及对鳞翅目蝴蝶保护色的描写挺特别。

《巴黎评论》:那么亨利·格林? 或者奥哈拉?

厄普代克:格林的语调、他对真实的探索、他营造的那种洞察一切却不兜售任何主意的氛围,我很乐意拥有,如果我能做到的话。单就视觉和听觉的透明感而言,我觉得当世作家还没有能与他媲美的。啊哈,他有十年拒绝写作,我假设那是为了表现他对生命本身的终极忠诚。奥哈拉的一些短篇里也有一种罕见的透明感、新鲜感和出乎意料。好的艺术作品将我们直接带回外在现实,它们解释,而不是提问或者模仿。

---

① 这里所指的是唐纳德·巴塞尔姆(1931—1989)的后现代小说《白雪公主》。

《巴黎评论》：你刚才提到了凯鲁亚克，你对他的作品怎么看？

厄普代克：像凯鲁亚克那样在电传纸上飞速写作的作家曾经令我警觉，而现在我能够更平和地看待这些。质疑写作必须优美而细心的观念也许是有些道理的，也许涂鸦能够得到一些细致写作无法得到的东西。实际上我自己也不完全是小心翼翼的，一旦灵感启动，我写得相当快，而且不太修改，我从来不会先写大纲，或者删掉整段，或者苦苦挣扎。顺利则好，不顺利的话，我最后会停下来。

《巴黎评论》：你说的"涂鸦能够得到一些细致写作无法得到的东西"是指什么？

厄普代克：这就要追究到什么是语言的问题。到现在这种大众文化的时代，语言已经变成了一种口头的东西。说话时，有一种低度的缓慢。在试图把词语看做凿子雕琢时，你陷入了失去言语特点的危险，包括话语的节奏感、快乐感。比如马克·吐温（在形容一架木筏撞到桥梁时）这样写道："像闪电击中一盒火柴那般散了架。""散架"这个词只有从一个健谈的人口中说出来才有美感，这个人成长在健谈的人群中，喜欢自言自语。我意识到自己缺乏此种储备，这种口语化的储备。有一次一个罗马尼亚人对我说，美国人总是在讲故事。我不确定以前是不是也是这样。我们曾经坐在纺纱机前，现在则面对电视，接受图像。我甚至不确定更年轻的一代人是否知道如何八卦。但是，对于一个作家来说，如果他有故事要讲，也许他应该像讲话一样快速地打字。我们必须在有机世界而非无机世界中寻找隐喻；而正因为有机世界有休养生息的阶段和高速发展的阶段，所以我觉得作家的写作进程也应该有机地变化。但是无论你编织的速度有多快或多慢，都应该在内心感到一种紧迫感。

《巴黎评论》：在《大海同绿》中你否定了人物性格和心理刻画是小说的首要目标，那你觉得什么更重要？

厄普代克：我写《大海同绿》是在几年前了，我相信我当时的意思是，叙

140

述不应该成为心理洞察的主要包装,当然叙述可以包括心理洞察,像小甜饼里的葡萄干。但是实质依然是面团,这才能够给故事提供养料,使之有行动、有悬念、有解决。就我的经验而言,作者的最深层的自豪,并不在于偶然的智慧,而在于推动大批形象有组织地前进的能力,在自己的手中感受到生命的滋长。然而无疑,小说也是一种窥探,我们读小说时好像在看进别人的窗户,听八卦,看别人做什么。小说欢迎对一切事物的洞见,但没有一种智慧能够代替那种对行动和模式的直觉,抑或是一种通过你的声音表达的奴役他人灵魂的野性愿望。

《巴黎评论》:说到这点,再联系到你对"不明朗事实"的喜爱,你觉得自己跟"新浪潮派"小说家相似吗?

厄普代克:以前是。我把《贫民院集市》当成反小说来写,并且发现娜塔莉·萨洛特对现代小说困境的描述十分有用。我很为一些当代法国小说的冷静外表所吸引,像他们一样,我也想在叙述的民主化中给冷冰冰、死气沉沉风格投上一票。但是基本上,我描述事物不是因为它们的沉默嘲弄了我们的主观性,而是因为它们似乎是上帝的面具。我想加一句,在小说中,除了形象兜售之外,也有形象制造的功能。创造一个像泰山那样粗糙而普遍的形象,从某种意义上说比亨利·詹姆斯的小说更有成就。

《巴黎评论》:作为一个技巧专家,你觉得自己有多少非传统的因素?

厄普代克:视需要而定。好比一张白纸,这就是绝对的自由,一定要利用。我从一开始就警惕虚假的、惯性的东西。我认为生活是多层次而模棱两可的,但我会试着不把这种看法强加给读者,我时刻注意着与理想读者保持一种交换感、一种商量的余地。中产阶级的家庭冲突,性与死对于会思考的动物的神秘性,作为牺牲的社会存在,不期而遇的快感和回报,作为一种进化形式的衰败——这些都是我的主题。我试着在叙述的形式中达到一种客观性。我的作品是思考,不是训话,所以现在进行的访谈感觉上像是一种揠苗助长、一种装模作样。我觉得我的书不是论战中的说教或指令,而是一种客观实在,有着任何一种真实存在物的不同形状、质地和神秘性。我儿时对艺术的第一个想法就是:艺术家为世界带来了某种新事物,同时他没有破坏任何其他事物。这似乎是一种对物质守恒定律的驳斥。这对我来说仍然是魔法的中心、快乐的核心。

(原载《巴黎评论》第四十五期,一九六八年冬季号)

加夫列尔·加西亚·马尔克斯

◎ 许志强/译

　　加夫列尔·加西亚·马尔克斯在他的办公室里接受采访。他的房子位于圣安赫尔·伊恩，墨西哥城花团锦簇的一个古旧而美丽的街区。工作间就在房子的背后，离主屋不过几步之遥。那是一座低矮的长方建筑，好像原先是设计来做客房的。房间一头放着一张沙发卧榻、两把安乐椅，还有一个临时凑合的吧台——一台白色小冰箱，上头贮放着矿泉水。

　　房间里最惹人注目的，是沙发上方加西亚·马尔克斯自己的一幅放大的照片，他身披时髦的短斗篷，在某处街景背风而立，看起来多少有点像安东尼·奎因。

　　加西亚·马尔克斯当时正坐在工作间远端的书桌前，过来向我问好时，走起路来步履轻捷，精神抖擞。他是一个身板结实的人，大概只有五英尺八九英寸高，看起来像是一个出色的中量级拳手——胸脯宽厚，但两条腿可能有点儿细瘦。他，衣着随意，穿着灯芯绒宽松裤和一件浅色的高领套头衫，脚蹬一双黑皮靴子；头发是鬈曲的深褐色；他还留着一撇厚厚的唇髭。

　　访谈分别在三个午后临近黄昏的时段里进行，每次会面大约两小时。尽管加西亚·马尔克斯的英语说得相当好，但是大部分时间里他都是说西班牙语，由他的两个儿子一起翻译。加西亚·马尔克斯说话的时候，身体经常是前后摇摆，他的手也经常在晃动，做出细小而明确的手势，强调某个观点，或是表示思路要变换方向。他时而冲着听众朝前俯身，然后远远地靠后坐着，时而架起二郎腿，用沉思的语调说话，两个动作交替进行。

——彼得·H. 斯通，一九八一年

El otoño del Patriarca

mustios

había hecho

y sin embargo

pagaron

lo sabíamos porque

de los sábados

civil

era

callejero que por cinco centavos recitaba los versos del
olvidado poeta Rubén Darío y había vuelto feliz con una
morrocota legítima con que le habían premiado un reci-
tal que hizo sólo para él, aunque no lo había visto por
supuesto, no porque fuera ciego sino porque ningún mor-
tal lo había visto desde los tiempos del vómito negro,
mas sabíamos que él estaba ahí, puesto que el mundo
seguía, la vida seguía, el correo llegaba, la banda muni-
cipal tocaba la retreta de valses bobos bajo las palmeras
polvorientas y los faroles pálidos de la Plaza de Armas,
y otros músicos viejos reemplazaban en la banda a los
músicos muertos. En los últimos años, cuando no se vol-
vieron a oír ruidos humanos ni cantos de pájaros en el
interior y se cerraron para siempre los portones blinda-
dos, sabíamos que había alguien en la casa presidencial
porque de noche se veían luces que parecían de navega-
ción a través de las ventanas del lado del mar, y quienes
se atrevieron a acercarse oyeron desastres de pezuñas y
suspiros de animal grande detrás de las paredes fortifi-
cadas, y una tarde de enero habíamos visto una vaca
contemplando el crepúsculo desde el balcón presidencial,
imagínese, una vaca en el balcón de la patria, qué cosa
más inicua, qué país de mierda, pero se hicieron tantas
conjeturas de cómo era posible que una vaca llegara
hasta un balcón si todo el mundo sabía que las vacas
no se trepaban por las escaleras, y menos si eran de
piedra, y mucho menos si estaban alfombradas, que al
final no supimos si en realidad la vimos o si era que
pasamos una tarde por la Plaza de Armas y habíamos
soñado caminando que habíamos visto una vaca en el
balcón presidencial, y desde entonces nada se volvió a
ver ni nada se volvió a oír en muchos años, sólo la ban-
dada de más de gallinazos que vinieron de donde estaban
siempre adormilados en la cornisa del hospital de po-
bres, vinieron más de tierra adentro, vinieron en oleadas
sucesivas del horizonte del mar de polvo donde estuvo
el mar, volaron todo un día en círculos lentos sobre
la casa del poder hasta que un rey con plumas de novia
y golilla encarnada impartió una orden silenciosa y em-
pezó aquel estropicio de vidrios, aquel viento de muerto
grande, aquel entrar y salir de gallinazos por las venta-
nas como sólo es concebible en una casa sin autoridad,
de modo que subimos hasta la colina y encontramos en
el interior desierto los escombros de la grandeza, el
cuerpo picoteado, las manos lisas de doncella con el ani-
llo del poder en el hueso anular, y tenía todo el cuerpo
retoñado de líquines minúsculos y animales parasitarios
de fondo de mar, sobre todo en las axilas y en las ingles,
y tenía el braguero de lona en el testículo herniado que
era lo único que habían eludido los gallinazos a pesar
de ser tan grande como un riñón de buey, pero ni si-
quiera entonces nos atrevimos a creer en su muerte por-
que era la segunda vez que lo encontraban en aquella
oficina, solo y vestido, y muerto al parecer de muerte
natural durante el sueño, como estaba anunciado desde
hacía muchos años en las aguas premonitorias de los
lebrillos de las pitonisas. La primera vez que lo encon-
traron, en el principio de su otoño, la nación estaba toda-
vía bastante viva como para que él se sintiera amenazado

_también nosotros
nos atreveremos
a entrar_

santuario

_una vaca en un
balcón presiden-
cial donde nada
se había visto ni
había de verse
otra vez en mu-
chos años hasta
el amanecer del
último viernes
cuando empeza-
ron a llegar
los primeros ga-
llinazos que se
alzaron de don-
de estaban_

加夫列尔·加西亚·马尔克斯《族长的秋天》的一页修改稿

144

《巴黎评论》：你对使用录音机有何感受？

加夫列尔·加西亚·马尔克斯：问题在于，当你知道采访要录音时，你的态度就变了。拿我来说吧，我立马会采取一种防卫的态度。作为一个新闻工作者，我觉得我们还是没有学会怎样用录音机做采访。最好的办法，我觉得是作一次长谈而记者不做任何笔记。过后他应该去回忆谈话的内容，照他所感觉到的印象把它写下来，倒不一定是要照搬原话。另一种管用的方法是记笔记，然后本着对采访对象一定程度的忠诚，把它们诠释出来。让你觉得恼火的是，录音机把什么都录下来，而这对于被采访的人并不忠诚，因为，哪怕你出了洋相，它还录下来记着呢。这就是为什么有一台录音机在，我就会意识到我是在被人采访，而要是没有录音机，我就会用无意识的相当自然的方式说话的原因。

《巴黎评论》：嗨，你让我觉得用它都有点儿内疚了，不过我想，这种类型的采访我们可能还是需要它的吧。

加西亚·马尔克斯：反正我刚才那么说的目的，无非是要让你采取守势。

《巴黎评论》：那你自己做采访就从来没有用过录音机吗？

加西亚·马尔克斯：作为一个新闻工作者，我从来没有用过。我有一台非常好的录音机，不过我只是用来听音乐的。做记者的那个时候，我从来没有做过采访。我做的是报道，从未做过问和答的采访。

《巴黎评论》：我倒听说过有一篇著名的采访，采访一位沉船的水手。

加西亚·马尔克斯：那不是问和答的。那位水手只是跟我讲他的历险故事，而我是用他自己的话、用第一人称把它们写出来，就好像他就是写作的那个人。作品在一家报纸上以连载的形式发表，每天登一部分，登了两个礼拜，当时署名的是那个水手，不是我。直到二十年后再版，人家才发现那是我写的。没有一个编辑认识到它写得好，直到我写了《百年孤独》之后。

《巴黎评论》:既然我们开始谈起新闻业,那么写了这么长时间的小说之后,重新做一名记者的感觉如何呢?你做这件事,用的是不同的感觉或不同的观察吗?

加西亚·马尔克斯:我一直相信,我真正的职业是做记者。以前我所不喜欢的是从事新闻业的那种工作条件。再说,我得把我的思想和观念限定在报纸的兴趣范围内。现在,作为一名小说家进行工作之后,作为一名小说家取得经济独立之后,我确实可以选择那些让我感兴趣的、符合我思想观念的主题。不管怎么说,我总是非常高兴能有机会去写一篇新闻杰作。

《巴黎评论》:对你来说怎样才算是一篇新闻杰作?

加西亚·马尔克斯:约翰·赫西的《广岛》是一篇罕见的作品。

《巴黎评论》:今天有你特别想要写的报道吗?

加西亚·马尔克斯:很多,有几篇事实上我已经写了。我写了葡萄牙、古巴、安哥拉和越南。我非常想写一写波兰。我想,要是我能确切地描写眼下所发生的事情,那就会是一篇非常重要的报道了。不过,这会儿波兰太冷了,而我是那种喜欢舒适的新闻工作者。

《巴黎评论》:你认为小说可以做新闻做不到的某些事情吗?

加西亚·马尔克斯:根本不是。我认为没有什么区别。来源是一样的,素材是一样的,才智和语言是一样的。丹尼尔·笛福的《瘟疫年纪事》是一部伟大的小说,而《广岛》是一部新闻杰作。

《巴黎评论》:在平衡真实与想象方面,记者与小说家拥有不同的责任吗?

加西亚·马尔克斯:在新闻中只要有一个事实是假的便损害整个作品。相比之下,在虚构中只要有一个事实是真的便赋予整个作品以合法性。区别只在这里,而它取决于作者的承诺。小说家可以做他想做的任何事,只要能使人相信。

《巴黎评论》：在几年前的访谈中，你好像是以畏惧的心情回顾说，那个时候作为记者写起来要快多了。

加西亚·马尔克斯：我确实感到现在写作比以前要难，写小说和写报道都是这样。在为报纸干活时，我并没有非常在意写下的每个字，而现在我是很在意的。在为波哥大的《旁观者报》干活时，我一周至少写三篇报道，每天写两到三篇短评，而且还写影评。然后在夜里，大家都回家去之后，我会留下来写小说。我喜欢莱诺整行铸排机发出的噪音，听起来就像是下雨声。要是它们停歇下来，我被留在了寂静之中，我就没法工作了。现在，产量相对是低了。在一个良好的工作日，从上午九点干到下午两三点，我能写的最多是四五行字的一个小段落，而这个段落通常到了次日就会被撕掉。

《巴黎评论》：这种变化是由于你的作品受到高度赞扬呢，还是由于某种政治上的承诺？

加西亚·马尔克斯：两种因素都有吧。我想，是我在为比从前想象过的更多的人写作这种观念，才产生了某种文学和政治的普遍责任感。这当中甚至还有骄傲，不想比从前写得差。

《巴黎评论》：你是怎样开始写作的？

加西亚·马尔克斯：通过画画。通过画漫画。在学会读和写之前，我在学校和家里经常画连环画。好笑的是，我现在了解到，我上高中时就有了作家的名声，尽管事实上我根本没有写过任何东西。要是有什么小册子要写，或是一封请愿书，我就是那个要去写的人，因为我被认作是作家。进了大学之后，我碰巧拥有一个大体上非常好的文学环境，比我的朋友们的平均水平要高出许多。在波哥大的大学里，我开始结交新朋友和新相识，他们引导我去读当代作家。有个晚上，一个朋友借给我一本书，是弗朗茨·卡夫卡写的短篇小说。我回到住的公寓，开始读《变形记》，开头那一句差点让我从床上跌下来。我惊讶极了。开头那一句写道:"一天早晨,格里高尔·萨姆沙从不安的睡梦中醒来,发现自己躺在床上变成了一只巨大的甲虫。"读到这个句子的时候,我暗自寻思,我不知道有人可以这么写东西。要是我知道的话,我本来老早就可以写作了。于是我立马开始写短篇小说。它们全都是一些智性的短篇小说,因为我写它们是基于我的文学经验,还没有发现文学与生活之间的关联。小说发表在波哥大《旁观者报》的文学增刊上,那个时候它们确实取得了某种程度的成功——可能是因为哥伦比亚没有人写智性的短篇小说。当时写的多半是乡村生活和社交生活。我写了我的第一批短篇小说,那时有人便告诉我说,它们受了乔伊斯的影响。

《巴黎评论》:那个时候你读过乔伊斯了吗?

加西亚·马尔克斯:从来没有读过乔伊斯,于是我开始读《尤利西斯》。我读的只是可以弄到手的西班牙文译本。后来,我读了英文的《尤利西斯》,还有非常棒的法文译本,这才知道,原先的西班牙文译本是非常糟糕的。但我确实学到了对我未来的写作非常有用的某种东西——内心独白的技巧。后来在弗吉尼亚·伍尔夫那里发现了这种东西,我喜欢她使用它的那种方式更胜于乔伊斯。虽说我后来才认识到,发明这种内心独白的那个人是《小癞子》的佚名作者。

《巴黎评论》:能说说早年对你有影响的人的名字吗?

加西亚·马尔克斯:真正帮我摆脱短篇小说智性态度的那些人,是"迷惘的一代"的美国作家。我认识到他们的文学有一种与生活的联系,而我的短篇小说是没有的。然后发生了与这种态度有重要关联的事件,就是"波哥大事件"。一九四八年四月九日,当时一位政治领导人盖坦遭到了枪击,波哥大的人民在街头制造骚乱。那时我在公寓里准备吃午饭,听到了这个消息就朝那个地方跑去,但是盖坦刚好被塞进一辆出租车送到医院去了。在我回公寓的路上,人们已经走上街头,他们游行、洗劫商店、焚烧建筑,我加入到他们当中。那个下午和晚上,我终于意识到我所生活的这个国家的存在,而我的短篇小说与它任何一个方面的联系都是微乎其微的。后来我被迫回到我度过童年的加勒比地区的巴兰基利亚,我认识到那就是我所生活过的、熟悉的生活类型,我想要写一写它。

大约是一九五〇年或五一年,另一个事件的发生影响了我的文学倾向。我妈妈要我陪她去阿拉卡塔卡、我的出生地,去把我度过了最初几年的那间房子卖掉。到达那里的时候,我首先感到非常的震惊。这会儿我二十二岁了,从八岁离开之后从未去过那里。真的什么都没有改变过,可我觉得我其实并非是在看这座村子,而是在体验它,就好像我是在阅读它。这就好像我所看见的一切都已经被写出来了,而我所要做的只是坐下来,把已经在那里的、我正在阅读的东西抄下来。就所有实际的目标而言,一切都已经演化为文学:那些房屋、那些人,还有那些回忆。我不太肯定我是否已经读过福克纳,但我现在知道,只有福克纳的那种技巧才有可能把我所看见的写下来。村子里的那种氛围、颓败和炎热,跟我在福克纳那里感觉到的东西大抵相同。那是一个香蕉种植园区,住着许多果品公司的美国人,这就赋予它我在"南方腹地"的作家那里发现的同一种氛围。批评家谈到福克纳的那种文学影响,可我把它看做是一个巧合:我只不过是找到了素材,而那是要用福克纳对付相似素材的那种方法来处理的。

去那个村子旅行回来后,我写了《枯枝败叶》,我的第一部长篇小说。去阿拉卡塔卡的那次旅行,在我身上真正发生的事情,我认识到我童年所遭遇的一切都具有文学价值,而我只是到了现在才略懂欣赏。从我写《枯枝败叶》的那一刻起,我认识到我想成为一名作家,没有人可以阻拦我,而留给我要做的唯一一件事情,便是试图成为这个世界上最好的作家。那是在一九五三年,但是直到一九六七年,在我已经写了八本书中的五本之后,我才拿到我的第一笔版税。

《巴黎评论》:你是否认为,对于年轻作家来说这是常见的:否认其童年和经验的价值并予以智性化,像你最初所做的那样?

加西亚·马尔克斯:不是的,这个过程通常是以另外的方式发生的。但如果我不得不给年轻的作家一点忠告,我会说,去写他身上遭遇过的东西吧。一个作家是在写他身上遭遇的东西,还是在写他读过的或是听来的东西,总是很容易辨别。巴勃罗·聂鲁达的诗中有一个句子说:"当我歌唱时上帝助我发明。"这总是会把我给逗乐,我的作品获得的最大赞美是想象力,而实际上我所有的作品中没有哪一个句子是没有现实依据的。问题在于,加勒比的现实与最为狂野的想象力相似。

《巴黎评论》:这个时候你为谁而写?谁是你的读者?

加西亚·马尔克斯:《枯枝败叶》是为我的朋友写的,他们帮助我,借给我书,对我的作品非常热心。大体上我认为,通常你确实是为某个人写作。我写作的时候总是觉察到这个朋友会喜欢这一点,或者那个朋友会喜欢那一段或那一章,总是想到具体的人。到头来所有的书都是为你的朋友写的。写了《百年孤独》之后的问题是,现在我再也不知道我是在为千百万读者中的哪些人写作,这使我混乱,也束缚了我。这就像是一百万双眼睛在看着你,而你真的不知道他们在想什么。

《巴黎评论》:新闻对你的创作有什么影响?

加西亚·马尔克斯:我想这种影响是相互的:创作对我从事新闻工作有帮助,因为它赋予它文学的价值;新闻工作帮助我创作,因为它让我与现实保持密切的联系。

《巴黎评论》:在写了《枯枝败叶》之后,在能够写《百年孤独》之前,你经历了风格的摸索,你会如何描述这个过程?

加西亚·马尔克斯:写了《枯枝败叶》之后,我得出结论,写那个村子和我的童年其实是一种逃避,逃避我不得不要面对的、要去写的这个国家的政治现实。我有了那种虚假的印象,以为我正在把自己掩藏在这种乡愁的背后,而不是面对那正在发生的政治性的东西。这便是文学和政治的关系得到了相当多讨论的那个时期。我一直试图弥合两者之间的沟壑。我一直深受福克纳影响，现在则是海明威。我写了《没有人给他写信的上校》《恶时辰》和《格兰德大妈的葬礼》，这些作品多少都是写在相同的时期，很多方面都有共同点。这些故事发生在与《枯枝败叶》和《百年孤独》不同的一个村子。这是一个没有魔幻色彩的村子。这是一种新闻式的文学。可是当我写完了《恶时辰》，我发现我所有的观点又都是错误的。我终于领悟到，我关于童年的写作事实上比我所认为的要更加富于政治性，与我的国家有着更多的关系。《恶时辰》之后，有五年时间我没有写过任何东西。我对我一直想要做的东西有了想法，但总觉得缺了点什么，又拿不准那是什么，直到有一天找到了那种正确的调子——我最终用在《百年孤独》中的那种调子。它基于我祖母过去讲故事的方式。她讲的那种东西听起来是超自然的，是奇幻的，但是她用十足的自然性来讲述。当我最终找到我要用的那种调子后，我坐了下来，一坐坐了十八个月，而且每天都工作。

《巴黎评论》：她是怎样做到如此自然地表达"奇幻"的呢？

加西亚·马尔克斯：最重要的是她脸上的那种表情。她讲故事时面不改色，而人人感到惊讶。在《百年孤独》此前的尝试写作中，我想要讲述这个故事而又并不相信它。我发现，我所要做的便是相信它们，而且是用我祖母讲故事的那种相同的表情来写作：带着一张木头脸。

《巴黎评论》：那种技巧或调子似乎也具有一种新闻的品质。你描述那些貌似奇幻的事件，用了如此精细的细节，而这些细节又赋予自身以现实。这是你从新闻这个行当中得来的什么东西吗？

加西亚·马尔克斯：那是一种新闻的把戏，你同样可以用在文学上面。举个例子：如果你说有一群大象在天上飞，人们是不会相信你的；但如果你说有四百二十五头大象在天上飞，人们大概会相信你。《百年孤独》满是那一类东西。那正好是我祖母所使用的技巧。我尤其记得那个故事，是讲那个被黄色的蝴蝶包围的角色。我还非常小的时候，有一个电工来到房子里，我非常好奇，因为他拴着一条腰带，是他用来把自己悬挂在电线杆上的玩意儿。我祖母常常说,每一次这个人来,他总是会让房子里充满蝴蝶。可是当我写到这件事情的时候,我发现如果我不说那些蝴蝶是黄色的,人们就不会相信它。当我写到俏姑娘蕾梅苔丝升天这个插曲时,我花了很长时间让它变得可信。有一天我走到外面园子里,看见一个女人,那个常常来房子里洗东西的女人,她正在把床单挂出去晾干,当时风很大,她跟风吵嘴,让它别把床单刮走。我发现,如果我为俏姑娘蕾梅苔丝使用床单的话,她就会升天了。我便那样做了,使它变得可信。作家面临的问题是可信性。什么东西都可以写,只要所写的东西使人相信。

《巴黎评论》:《百年孤独》中的失眠症瘟疫,其来源何在?

加西亚·马尔克斯:从俄狄浦斯开始,我一直对瘟疫感兴趣。我对中世纪瘟疫做了许多研究。我最喜欢的一本书是丹尼尔·笛福写的《瘟疫年纪事》,其中一个原因是,笛福是一名记者,他所讲述的东西听起来像是纯粹的奇幻。多年来我以为,笛福写的伦敦瘟疫就像他所观察的那样。不过后来我发现,那是一部小说,因为伦敦爆发瘟疫时笛福还不到七岁。瘟疫一直是我重复出现的一个主题——而且是以不同的形式。《恶时辰》中,那些小册子是瘟疫。多少年来我都觉得,哥伦比亚的政治暴力有着与瘟疫相同的形而上学。《百年孤独》之前,在一篇题为《周末后的一天》的小说中,我用一场瘟疫杀死了所有的鸟儿。在《百年孤独》中,我把失眠症瘟疫用做某种文学的把戏,既然它的反面是睡眠瘟疫。说到底,文学除了是木工活,什么也不是。

《巴黎评论》:能否再稍稍解释一下那个类比?

加西亚·马尔克斯:两者都是非常困难的活儿。写东西几乎跟做一张桌子一样难。两者都是在与现实打交道,素材正如木料一样坚硬。两者都充满把戏和技巧。基本上是很少有魔术,倒包含许多艰苦的活计。我想,就像普鲁斯特说的,它需要百分之十的灵感、百分之九十的汗水。我从未做过木工活,但这个工作是我最钦佩的,尤其是因为你根本找不到任何人来帮你干活。

《巴黎评论》:《百年孤独》中的香蕉热又如何呢？它有多少成分是基于联合果品公司的所作所为？

加西亚·马尔克斯:香蕉热是密切地以现实为模本的。当然了,有些事情上面我使用了文学的把戏,而它们还未得到历史的证明。例如,广场上的大屠杀是完全真实的,但我在以证词和文件为依据写作的时候,根本就不能确切地知道有多少人被杀死。我用的数字是三千,那显然是夸张的。但我儿时的一个记忆是目睹一辆很长很长的火车离开种植园,据说满载着香蕉。可能有三千死者在里面,最终被倾倒在大海里。真正让人惊讶的是,现在他们在国会和报纸上非常自然地谈及"三千死者"。我疑心我们全部的历史有一半是以这种方式制成的。在《族长的秋天》中,那位独裁者说,要是现在不真实那也没有关系,因为未来的某个时候它会是真实的。迟早都会这样,人们相信作家胜过相信政府。

《巴黎评论》:这使得作家非常有权力,是不是这样？

加西亚·马尔克斯:是这样,而且我也能够感觉到这一点了。它给了我一种强烈的责任感。我真正想要写的是一篇新闻作品,完全的真实和实在,但是听起来就像《百年孤独》一样奇幻。我活得越久,过去的事情记得越多,我越会认为,文学和新闻是密切相关的。

《巴黎评论》:怎么看一个国家为了外债而放弃它的大海,就像《族长的秋天》里做的那样？

加西亚·马尔克斯:是啊,可那确实是发生过的。它发生过而且还要发生许多次。《族长的秋天》完全是一本历史书。从真正的事实中去发现可能性,是记者和小说家的工作,也是先知的工作。麻烦在于,很多人认为我是一个写魔幻小说的作家,而实际上我是一个非常现实的人,写的是我所认为的真正的社会主义现实主义。

《巴黎评论》:是乌托邦吗？

加西亚·马尔克斯：我拿不准乌托邦这个词意味着现实还是理想，可我认为它是现实的。

　　《巴黎评论》：《族长的秋天》中的角色，例如那位独裁者，是以真人为模特的吗？好像是与佛朗哥、庇隆和特鲁希略有种种相似之处。

　　加西亚·马尔克斯：每一部小说中的人物都是一个拼贴：你所了解的或是听说的或是读过的不同人物的一个拼贴。我读了我能找到的关于上个世纪和这个世纪初拉美独裁者的所有东西，我也跟许多生活在独裁政体下的人谈过话。我那么做至少有十年。然后当我对人物的面貌有了一个清楚的想法时，便努力忘记读过的和听到过的一切，这样我就可以发明，无需使用真实生活中已经发生过的情境。某一点上我认识到，我自己并没有在独裁政体下的任何时期生活过，于是我想，要是我在西班牙写这本书，我就能够看到在公认的独裁政体下生活会是一种什么样的氛围。但我发现，佛朗哥统治下的西班牙，其氛围不同于那种加勒比的独裁政体。于是那本书卡住了有一年光景。缺了点什么，而我又拿不准缺的是什么。然后一夜之间，我做出决定，咱们最好是回加勒比去。于是我们全家搬回到哥伦比亚的巴兰基利亚。我对记者发布了一个声明，他们都以为是开玩笑。我说，我回来是因为我忘记番石榴闻起来是什么味道。说真的，那就是我要完成这本书所真正需要的东西。我做了一次穿越加勒比的旅行。在我从一个岛屿到另一个岛屿的旅程中，我找到了那些元素，而那是我的小说一直缺乏的东西。

　　《巴黎评论》：你经常使用孤独的权力这个主题。

　　加西亚·马尔克斯：你越是拥有权力，你就越是难以知道谁在对你撒谎而谁没有撒谎。当你到达绝对的权力，你和现实就没有了联系，而这是孤独所能有的最坏的种类。一个非常有权力的人、一个独裁者，被利益和人所包围，那些人的最终目标是要把他与现实隔绝；一切都是在齐心协力地孤立他。

《巴黎评论》：你如何看待作家的孤独？它有区别吗？

加西亚·马尔克斯：它和权力的孤独大为相关。作家描绘现实的非常企图，经常导致他用扭曲的观点去看待它。为了试图将现实变形，他会最终丧失与它的接触，关在一座象牙塔里，就像他们所说的那样。对此，新闻工作是一种非常好的防范。这便是我一直想要不停地做新闻工作的原因，因为它让我保持与真实世界的接触，尤其是政治性的新闻工作和政治。《百年孤独》之后威胁我的孤独，不是作家的那种孤独；它是名声的孤独，它与权力的孤独更为类似。幸好我的朋友总是在那儿保护我免于陷入那种处境。

《巴黎评论》：怎么个保护法？

加西亚·马尔克斯：因为我这一生都在设法保留相同的朋友。我的意思是说，我不跟老朋友断绝或割断联系，而他们是那些把我带回尘世的人；他们总是脚踏实地，而且他们并不著名。

《巴黎评论》：事情是怎么开始的？《族长的秋天》中反复出现的一个形象便是宫殿里的母牛，这个是原初的形象吗？

加西亚·马尔克斯：我打算给你看一本我弄到的摄影书。在不同的场合我都说了，我所有作品的起源当中，总是会有一个形象。《族长的秋天》的最初的形象，是一个非常老的老人，他待在一座豪华的宫殿里，那些母牛走进殿内啃食窗帘布。但是那个形象并不具体，直到我看到了那幅照片。我在罗马进了一家书店，开始翻看那些摄影书，我喜欢收集摄影书。我看到了这幅照片，而它正好非常棒。我只是看到了它将要成为的那种样子。既然我不是一个大知识分子，我只好在日常事物、在生活中而不是在伟大的杰作中寻找先例了。

《巴黎评论》：你的小说有过出人意料的转折吗？

加西亚·马尔克斯：起初那是常有的事。在我写的最初的那些短篇小说中，我有着某种总体的情绪观念，但我会让自己碰运气。我早年得到的最好的忠告是,那样写很好,因为我年轻,我有灵感的激流。但是有人告诉我说,要是不学技巧的话,以后就会有麻烦,那个时候灵感没了,便需要技巧来做出补偿。要是我没有及时学到那种东西,那我现在就没法预先将结构勾勒出来。结构纯粹是技巧的问题,要是你早年不学会,你就永远学不会了。

《巴黎评论》:那么纪律对于你是非常重要的啰?

加西亚·马尔克斯:没有非凡的纪律却可以写一本极有价值的书,我认为这是不可能的。

《巴黎评论》:那怎么看待人造兴奋剂呢?

加西亚·马尔克斯:海明威写过的一件事让我感到印象极为深刻,那就是写作之于他就像拳击。他关心他的健康和幸福。福克纳有酒鬼的名声,但是在他的每一篇访谈中他都说,醉酒时哪怕要写出一个句子都是不可能的。海明威也这么说过。糟糕的读者问过我,我写某些作品时是否吸毒,但这证明他们对于文学和毒品都是一无所知。要成为一个好作家,你得在写作的每一个时刻都保持绝对的清醒,而且要保持良好的健康状态。我非常反对有关写作的那种罗曼蒂克观念,那种观念坚持认为,写作的行为是一种牺牲,经济状况或情绪状态越是糟糕,写作就越好。我认为,你得要处在一种非常好的情绪和身体状态当中。对我来说,文学创作需要良好的健康,而"迷惘的一代"懂得这一点,他们是热爱生活的人。

《巴黎评论》:布莱斯·桑德拉尔说,较之于绝大部分工作,写作都是一种特权,而作家夸大了他们的痛苦。这一点你是怎么看的?

加西亚·马尔克斯:我认为,写作是非常难的,不过,任何悉心从事的工作都是如此。然而,所谓的特权就是去做一种让自己满意的工作。我觉得,我对自己和别人的要求都过于苛刻,因为我没法容忍错误;我想那是一种把事情做到完美程度的特权。不过这倒是真的,作家经常是一些夸大狂患者,他们认为自己是宇宙和社会良知的中心。不过最令我钦佩的就是把事情做好的人。我在旅行的时候,知道飞行员比我这个作家更好,我总是非常高兴的。

《巴黎评论》:现在什么时候是你的最佳工作时间? 你有工作时间表吗?

加西亚·马尔克斯:当我成了职业作家,我碰到的最大问题就是时间表了。做记者意味着在夜间工作。我是在四十岁开始全职写作的,我的时间表基本上是早晨九点到下午两点,两点之后我儿子放学回家。既然我是如此习惯于艰苦的工作,那么只在早上工作我会觉得内疚;于是我试着在下午工作,但我发现,我下午做的东西到了次日早晨需要返工。于是我决定,我就从九点做到两点半吧,不做别的事情。下午我应对约会和访谈还有其他会出现的什么事。另外一个问题是我只能在熟悉的环境里工作,我已经工作过的环境。我没法在旅馆里或是在借来的房间里写作,没法在借来的打字机上写作。这就产生了问题,因为旅行时我没法工作。当然了,你总是试图找借口少干点活。这就是为什么,你强加给自己的种种条件始终是更加的艰难的原因之所在。不管在什么情况下你都寄希望于灵感。这是浪漫派大加开发的一个词。我那些信奉马克思主义的同志接受这个词非常困难,但是不管你怎么称呼它,我总是相信存在着一种特殊的精神状态,在那种状态下你可以写得轻松自如,思如泉涌。所有的借口,诸如你只能在家里写作之类,都消失了。当你找到了正确的主题以及处理它的正确的方式,那种时刻和那种精神状态似乎就到来了。而它也只能成为你真正喜欢的东西,因为,没有哪种工作比做你不喜欢的事情更加糟糕。

最困难的是开头的段落。我花几个月的时间写第一段,一旦找到了,余下的就会来得非常容易。你在第一段中解决书里的大部分问题。主题确定下来,接着是风格、调子。至少我是这样,书的其余部分会成为什么样子,第一段便是样板。这就是为什么写一部短篇小说集比写一部长篇小说要难得多的原因。每写一个短篇,你都得重新开始。

《巴黎评论》：梦境是灵感的重要来源吗？

加西亚·马尔克斯：刚开始的时候我对梦境投入很多关注，但后来我认识到，生活本身是灵感的最大源泉，而梦境只是生活那道激流的一个非常小的组成部分。我写作中最为真实的东西，是我对于梦境的不同概念及其诠释的非同一般的兴趣。大体上我把梦境看做是生活的一部分，现实要丰富得多；但也许我只是拥有很蹩脚的梦境。

《巴黎评论》：能对灵感和直觉做个区分吗？

加西亚·马尔克斯：灵感就是你找到了正确的主题、你确实喜欢的主题，而那使工作变得大为容易。直觉，也是写小说的基础，是一种特殊的品质，不需要确切的知识或其他任何特殊的学问就能帮助你辨别真伪。靠直觉而非别的东西可以更加轻易地弄懂重力法则。这是一种获得经验的方式，无需勉力穿凿附会。对于小说家而言，直觉是根本。它与理智主义基本上相反，而理智主义可能是这个世界上我最厌恶的东西了——是就把真实世界转变为一种不可动摇的理论而言。直觉具备非此即彼的优点，你不会试着把圆钉费力塞进方洞里去。

《巴黎评论》：你不喜欢理论家？

加西亚·马尔克斯：确实如此。主要是因为我确实没有办法理解他们。这便是我不得不用趣闻轶事来解释大部分事物的主要原因，因为，我不具有任何抽象的能力。这就是为什么许多批评家说我不是一个有修养的人的原因，我引用得不够。

《巴黎评论》：你是否觉得批评家把你归类或者说划分得太齐整了？

加西亚·马尔克斯：对我来说，批评家就是理智主义的最典型例子。首先，他们拥有一种作家应该是什么样的理论。他们试图让作家适合他们的模子，即便不适合，也仍然要把他给强行套进去。因为你问了，我只好回答这个问题。我对批评家怎么看我确实不感兴趣，我也有很多年不读批评家的东西了。他们自告奋勇充当作家和读者之间的调解人。我一直试图成为一名非常清晰和精确的作家,试图径直抵达读者而无需经过批评家这一关。

《巴黎评论》:你怎么看翻译家呢?

加西亚·马尔克斯:我极为钦佩翻译家,除了那些使用脚注的人。他们老是想要给读者解释什么,而作家可能并没有那种意思;它既然在那儿了,读者也只好忍受。翻译是一桩非常困难的工作,根本没有奖赏,报酬非常低。好的翻译总不外乎是用另一种语言的再创作。这就是我如此钦佩格里戈里·拉巴萨的原因。我的书被译成二十一种语言,而拉巴萨是唯一一位从不向我问个明白,以便加上脚注的译者。我觉得我的作品在英语中是完全得到了再创作。书中有些部分字面上是很难读懂的。人们得到的印象是译者读了书,然后根据记忆重写。这就是我如此钦佩翻译家的原因。他们是直觉多于理智。出版商不仅支付给他们低得可怜的报酬,也不把他们的工作视为文学创作。有一些书我本来是想译成西班牙语的,但是要投入的工作会跟我自己写书需要的一样多,而我还没有赚到足够的钱来糊口呢。

《巴黎评论》:你本来是想译谁的东西呢?

加西亚·马尔克斯:马尔罗的所有作品。我本来是想译康拉德,还有圣埃克絮佩里。阅读的时候我有时会有一种感觉,我想要译这本书。排除伟大的杰作,我喜欢读那种平庸的翻译之作,胜过用原文试图去弄懂它。用另一种语言阅读,我从未觉得舒服过,因为我真正感觉内行的唯一一门语言是西班牙语。不过,我会说意大利语和法语,我还懂得英语,好得足够用《时代》杂志二十年来每周毒害自己了。

《巴黎评论》:现在墨西哥像是你的家了吗? 你有没有感觉到自己属于一个更大的作家社群?

加西亚·马尔克斯:大体上讲,我跟许多作家、艺术家交朋友,并不仅仅因为他们是作家和艺术家。我的朋友从事各种不同职业,其中有些是作家和艺术家。总的说来,在拉丁美洲的任何一个国家里,我都觉得自己是本地人,但在别的地方没有这种感觉。拉丁美洲人觉得,西班牙是唯一一个能让我们在那里受到很好的招待的国家,但我本人并不觉得我好像是从那里来的。在拉丁美洲,我并没有一种疆域或边界的意识。我意识到国与国之间存在着种种区别,但是内心的感觉都是一样的。使我真正有家的感觉的地方是加勒比地区,不管那是法语、荷兰语或英语的加勒比。我老是有那种印象:当我在巴兰基利亚登上飞机,有个穿蓝裙子的黑人女士会在我的护照上盖章;而当我在牙买加走下飞机,有个穿蓝裙子的黑人女士会在我的护照上盖章,但用的是英语。我并不认为语言使得那一切都大为不同。但在世界的其他地方,我感觉自己像是一个外国人,那种感觉剥夺了我的安全感。这是一种个人的感觉,但我旅行的时候老是这样觉得。我具有一种少数族裔的良知。

《巴黎评论》:你认为拉丁美洲作家去欧洲住上一段时间很重要吗?

加西亚·马尔克斯:或许是去拥有一种外在的真实视角吧。我正在考虑要写的一本短篇小说集,讲的是拉丁美洲人去欧洲。二十年来我一直在考虑这个。要是你能从这些短篇小说中得出一个最终的结论,那么结论就会是拉丁美洲人几乎去不了欧洲,尤其是墨西哥人,而且当然是住不下来。我在欧洲碰到过的所有墨西哥人,总不外乎是在接下来的星期三离开。

《巴黎评论》:你认为古巴革命对拉丁美洲文学有何影响?

加西亚·马尔克斯:迄今为止是负面影响。许多作家认为自己有政治上的承诺,他们感觉不得不要去写的小说,不是他们想要写的,而是他们认为应该要写的。这便造成某种类型的谋算好的文学,与经验和直觉没有任何关系。古巴对拉丁美洲的文化影响一直受到很大的抵制,主要原因是在这里。在古巴本国,这个过程还未发展到那样一种程度,足以让一种新型的文学或艺术被创造出来。那样的东西需要时间。古巴在拉丁美洲文化上的极大重要性,是在于充当了桥梁的作用,把在拉丁美洲已经存在多年的某种类型的文学加以传播。某种意义上,拉美文学在美国的爆炸,是由古巴革命引起的。这一代的每一个拉美作家都已经写了二十年,但是欧洲和美国的出版商对他们没有什么兴趣。古巴革命开始后,对古巴和拉美就突然大为热衷了。革命转变为一宗消费品。拉丁美洲变得时髦了。人们发现,已经存在的拉美小说好得足以译成外语,可以和所有其他的世界文学一起来考虑。真正可悲的是,拉丁美洲的文化殖民主义是如此糟糕,因此要让拉美人自己相信他们自己的小说是好的,是不可能的,一直要到外面的人告诉他们才行。

《巴黎评论》:有你特别钦佩的名气不大的拉美作家吗?

加西亚·马尔克斯:我现在怀疑到底有没有。拉美爆炸文学的一个最好的副作用,就是那些出版商老在那里睁大眼睛,确保不要漏掉了新的科塔萨尔。不幸的是,许多年轻作家关心名气甚于关心他们自己的作品。图卢兹大学的一个法语教授,他写一些拉美文学的评论文章;很多年轻作家给他写信,让他不要对我写这么多,因为我已经用不着了,而别人正用得着。可他们忘了,我在他们那个年纪,批评家不写我,而是宁愿写米格尔·安赫尔·阿斯图里亚斯。我想要强调的一点是,那些年轻作家给批评家写信是在浪费时间,还不如去搞他们自己的写作呢。比起被人写,去写作可是要重要得多。我的写作生涯中非常重要的一种东西,是直到四十岁为止,我从未拿到过一分钱的作者版税,尽管我已经出版了五本书。

《巴黎评论》:你认为在作家的生涯中名气或成功来得太早是不好的吗?

加西亚·马尔克斯:任何年龄段上都是不好的。我本来是想死后才让我的书获得承认,至少在资本主义国家里,届时你将变成一种商品。

《巴黎评论》:除了你最喜欢的读物,今天你还读什么?

加西亚·马尔克斯:我读最古怪的玩意儿。前天我还在读穆罕默德·阿里的回忆录呢。布拉姆·斯托克的《德拉库拉》是一本很棒的书,多年前这种书我可能还不会去读,因为我会觉得是在浪费时间。不过,除非是有我信任的人推荐,我是从来不会真正去卷入一本书的。我不再读小说。我读许多回忆录和文件,哪怕是一些伪造的文件。我还重读我最喜欢的读物。重读的好处是你可以打开任何一页,读你真正喜欢的段落。我已经丧失了那种单纯阅读"文学"的神圣的观念。我会什么都读。我试着做到与时俱进。我每周都读世界各地几乎所有真正重要的杂志。自从习惯了阅读电传打字机传来的东西,我就总是关注新闻。但是,当我读了所有严肃重要的各地报纸之后,我妻子却还总是过来告诉我还没有听到过的新闻。我问她是从哪里读到的,她会说是在美容店的一本杂志上读到的。于是我读时尚杂志,还有各种妇女杂志和八卦杂志。我学习只有读这些杂志才能学到的许多东西,这让我忙得不可开交。

《巴黎评论》:为什么你认为名气对作家这么有破坏性呢?

加西亚·马尔克斯:主要是因为它侵害你的私生活。它拿走你和朋友共度的时间、你可以工作的时间,它会让你与真实世界隔离。一个想要继续写作的著名作家得要不断地保护自己免受名气的侵害。我真的不喜欢这么说,因为听起来一点都不真诚,可我真的是想要让我的书在我死后出版,这样我就可以做一个大作家,用不着去对付名声这档子事了。拿我来说吧,名声的唯一好处就是我可以把它用于政治,否则就太不舒服了。问题在于,你一天二十四小时都有名,而你又不能说"好吧,到了明天再有名吧",或是摁一下按钮说"这会儿我不想有名"。

《巴黎评论》:你料到过《百年孤独》会取得巨大成功吗?

加西亚·马尔克斯:我知道那本书会比我其他的书更能取悦我的朋友。可是我的西班牙语出版商告诉我说,他打算印八千册,当时我目瞪口呆,因为我其他那些书的销量从来没有超过七百册。我问他为什么开始不能慢一点,他说他相信这是一本好书,从五月份到十二月份所有的八千册会卖完的。结果在布宜诺斯艾利斯,它们一周内就卖完了。

《巴黎评论》:你觉得《百年孤独》如此走红的原因是什么?

加西亚·马尔克斯:我可一点儿都不知道,因为面对自己的作品,我是一个蹩脚的批评家。我听到的最频繁的一种解释是,这是一本讲述拉丁美洲人的私生活的书,是一本从内部写成的书。这种解释让我吃惊,因为我最初想要写的这本书的题目是《宅子》。我想让这部小说整个的情节发展都出现在房子的内部,而任何外部事物都只是在于它对这所房子的影响。后来我放弃了《宅子》这个题目,但是这本书一旦进入马孔多城,它就没有再进一步了。我听到的另一种解释是,每一个读者都可以把书中的人物理解为他想要的东西,把他们变成他自己的东西。我不想让它变成电影,因为电影观众看见的面孔,或许不是他所想象的那张面孔。

　　《巴黎评论》:有人有兴趣把它拍成电影吗?

　　加西亚·马尔克斯:有啊,我的经纪人出价一百万美金,想要吓退那种提议,而当他们接近那个报价时,她又把它提高到三百万左右。我对电影没有兴趣,只要我能阻止,就不会发生。我喜欢在读者和作品之间保留一种私人关系。

　　《巴黎评论》:你是否认为任何书籍都能被成功地翻拍成电影?

　　加西亚·马尔克斯:我想不出有哪一部电影是在好小说的基础上提高的,可我能想到有很多好电影倒是出于相当蹩脚的小说。

　　《巴黎评论》:你自己有没有想过拍电影呢?

　　加西亚·马尔克斯:有一个时期我想成为电影导演。我在罗马学导演。我觉得,电影是一种没有限制的媒介,那个里面什么东西都是可能的。我来墨西哥是因为我想在电影界工作,不是想做导演,而是想做剧作家。但电影有一种很大的限制,因为这是一种工业艺术,一整套工业。在电影中要表达你真正想要说的东西是非常困难的。我仍想着要做电影,但它现在看起来像是一种奢侈。我想和朋友一起来做,但对能否真正表达自己不抱任何希望。这样我就离开电影越来越远了。我和电影的关系就像是一对夫妻,一对既无法分开住却也无法住到一起的夫妻。不过,在办一家电影公司和办一份刊物之间,我会选择办刊物。

《巴黎评论》:你会怎样描述你正在写的那本有关古巴的书?

加西亚·马尔克斯:实际上,这本书像一篇很长的报纸文章,讲述古巴千家万户的生活,他们如何在供应短缺的状况下设法挺过来。在最近两年去古巴的许多次旅行中,令我感到印象深刻的是,那种封锁在古巴已经产生了一种"文化的必要性"、一种社会情势,生活在其间的人们没有了某些东西,不得不好好相处。真正让我感兴趣的方面,是封锁如何有助于改变人们的精神面貌。在这个世界上,存在着反消费社会和消费至上社会之间的冲突。这本书眼下处在这样一个阶段:原先觉得那会是一篇轻松的、相当短小的新闻作品,可眼下它正在变成一本非常长的、复杂的书。不过那也真的没有什么,因为我所有的书一直都是那样的。此外,这本书会用历史事实证明,加勒比那个真实的世界,正好是和《百年孤独》的故事一样奇幻。

《巴黎评论》:作为作家,你有长远的雄心或遗憾吗?

加西亚·马尔克斯:我想,答案跟有关名声的那个回答是一样的。前天有人问我对诺贝尔奖是否感兴趣,我认为,对我来说那绝对会是一场灾难。我当然对实至名归感兴趣,但要接受这个奖项是可怕的,甚至只会比名声的问题更加复杂。我生活中唯一真正的遗憾是没有生女儿。

《巴黎评论》:有什么进行当中的计划你可以拿来讨论的?

加西亚·马尔克斯:我绝对相信,我将要写出我一生中最伟大的书,但我不知道那会是哪一本,是在什么时候。当我这样感觉的时候——这种感觉现在已经有一段时间了,我就非常安静地待着,这样一旦它从身旁经过,我便能捕捉它。

(原载《巴黎评论》第八十二期,一九八一年冬季号)

雷蒙德·卡佛

◎ 小二/译

雷蒙德·卡佛居住的两层楼木屋顶大房子坐落在纽约州雪城市一条安静的街道上,门前的草坪一直铺到了坡下的人行道旁,车道上停着一辆崭新的奔驰,一辆旧的大众车停在路边。

进屋需穿过蒙着纱窗的前廊。屋里的布置并不起眼,但东西搭配得当——乳白色的沙发配玻璃茶几。和雷蒙德·卡佛住在一起的作家苔丝·加拉赫收集孔雀羽毛,那些摆放在各处、插着孔雀羽毛的花瓶成了屋子里最引人注目的装饰。我们的猜测得到了证实:卡佛告诉我们说,所有的家具都是在同一天购买并当天送达的。

加拉赫做了个写着"谢绝探访"的活动木牌,字的四周画了一圈黄色和橙色的眼睫毛,牌子就挂在纱门上。他们有时会把电话线拔掉,那个牌子在门上一挂就是好几天。

卡佛的工作室在二楼的一个大房间。长长的橡木书桌收拾得干干净净,打字机放在L形书桌拐角一侧。桌子上没有任何小摆设、装饰品和玩具。他不是收藏家,对纪念品和怀旧物件不感兴趣。橡木书桌上有时放着一个牛皮纸文件夹,里面夹着修改中的小说。文档放置有序,他能随时从中取出某篇小说和它所有的早期版本。像房子里的其他房间一样,墙壁刷成了白色,而且,和其他房间一样,墙上几乎什么都没挂。光线从书桌上部长方形的窗户斜照进来,如同透过教室顶部窗户照射进来的阳光。

卡佛是一个穿着随便的粗壮男人,法兰绒衬衫配咔叽布裤子或牛仔裤。他的穿着和生活与他小说中的人物很相似。就一个大块头而言,他的声音出

雷蒙德·卡佛短篇小说《马笼头》第一页的四种草稿

奇的低沉和含混不清,为了能听清楚他的话,我们过一会儿就得凑近他,并不停令人厌烦地问"什么,什么"。

采访中的一部分是在一九八一年到一九八二年之间通过信件完成的。我们去见卡佛时,"谢绝探访"的牌子并没有挂出来。采访过程中,几名雪城大学的学生顺路来拜访卡佛,其中就有卡佛正上大四的儿子。午饭卡佛请大家吃三明治,用的是他在华盛顿州海边钓到的三文鱼。他和加拉赫都来自华盛顿州。我们采访他时,他们正在安吉利斯港建造一栋房子,他们计划每年都在那里住上一段时间。我们问卡佛是否觉得那栋房子更像是家,他回答道:"没有,住在哪儿都一样,这里也不错。"

——莫娜·辛普森、刘易斯·布兹比,一九八三年

《巴黎评论》:你早年的生活是什么样的? 是什么促使你开始写作的?

雷蒙德·卡佛:我是在华盛顿州东部一个叫亚基马的小城里长大的。父亲在锯木厂工作,他是个锉锯工,维修那些用于切割和刨平原木的钢锯。母亲做过售货员和女招待,有时则在家待着,她每样工作都干不长。我还记得有关她"神经"的话题。她在厨房水池下方的柜子里放着一瓶不需要处方的"神经药水",每天早晨都要喝上两调羹。我父亲的神经药水是威士忌。他通常也在那个水池的下方放上一瓶,要不就放在外面堆放木材的棚子里。记得有一次我偷偷地尝了尝,一点儿也不喜欢,奇怪怎么会有人喝这玩意儿。当时的家是一间小平房,只有两间卧室。小的时候我们经常搬家,但总是搬进一间只有两间卧室的小房子。我能记住的第一间房子靠近亚基马的集市,屋内没有厕所。那是四十年代后期,当时我大概八岁。我通常在班车站等着我父亲下班回家。多数情况下他像时钟一样准确,但大约每隔两周他会不在那辆班车上。我会在那儿等下一趟班车,但我已经知道他也不会在下一趟班车上。这种情况发生时,表明他和他锯木厂的朋友们外出喝酒

167

去了。我仍然记得母亲、我和弟弟坐着吃饭时，餐桌上笼罩着的那种大难临头的绝望气氛。

《巴黎评论》：那又是什么促使你写作的呢？

卡佛：我能给出的唯一解释是，我父亲给我讲了很多他儿时的故事，以及他父亲和他祖父的故事。父亲的祖父参加过南北战争，替交战的双方打过仗！他是个变节者，南方军失利后，他去了北方，并为联邦军打仗。我父亲讲这个故事时大笑不止，他不认为这件事有什么错，我也这么认为。总之，我父亲会给我讲一些故事，其实是一些没有什么寓意的奇闻轶事，讲在林子里跋涉，扒火车还得留心铁路上的恶霸。我喜欢和他待在一起，听他讲故事。有时，他会把他正读着的东西念给我听，赞恩·格雷的西部小说，这是我除教科书和《圣经》以外首次接触到的硬皮书。这样的情形并不多，我偶尔会在某个晚上看见他躺在床上读赞恩·格雷。在一个没有私人空间的家庭里，这算得上是一件很私密的事情了。我明白了他有他私密的地方，那些是我不明白、但通过这些偶尔的阅读表现出来的东西。我对他私密的部分和阅读这一行为本身很感兴趣。在他读书时我会让他念给我听，他会从正看着的地方往下念。过了一会儿他会说："儿子，去干点别的什么吧。"嗯，那些日子里有很多可以做的事情，我去离家不远的一条小溪钓鱼。稍大一点后，我开始打野鸭、野鹅和陆地上的猎物。这些都是让我兴奋的事情——打猎和钓鱼，它们在我的情感世界留下了痕迹，是我想要写的东西。那段时间里我书读得不算多，除了难得一读的历史小说或米奇·斯皮兰的侦探小说外，就是读《野外运动》《户外活动》和《田野和溪流》等杂志。我写了一篇很长的关于没钓到或是钓到鱼的小说，问我妈能否帮我用打字机打出来。她不会打字，但还是去租了台打字机，真难为她了。我们两人合力把小说很难看地打出来并寄了出去。我记得那本户外杂志的刊头上有两个地址，我们把稿件寄到靠近我家、位于科罗拉多州博尔德的发行部。稿件最终被退了回来，但这没什么，它到过外面的世界了，那篇稿子，去过了别的地方，有除了我母亲以外的人读过了它，起码我是这么希望的。后来我在《作家文摘》看到一则广告,是一个男人的照片,很显然,是一个成功了的作家,在给一个名字叫帕默的作家学院做代言人。这似乎正是我想做的事情。有个按月付款计划,先付二十美元,然后每月十块还是十五块,一共三年还是三十年,其中之一吧。每周都有作业,有人批改作业。我坚持了几个月。后来,也许觉得无聊了,就不再做作业了,我父母也不再付钱了。帕默学院很快就来了封信,说如果能一次把款付清,我仍然可以获得结业证书。这似乎很公道,我设法让父母把剩余的钱付清了,我按时收到了证书,把它挂在了我卧室的墙上。但在高中期间大家就认定我会在毕业后去锯木厂工作。在很长一段时间里,我很想做我父亲做的那种工作,我毕业后他会请领班帮忙给我安排一份工作。我在锯木厂工作了约六个月,但我不喜欢这份工作,从第一天起就知道我不想在这儿干一辈子。我一直干到挣的钱够买一辆车和一些衣服了,就从家里搬出去并结婚。

《巴黎评论》:然而,不管怎么说,你上了大学。是你妻子让你上的吗?她有没有鼓励你去上大学?她自己想上大学吗?而这是否是促使你去上学的原因?那时你多大?她那时肯定还很年轻。

卡佛:我当时十八岁。她刚从华盛顿州瓦拉瓦拉圣公会女子私立学校毕业,才十六岁,她怀孕了。在学校里她学会了怎样得体地端住一只茶杯。她受过宗教和体育方面的教育,也学了物理、文学和外语。她懂拉丁语,这让我万分惊讶。拉丁语! 开始几年,她断断续续地上着大学,但这么做实在是太难了。在需要养家和濒临破产的状态下继续上学几乎是不可能的,我说的是破产。她家里一点钱也没有,她上那所学校全靠奖学金,她妈至今还在恨我。我太太本该毕业后靠奖学金去华盛顿大学读法律,然而我让她怀了孕。我们结了婚,开始在一起生活。第一个孩子出生时她十七岁,十八岁时生了第二个。现在我又能说些什么? 我们根本就没有青春时光。我们发现自己在扮演着陌生的角色,但我们尽了最大的努力,我想说尽了比最大还要大的努力。她最终完成了大学学业,在我们结婚后的第十二年还是第十四年,她从圣何塞州立大学拿到了本科学位。

《巴黎评论》:最初那些困难的年代里你也在写作吗?

卡佛:我白天工作晚上上学,我们不停地工作。她一边工作,一边还要带孩子和照料家庭,她为电话公司工作,孩子白天待在看护那里。最终,我从洪堡州立大学获得了本科学位,我们把所有东西装进车子和安放在车顶上的一个大箱子里,去了爱荷华市。洪堡大学的一个叫迪克·戴的老师告诉我爱荷华大学有个写作课程。戴寄了我的一篇小说和三四首诗给唐·贾斯蒂斯,唐为我在爱荷华大学弄到了五百块的资助。

《巴黎评论》:五百块?

卡佛:他们说他们只能给这么多。在那个时候这已不算少了,但我没能完成爱荷华的学业。第二年他们给我更多的钱让我留下,但我们实在没办法这么做。我在图书馆工作,每小时挣一两块钱,我妻子在餐馆做女招待。要得到一个学位至少还需要一年时间,实在坚持不下去了。我们只好搬回加州,这次去了萨克拉曼多。我在仁慈医院找了个夜间打扫厕所的工作。这个工作我一干就是三年,是个很不错的工作,我每晚只需工作两三个小时,但工钱是按八小时算的。有一些必须做完的事情,但一旦做完完了,我就可以回家做我想做的事情。开始的一两年里,我每晚回家,睡得不太晚,早晨爬起来写作,孩子们待在看护家,妻子已出门工作了——一个上门销售的工作,我有一整天的时间。这样过了一段时间后,我开始在晚上下班后不是回家而是去喝酒。那是在一九六七或一九六八年。

《巴黎评论》:你第一次发表作品是什么时候?

卡佛:我当时是加州阿克塔市洪堡州立大学的本科生。某一天,我的一篇短篇小说被一家杂志接受了,一首诗被另一家杂志采用了。真是美好的一天! 也许是我有生以来最美好的一天。我和我太太开车出去,四处给朋友看稿件被录用的信件。它给了我们急需的对我们的存在的肯定。

《巴黎评论》:你发表的第一篇小说是什么? 第一首诗是什么?

卡佛:是一篇名叫《田园生活》的小说,发表在《西部人文评述》上,它是一本很好的文学杂志,至今还由犹他大学出版发行。他们没付我稿费,但这无所谓。那首诗叫《黄铜戒指》,发表在亚利桑那州的一本杂志上,杂志的名字叫《目标》,现在已经停刊了。查尔斯·布考斯基的一首诗也发表在那一期杂志上。我为能和他上同一期杂志感到高兴,他那时是我心目中的偶像。

《巴黎评论》:你的一个朋友告诉我说,你庆祝作品首次发表的方式是带着杂志上床,这是真的吗?

卡佛:一部分是真的。那其实是一本书,《美国年度最佳短篇小说》,我的小说《请你安静些,好吗》被那本选集选中了。那是在六十年代后期,那本选集每年都由玛莎·弗雷编辑,大家都习惯地称它为《弗雷选集》。那篇小说曾在芝加哥一个不起眼的叫做《十二月》的杂志上发表过。收到选集的那天我带着它上床去读并且就那么看着它,你也清楚,就那么捧在手里。更多的时间里我只是捧着它和看着它,而不是去读它。后来我睡着了,醒来时书和妻子都在我的身边躺着。

《巴黎评论》:在为《纽约时报书评》写的一篇文章里,你提到过一个"乏味得不想再说"的故事,是关于你为什么只写短篇不写长篇的原因。你愿意谈谈这个故事吗?

卡佛:那个"乏味得不想再说"的故事与好几件说起来并不是很愉快的事情有关。我最终在发表在《安泰俄斯》上的一篇杂文《火》里提到了这些事情。在文章里,我说归根结底,应根据一个作家的作品来评判他,这样做才是正确的,写作过程中出现的一些情况并不重要,它们超出了文学的范畴。从来没有人请我当作家,但在付账单、挣面包和为生存而挣扎的同时,还要考虑自己是个作家并学习写作,这实在是太难了。在年复一年地干着狗屁不如的工作、抚养孩子和试图写作之后,我认识到我需要写些很快就能完成的东西。我不可能去写长篇,那是一个需要花上两三年时间的项目。我需要写一些立刻就有回报的东西,三年后不行,一年后也不行。所以,诗和短篇小说。我开始明白我的生活不像，这么说吧，不像我所希望的那样，生活中有太多的无奈需要承受——想写东西但没有时间和地方来写。我经常坐在外面的车里，在放在膝盖上的便笺簿上写点东西。孩子们那时已进入青春期，我二十大几三十出头的样子，我们仍然处在贫困状态，已经破过一次产，在辛苦工作了那么多年后，除了一辆旧车、一套租来的房子和屁股后面跟着的新债主外，没有其他可以示人的东西，这真是令人沮丧，我感到了一种精神上的湮没。酗酒成为一个问题，我或多或少地放弃了，举起了白旗，把终日喝酒当做一个正当职业。这些就是当我提到"乏味得不想再说"的事情时我所要说的一部分。

《巴黎评论》：你能再多谈一点有关喝酒的事吗？有那么多的作家，即使不是酒鬼，也喝好多酒。

卡佛：和从事其他职业的相比也不会多多少，你大概不会相信。当然，有关喝酒的神话很多，但我从来不对它们感兴趣，我只对喝酒感兴趣。我估计我是在意识到想为自己、为我的写作、为妻子和子女争取的东西永远也无法得到后开始狂饮的。很奇怪，当你开始生活时，你从未想到过破产，变成一个酒鬼、背叛者、小偷或一个撒谎的人。

《巴黎评论》：你是否和这些都沾点边？

卡佛：过去是，现在不再是了。噢，我有时说点谎，像其他人一样。

《巴黎评论》：你戒酒有多久了？

卡佛：一九七七年六月二日。如果你想知道事实的话，戒酒成功这件事比我一生中做的任何事情都更让我感到骄傲。我是个痊愈的酗酒者。我是个酒鬼这件事无法否定，但我不再是个还在酗酒的酒鬼。

《巴黎评论》：你酗酒到底严重到什么程度？

卡佛：回想过去发生的事情总是很痛苦的。我把我所接触到的东西都变成了废墟,但我也许要补充一句,在我酗酒的末期,其实也没剩下几样东西了。具体一点? 这么说吧,有的时候会涉及警察、急救室和法庭。

《巴黎评论》:你是怎样戒掉的? 是什么让你戒掉的呢?

卡佛:酗酒的最后一年,一九七七年,我两次住进同一个戒酒中心,还进过一次医院,在加州圣何塞附近一个叫做"德威特"的地方待过几天。"德威特"曾经是个为患有精神病的罪犯开设的医院,真是非常的恰当。在我酗酒生涯的后期,我完全失去了控制,糟糕到了极点,昏厥,糟糕透顶,甚至到了记不住在某段时间里你说过的话和做过的事的程度。你可能在开车、朗读作品、给学生上课、固定一根断掉的桌腿或和某人上床,后来却一点也想不起曾干过什么,你处在某种自动导航状态。我还记得自己坐在家里的客厅里,手里端着杯威士忌,头上裹着绷带,那是因酒后癫痫症发作摔倒而导致的。疯狂! 两周后我回到了戒酒中心,这次去地方叫"达菲",在加州的卡利斯托加,葡萄酒之乡的北面。我进过"达菲"两次,进过圣何塞的"德威特",进过旧金山的一所医院,所有这些都发生在十二个月的时间里。我想这足够糟糕的了,我在走向死亡,就这么简单,一点也不夸张。

《巴黎评论》:是什么使得你彻底把酒戒掉的?

卡佛:那是一九七七年五月下旬,我独自住在加州北部的一个小镇上,大约有三周没有喝醉了。我开车去旧金山,那儿正在开一个出版商的会议。麦格劳-希尔出版社当时的总编辑弗雷德·希尔斯请我去吃午饭,他想给我一些定金,让我写一部长篇小说。在那顿午饭的前两天,我的一个朋友有个派对,派对进行到一半时,我端起一杯葡萄酒喝了下去,这是我能记住的最后一件事。失去知觉的时间到了。第二天早晨酒店开门时,我已经等在那里了。那天晚上的晚餐更是个灾难,可怕极了,人们在争吵,醉倒在桌子下面。第二天早晨我不得不爬起来去赴弗雷德·希尔斯的饭局。醒来时我难受得头都直不起来。开车去接希尔斯前我喝了半品脱的伏特加,这在短时间里对我有点帮助。他要开车去索萨利托吃午饭! 我当时醉得一塌糊涂,再加上交通拥挤,我们花了至少一个小时才开到那里,你不难想象当时的情况。但不知为什么他给了我这部长篇的定金。

《巴黎评论》:你最终有没有写那部小说?

卡佛:还没有! 我对付着离开了旧金山,回到了我的住处。我就这么醉着又待了两天才醒过来,感觉糟糕极了,但那天早晨我什么都没喝,我是说和酒精有关的东西。我的身体非常的糟(当然,精神上也很糟),但我什么都没喝。我坚持了三天。第三天过去后,我开始感到神志清醒了一点。然后我继续坚持,慢慢拉开我和酒精之间的距离,一周,两周,突然就是一个月了,我保持清醒有一个月了。我开始缓慢地恢复。

《巴黎评论》:匿名戒酒者互助会对你有帮助吗?

卡佛:有很大的帮助。第一个月里我每天至少参加一次聚会,有时要去两次。

《巴黎评论》:有没有觉得酒精会给你带来灵感? 我想到了你发表在《时尚先生》上的诗歌《伏特加》。

卡佛:天哪,不会! 我希望我说清楚了这一点。约翰·契弗说过他总能从一个作家的作品里辨别出"酒精的线索"。我不确定他这么说的具体意思是什么,但我能知道个大概。我俩一九七三年秋季在爱荷华大学写作班教书,当时我和他除了喝酒外什么都不干。我是说从某种意义上说我们还是去上课,但我们在那儿的整个期间——住在校园里的一个叫"爱荷华之家"的旅馆里,我不觉得我俩有谁曾拿掉过打字机的罩子。我们每周两次开我的车去酒店。

《巴黎评论》:囤积酒?

卡佛:是的,囤积酒。但酒店要到早上十点才开门。有一次我们计划了一个早晨的造访,一个十点钟的造访,我们约好在旅馆大堂碰面。我为了买烟下来早了点,约翰已在大堂里来回踱步了。他穿着轻便皮鞋,却没穿袜子。总之,我们稍稍提前了一点出门。赶到烈酒店时,店员正在打开大门。在这个特别的早晨,约翰没等我把车停稳就下了车。等我走进店里时,他已抱着半加仑的苏格兰威士忌站在收银机边上了。他住旅馆四楼,我住二楼。我俩的房间一模一样,就连墙上挂着的复制油画也是一样的。我们一起喝酒时总是在他的房间里。他说他害怕下到二楼喝酒,他说在楼道里总存在被人抢劫的可能!当然,你们知道,幸运的是,契弗离开爱荷华城不久就进了戒酒中心,戒了酒,直到死都没再沾过酒。

《巴黎评论》:你觉得匿名戒酒者互助会上的那些坦白发言对你的写作有影响吗?

卡佛:有不同形式的聚会——有的聚会只有一个人在讲,一个人作一个大约五十分钟的演讲,说过去是怎样的,现在又怎样了。有些聚会是房间里所有的人都有机会说上几句,但凭良心说,我从未有意识地按照这些聚会上听来的东西写小说。

《巴黎评论》:那么你小说的来源是什么呢?我特别想知道那些和喝酒有关的小说。

卡佛:我感兴趣的小说要有来源于真实世界的线索。我没有一篇小说是真正地"发生过"的,这不用多说,但总有一些东西、一些元素、一些我听到的或看到的,可能会是故事的触发点。这里有个例子:"这将是最后一个被你毁掉的圣诞节!"听见这句话时我喝醉了,但我记住了它。后来,很久以后,在我戒了酒以后,我用这句话和一些想象的东西——想象得如此逼真,就像是真的发生过的一样——构思了一篇小说,《严肃的谈话》。我最感兴趣的小说,无论是托尔斯泰的小说,还是契诃夫、巴里·汉纳、理查德·福特、海明威、艾萨克·巴别尔、安·贝蒂和安妮·泰勒的,它们某种程度上的自传性,至少是参照性,都能打动我。小说不管长短,都不会是空穴来风。我想起约翰·契弗也在场的一次聊天。在爱荷华城,我们一群人围坐在桌旁,他碰巧说起某天晚上的一场家庭争吵,他说第二天早晨他起来去卫生间,看见女儿用口红写在卫生间镜子上的话:"辛爱的爸爸①,请别离开我们。"桌上有个人大声说道:"我记得这是你一篇小说里的。"契弗说:"很可能,我写的所有东西都是自传性的。"当然,此话不能完全当真,但我们所写的一切,从某种程度上来说都具有自传性质。我对自传体小说一点也不反感,恰恰相反。《在路上》、塞利纳、罗斯。劳伦斯·达雷尔的《亚历山大四重奏》。尼克·亚当斯的故事②里有太多的海明威。厄普代克也一样,这是不用说的。吉姆·麦肯基。克拉克·布莱斯是个当代作家,他的小说是彻头彻尾的自传。当然,当你把自己的生活写进小说时,你必须知道你在做什么,你必须有足够的胆量、技巧和想象力,并愿意把与自己有关的一切都说出来。小的时候你曾被反复告诫要写自己知道的事情,除了你自己的秘密,还有什么是你更清楚的呢? 但除非你是个特殊的作家,并且非常的有才华,否则一本接一本地写"我生活中的故事"是很危险的。作家的写作手法过于自传化是一种危险,起码是一种很大的诱惑。一点点自传加上很多的想象才是最佳的写作。

《巴黎评论》:你的人物可曾努力做一些有意义的事情?

卡佛:我想他们努力了,但努力和成功是两码事。有些人在生活中总是成功,我觉得这是命中注定的。而另一些人则不管做什么,不管是那些最想做的事情,还是支撑你生命的大事小事,他们总是不成功。去写这样的生活,写这些不成功人物的生活当然是无可非议的。我个人的大部分经历,直接的或间接的,都和后面说的情形有关。我想我的大部分人物都希望他们的所作所为有点意义,但同时他们却到达了这样的地步,就像许多人那样,他们知道这是做不到的,所有的一切都不再有任何意义了。那些一度让

---

① 原文是"D-e-r-e daddy"。小女孩把"Dear"写成了 Dere,这是个拼写错误,所以这里将 D-e-r-e 译成"辛爱的"。

② 尼克·亚当斯是海明威短篇小说《在我们的时代里》的主人公,是海明威塑造的一个硬汉形象。

你觉得非常重要并愿意为之而死的事情,已变得一钱不值了。他们的生活,那些在他们眼前破碎的生活让他们感到不安。他们希望做些纠正,但做不到,此后他们只能尽力而为了。

《巴黎评论》: 你能谈谈你最新集子里的一篇我最喜欢的小说吗?《你们为什么不跳个舞》源于什么?

卡佛: 那是七十年代中期,我去密苏里州拜访一些作家朋友。我们坐在一起喝酒,有人讲了一个叫琳达的酒吧女招待的故事:某天晚上她和她的男朋友喝醉了,决定把卧室里的家具全部搬到后面的院子里。他们真的这么做了,地毯、台灯、床和床头柜,等等,所有的东西都搬了出去。当时房间里有四五个作家,这个家伙讲完故事后,有人问道:"哎,谁去写这个故事?"我不知道还有谁也写了这个故事,但我写了。不在当时,而是后来,我想大约是在四五年以后吧。我做了些变动,增加了一些内容,那当然。实际上,那是我戒酒后写成的第一篇小说。

《巴黎评论》: 你的写作习惯是怎么样的? 你总在不断地写你的小说吗?

卡佛: 我写作时,每天都在写。一天接一天,那种感觉真好。有时候我甚至不知道今天是星期几,就像约翰·阿什贝利所说的,"日子像桨轮一样"。当我不写时,比如现在,近来一段时间教学任务缠身,我就像从来没写过任何东西一样,一点写作的欲望都没有。我染上一些坏习惯,晚上不睡,一睡就睡过头。但这没什么,我学会了忍耐和等待,我很早以前就被迫学会了忍耐。如果我相信征兆的话,我估计我的征兆和乌龟有关,我的写作是间歇性的。但当我写作时,我一坐下来就会写上很久,十、十二或十五个小时,一天接一天,这种时候我总是很开心。可以理解,我大部分时间都花在了修改和重写上面。我最喜欢把一篇写好的小说放上一段时间,然后把它重写一遍。写诗也一样。写完一个东西后,我并不急着把它寄出去,我有时把它在家里放上几个月,这里弄弄,那里改改,拿掉这个,加上那个。小说的初稿花不了太多的时间,通常坐下来后一次就能写完,但是其后的几稿确实需要花点时间。有篇小说我写了二十稿还是三十稿,从来不低于十到十二稿,看伟大作家作品的草稿既有益也能受到激励。我想到了那张属于托尔斯泰的排版用活字盘的照片。我在这里是想举一个喜欢修改的作家的例子,我不知道他是否真的喜欢这么做,但我知道他经常这么做,他总在修改,清样出来了还在修改。他把《战争与和平》重写了八遍之后,仍然在活字盘上更改。这样的例子会鼓励那些初稿写得很糟的作家,比如我本人。

《巴黎评论》:描述一下你写作一篇小说的过程。

卡佛:像我刚才所说的,我第一稿写得很快,通常是手写的,我只是飞快地把稿纸填满。有时在哪儿做个简单记号,提醒自己以后回来做些什么。有些时候某些情景我只能写一半,或先不写,这些情景需要以后再仔细推敲。我是说虽然所有的部分都需要仔细推敲,但有些我要等到写第二或第三稿时再推敲,因为写第一稿时就这么做要花费很多时间。第一稿只是为了得到一个大致的轮廓和故事的框架,其他的要在随后的版本里处理。草稿完成后,我会用打字机把它打出来。打出来的稿子与草稿不太一样,更好了,这当然。打第一稿时,我已开始改写,加一点,减一点,但真正的工作要等到后来,等到改完三四稿以后。诗也一样,只是诗有时要改四五十稿。唐纳德·霍尔告诉我说,他的诗有时要写上一百稿左右,你能想象吗?

《巴黎评论》:你写作的方法有过变化吗?

卡佛:从某种程度上来说,《我们谈些什么》①里的小说是有点不同。从故事的每个细节都被雕琢过这点来说,这是一本自我意识太强的书。我对这些故事所做的推敲是我从未有过的。当我把书稿交到出版社后,在接下来的六个月里我什么都没写。这之后我写下的第一篇小说就是《大教堂》,我感到不管从观念上还是操作上讲,都与我以往的小说完全不同。我猜它在反映我写作方法变化的同时,也反映了我生活上的变化。我在写《大教

---

① 指小说集《谈论爱情时我们都在谈些什么》,卡佛将其简化成《我们谈些什么》。

堂》时感到了一种冲动,感到"这就是我们为什么要写作的原因"。它和早期的小说不同,写它时我有种开窍的感觉。我知道我在另一个方向走得足够远了,把所有东西删减到不只是剩下骨头,而是只剩下骨髓了。再往前走——写和发表那些我自己都不愿意读的东西,就是死路一条了,这是真话。上一本书的一篇书评里,有人称我是"极简主义者"。那位评论家的本意是恭维我,但我不喜欢。"极简主义者"隐含了视野和手法上狭窄的意味,我不喜欢这个,但这本新书,这本名叫《大教堂》的新书里的所有小说都是在十八个月的时间里完成的,在每篇小说里我都能感到这种差异。

《巴黎评论》:你想象中的读者是什么样的? 厄普代克描述他理想的读者是一个在图书馆书架上寻找他的书的中西部小镇男孩。

卡佛:厄普代克对于理想读者的想法很不错。但除了早期作品外,我不认为读厄普代克的读者会是一个住在中西部小镇上的男孩子。一个男孩子能读懂《马人》《夫妇们》《兔子归来》和《政变》吗? 我想厄普代克是在为约翰·契弗所说的那一类"高智力的成年男女"而写作,住在哪里并不重要。任何一个不是吃白饭的作家都在尽自己的能力把作品写好写真实,然后希望有好的读者。但我觉得从某种程度上说,你也在为其他作家写作,为那些你佩服他们作品的已去世的作家,还有那些你愿意读他们作品的活着的作家,如果他们喜欢,其他的作家,那些"高智力的成年男女"也极有可能会喜欢,但我写作时,脑子里没有你所说的那个男孩,或其他任何人的形象。

《巴黎评论》:你写的东西有多少最终要被删除掉?

卡佛:很多。如果小说初稿有四十页,等我写完通常只剩下一半了。不仅仅是把东西去掉和缩短篇幅,我去掉很多,但也加进去一些,加一点,再去掉一点。加加减减,这是我喜欢做的事情。

《巴黎评论》:你现在的小说篇幅似乎长了一点,也更加丰满了,你修改小说的方法发生了变化?

卡佛:丰满,是的,这个词用得很恰当。是这样的,我来告诉你是什么原因。学校里有个打字员,她有一台"太空时代"的打字机,一部文字处理器。我交给她一篇小说,打出来后我取回那份整洁的稿件,我标上想要修改的内容后再把稿件交给她,第二天我就能取回,又是一份整洁的稿件。然后我再在上面做任意的修改,第二天我又会拿到一份整洁干净的稿件。这看上去不是件什么了不起的事情,但它改变了我的生活——那位女士和她的文字处理器。

《巴黎评论》:你有过一段不需要工作的时间吗?

卡佛:有过一年。那一年对我来说也是非常重要的一年。小说集《请你安静些,好吗》里的大部分小说都是在那一年里写成的。那是一九七〇年还是一九七一年,我在帕洛阿尔托的一家教科书出版社工作。这是我的第一份白领工作,这之前我在萨克拉门托的医院里打扫厕所。我一直在那儿安安静静地做着编辑,这个当时叫 SRA 的公司决定进行大规模的重组,我计划辞职,正在写辞职信呢,突然就被解雇了。这样的结果非常好,我们在那个周末邀请了所有的朋友,开了个"解雇派对"。一年里我不需要工作,我一边领失业金,一边拿解雇费,我妻子就是在那一段时间取得了她的本科学位。那是个转折点,那段时间,是一段很好的时光。

《巴黎评论》:你信教吗?

卡佛:不信,但我不得不相信奇迹和复活的可能性,这一点不容置疑。每天醒来都让我高兴,这就是我为什么喜欢早点醒来的原因。在我喝酒的那些日子里,我一直睡到中午或更晚,常常伴随着颤抖醒来。

《巴黎评论》:你对那些倒霉日子里发生的事情感到后悔吗?

卡佛:我现在什么都改变不了。我没有后悔的资本,那部分生活现在已经过去,它们已离去,我无法后悔,我只能生活在当下。过去的日子确确实实地远离了,它们遥远得就像发生在我读到的一本十九世纪小说里的人物身上的事情。每个月里我不会花超过五分钟的时间去回想过去。过去是个陌生的国度，人的所作所为完全不同，该发生的总会发生，我真的觉得我有两段不同的生命。

《巴黎评论》：能否谈谈你在文学上受到的影响，至少给出一些你钦佩的作家的名字？

卡佛：欧内斯特·海明威算一个。他早期的短篇，如《大双心河》《雨里的猫》《三天大风》《士兵之家》，等等，很多很多。契诃夫，我想他是我最钦佩的作家，但有谁会不喜欢契诃夫呢？我这里说的是他的短篇小说，不是话剧，他的话剧对我来说进程太慢。托尔斯泰，他的任何一篇短篇、中篇以及《安娜·卡列尼娜》。不包括《战争与和平》，太慢了。但包括《伊凡·伊里奇之死》《东家与雇工》《一个人需要多少土地》，托尔斯泰是最棒的。艾萨克·巴别尔、弗兰纳里·奥康纳、弗兰克·奥康纳、詹姆斯·乔伊斯的《都柏林人》、约翰·契弗。《包法利夫人》，去年我重读了那本书以及新翻译的福楼拜在创作——无法用其他的词来形容——《包法利夫人》时期写下的信件。康拉德、厄普代克的《破镜难圆》。有些好作家是我近一两年认识的，像托拜厄斯·沃尔夫，他的短篇小说集《北美殉道者的花园》简直是好极了。麦克斯·肖特、博比·安·梅森，我提到她了吗？嗯，她很棒，值得再提一遍。哈罗德·品特、V. S. 普里切特。多年前我从契诃夫的一封信里读到让我感动的东西，那是他给众多来信者中的一位的忠告。原文好像是这样的：朋友，你不必去写那些取得了非凡成就、令人难以忘怀的人物。要知道，那时我正在大学里，读着有关公主、公爵、征服和推翻王朝的戏剧、塑造英雄的宏伟巨著以及写现实生活中并不存在的英雄的小说。但读了契诃夫这封信中所说的，以及他的其他信件和小说后，我的观点发生了变化。没隔多久，我读到马克西姆·高尔基的一部话剧和几篇短篇小说，他用作品强调了契诃夫所说的东西。理查德·福特是另一位好作家。他首先是一位长篇小说作家，但他也写短篇小说和散文。他是我的朋友。我有很多可称为好朋友的朋友，其中一些是很好的作家，有些没有那么好。

《巴黎评论》：遇到那样的情况你怎么办？我是说，如果你的一个朋友发表了你不喜欢的东西，你怎样来处置？

卡佛：我会什么都不说，除非这个朋友问我，我希望他不要来问我。如果被问及，你一定要用一种不伤害友谊的方式来说。你希望你的朋友顺利，尽他们的能力写出最好的作品。但有时他们的作品会令人失望。你希望他们一切顺利，但你担心情况可能不是这样，而你又帮不上什么忙。

《巴黎评论》：你怎么看道德小说？我想这肯定会涉及约翰·加德纳以及他对你的影响。我知道多年前你在洪堡州立大学时曾是他的学生。

卡佛：是的，我在《安泰俄斯》那篇文章里说到了我们之间的关系，在他去世后出版的一本名叫《如何成为小说家》的引言里，我做了更多的说明。我认为《论道德小说》是本不错的书。尽管我不完全同意里面所有的东西，但总的说来他是对的。其中关于书的目的那部分，比对还活着的作家的评价部分要好。这是一本肯定而不是贬低生活的书。加德纳对"道德"的定义是对生活的肯定，他相信好的小说是道德小说。这是本有争议的书，如果你喜欢争论的话。不管怎么说，这本书非常有才气。我觉得他在《如何成为小说家》那本书中更好地论证了自己的观点，没有像在《论道德小说》中那样去批评其他的作家。他发表《论道德小说》时我们已有好多年没联系了，但他的影响，当我是他学生时他灌输给我的生活理念至今还存在，以至于在很长一段时间里我不愿意去读那本书。我担心会发现自己这么多年写作的东西是不道德的！你知道我们几乎有二十年没见面了，直到我搬到雪城后才又见面，他住在宾汉姆顿，我们相距七十英里。那本书出版时，书和他本人都受到了攻击，他触动了某些敏感的东西。而我恰好认为那是一部非常好的作品。

《巴黎评论》：读完这本书后你是怎么评价你自己的作品的？你写的是"道德"小说还是"不道德"小说？

卡佛：我还是不太确定！但我听到过别人的评论，他本人也告诉过我，说他喜欢我的作品,特别是那些新作品。这让我十分欣慰。去读《如何成为小说家》吧。

《巴黎评论》:你还在写诗吗?

卡佛:写一点,但不够多,我想多写一点。如果在很长一段时间,六个月左右吧,我什么诗都没写,我会很紧张,开始琢磨我还是不是一个诗人,或我是否再也写不出诗来了。通常这时我会坐下来,努力去写几首诗。今年春天将要出版的《火》这本书里有我想保存下来的所有诗歌。

《巴黎评论》:写小说和写诗如何相互影响?

卡佛:现在不再是这样了。很长一段时间里,我对写诗和写小说同样地感兴趣。读杂志时我总是先读诗歌,然后再读小说。最终,我不得不做个选择,我选择了小说,对我来说这是个正确的选择。我不是一个"生就"的诗人。除了白种美国男性外,我不知道我还有什么是"生就"的。也许我会成为一个偶尔为之的诗人,这个我可以接受,这要比什么样的诗人都不是好。

《巴黎评论》:名声使你有怎样的改变?

卡佛:这个词让我感到不自在。你看,我开始时给自己设定的目标那么低——我是说一辈子写短篇小说能有多大出息?酗酒已经让我瞧不起自己了。这些随之而来的关注不断地让我感到惊讶。但我对你说,自从《我们谈些什么》被接受后,我感到了从未有过的自信。随之发生的所有好事都促使我去写更多和更好的作品,这是个极好的鞭策。当好事来临时,我正处在一个比以往任何时候都更具活力的时期,你明白我的意思吗?我感到更加强壮,对未来的方向也更加确定了。所以说"名声"——或者说这个新得到的关注和兴趣——是个有益的东西,在我的信心需要增强时,它增强了我的信心。

《巴黎评论》:谁最先读你的作品?

卡佛:苔丝·加拉赫。如你所知,她本身是个诗人和短篇小说家。除了信件外我什么都给她看,我甚至也让她看过几封信。她有一双极好的眼睛,能进入到我写的东西里去。我等到把小说修改得差不多了才给她看,这往往已经是第四或第五稿了,然后她会去读其后的每一稿。到目前为止,我已将三本书题献给她了,这不仅仅是一种爱的象征,也表达了我对她的尊敬和对她给予我的灵感与帮助的一种承认。

《巴黎评论》:戈登·利什扮演了一个什么样的角色? 我知道他是你在克诺夫出版社的责任编辑。

卡佛:我七十年代初期在《时尚先生》发表小说时他就是我的编辑,但我俩在此之前就是朋友了。那是一九六七年还是一九六八年,在帕洛阿尔托,他在我上班的公司对面一家发行教科书的公司工作,就是那家曾解雇我的公司。他不需要坐班,大多数时间在家里办公。他每周至少请我去他那儿吃一顿午饭。他自己什么都不吃,只为我做点饭菜,然后在桌旁徘徊,看着我吃。这让我很紧张,你能想象得到,我最终总是在盘子里剩下点什么,而他最终总是把剩下的吃掉,他说这和他成长的环境有关。这不是一个单一的例子,他现在还这么做,他请我外出吃午饭,除了一杯饮料外,自己什么都不点,然后把我盘子里剩下的都吃完! 我还见他这么做过一次,那次我们四个人在俄罗斯茶室吃晚饭,饭菜端上来后,他看着我们吃。当他发现我们把食物剩在盘子里后,就立刻把它吃掉。除了这个怪癖外——其实这只是有点好笑而已,他是个对稿件的需要非常敏锐的人,是个好编辑,也许是个伟大的编辑。我只知道他是我的编辑、我的朋友,我为此感到高兴。

《巴黎评论》:你会考虑写更多的电影剧本吗?

卡佛:如果主题与我和导演迈克尔·西米诺刚完成的这个有关陀思妥耶夫斯基生平的剧本一样有意思的话,我当然会写。如果不是的话,不会去写。但陀思妥耶夫斯基! 肯定会。

《巴黎评论》:报酬很丰厚?

卡佛:是的。

《巴黎评论》:那辆奔驰就是这么来的?

卡佛:正是。

《巴黎评论》:那《纽约客》呢? 你刚开始写作时有没有给《纽约客》投过稿?

卡佛:没有,我没有。我当时不读《纽约客》。我把小说投给一些小杂志,有时会被它们录用,这让我开心。我拥有某一类的读者,你知道吧,尽管我从来没和任何一位读者见过面。

《巴黎评论》:读你作品的人会给你写信吗?

卡佛:信件、录音带,有时有照片。有人刚给我寄来一盘磁带,里面有根据我的一些小说谱写的歌曲。

《巴黎评论》:你是在西海岸(华盛顿州)还是在东部这里写得更好一点?我想我是在问对于不同地域的感受对你的作品有多重要。

卡佛:曾经是,从哪个地方出来这一点曾经对我很重要。我是个来自西海岸的作家这一点曾经对我来说很重要,但现在不是这样了,无论这是好还是不好。我想我走过和住过的地方太多了,现在在失去了方向感和地域感,对任何地方都没有"根"的感觉。假如说,我曾有意识地把小说放置在一个特定的地方和时期——我想我这么做过,特别是在我的第一本书里,那么我估计那会是太平洋西北部地区。我羡慕那些有地域感的作家,像吉姆·韦尔奇、华莱士·斯泰格纳、约翰·基布尔、威廉·伊斯特雷克和威廉·基特里奇。有很多好作家有你所说的地域感,但我的绝大部分小说都和特定的场所无关。我是说,它们可以发生在任何一个城市或郊区,可以是雪城这里,也可以是图森、萨克拉门多、圣何塞、旧金山、西雅图,或者是华盛顿州的安吉利斯港，不管在哪里，我的大多数故事的场景都放在室内！

《巴黎评论》：你在家里有一个特定的工作场所吗？

卡佛：有，我楼上的书房。有自己的地方对我来说很重要。我们会拔掉电话线，挂上"谢绝探访"的牌子，一待就是好几天。多年来我只能在厨房餐桌、图书馆的阅览室和车里写东西。现在这个属于我自己的房间是一种奢侈，也是一种必需了。

《巴黎评论》：你现在还钓鱼、打猎吗？

卡佛：没那么经常了。仍然钓一点鱼，在夏天钓三文鱼，如果我正好在华盛顿州的话。但很遗憾地说，我不再打猎了。我不知道该去哪儿打！我猜我可以找个人带我去，但我还没来得及做这件事。我的朋友理查德·福特是个猎人。他一九八一年春天来这里朗读他的作品，他用朗读挣来的钱给我买了杆猎枪。想象一下吧！他还请人在上面刻了字："赠雷蒙德。理查德，一九八一年春。"理查德是个猎人，你看，我觉得他试图鼓励我去打猎。

《巴黎评论》：你希望你的作品对别人有什么样的影响？你觉得你的写作会改变他人吗？

卡佛：我真的不知道，我很怀疑这一点。不会有什么深刻的改变，也许什么也改变不了。归根结底，对制造者和消费者双方而言，艺术只是一种娱乐形式，是吧？我是说在某种程度上，它和打桌球、玩牌或打保龄球是一样的，我想说它只是个不同的、层次高一点的娱乐活动。我并不是说它不包含任何精神养分，当然包含。听贝多芬协奏曲、在梵高的一幅油画前驻足或读一首布莱克的诗，与打桥牌或打了一场得了高分的保龄球所获得的快感是无法相提并论的，艺术终归是艺术，但艺术也是一种高级的娱乐。我这么想有错？我不知道。但我记得二十几岁时，在读了斯特林堡的剧本、马克斯·弗里施的小说、里尔克的诗歌，听了一整晚巴托克的音乐和看了电视上关于西斯廷教堂与米开朗基罗的专题后，都会有我的人生发生了改变的感觉。你不可能不被它们影响,不被它们改变,不可能不因此而变成另一个人。但不久我就发现我的人生根本就不会改变,我一点也感受不到这种变化,不管它是否能够被察觉到。我终于明白艺术是一个有闲暇和闲钱才能追求的东西,就这么简单。艺术是一种奢侈,它不会改变我和我的生活。我想我终于痛苦地认识到艺术不会改变任何东西。不会。我根本不信雪莱荒谬的鬼话,说什么诗人是这个世界上"不被承认的立法者"。这是什么鬼念头!伊萨克·迪内森说她每天写一点,不为所喜,不为所忧,这个我赞成。那些靠一篇小说、一部话剧或一首诗就能改变人的世界观甚至人生观的日子即使有过,也已经一去不复返了。写一些关于生活在特定状况下的特定人群的小说,也许有助于对生活的某个侧面有更好的了解,但恐怕也只有这一些了,至少我是这么认为的。诗歌也许不同,苔丝收到过读了她诗歌的人的来信,说这些诗歌把他们从想去跳悬崖跳河之类的绝望中挽救了回来。但这是两码事。好小说是一个世界带给另一个世界的信息,那本身是没错的,我觉得,但要通过小说来改变事物、改变人的政治派别或政治制度本身,或挽救鲸鱼、挽救红杉树,不可能。如果这是你所想要的变化,办不到。并且,我也不认为小说应该与这些事情有关。小说不需要与任何东西有关,它只带给写作它的人强烈的愉悦,给阅读那些经久不衰作品的人提供另一种愉悦,也为它自身的美丽而存在。它们发出光芒,虽然微弱,但经久不息。

(原载《巴黎评论》第八十八期,一九八三年夏季号)

米兰·昆德拉

◎ 叶子/译

本次采访,是在一九八三年秋天,在巴黎和米兰·昆德拉几次偶遇的一个产物。我们在他靠近蒙帕那斯区的顶楼公寓里见面,在一间昆德拉当做办公室的小屋子里工作。屋里书架上满是哲学和音乐学的书,有一台老式打字机和一张桌子,看上去更像一间学生宿舍,而不是一位世界知名作家的书房。其中一面墙上,两幅照片肩并肩挂着:一张是他父亲,一位钢琴家;另一张是莱奥什·亚纳切克,他非常喜爱的捷克作曲家。

我们用法语进行了几次自由而漫长的讨论;没有用录音机,而是用了一台打字机、剪刀,还有胶水。渐渐地,在被丢弃的废纸中,在几次修改后,这个文本浮出水面。

昆德拉的最新小说《不能承受的生命之轻》,一出版即畅销,本次采访就发生在这之后不久。突然而至的名气让他很不自在;昆德拉一定同意马尔科姆·劳瑞[1]的说法,"成功就像一场可怕的灾难,比一个人家里失火还要糟。名誉烧毁了家的灵魂。"一次,当我问及媒体对他小说的某些评价时,他答道:"我只在乎自己的看法!"

大多数评论者研究作家,倾向于研究其个性、政见及私人生活,而不是作家的作品。昆德拉不希望谈自己,似乎是对这一趋势的本能反应。"对必须谈论自己感到厌烦,使小说天才有别于诗歌天才。"昆德拉对《新观察家》杂志如是说。

---

① 马尔科姆·劳瑞(1909—1957),英国小说家、诗人,著有小说《在火山下》。

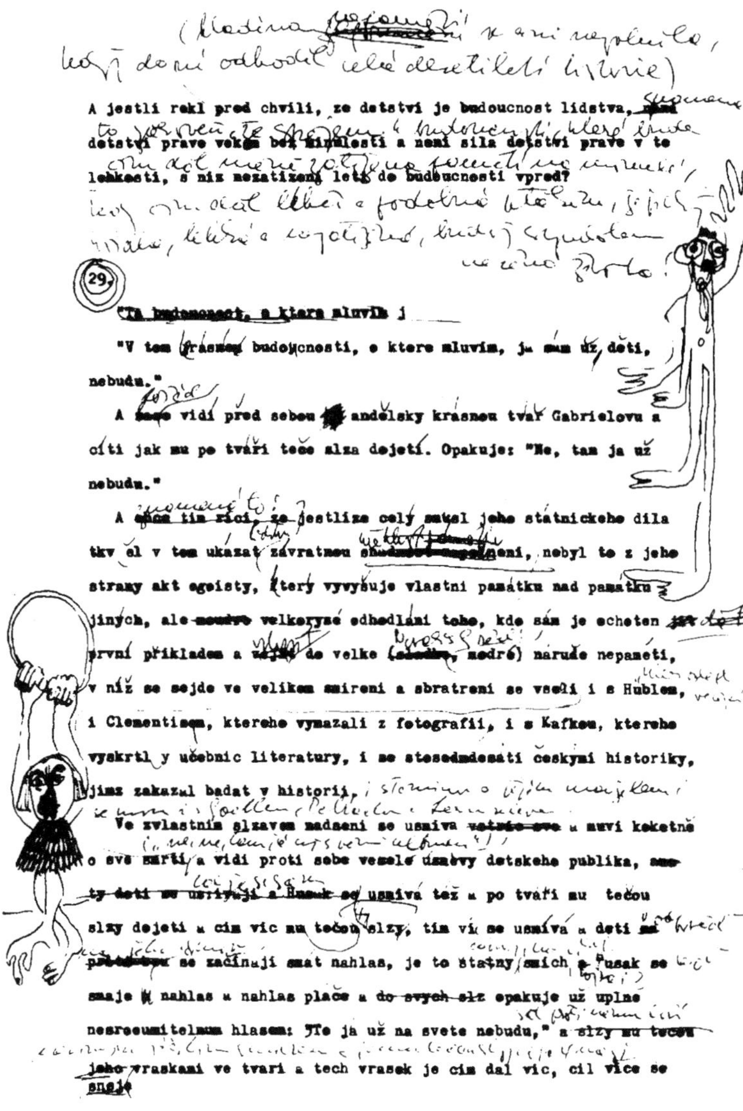

(Hladina ~~_____~~ a ani nezpěnilo,

když do ní odhodil celé desetileté historie)

A jestli řekl pred chvili, že detstvi je budoucnost lidstva, ~~_____~~
to ~~_____~~ detstvi prave věkem bez minulosti a není síla detstvi právě v to
lehkosti, s níž nezatížena letí do budoucnosti vpred?

29

~~Ta budoucnost, a ktera mluvil~~

"V tom *krásnem* budoucnosti, o ktere mluvim, ju sam už, děti,
nebudu."

A ~~_____~~ vidi pred sebou ~~_____~~ andělsky krásnou tvář Gabrielovu a
cíti jak mu po tvári teče slza dojetí. Opakuje: "Ne, tam ja už
nebudu."

A ~~_____~~ tím ~~rici, že jestliže~~ celý smysl jeho státnickeho díla
tkvěl v tom ukázat závratnou ~~_____~~ jeni, nebyl to z jeho
strany akt egoisty, který vyvyšuje vlastní památku nad památku
jiných, ale ~~_____~~ velkorysé odhalení toho, kde sám je ochoten ~~_____~~
prvním příkladem a ~~_____~~ do velké (~~_____~~ modré) náruče nepaměti,
v níž se sejde ve velikém smíření a sbratrení se všední i s Hublem,
i Clementisem, kterého vymazali z fotografii, i s Kafkou, kterého
vyskrtli y učebnic literatury, i se stosedmdesáti českými historiky,
jimž zakázal badat v historii, ~~_____~~
Ve zvláštním slzavém nadšení se usmívá ~~_____~~ u mrví koketně
o své smrti, a vidi proti sebe vesele úsměvy dětského publika, ~~_____~~
ty děti se usmívají a Husák se usmívá též u po tvári mu tečou
slzy dojetí u cim vic mu tečou slzy, tim víc se usmívá u děti ~~_____~~
~~_____~~ se zadínají smát nahlas, je to štastný smích u Husák se
smaje u nahlas u nahlas plače a do svých slz opakuje už uplne
nesrozumitelnem hlasem: "Tu ja už na svete nebudu," a slzy mu tečou
~~_____~~ jeho vraskami ve tvari a tech vrasek je čim dal vic, čil vice se
~~_____~~

米兰·昆德拉一部未出版作品的一页手稿

因此，拒绝谈论自己，是将文学的作品与形式放在注意力正中心，聚焦小说本身的一种方式。这次关于创作艺术的讨论，正是为此目的。

——克里斯蒂安·萨蒙，一九八三年

《巴黎评论》：你曾说在现代文学中，你感觉和维也纳作家罗伯特·穆齐尔与赫尔曼·布洛赫，比和其他任何作家都更接近。布洛赫认为——和你一样，心理小说的时代已走到尽头。相反，他信奉他称之为"博学小说"的东西。

米兰·昆德拉：穆齐尔和布洛赫给小说安上了极大的使命感，他们视之为最高的理性综合，是人类可以对世界整体表示怀疑的最后一块宝地。他们深信小说具有巨大的综合力量，它可以将诗歌、幻想、哲学、警句和散文糅合成一体。在信中，布洛赫对这一议题做出了某些深远的观察。不过在我看来，布洛赫由于错误地选择了"博学小说"这个术语，因而模糊了自己的意图。事实上，布洛赫的同胞，阿德尔伯特·斯蒂夫特，一位奥地利散文大家，他于一八五七年出版的《小阳春》是一本真正意义上的博学小说。小说很有名：尼采认为它是德国文学作品中最伟大的四部之一。今天，它难以被理解，因为充满了地质学、生物学、动物学、手工业、绘画艺术，以及建筑学的资料；但这庞大的、令人振奋的百科全书，实际却漏掉了人类及人类自己的处境。恰恰因为是博学的，《小阳春》完全缺乏让小说变得特殊的东西。布洛赫不是这样。相反！他力求发现"小说自己能够发现的"。布洛赫喜欢称之为"小说学问"的具体对象是存在。在我看来，"博学"这个词必须被精确地界定为"使知识的每一种手段和每一种形式汇聚到一起，为了解释存在"。是的，我确实对这样的方式有一种亲近感。

《巴黎评论》：你在《新观察家》杂志发表的一篇长文让法国人再次发现

了布洛赫。你高度称赞他,可你同时也是批判的。在文章结尾,你写道:"所有伟大的作品(正因为它们是伟大的)都部分地不完整。"

昆德拉:布洛赫对我们是一个启发,不仅因为他已实现的,还因为所有那些他打算实现却无法达到的。正是他作品的不完整能帮助我们明白对新艺术形式的需求,包括:第一,彻底地去除非本质(为了捕捉到现代世界的复杂性而不用丧失结构上的清晰);第二,"小说的旋律配合"(为了将哲学、叙事、理想谱进同一支曲);第三,尤其小说体的随笔(换言之,保留假想、戏谑或反讽,而不是传达绝对真实的信息)。

《巴黎评论》:这三点似乎充斥了你的整个艺术规划。

昆德拉:要将小说变为一个存在的博学观照,必须掌握省略的技巧,不然就掉进了深不见底的陷阱。穆齐尔的《没有个性的人》是我最爱的两三本书之一。但别指望我会喜欢它巨大的未完成的部分!想象一座城堡大到一眼看不完整。想象一支弦乐四重奏长达九个小时。有一个人类学上的极限,比如记忆的极限——人的均衡——不该被攻破。当你完成了阅读,应仍能记得开头。如果不,小说便失去了它的形,它"结构上的清晰"变得含糊。

《巴黎评论》:《笑忘录》由七个部分组成。如果你处理它们时用的不是一种这么省略的方式,你可能会写七部不同的、完整的小说。

昆德拉:可如果写了七部独立的小说,我会失去最重要的东西:我将无法在一本单独的书里,捕捉到现代世界人类存在的复杂性。省略的艺术绝对必不可少。它要求一个人总是直奔主题。在这一点上,我总想起一位我自童年起就极其热爱的捷克作曲家莱奥什·亚纳切克。他是现代音乐最杰出的大师之一,他决定将音乐剥得只剩下本质,这是革命性的。当然,每一部音乐作品牵涉到大量的技巧:主题的展露,它们的发展、变化、复调效果(通常很机械),填入配器,过渡,等等。今天一个人可以用电脑作曲,电脑总存在于作曲家的脑中——如果有必要,他们能够在没有一个原始创意的情况下写出一部奏鸣曲,只要把作曲的规则在电脑程序上扩展。亚纳切克的目的是摧毁这台电脑！野蛮的并列，而不是过渡；重复，而不是变化——并且总是直奔主题：只有那些有重要话可说的音符，才有存在的权利。小说几乎也一样，它也受到了拖累，来自"技巧"，来自为作者完成作品的规矩：介绍一个角色，描述一场环境，将行动带入其历史背景之中，将角色的一生用无用的片段填满。每换一次景要求一次新的展露、描述、解释。我的目的和亚纳切克一样：摒弃机械的小说技巧，摒弃冗长夸张的小说文字。

《巴黎评论》：你提到的第二种艺术形式是"小说的旋律配合"。

昆德拉：认为小说是一种知识大综合的想法，几乎自动产生了"复调"这一难题。这个难题仍要解决。比如布洛赫《梦游者》的第三部分，它由五个混杂的要素组成：第一，建立在三位主角基础上的"小说的"叙述——帕斯拿、艾什、于哥诺；第二，汉娜·温德林轶事；第三，军医院生活的真实描述；第四，一个救世军女孩的叙述（部分用韵文写成）；第五，一篇有关价值观堕落的哲学散文（用科学语言写成）。每一部分都优美。尽管事实上，它们都在不间断的交替中（换言之，用一种复调的方式）处理同时性，但五种要素依然是分离的——也就是说，它们并不构成一种真正的复调。

《巴黎评论》：你把复调这样一个隐喻用到文学上，是否事实上向小说提出了它无法完成的要求呢？

昆德拉：小说能够以两种方式吸收外界要素。堂吉诃德在他旅行的过程中，遇到不同的人向他叙述他们自己的故事。这样，独立的故事，插入整体之中，与小说框架融为一体。这种写作在十七、十八世纪小说中常能找到。可布洛赫，没有把汉娜·温德林的故事放入艾什和于哥诺的主线故事中，而是让它们同时地展开。萨特（在《延缓》中），以及他之前的多斯·帕索斯，也用了这种同时的技巧。不过，他们的目的是将不同的小说故事融合，换句话说，是同类而非像布洛赫那样的异类要素。此外，他们对这种技巧的使用，给我的印象是太机械且缺乏诗意。我想不到有比"复调"或"旋律配合"更好的术语，能来描述这种形式的写作，而且，音乐上的类比是有用的。

比如,《梦游者》第三部分首先让我感到麻烦的是,五个要素并不均等。而所有声部均等在音乐的旋律配合上是基本的程序规则,是必要条件。在布洛赫的作品中,第一要素(艾什和于哥诺的小说叙述)比其他要素占了更多的实际空间,更重要的是,它与小说的前两部分相关联,享有一定的特权,因此承担了统一小说的任务。所以它吸引了更多注意,将其他要素变为纯粹的装饰。第二个让我感到麻烦的是,尽管一首巴赫的赋格一个声部也不能少,汉娜·温德林的故事或有关价值观堕落的散文,却完全能作为杰出的独立作品。单独地看,它们不会丧失一点儿意义或品质。

在我看来,小说旋律配合的基要条件是:第一,不同要素的平等;第二,整体的不可分割。记得完成《笑忘录》第三章《天使们》的那一天,我极为自豪。我肯定自己找到了一种整合叙事的新方式。文本由下列要素组成:第一,两个女学生的一段趣事及她们的升华;第二,一段自传体叙述;第三,对一本女性主义书籍的批评文章;第四,一则有关天使和魔鬼的寓言;第五,一段关于保罗·艾吕雅飞过布拉格的梦的叙述。这些要素中没有一个脱离了其他依然可以存在,每一个都解释说明了其他,就好像它们都在探索同一个主题,问同一个问题:"天使是什么?"

第六章,同样叫《天使们》,有:第一,有关塔米娜死亡的梦的叙述;第二,有关我父亲过世的自传体叙述;第三,音乐学上的思考;第四,有关在布拉格广泛流行的健忘症的思考;我父亲与塔米娜被孩子们拷问之间的联系是什么? 借用洛特雷阿蒙著名的意象,它是"一架缝纫机和一把雨伞"在同一主题的解剖台上"偶然相遇"。小说的复调更多的是诗意,而不是技巧。我在文学中找不到其他的例子有如此复调的诗意,但我对阿仑·雷乃最新的电影感到很惊讶,他对旋律配合艺术的运用令人惊叹。

《巴黎评论》:旋律配合在《不能承受的生命之轻》中没有这么明显。

昆德拉:那是我的目标。那儿,我想要梦、叙述和思考以一条看不见、完全自然的水流汇聚成河。但小说复调的特点在第六部分很明显:斯大林儿子的故事、神学的思考、亚洲的一起政治事件、弗兰兹在曼谷的死、托马斯在波希米亚的葬礼,都通过同一个永恒的问题联系起来——"媚俗是什么?"这个复调的段落是支撑整个小说结构的支柱,是解开小说结构之秘密的关键。

《巴黎评论》:通过召唤"一篇尤其小说体的散文",对《梦游者》中出现的有关价值观堕落的散文,你表达了几种保留态度。

昆德拉:那是一篇非常漂亮的散文!

《巴黎评论》:你对它成为小说一部分的这种方式有过怀疑。布洛赫没放弃他任何的科学语言,他以一种直白的方式表达了自己的观点,而不是藏在他的某个角色之后——像曼或穆齐尔会做的那样。那不正是布洛赫真正的贡献、他的新挑战吗?

昆德拉:确实如此,他对自己的胆识很了解。但也有一个风险:他的散文会被看成、被理解成小说意识形态的关键,理解成它的"真理",那会将小说的剩余部分变成一种思想的纯粹说明。那么小说的平衡被打乱;散文的真理变得过于沉重,小说微妙的结构便有被摧毁的危险。一部没有意图要论述一种哲学论题的小说(布洛赫憎恨那一类的小说!)可能最后会被以同样的方式解读。一个人如何将一篇散文并入小说里?有一条基本原则在心很重要:思考一旦囊括进小说的身体,本质就会起变化。小说之外,一个人便置身于一个振振有词的王国:每个人的哲学家、政治家、看门人,都确信自己的言论。可小说,是一块地盘,在这儿,没有人下断言;它是娱乐和假想的国度。小说中的思考是假定的,这由它的本质所决定。

《巴黎评论》:但为什么一个小说家会在他的小说中,想要剥夺自己公然地、独断地表达哲学观的权利?

昆德拉:因为他没有!人们经常讨论契诃夫的哲学,或卡夫卡的,或穆齐尔的,但只是为了在他们的写作中找到一条连贯的哲学!他们在笔记中表达自己的看法,这些看法发展成智力练习,玩似是而非,或即兴创作,并非一种哲学的断言。写小说的哲学家,不过是用小说的形式来阐明自己观点的伪小说家。伏尔泰和加缪都未曾认识"小说本身能认识到的"。我只知道一个例外:狄德罗的《宿命论者雅克》。这是怎样的一个奇迹! 越过小说的边界线,严肃的哲学家变成了一个戏谑的思想家。小说中没一句严肃的话——从头到脚都很戏谑。这就是为什么这本书在法国评价过低,到了骇人的地步。事实上,法国失去并拒绝重新找回的一切,《宿命论者雅克》里都包括了。在法国,更注重思想而不是作品。《宿命论者雅克》无法转换为思想的语言,因此无法被思想的发源地理解。

《巴黎评论》:在《玩笑》中,是雅罗斯拉夫发展了一种音乐原理,他思考的假定特征因此很明显。但《笑忘录》中的音乐思考是作者的,是你的。那么我该认为它们是假定的还是肯定的?

昆德拉:这都由语调而定。从最早的文字开始,我就打算给这些思考一种戏谑的、讽刺的、挑衅的、实验的或怀疑的语调。《不能承受的生命之轻》的整个第六部分(《伟大的进军》)是一篇关于媚俗的散文,论述一个主要的论题:媚俗就是对屎的绝对否定。对媚俗的此种思考对我来说至关重要。它建立在许多思考、实践、研究,甚至激情的基础上。但语调从不严肃;它是挑衅的。这篇散文在小说之外是不可想象的,它是一种纯小说的思考。

《巴黎评论》:你小说的复调同样包含了另一种元素,即梦的叙述。它占了《生活在别处》的整个第二部分,它是《笑忘录》第六部分的基础,又通过特瑞莎的梦贯穿了《不能承受的生命之轻》。

昆德拉:这些章节也是最容易被误解的,因为人们试图从中找到一些象征的信息。特瑞莎的梦没什么可破译的。它们是关于死亡的诗。它们的意义在于它们的美,这美让特瑞莎着迷。顺便说说,你是否意识到人们不知如何去读卡夫卡,只不过是因为他们不想破译他? 他们不让自己着迷于卡夫卡无与伦比的想象,反而寻找着寓言,得出的结论除了陈词滥调什么也没有:生活是荒诞的(或它不是荒诞的),上帝是不可触的(或可触的),等等。

对于艺术,尤其是现代艺术,你什么也理解不了,如果不能懂得想象本身就有价值。诺瓦利斯在他赞赏梦时就知道这一点。"梦让我们远离生活的无味",他说,"用它们游戏的欣喜,将我们从严肃中解脱。"他第一个认识到,梦以及梦一般的想象在小说中能扮演的角色。他计划将他《海因里希·冯·奥夫特丁根》的第二卷写成这样的叙述:梦和现实如此缠结,不再好区分。不幸的是,第二卷留下的只有注释,诺瓦利斯在其中描写了他的美学意图。一百年后,他的抱负被卡夫卡实现。卡夫卡的小说是一种梦和现实的融合;即,它们既不是梦也不是现实。最重要的是,卡夫卡引起了一场美学的变革。一种美学的奇观。当然,没人能重复他做过的事。但我和他、和诺瓦利斯,分享将梦、将梦的想象带进小说的这种渴望。我这么做的方法是复调的对峙,而不是通过一种将梦和现实的融合。梦的叙述是旋律配合的基础之一。

《巴黎评论》:《笑忘录》的最后一章并没有复调,可它有可能是书里最有趣的一部分。它由十四节组成,重述了一个男人——扬,生命中的情色时刻。

昆德拉:另一个音乐术语:这种叙述是一种"主题的变奏"。主题是边界,事物越界便失去本身的意义。我们的生活在最接近那边界的地方展开,我们随时都冒着穿越它的危险。十四节是同一种境遇——在有意与无意边界之上的情色——的十四种变化。

《巴黎评论》:你曾将《笑忘录》描述为一部"变奏曲式小说",但它还是一部小说吗?

昆德拉:没有情节的统一,这就是为什么它看上去不像一部小说的原因。人们无法想象一部小说没有那种统一。就连"新小说"的实验也是建立在情节(或非情节)的统一上。斯特恩和狄德罗乐于将统一变得极其脆弱。雅克和他主人的旅程在《宿命论者雅克》中占较少的篇幅;它不过是一个喜剧的托词,中间可以融入趣闻、故事、思考。尽管如此,要让小说有小说的感觉,这一托词、这一"框架"是必需的。《笑忘录》中不再有任何这样的托词,是主题的统一和它们的变化给整体以连贯性。它是一部小说吗?是的。一部小说是通过虚构的角色,对存在进行的一种思考。形式是无限的自由。纵观小说的整个历史,它从不知如何利用自己无尽的可能;它已错失良机。

《巴黎评论》:但除了《笑忘录》,你的小说同样建立在情节的统一上,尽管《不能承受的生命之轻》的确是更松散的一类。

昆德拉:是的,但别的更重要的统一方式完整了它们:相同形而上问题的统一、相同中心思想的统一,还有变化(比如,《告别圆舞曲》中父权的中心思想)的统一。但我尤其要强调,小说首先是建立在许多基本词语之上的,就像勋伯格的十二音列。在《笑忘录》中,词列如下:遗忘、笑声、天使、"力脱思特"、边界。在小说的推进过程中,这五个关键词被分析、研究、定义、再定义,因而转变为存在的类别。小说建立在这几种类别之上,如同一座房子建立在它的横梁之上。《不能承受的生命之轻》的横梁是:重、轻、灵、肉、伟大的进军、狗屎、媚俗、热情、眩晕、力量和软弱。因为它们明确的特征,这些词不能被同义词取代。这总是得一遍又一遍地解释给译者听,他们——出于对"优美文体"的考虑——企图避免重复。

《巴黎评论》:关于结构上的明晰,所有你的小说,除了一部之外,都分为七章,这给我很深的印象。

昆德拉:当我完成我的第一部小说《玩笑》时,它有七个章节,这没什么好惊讶的。接着我写了《生活在别处》。小说就快要完成时有六章,我觉得不满足,突然有了一个想法,要将一个发生在男主人公死后三年的故事包括进来——也就是说,在小说的时间框架之外。现在这是小说七章中的第六章,叫《中年男人》。小说的结构一下子变得完美了。后来,我意识到这第六章,奇怪地与《玩笑》的第六章(《科斯特卡》)相似。《科》也引入了一位局外的角色,打开了小说院墙上的一扇密窗。《好笑的爱》开始是十篇短篇小说,放在一起成了最后的版本,我删了其中的三篇。这本集子变得非常连贯,预示了《笑忘录》的写作。有一个角色,哈威尔大夫,将第四和第六个故事连在一起。在《笑忘录》中,第四和第六章同样因为一个人物相连:塔米娜。当我写《不能承受的生命之轻》时,我决定打破数字七的咒语。我决心用一个六章的轮廓已有一段日子,可第一章总让我觉得不成形,最后,我发现它实际是由两部分组成的。像连体的双胞胎一样,它们需要通过精确的手术与彼此分开。我说这些的唯一原因是要表明自己并没有沉迷于某些和神奇数字有关的迷信矫饰,也没有做一种理性的计算。而是,被一种深沉的、潜意识的、难以理解的需要,一种我逃脱不了的形式上的典型,驱使着。我所有小说都是基于数字七结构的变种。

《巴黎评论》:你想将最异类的元素综合成一个统一的整体,使用七个整齐分割的章节,当然与此目标有关。你小说的每一部分总是自成一体,并由于各自的特殊形式,一个与另一个截然不同。但如果小说被分为有限的章数,为什么这些章还要被分为有限的节?

昆德拉:这些节本身必须创造一个自己的小世界;它们必须相对地独立。这就是为什么我一直纠缠着我的出版商,要确保那些数字清晰可见,节与节之间分得清楚的原因。节就像乐谱的拍子!有些章拍子(节)长,其他的短,也有些长度不规则。每一章都有一个音乐速度的指示:中速、急板、行板,如此等等。《生活在别处》的第六章是行板:以一种平静的、忧郁的方式,说一个中年男人邂逅一个刚从监狱里释放的年轻女子。最后一章是极速:由很短的节组成,从将死的杰罗米尔跳到兰波、莱蒙托夫和普希金。我一开始以一种音乐的方式思考《不能承受的生命之轻》。我知道最后一章必须是极弱的、徐缓的:它着力于一个相对短的、平凡的时间段,在一个单一的地点,语调是平静的。我也知道这一部分必须有一个极快的前言,正是《伟大的进军》那一章。

《巴黎评论》:数字七的规则有一个例外,《告别圆舞曲》只有五章。

昆德拉:《告别圆舞曲》建立在另一种典型形式上:它是完全的同类,处理一个主题,以一种速度叙述;它非常地戏剧化、格式化,从闹剧中得到它的形式。在《好笑的爱》中,叫做《座谈会》的那个故事也以完全一样的方式构成——一部五幕的闹剧。

《巴黎评论》:你说的闹剧是什么意思?

昆德拉:我指强调情节,强调它所有意外而不可信的巧合。没有什么比小说中的情节和它闹剧式的夸张更可疑、可笑、老套、陈腐而无味。自福楼拜以来,小说家试图去掉情节的巧设。结果小说变得比最呆板的生活还要呆板。但还有一种方式去避开猜忌,避开不可再用的情节,就是,将它从对可能性的要求中解放出来。你讲一个不太可能的故事,一个自愿选择变得不太可能的故事!那正是卡夫卡如何构想出《美国》的方式。第一章中卡尔通过一系列最不可能的巧合遇见他叔叔,卡夫卡用一种对情节的戏仿——通过闹剧的大门,进入了他最初的"超现实"世界,进入他最初的"梦与现实的融合"。

《巴黎评论》:但为什么你在完全不为了娱乐的情况下,为小说选择了闹剧的形式?

昆德拉:但它是一种娱乐!我不理解法国人对娱乐的轻蔑,为什么他们对"消遣"这个词感到如此羞愧。有趣比无聊冒的风险少。它们要冒陷入媚俗的危险,那些对事物甜美的、谎话连篇的装饰,浸泡着玫瑰色的光晕,就连如此现代主义的作品,如艾吕雅的诗,或埃托雷·斯科拉最近的电影《舞会》(它的副标题可以是"法国媚俗的历史")也如此。是的,媚俗,而非娱乐,是真正美学的灾难!伟大的欧洲小说从娱乐起家,每一个真正的小说家都怀念它。事实上,那些了不起的娱乐的主题,都非常严肃——想想塞万提斯!在《告别圆舞曲》中,这个问题是,人类值得在这个地球上生存吗? 不应该有个人"帮助地球逃脱人类的魔爪"吗? 我这辈子的渴望是统一问题的极端严肃与形式的极端轻薄。这不是一个纯粹艺术上的渴望。一种轻浮的形式和一种严肃的主题,两者的结合立刻使我们的戏剧——那些发生在我们床笫间,也发生在历史伟大舞台之上的,和它们可怕的无意义露出真相。我们经历了不能承受的生命之轻。

《巴黎评论》:因此你也可以用你最近一部小说的名字命名《告别圆舞曲》?

昆德拉:每一部我的小说都可以叫做《不能承受的生命之轻》或《玩笑》或《好笑的爱》;名字是可以互换的,它们反映了困扰我、界定我,同时也限制我的一小部分主题。在这些主题之外,我没什么可说,也没什么可写的。

《巴黎评论》:你的小说中有两种写作的典型:第一,复调,将异类元素统一进建筑于数字七的结构中;第二,闹剧,同类的、戏剧的,避开不可能性。在这两种典型之外,还会有另一个昆德拉吗?

昆德拉:我总是梦想某些美好的意外的不忠,但我还未能从自己重婚的状态中逃脱。

(原载《巴黎评论》第九十二期,一九八四年夏季号)

阿兰·罗伯-格里耶

◎ 林盛/译

在巴黎时,阿兰·罗伯-格里耶住在市区边缘一个富人居住区的三楼公寓里,街的另一边就是布洛涅森林。穿过两个院子,就到了他的楼下。从宽敞的起居室里望得见楼下花圃里的盆栽。房内安详宁静,装饰简洁,以红黑色调为主,放满了舒适的沙发与椅凳,到处是成堆的书籍。罗伯-格里耶来巴黎是为了谈生意(他是午夜出版社——他自己作品的出版社——的董事),顺带见见朋友;而他写作通常是在诺曼底的乡村大宅中,他一有机会就会去那里。

阿兰·罗伯-格里耶最早的两部小说《橡皮》(1953)和《窥视者》(1955)没有引起大众的注意,也没有得到评论家们的承认。但他第三部、也是最著名的小说《嫉妒》(1957)得到了罗兰·巴特的热情评论。后者当时已是巴黎文学圈中最入流、最有影响力的声音之一,他用"客观"来评价这部小说,并用《利特雷法语词典》中的解释将这个词定义为"指向客体的"。自此以后,这个词用来指称在同一阵营奋斗的一群小说家:米歇尔·布托尔、克洛德·奥里埃、克洛德·西蒙、罗贝尔·潘热和娜塔莉·萨洛特。尽管他们年龄、性格和风格都大相径庭,但都怀揣着某种相似的理想,尤其是质疑旧的叙述形式,并探索新的叙述形式。在《快报》杂志上发表的一系列文章以及随后出版的《为了一种新小说》(1963)一书中,罗伯-格里耶概括了新小说家们的观点与方法,他成了这场运动的代言人。随着阿仑·雷乃的电影《去年在马里安巴》在国际上大获成功,其剧本作者罗伯-格里耶也声名大振,他的书也随之畅销。之后的几年中,他拍摄了自己的电影,创作了更多

seulement de cinq ouvertures : une fente pour la bouche, deux petits orifices ronds pour les narines et deux trous ovales, plus larges, pour les yeux.

Sans s'arrêter à ces détails, qu'il remarque à peine à cause de sa myopie, ~~il~~ rassuré en tout cas par la haute taille et la forte carrure du personnage, le ser-murin ▓▓▓▓▓▓▓▓-ci, tout en répétant avec volu... , jusqu'à la maison qu' il retrouve sans peine, puisque sa bicyclette et sa boîte à outils sont restés devant. Là, il a vite fait de crocheter la mécanisme et d'ouvrir la lourde porte en faux chêne à la ferronnerie passée de mode. Il se retrouve donc dans le vestibule mal éclairé, prudemment caché derrière Brown qui commence, lui, à deviner ce dont il s'agit. Mais le petit homme chauve ne voit plus rien, au fond du couloir, de la scène inquiétante qu'il vient d'observer par le trou de la serrure. Il me assez longtemps à comprendre que le chirurgien en blouse blanche et la jeune patiente inanimée qui gît devant lui, sous le cône de lumière crue, sont en réalité placés beaucoup plus loin qu'il ne l'imaginait à l'in tant. Sa myopie lui joue souvent de ces tours : c'est dans la glace qu'il regardait la scène, celle-ci se déroulant de l'autre côté du couloir, au fond de la bibliothèque dont la porte est comme d'habitude restée ouverte.

Mais à présent il est gêné par la silhouette ma sive de Brown qui a découvert tout de suite où se situait l'action et dont le costume noir, immo bile, occupe presque toute l'embrasure. Le petit homme est contraint de se pencher encore, pour regard par l'interstice laissé libre entre le chambranle et la taille cintrée de la veste du smoking. Etranger à

阿兰·罗伯-格里耶的一页手稿

的小说,在美国校园中炙手可热。现在他每年都要在一所美国大学里度过一个学期。

一九八五年初,罗伯-格里耶的自传《重现的镜子》在推荐与反对的争辩声中面世,立即成了畅销书。"客观小说"的代言人竟然肆意写起了显而易见的主观作品——自传,这似乎的确相当富有挑衅性。不过这本书是如假包换的罗伯-格里耶风格——混合了现实与虚构,夹杂着回忆与想象。

——舒莎·格皮,一九八六年

《巴黎评论》:你的自传《重现的镜子》刚刚出版,反响你还满意吗?

阿兰·罗伯-格里耶:从跻身畅销书这一点来说,这本书的认可度要比我其他所有的作品都强。我的书通常都是"长"销书,就是说,它们要比许多畅销书都卖得多得多,但那却是相当长时间里的销量。这本书的影响来得太立竿见影了些。这样一来,我有些犯难,不知要如何看待这本书的接受情况,因为书评里的观点针锋相对。有些人喜欢自传性的那一面,喜欢我对家庭生活的描述;有些则欣赏我谈论德国占领往事的新方式,我谈及法国人民与入侵者间关系时的新方式,简单而不做作。我的父母都亲德。是的,他们那时亲德,那又怎样? 我问心无愧。我既不为他们辩护,也不对他们声讨。我只是在讲故事,而以前从来没人如此做过。

《巴黎评论》:有些人最喜欢书中涉及的文学理论。

罗伯-格里耶:的确如此。这是我小说和理论作品的延续。每一点对我来说都不同寻常,但同时又没哪一点真正让我产生兴趣。让我感兴趣的其实是将所有这些各不相同的元素编织进我的书里,是这些元素在运动中融合的方式,不断移动、不断变化,就好像它们就是我身上落下的碎片。我想到自己时,会觉得我是由许多碎片拼成的,其中有童年的回忆,有诸如亨利·德·科林斯之类我十分在意的小说人物，甚至还包括我觉得是和我维系着家庭纽带关系的文学人物。《群魔》中的斯塔夫罗金，或者是包法利夫人和我之间的关系就像是我和我的祖父或是姑妈之间一样。因此，让我激动的是所有这些人物运动的方式，他们抗拒被定型的方式。好吧，至少我今天是这么说的。换个日子，我或许也会换个说法。

《巴黎评论》：亨利·德·科林斯在你的好几部小说中都出现过，现在又出现在你的自传中。书中，他是你家的一个朋友。他是根据你认识的什么人塑造的吗？

罗伯-格里耶：我几乎要认为我在现实生活里真的认识他了。同时，我也可以相信，我的祖父是我虚构出来的一个人。所有这些角色，不管是真实的或是想象出来的，一起让我的想象世界变得有血有肉。如果要我去将他们加以区分，我会感觉难受。这不是我的生活。不过我可以告诉你，我是怎么想到这个名字的。歌德的一首歌谣叫做《科林斯的新娘》，是根据一个著名的古希腊传说写的。一个男子爱上了一个漂亮、苍白、瘦弱的姑娘，却不能靠近她。"你必须先征得我父亲的同意。"她告诉他。于是，他远赴姑娘的故乡科林斯，找到了她的家，叩响了房门。但姑娘的母亲却告诉他，他们的女儿多年前便已离开人世。当时天色已晚，夜凉如水，他们便让他借宿府中，把他安排在女儿的房中。夜里，姑娘回来躺在他的身边，吸干了他的血。清晨，他被人发现死在房中，脖颈上留着一处伤口。米什莱在他的小说《女巫》中也引用了歌德的这首歌谣，小说中的一个章节标题为《科林斯的新娘》。这里有一点含糊不清，"科林斯的新娘"既可以指这位姑娘来自科林斯，也可以指她要嫁给科林斯。我书里的亨利·德·科林斯这个角色就是从这样的模棱两可中孕育而生。我常说，我的回忆会变成版画，奥诺雷·杜米埃创作的版画。我清楚地看到一幅我想要描绘的场景，同时我也看到一幅版画：一间房里有一张巨大的拿破仑三世时代的床，一位年轻的妇人倚靠在孩子边上。于是，我在《重现的镜子》中写道："我的母亲总是举着油灯来看看睡不安稳的我。"我确信，小说家所赋予他故事中的人物或事件的现实价值,与他赋予现实生活中的人或事的现实价值不同。小说家模糊了他自己的生活与他角色的生活之间的差别。

《巴黎评论》:你的意思是不是说,回忆其实是想象,我们在回顾往事时,或是干脆在前行的这一路上,创作了我们的生活?

罗伯-格里耶:正是如此。回忆属于想象的一部分。人类的回忆和单纯记录事件的电脑不同,而是想象过程的一部分,具备和创造发明同样的要素。换句话说,创造一个角色和回忆一段往事经历的是一段相同的过程。这从普鲁斯特身上可以看得很清楚:对他而言,经历过的体验,比如他和母亲的关系,和他的角色之间没什么差异,其中涉及的是完全同类的真实。

《巴黎评论》:《重现的镜子》中有一幕动人的场景恰好阐明了你的这个观点:亨利·德·科林斯在海中航行时险些溺死,他想要抓到漂浮在水面上的一面镜子,但就在他伸手向前时,镜子却向远处退去。这是一段戏中戏,也就是安德烈·纪德所谓的"嵌套"。你是特意选择这一方法的吗?

罗伯-格里耶:我从来不特意选择任何东西。我参考各种各样的东西。比如,参考波斯作家沙迪克·海达亚的一部小说《盲眼猫头鹰》。这似乎有违笛卡儿的精神,但笛卡儿也曾写道:"当我用足够的能量幻想什么事情的时候,醒来后会分不清这究竟是梦境还是现实。"所以,你明白了吗?笛卡儿给梦境赋予了同样的真实身份,倘若他用足够的能量幻想,并将其变成现实。

《巴黎评论》:但这显然与你的"新小说理论"相去甚远,你强调现实必须被精确描述,事无巨细,都不放过。

罗伯-格里耶:从宏观上说,这似乎与新小说的宗旨背道而驰;从微观上说,与我的作品也是南辕北辙。但我其实已经反对"客观性"这个观念有三十年了。我澄清过自己从不描写现实存在的东西:我不会看着一片风景或是一幅版画,然后对其进行描述。我的小说《在迷宫里》中有一幅版画叫做

《莱兴菲尔斯的战败》。所有人都以为我手边就有这幅版画。但绝非如此！我小说里的一事一物全都是完全的创造。它们或许看起来会像某些存在于我眼前的事物，但它们永远都不是这些事物。万一是，我就没兴趣描述了。它们只存在于我的脑中，而不在我的眼前。在我开始创作的前几年里，人们总是说："罗伯-格里耶就意味着客观性，意味着科学的眼睛。"或许如此，但这科学的眼睛却正看着想象中的事物。

《巴黎评论》：如果你脑海中有什么想要描述出来的东西，这就表示你有什么话想说。但你却极力反对一个作家有话想说的观点，甚至反对一个作家应当有话想说。

罗伯-格里耶：当小说家"有话想说"时，这其实是一个讯息。其中有政治的内涵，或是宗教的讯息，或是宗教的法令。用萨特和其他政治伙伴的话来说，这是一种"干预"。这表示，作家想要传达他的世界观，传达某些事实，他的作品中有一种隐含的意义。我反对这样的"干预"。福楼拜描写了一个完整的世界，但他却没有任何话要说，换句话说，他没有任何讯息想传达，对改善人类的生存环境也拿不出一剂良方。

《巴黎评论》：但难道陀思妥耶夫斯基也无话想说？托尔斯泰呢？

罗伯-格里耶：托尔斯泰有话想说。正因为如此，我对他基本上不感兴趣。

《巴黎评论》：即便是《安娜·卡列尼娜》也没兴趣？

罗伯-格里耶：尤其是《安娜·卡列尼娜》！在托尔斯泰的小说中，我感兴趣的是《伊凡·伊里奇之死》。伊凡在取下窗帘时弄伤了自己，并保持那样的姿势让人们看到了他的死亡。至于陀思妥耶夫斯基，或许他的作品里有一种讯息，但对我而言，这是某种寄生物。在《罪与罚》中，我对第一部分准备谋杀更感兴趣。你还记得拉斯柯尔尼科夫准备斧子的那个场景吗？他沉迷于自己将完成的那个动作。书的最后部分，也就是关于内疚和道德责任之类的内容简直无趣透顶。

《巴黎评论》：因为你，或是你的角色，从来都感觉不到道德责任或是内疚？

罗伯-格里耶：从来不会！

《巴黎评论》：幸甚至哉！

罗伯-格里耶：或许吧。陀思妥耶夫斯基最让我感兴趣的书是《群魔》。这是一部谜一般的小说。故事的主角就是个谜。我一遍一遍反复地读，觉得它十分宏大——它拥有一种超脱"意义"之外的现实理念。这或许只是我的理解，其他人或许会有不同的领悟。我确信加缪就一定会发表不同的观点。

《巴黎评论》：卡夫卡是另一个对你影响巨大的作家，解读他的方式远不止一种，他令你着迷之处在哪里？

罗伯-格里耶：对他的解读通常认为他有一种超自然的或是宗教上的讯息——关于犹太人和上帝之间的关系。这是受了他的朋友也是首位传记作家麦克斯·布洛德的影响，我对此丝毫不感兴趣。我阅读卡夫卡时，把他当做对世界的启示，这甚至要比对《犹太法典》的另一种沉思来得更重要。布洛德对卡夫卡的解读不仅是对他作品的减损，也是一种限制，就好像他的作品可以简化成超自然的关系。而使我觉得超乎寻常的，却是这个晦涩难懂的世界的真实存在。

《巴黎评论》：谈到对你产生影响的人，福楼拜对你的影响似乎最大。实际上，他大体上可以被视作新小说之父。现在他正流行得炙手可热——比如在英格兰，他是最流行的法国作家。你是否认为这其中有他对这世界冷眼旁观（说不上是冷酷，而是冷静）的因素？还有，他与笔下人物多少有些嘲弄且疏离的关系是否也是因素之一，因为这种关系吸引着现代人爱好分析的头脑?

罗伯-格里耶:有些评论家是这么说的。其中当然毫无道理。这所谓的福楼拜冷酷与愤世嫉俗之谜我完全无法理解。我觉得他是一个温暖、深情、高尚的小说家。他与所有的角色都保持着温暖的友谊,不管是对爱玛·包法利,还是对她毫无吸引力的丈夫,甚至是对药剂师郝麦。我能感觉到他并没有置身事外,而是对每一个角色都充满着仁爱与慈悲,当然有时也会有责备。他就是夏尔·包法利,就是爱玛,就是郝麦。我觉得他的温情胜过巴尔扎克。后者不断述说他的温情,但在我看来却是一个冰冷的作家。

《巴黎评论》:可怜的巴尔扎克!他现在好像是失宠了,大家好像都很讨厌他。

罗伯-格里耶:老天保佑!

《巴黎评论》:但匈牙利评论家捷尔吉·卢卡奇在他关于巴尔扎克及其小说的论文中,坚持认为巴尔扎克要胜过福楼拜,更远超左拉和其他自然主义作家。他认为,假如左拉想要写一个礼堂,他就会每晚去剧院,仔细观察,记下笔记,随后便事无巨细地描述他所看到的一切。而尽管巴尔扎克或许从来没有进过剧院,他的描写却比左拉的更"真实",因为这来自于想象。这和你之前谈到的你的方法不谋而合,也就是说,描写头脑中的东西,而不是眼前的东西。

罗伯-格里耶:我觉得卢卡奇的问题在于他对文学不够敏感。对他而言,左拉和福楼拜没什么差别,都算作自然主义作家。但实际上,他们完全对立。福楼拜作品中的所有人、事、物都活在文本中,存在于生命过程中的是文本本身。而左拉作为一个自然主义作家,他描绘这个世界,还有它的各种细节。把左拉和福楼拜放在一起相提并论,完全是因为对文本毫不敏感。我给你再举一个卢卡奇不够敏感的例子。他说巴尔扎克是"大革命小说家",因为他觉得巴尔扎克的作品是对资本主义萌芽的控诉,是对资本主义可能造成的破碎的控诉——工作的破碎、意识的破碎、家庭生活的破碎,等等,因此,他把巴尔扎克说成了一个孤立资本主义的先驱。而我现在认为,巴尔扎克根本没有抨击任何东西;相反地,他构建了一个完美可信的世界、一个丝毫不存在断裂的世界,那里没有"巨口",没有那些个裂口。不像福楼拜,他的文本就是一个世界,而不是对一个世界的描述。有些美国评论家,比如伯克利的利奥·博萨尼,认为巴尔扎克的作品里有矛盾之处,他的文本,在主题上控诉破碎,在形式上却恰好相反,极具连贯性,甚至自成一体,不仅可信而且还让人舒服。巴尔扎克会成为描写资产阶级的伟大小说家绝非偶然。确切地说,他对世界运行的一切理性观点都与当时中产阶级的观点一致。他认为,在世界的组织问题上还有改进提高的空间,但人与世界的关系却是基本固定不变的,中间没有裂缝,甚至没有最细小的空间供你杞人忧天。

《巴黎评论》:可能在他最著名的小说,比如《高老头》《欧也妮·葛朗台》《贝姨》中,是这样。但在某些不太重要的作品,比如《塞拉菲达》或是《萨拉辛》中,还是能找到福楼拜式的"裂缝"。

罗伯-格里耶:对,但这些都不是学校里会教的小说!福楼拜的小说中没有提出什么革命性的观点,但他的整部作品都在借助空间或时间连贯体上,尤其是因果连贯体上的裂缝,试图叩问这个世界。例如,在《情感教育》的结尾,在一八四八年革命的最后阶段,一位国民警卫队卫兵用剑杀死了杜萨迪埃,小说中写道:"卫兵用目光扫视了四周的人群,而弗雷德里克,打了个哈欠,认出了塞内卡。"打哈欠!书页上就留下了一段空白的空间,接着又继续说道:"他游历四方。他经历了船上的孤独忧伤,帐下的寒冷拂晓……友情的失落苦涩。"在塞内卡凝望人群的那一秒,弗雷德里克一整个十年的生活都汇聚在了一个段落中:"邮船的忧伤……"而这就是福楼拜的生活。而这又发生在文本中。这一点感人至深,也正是这一点让福楼拜成为一个革命性的作家。卢卡奇没有看到这一点。我的意思是,他没有看出这是如何制造的。

《巴黎评论》:你说"这是如何制造的",或者说是如何构造的,但如果没有再现弗雷德里克的内心世界,是不是就不能构造得如此令人满意呢? 我的意思是,难道不是因为福楼拜"有话想说"——具体来说,就是讲述弗雷德里克的生活,他才制造成这样的吗?

罗伯-格里耶:这不是再现世界的问题,而是"洞悉"世界的问题。世界忽然出现了一种本质上的无意义感。我们身处一段失败的革命的正中心,主角们也牵扯进来。我们意识到某些更严重的事情正在发生,具体说来,就是因为这个世界不是一个可以感知、可以完全解释的连贯体,而是永久的对感觉的渴望,又是永久的失望。人类的存在应当承担起每时每刻创造感觉的责任。不是描述一种已经存在的感觉,而是创造一种尚不存在的感觉。"邮船的忧伤","帐下的寒冷拂晓",等等,都是关于旅行的陈词滥调。真正有趣的是,这些真的在彼处发生了,又忽然在弗雷德里克的生活中、在福楼拜的生活中、在一八四八年革命中挖了一个坑。

《巴黎评论》:你在《嫉妒》中是不是也在尝试同样的做法? 书中与热带相关的传统意象,比如茂盛的植被、高温,等等,营造出了一股紧张焦虑的气氛。

罗伯-格里耶:是的。但我是通过文本本身,而不是通过文本中的内容来营造的。其实你说的对,确实有一股焦虑的气氛。你对《嫉妒》的评价很有趣。这本书是我作品中被认为最缺乏人性的,书中什么都没发生。在一个粉饰太平的世界里,人与环境表面上和谐共处。但事实恰恰相反,这是一次针对焦虑进行的实验。海德格尔相信,这种焦虑是人为了获取精神自由而必须付出的代价。这也是巴尔扎克不愿付出的代价,而福楼拜却无时无刻不在付出这样的代价。

《巴黎评论》:那司汤达呢? 他绝对比巴尔扎克还落伍,都没人评论他! 可我倒觉得他是最地道的法国浪漫主义小说家。他更接近福楼拜,而不是巴尔扎克,尤其是他的《帕尔马修道院》。法布利斯·戴尔·东果在滑铁卢战役中的优柔寡断与弗雷德里克在一八四八年革命中的表现简直如出一辙。

罗伯-格里耶：相当正确。司汤达书中的有些段落十分重要,比如《帕尔马修道院》的整个第一部分,还有滑铁卢战役。法布利斯离乡背井,毫不知情便加入了拿破仑军队。那时,整个世界都开始为之颤抖了。他的外国口音给他轻易地烙上了间谍的烙印。他锒铛入狱之后成功逃跑,买了匹马,投入到他还不了解的战斗中去,然后用尽下半生思考他究竟是否真的参加过战争。太棒了!完全令人捉摸不透。他也不知道这是自己亲身经历过的,抑或只是个梦。含糊不清。但我并不了解司汤达。我年轻的时候读过他的很多书,但我觉得他没有给人留下什么长久的印象。说到流行问题,在学者圈中,福楼拜现在很时髦,可三十年前,我开始谈论他的时候,司汤达才是那个当红作家。那时候,新浪潮电影把司汤达奉为导师,而学界人士则更偏好巴尔扎克。现今轮到了福楼拜,我觉得不错,因为他证明了我的观点的成功。

《巴黎评论》：这让我们想到了你的理论作品,及其影响。你把大约十年里在《快报》上发表的文章结集,出版了《为了一种新小说》,这本书成了新小说的一种宣言,而你成了这场运动的发言人。你的态度现在有什么变化吗?

罗伯-格里耶：没有。不过我觉得有人阅读这本书的方式很奇怪。前几天,一个记者对我说,我出版自传是在为主观性辩护,而这就表明我的态度与先前相比有了剧烈变化。于是,我拿起《为了一种新小说》,翻到我相当熟悉的一段,那页的正中间写着:"新小说的唯一目标就是完全的主观性。"那么,为什么他没读到这一段?相反地,这本书反而被视作客观性的宣言书,而在每一页书卷上,我其实都在抨击那些认为客观性有可能实现的观点。

《巴黎评论》：是不是因为巴特?他在对你的成名作《橡皮》的评论中提到了"客观文学"。在这之前,他又援引了《利特雷法语词典》中的定义,说"客观就是指向客体的"。你是不是觉得大家都遵循了巴特的观点?

罗伯-格里耶：巴特，然后是莫里斯·布朗肖。他们呈现了两个完全不同的罗伯-格里耶。布朗肖的那个是幻想家，钟情于一个处于可见边缘的世界。巴特的那个则完全相反，投身于现实之中，就客观物体侃侃而谈。用你的话来说，"成名"的是后一个罗伯-格里耶。巴特是个很"滑头"的作家，人们阅读他的方法过分简单了。他用"客观"这个词的时候，并不是想说公平的，或是中立的。显微镜上有两块透镜，一块朝向肉眼，另一块朝向物体；巴特的"客观"其实是这个意思。至少，我是这个意思。现在，有人读了《重现的镜子》后，认为我变了。那些喜欢并且理解我作品的人发现，《重现的镜子》是朝同一方向迈出的新一步。另外的人喜欢这部作品，正因为它出卖了我！

　　《巴黎评论》：还有第三类人：像《现代》杂志的作者让-保尔·阿隆那样，坚持认为罗伯-格里耶从来没有任何意义。而他们会喜欢《重现的镜子》，是因为这本书有意思。

　　罗伯-格里耶：阿隆的这本书充满了恶意。他想成为米歇尔·福柯，却没能如愿，因此他愤懑不满。

　　《巴黎评论》：福柯六十年代确实在《原样》杂志上写到过你，他认为，法国整个现代运动都是从你这里起源的。然而，早在一九三八年，娜塔莉·萨洛特就出版了她的第一本作品《向性》，成为了新小说的起步之作。

　　罗伯-格里耶：新小说范围很大，而新小说家的目标也多种多样。萨洛特开始抨击巴尔扎克意义上的"角色"，并尝试探寻主角在企图表达自我时的内在冲动。她所谓的"向性"是指人与人之间细微的、难以察觉的相互作用——那种进攻与撤退的小游戏，那种构成了心理现状的小战斗。玛格丽特·杜拉斯，我认为也是新小说家，尽管她自己不同意。她最初的一些作品，比如脍炙人口的《抵挡太平洋的堤坝》是用传统方式写作的。写《如歌行板》时，她改变了方向。克洛德·西蒙在《风》之前的最初几部小说也很传统。但是，新小说激励着这些作家直探他们各自小说理念的最深处，忘记取悦出版商和评论家,而相信他们自己的个性与想法。因此,这三位在我之前开始写作的作家,我以前却并没有读过。不过,福柯说我是现代性之父,他指的是引向《求是》的那种现代性。我见他的时候,他还是汉堡的一个文化专员,尚未成为作家。我介绍他读胡塞尔以及一些其他东西,这些都成为他后来写作的内容。最终,他对文学失去了兴趣,而开始对社会现象产生兴趣,比如性和监狱。

《巴黎评论》:米歇尔·布托尔和你身处同代,有一个巧合十分奇怪,尽管你们没有读过彼此的作品,但都选取了相同的一个方向——这个方向尚未在理论上形成规模。

罗伯-格里耶:新小说一直都是一场多样性的运动。每个人都有各自的方向,但通常我们都有同样的开山鼻祖。对我和布托尔来说,乔伊斯的《尤利西斯》在我们的发展过程中是一部开天辟地式的作品。有趣的是,在我们浩如星辰的"先祖"中,如卡夫卡、福克纳、乔伊斯,很少有法国人的名字。当然有普鲁斯特,从某些角度来说,还有加缪和萨特。

《巴黎评论》:乔伊斯攻击语言本身,句法、词汇、措辞,所有这些都被完全颠覆。而你的语言非常纯净,虽然谈不上是纯化;你的语言几乎回到了拉法叶特夫人的风格,回到了十七世纪散文清澈透底的简单朴素。

罗伯-格里耶:正是如此。我所谓的那些新小说家,从总体上来说,并没有侵犯语言的结构,当然也不包括词汇。西蒙有时候会改动句法,但并不多见。就我而言,语言还是保持纯净的。其结果便是,《嫉妒》刚出版时,批评家坚持认为它根本无法阅读,但很快和加缪的《局外人》还有圣埃克絮佩里的《夜航》一起成为了学校课程的一部分,因为语言完全正确。但我还是想强调多样性的因素。新小说家,尽管每个人都保持各自的方式进行创作,但他们的活动都受到一家愿意出版和传播不被评论家看好的文学作品的出版社的支持,也就是午夜出版社。即便是杜拉斯,她的作品原先由伽利玛出版社出版,后来出版《如歌行板》时也转到了午夜出版社。

《巴黎评论》：午夜出版社是由维尔高尔在第二次世界大战期间创立，出版"抵抗作家"的作品的，什么时候变了方向？

罗伯-格里耶：从五十年代开始。"二战"期间，这主要是家政治出版社。后来，维尔高尔丧失了自己的影响力，于是出版社便成了家文学出版社。乔治·朗布里奇做了社长后，签下了我和米歇尔·布托尔，并于一九五三年出版了我的第一部小说《橡皮》。接着，热罗姆·兰东从朗布里奇那里接手，他邀请我加盟出版社，担任文学顾问，我答应了。五六十年代，我在这个位置上十分活跃，但从七十年代开始，我没有了那么多时间，因为我常出门旅行，要做的事情也相当多。五十年代开始，这场后来被称为"新小说"的崭新文学运动，在兰东位于阿拉戈大道的家里举行的每周一次的会面中渐渐成形。很多风格迥异的作家都参与其中，抱着同一个目标：批判当势评论家的虚假中立态度。当时，掌控实际权力的评论家并非巴特、布朗肖、乔治·巴塔耶、玛尔特·罗贝尔，而是像埃米尔·昂里奥、罗热·肯普夫、罗贝尔·康特尔斯、亨利·克洛伊等这些保守的学术派，他们在《费加罗报》《世界报》这些有影响力的报纸上发表文章，但他们坚决反对文学中的任何创新。

《巴黎评论》：难道不是埃米尔·昂里奥第一个杜撰了"新小说"这个词语吗？

罗伯-格里耶：我想是他。他批评萨洛特的《向性》（写于战前，重印于五十年代），还有《窥视者》。现在，萨洛特和我的作品已经非常不同，但他还是用巴尔扎克的老一套法则指责我们两个的作品。所以，我们想到建立一个小组，来分析评论家们的分析，也就是说，分析他们的词汇。我们甚至企图要编一本他们所用语言的词典。这个计划虽然没有付诸行动，但提供了不少的乐趣。我们开始证明，他们的措辞并不归于文学，而只是构成了一种意识形态——他们的意识形态。

《巴黎评论》：追溯到这场运动的起步阶段，你提到巴特对你作品的支持要超过布朗肖，而在布朗肖对你作品的解读中，有一个方面让你成为了所谓的魔幻现实主义的先驱，同类作品还有加夫列尔·加西亚·马尔克斯的《百年孤独》、萨尔曼·拉什迪的《午夜的孩子》，等等，大多数都是拉美作家的作品。

罗伯-格里耶：或许吧。但我对马尔克斯不是很感兴趣。我觉得伟大的南美作家是吉列尔莫·卡夫雷拉·因方特。但近来很少有人谈及他，因为他不再是左翼作家，而左派现在仍处在统治地位。从政治角度来说，他要比马尔克斯受人尊敬得多，后者事业的基础表面上是左派激进主义，实际上是斯大林主义。聂鲁达、马尔克斯……《百年孤独》至少很像是米哈伊尔·肖洛霍夫的《静静的顿河》——这是个例外。

《巴黎评论》：你作品中的魔幻元素，比如有关亨利·德·科林斯的整个片段，没有得到突出强调，而是含混不清。这一元素在摇曳不定，就像亨利·詹姆斯的《螺丝在拧紧》里一样，魔法并没有被直接挑明，而只是悄悄暗示。

罗伯-格里耶：这点我同意。我一直都很崇拜也很喜爱亨利·詹姆斯的一些小说，尤其是《螺丝在拧紧》。但从同一角度来说，对我影响更大的是吉卜林，尤其是印度小故事《幽灵人力车》《阴影下四十二度》和《消失的军团》，讲述了官员与幽灵间的关系。

《巴黎评论》：你在自传中提到，吉卜林对你的影响很早，还有刘易斯·卡罗尔，以及其他一些你读过的翻译过来的英国儿童读物。成年后读到的对你作品产生影响的作家有哪些？你提到加缪对你有巨大的影响，你现在怎么评价他？

罗伯-格里耶：战争年代对我影响最大的两部书是萨特的《恶心》和加缪的《局外人》。这两位作家的其他小说，比如萨特的《自由之路》或是加缪的《堕落》，我则不太有兴趣。我发觉自己决意要成为一名作家是在读过《局外人》之后，这本书出版于一九四二年，当时正是占领时期。出版社是伽利玛，它和占领者有着千丝万缕的联系。顺带一提，萨特自己最终也承认，占领期间他没有受到很大侵扰。但我对《局外人》的解读，正如我在《重现的镜子》中解释的那样，带有相当重的个人色彩。莫尔索的杀人行为是一种情境下的结果，而这个情境正是与世界的关系的情境。

《巴黎评论》：阅读《局外人》让你产生了想成为作家的欲望，但你却进大学读了农艺学，并做了工程师，为什么？

罗伯-格里耶：我一直都对生物很感兴趣，对植物和动物。做一个农艺学家我很开心，一直持续了十年。

《巴黎评论》：你是什么时候决定放弃你的工作，完全投入到写作中去的？

罗伯-格里耶：五十年代初，我一点经济来源都没有，住在顶层的阁楼里。那时，我遇到了卡特琳娜。我写过几本书，没人愿意出版，后来也没人愿意阅读。所以她不出所料地拒绝了我的求婚。丈夫应当有一份工作，能够养得起他的妻子和孩子。卑微与单身让我觉得自己像是个罪人。但若一个人有了激情的驱使，他几乎可以一无所有地生存，而我把激情给了写作。在当代西方社会，没有人会饿死，我们也可以不需要电话、汽车、娱乐这些福祉。我在一个九平方米的地方住了十年。后来，让·波朗给了我现在这套公寓，事情也便开始好起来，卡特琳娜同意嫁给我，但条件是我必须找到住的地方。

《巴黎评论》：《嫉妒》出版后情况有所好转吗？

罗伯-格里耶：没有。《嫉妒》的出版要更晚一些，是在一九五七年，一年卖了五百本。你可以想象，从版税角度来说这意味着什么。那时候我还没什么读者。

《巴黎评论》：读者是随着《去年在马里安巴》的成功而出现的，对吗？是阿仑·雷乃邀请你为他的电影写剧本的吗？还是你自己决意无论如何要进军电影界？

罗伯-格里耶：是雷乃的制片人。《嫉妒》之后，我写了《在迷宫里》，销量高了一些。雷乃的制片人邀请我为他写剧本。雷乃本人想与弗朗索瓦丝·萨冈合作一部电影，所以对我没什么兴趣。但制片人说，或许我能说服他。我马上拟了三份大纲，每份两页，交给了雷乃。他很喜欢，说："继续吧。"他一分钱都不用花，因为制片人答应代替雷乃无条件支付我报酬。我写出的不是一个场景，而是一部完整的剧本，包括每一个镜头、每一帧、每一次机位移动，一拿到就能开拍。很少会有导演接下这种剧本，但雷乃接受了。电影在两个月内便杀青。

《巴黎评论》：《去年在马里安巴》是不是你第一次尝试写剧本？

罗伯-格里耶：不，《不朽的女人》是我的第一部剧本。一九六〇年，一个制片人问我是不是想拍一部自己的电影，我回答："想，但作为一个作家，我的读者群并不大。"他说："没关系，你很流行了。"唯一的条件是，电影必须在伊斯坦布尔拍摄。"为什么？"我问。这是个阴沉的故事，就像电影产业中经常出现的那样，一笔套牢在土耳其的比利时资金被投入到一种出口产品中。于是，我在伊斯坦布尔遇到了卡特琳娜，这座城市因此成了我自己想象世界的一部分。我马上答应了下来，并前往土耳其完成了剧本。后来爆发了反对曼德列斯的革命，这个国家陷入了一片血海中。结果，电影也没有拍成。雷乃在拍摄《去年在马里安巴》的时候，我又回到伊斯坦布尔，和新的土耳其政府商榷。一年后，我自己拍摄了《不朽的女人》。可笑的是，居然没有人愿意买《去年在马里安巴》。制片人决定不再公映这部电影，因其侮辱、嘲弄了大众，并且毫无意义。我当时的处境尤其尴尬，因为我就是那个腐化了"好人阿仑·雷乃"的"坏人阿兰·罗伯-格里耶"。因此，一年里这部电影被束之高阁。幸运的是，威尼斯电影节拯救了它，令这部荒谬、愚蠢的电影一夜间声名大噪。

《巴黎评论》：但却是你自己的这部《不朽的女人》让你获得了勒迪克奖。

罗伯-格里耶：虽然获了奖，但电影本身一点都不成功。不过接下来的《欧洲特快》非常成功，我也得以继续拍其他的电影，比如《说谎的人》，还有《玩火》。我正在筹划另一部电影——我有点迷信，所以现在不想谈这个。我在资金上没什么问题，因为我拍的电影都很便宜，需要的资源很少。

《巴黎评论》：你怎么看待法国新浪潮导演——那些出身《电影手册》杂志，与你同期拍摄电影的导演，他们对你有什么影响吗？

罗伯-格里耶：有一个导演我非常崇拜，他就是让-吕克·戈达尔。除了他的最新电影《向玛丽致敬》之外，他的其他作品也都对我影响重大。而那些真正成功的导演，像特吕弗和夏布洛尔，我则觉得完全不值一提。他们拍摄的是传统的电影，依据的小说在拍成电影前便已相当成功。他们和在形式上创新的戈达尔比起来还是小巫见大巫了。特吕弗导演是以前卫出名的，但他其实是个后卫！后卫！至于埃里克·侯麦这家伙，他只是写写对话，再找些演员到摄像机前朗读出来罢了。一个导演最成功的电影常常是最无趣的：特吕弗的《最后一班地铁》是件糟透的商业垃圾，但却获得巨大成功。

《巴黎评论》：电影界其他大名鼎鼎的人物呢？英格玛·伯格曼和黑泽明等人，谁对你的导演生涯有过影响？

罗伯-格里耶：弗里茨·朗、埃里克·冯·施特罗海姆，还有奥森·威尔斯，他的《上海小姐》要比《公民凯恩》影响更大。我对伯格曼一点兴趣都没有。

《巴黎评论》：《去年在马里安巴》成功后，你的影响波及到了美国，美国人民用广阔的胸襟包容了你，你觉得这是为什么？而为什么英国人至今还没有？

罗伯-格里耶：美国人和英国人是两个非常不同的民族，除了在语言方面——不过即便是语言上也存在差别。英国人的岛民特质让他们很倾向于美国,他们对大陆和欧洲文化并没什么好感。相反,美国人对欧洲的进程很警觉。英国人很小心谨慎,而美国人更真诚。他们接纳了德里达、福柯、巴特——都是些艰深的思想家。我最早是通过布鲁斯·莫里塞特被引介入美国的。他是大学教授,在甄别真假兰波方面是个专家。一九五五年,他在广播里听到讨论《窥视者》,发觉很有趣。因为我的作品还没有翻译成英语,也没人听说过我,所以他的兴趣很真实,他并不是在弄潮。出版过贝克特、对先锋派颇有兴趣的巴尼·罗塞特签下了《窥视者》的版权。他和我在英国的出版人约翰·卡尔德一直都很尽责,不放弃出版我的书籍,尽管我的书销量惨淡。

《巴黎评论》:后来新小说流行了起来,有些大学教授也开始写这类小说,你也成了美国大学校园的座上宾。

罗伯-格里耶:哦,那是很后来的事情。一开始,我受邀参加在芝加哥举行的美国现代语言学会大会。我和卡特琳娜从一次坠机中生还后,她不愿意再进行航空旅行,也不让我去。所以我们是坐船横渡了大西洋,再坐火车从纽约赶到芝加哥。讲座很成功,美国人很喜欢我调侃文学的方式。有些作家讨厌谈论自己的作品,像贝克特,但我不是。

《巴黎评论》:你的讲座只讲法国作家吗?还是也讲美国作家?

罗伯-格里耶:我常常讲威廉·福克纳,还有弗拉基米尔·纳博科夫——我觉得他是个伟大的新小说家。《微暗的火》是本很棒的书。在和法国同行非常不同的美国新小说家中,我喜欢罗伯特·库弗、托马斯·品钦等人。他们的名气要比索尔·贝娄或者威廉·斯泰伦小得多。后两者属于美国文学中的前福克纳时代,而前两者属于纽约心理分析学派(通称为“犹太学派”)。我和他们中的不少人关系都像是朋友,尤其是斯泰伦,但他们的作品不太能打动我。去年在日本,我和斯泰伦有过一次电话讨论。我们戴着耳麦,通过传译员交流,相处得很好。

《巴黎评论》：除了你个人关于新小说的理论作品，你是否也曾经参加到近几十年中的其他潮流中去？比如结构主义、解构主义这些法国常变常新的文学潮流？

罗伯-格里耶：文学的高级时装！我感兴趣，但却没有参与其中。结构主义和新小说之间通过巴特有过交流，因为通常认为他是结构主义学者。

《巴黎评论》：那雅克·拉康呢？他也曾名震一时。如西蒙娜·德·波伏瓦所说，再也找不到一个拉康，甚至是拉康式的人，没人能完全解释清楚他的思想。他似乎给法国的思想运动留下了一个恶名。

罗伯-格里耶：我完全同意你的说法。从他最后阶段也是最鼎盛阶段的作品来看，他确实是在胡言乱语。相反，我倒觉得在三四十年代，也就是心理分析在法国起步的阶段，他倒是做出过重要贡献的。他最早的一些文章，像《镜像阶段》，倒相当有趣。在他走向世俗的同时，也在走向乏味。但弗洛伊德的教条是在法国终结的，再没人把它当一回事了。

《巴黎评论》：提到世俗的问题，你在成名后，是不是也开始经常出入各种文学沙龙？

罗伯-格里耶：这是巴黎沙龙时代的尾声了。只剩下两个：法尔伯爵夫人的和苏珊妮·佩吉纳的。后者为布列兹贡献良多。我只去见我喜欢的人，比如让·波朗。

《巴黎评论》：之前你提到了《恶心》对你早期的影响，你见过萨特和他的圈子吗？

罗伯-格里耶：见过。在私交中，萨特是个极其慷慨的人。他有强大的欲望想要取悦别人，但他对文学和艺术不是真的感兴趣，尽管他可以就这两者长篇大论、侃侃而谈。你知不知道鲍里斯·维昂对他的总结评价？"一个人要是能就任何话题发表任何见解，你怎么能不崇拜他？"萨特会注意到新小说，原因很奇怪，是因为阿尔及利亚战争。莫里斯·布朗肖写了一篇宣言,反战的新小说家都签了名,萨特就问:"这些人是谁?"于是,他决定努力帮助我们,但却一直没有兑现承诺。我记得《去年在马里安巴》还受人抨击时,为安德烈·布勒东安排过一场私人放映会,萨特也来了。但只是因为我和雷乃在宣言上签字支持阿尔及利亚独立。他很喜欢这部电影,并对我说:"我会支持你的。"但他什么也没做。电影最终公映的时候,他在《现代》杂志上写了一篇很慷慨的评论。唉,他身边尽是些可怕的人——一个卑微、封闭的小圈子,反对一切和他们毫无关系的事情。我还记得一件事情:推翻斯大林罪行的《赫鲁晓夫报告》发表后,文化上有所缓和,俄国人邀请了一些法国学者到列宁格勒。我和娜塔莉·萨洛特、萨特,还有西蒙娜·德·波伏瓦一同赴约。情况既古怪又窘迫,因为西蒙娜·德·波伏瓦个人很讨厌萨洛特。波伏瓦不喜欢看到萨特拥有聪明的女性朋友(尽管她并不介意女演员和秘书),而萨洛特显然要比她聪明得多,因此尤其惹她反感。不管怎么说,在列宁格勒,萨特代了存在主义小说,他说,《恶心》之后,他写作《自由之路》是个错误,而在这场文本运动中,真正让一切都实现的存在主义小说,其实是新小说。我很高兴,因为我一直都认为我是继承了《恶心》。但我知道他说这些只是为了取悦我。所以你看,他多么渴望表现慷慨。

《巴黎评论》:有人可能会觉得,他对潮流趋势也很留心,担心错过最新的潮流。

罗伯-格里耶:而且还不忘取悦每一个人!在列宁格勒,他发表了一次演讲——他掌控文字的能力太令人惊异了。演讲中,他解释说,存在主义小说、新小说,还有社会主义现实主义都是同样的!邀请我们的是一群斯大林主义的蠢猪,比如爱伦堡和费定,他们大难不死,而萨特在维护他们的教条,只是为了取悦他们!

《巴黎评论》:你在那里的时候见过安娜·阿赫玛托娃吗?或者其他反对派人士?

罗伯-格里耶:我见过她一次。我们还见了一些当时还不是,后来才成为反对派的作家，比如阿克肖诺夫。

《巴黎评论》：我想讨论一下你作品中某些反复出现的主题。比如说，你的作品和侦探小说有些共同点，这是刻意的吗？

罗伯-格里耶：你有没有读过博尔赫斯为阿道夫·比奥伊·卡萨雷斯的《莫雷尔的发明》写的序言？序言中，博尔赫斯认为，二十世纪伟大的小说全部都是侦探小说。他提到了亨利·詹姆斯的《螺丝在拧紧》、福克纳的《圣殿》、卡夫卡的《城堡》，等等。接着他解释了理由。警方调查的结构似乎与现代小说的技法十分接近，尤其是没有结果的调查，就像在《城堡》中的那样。不同的是，在传统侦探小说中，一定会有一个答案，而在我们的小说中，只有调查的原则。侦探小说是消耗品，销量上百万，生产的方法是这样的：有一些事件的线索，比如一起谋杀，有人来把碎片收集到一起，然后揭示出事实真相，这样一来，一切都合乎其理了。我们的小说缺少的则正是"合理"。人们总是追求"合理"，但始终无法如愿，因为那些碎片一直在移动，即便"合理"闪现，也只有短短一瞬间。因此，重要的不是在调查的最后发现事实真相，而是这个调查过程本身。

《巴黎评论》：这是你小说的一方面。另一方面是"嵌套"——故事套故事的手法。比如，在《窥视者》中，有一张海报重现了小说中的强奸场景。

罗伯-格里耶：是的，我想我用过很多不同形式的嵌套，但我自己从来不用这个术语。是一个美国评论家在引用纪德的时候用到了这个词。

《巴黎评论》：你总是运用电影里的技巧，比如闪回，还有重复特定场景，这是不是来自于你写剧本的经历？

罗伯-格里耶：总是找得到和电影的关联的，即便是在电影出现前的书里也一样。我从来没有有意识地运用过电影技巧。如果电影不存在，你在读我小说的时候不会想到这个问题。

《巴黎评论》：在《去年在马里安巴》，还有另一些你的电影里，某些镜头自始至终在反复出现，这种方式是为了强调某个特定事件或者意象吗？

罗伯-格里耶：不，恰恰相反。不是因为一个场景重要才会不断重复，而是因为不断重复了才变得重要。我的电影里基本上没什么真正重要的事情，这只是某些场景重现的方式。就像我说的，没什么意义。

《巴黎评论》：所以你才不断重复！在《为了一种新小说》中，你抨击了"意义的神话"，还有"深意的神话"。但为什么是神话？毕竟，我们可以用深邃来形容一种思想，为什么不可以也用来形容一部小说？

罗伯-格里耶：如果你问这个问题，那是因为你自己也是这个神话的受害者！深意或深度在小说里就是一个神话的维度。

《巴黎评论》：但你的一些书确确实实达到了一种情感的深度，直指创见的、诗意的想象；这种魅力或许"没有意义"——如果你不反对，但仍然摄人心魄。不过，摒弃传统的小说技法，比如人物描写、情节铺陈、故事结局、情理道德……这不过是种逃避，让作家图个方便罢了。我想到了一些很著名也很成功的小说，有人在他的精神医生面前讲了一段独白，或是写了一连串的信件。多容易啊——你回避棘手的问题就可以平安无事啦。这样就缺少了想象，而没了想象，你即便创造一千种理论，也是徒劳。相反，你的一些小说即便没你的理论也很成功，至少看起来是这样。

罗伯-格里耶：听到你说这些我有多高兴！我完全同意你的观点。很少有人会讲到我作品中的想象，或是诗意。相反，大家都认为我的作品既干涩又缺乏诗意、深度、幽默感，认为我写的都是"陈述小说"。一直到近几年才有一些评论家注意到我作品中的这些元素，他们大多来自美国。在英国，评论家充满了敌意。《窥视者》出版后，菲利普·汤恩比在《观察家报》上发表评论说，这本书是他读到过的最无聊的两本小说之一。我写信问他另一本是什么，他一直都没有回复。

《巴黎评论》：你一方面强调想象的重要性，另一方面却批评巴尔扎克这样的传统小说家，这其中难道不矛盾吗？

罗伯-格里耶：我不反对矛盾——我全力支持！矛盾是小说的动力之一。不过，尽管巴尔扎克发明了一切，但没有一样是他想象出来的。如今，我相信，是想象激发一个人写作的欲望，它是艺术的根本需求。

《巴黎评论》：是不是因为这个，你才在最近说，因为新小说流行了起来，它就应该受到质疑，这样才能激发想象？

罗伯-格里耶：我说这话的时候，像让·路易·卡迪欧之类的理论家正试图创造一套新小说的教条。而我一直坚持认为，小说家有权利随时重新改造新小说，应当会有一种新的新小说。永远都不应该有固定的规则。规则一旦固定，应当马上被打破，因为想象应当不断自我更新。但这样一来，事情就又朝着相反的方向迅速发展，又回到了传统的形式：时间明晰、完美无缺、自圆其说。这就像是一场地震，撼动了新小说，又让一些人产生了捍卫新小说成果的反应，这些人为此成了教条主义者。这就产生了第三波反应，仿佛新小说从未产生过，一下回到了福楼拜和乔伊斯之前，实际上是回到了左拉。这个时候，在所有艺术领域都爆发了一场巨大的反现代运动：反对抽象画，反对新音乐。

《巴黎评论》：会不会是因为新小说流行得太快，一下成了时尚？

罗伯-格里耶：有道理。尽管最早的和我们有关的文章都是负面的，但它们却在以持续热议的方式向我们致意。我们在还没什么人气的时候就有了名气。令人啼笑皆非的是，我们开始拥有读者，则是从这股时尚潮流逆转开始的，也就是在七十年代。我甚至可以靠我写作的收入生活了。现在每个人都在读我们的书，不仅我的自传成了畅销书，去年娜塔莉·萨洛特的《童年》也同样销量不俗，而今年杜拉斯的《情人》也仅在法国国内就卖出近一百万册——比得上车站大卖的通俗小说了。与此同时，多亏了反现代运动，我们再一次流行起来。反现代就是不断评论现代主义作家，说他们坏话。在绘画和音乐领域也一样：五十年代充斥着发明与创新——皮埃尔·布列兹的"音乐天地"系列音乐会、绘画中的新现实主义、电影中的新浪潮……现在，我们得知，发明与创新都结束了。于是，五十年代极富创意的艺术家们鹤立鸡群，又成了时尚新宠。

《巴黎评论》：回到你作品的主题上来。你作品中的一个中心话题似乎是性爱，比如《幽会的房子》或者《纽约革命计划》。尽管和某些盎格鲁-撒克逊作家的性爱成分比起来，你作品里的更加微妙、更加含蓄，但你自己说，你的性爱倾向相当反传统，受到了萨德的影响。

罗伯-格里耶：我从来没这样说过！是别人说我这么说过。我觉得萨德是个有趣的作家，但我不敢说他对我有影响，不过我必须承认，我对性爱的口味确实挺有萨德的性虐意味在其中。我没法再告诉你更多细节，但你应该能从这个想法里获得乐趣了！

《巴黎评论》：性爱和色情之间有什么差别，除了说一好一坏之外？

罗伯-格里耶：我曾经提出过一个定义，而且已经被认可了。一个法国内阁大臣引用这个定义的时候，把我作为出处。这句话现在很出名："色情是他人的性爱。"意思就是，正如你所说，色情是坏的，性爱是好的。但或许还有更普遍的差别：色情是直接的，而性爱是间接的。性爱里，有一段关键的距离，有对性冲动的掌控，而色情里则缺乏这种掌控。当原始的性行为经过了想象的洗礼，就成了性爱，而若没有经过这一步，便是色情。至少我是这么想的。

《巴黎评论》：我想追问你成名前的日子。那时你生活在赤贫之中，你是怎么工作的？你工作的习惯有没有过剧烈的变化？

罗伯-格里耶：我现在用于工作的时间越来越少，因为我有太多的事情要做。而那时，我每天工作很长时间，因为我没别的事情可做。我阅读量很大，很少旅行，也不常出门，因为去电影院或是剧场都要钱，而我没有钱。我的生活凄苦,居住的斗室中连放桌子的空间都没有,我只能在膝盖上写作。但我一点都不痛苦,我很高兴能够那样生活。

《巴黎评论》: 现在你在巴黎有了舒服的公寓,在乡下还有栋房子,你又是怎么工作的呢?

罗伯-格里耶: 在法国,我在乡下工作。我在纽约大学做教授,也去别的学校作讲座。我每周只上三小时的课,也就是说,其他的时间我都用来写作。但我不在巴黎写作,也不会在讲学途中写作。

《巴黎评论》: 你还是会读很多书吗?

罗伯-格里耶: 我读得很慢,所以近来读得较少,因为要做的事情太多。

《巴黎评论》: 最近你读点什么? 还读哲学吗? 你说过你曾经把胡塞尔和海德格尔介绍给福柯。

罗伯-格里耶: 严格说来,我在哲学上没什么造诣。基本的伟大著作我都没读过。我读的都是些二手作品,比如,海德格尔的《什么是哲学》,但我没读过《存在与时间》。黑格尔也一样,我没读过他的《精神现象学》,而是通过雷蒙·格诺翻译的科耶夫的《黑格尔导读》了解到他的。至于胡塞尔,我读的是萨特写的关于他的文章《意向性》。其实,我通过萨特学到了不少德国哲学。相对地,法国评论家对于哲学的认知却近乎零! 有一个评论家谈到我的作品时用了"现象学"这个词,但对这个词的意思却一无所知! 就好像现象是独立于人的肉眼和意识的一种存在本身。而胡塞尔的观点恰恰相反。诚然,我相信《局外人》和《窥视者》是现象学小说,既然它们对人类意识的感知是以现象学的顺序呈现的。但若一个评论家在用这个词的时候改变了其含义,那么他就完全抛弃了叙述者和观察者的意识,就好像除了"物"什么都不存在,而这和胡塞尔的思想完全对立。我肯定在写作中改变了这些哲学术语的含义,就像萨特事实上所做的那样。

《巴黎评论》:既然你现在读书的时间变少了,是不是选书更加谨慎了?现在都读些什么?

罗伯-格里耶:你看到这些成堆的书没有? 这些都是一月以来堆起来的。四个月里有三百来本! 我不可能都读,只能拿起来翻翻,随手读几页,就这样了。

《巴黎评论》:有没有系统地阅读你想读的,或是你必须读的?

罗伯-格里耶:你知不知道,至今还没有一部完整的法文版《存在与时间》。但愿我能在美国大学找到一套旧版的。我打算把整部书读完。做了老师,就又变回学生了。

《巴黎评论》:你受约束吗? 有没有保持一个固定的工作时间?

罗伯-格里耶:没有,我没什么约束,不过我做事情的时间通常都是固定的。我起得晚,慢慢吃完早餐,十一点开始工作,一直工作到三四点,然后吃饭,有时候打个盹,大约八点再开始继续,一直工作到午夜。也就是,两个四小时。现在我在写《重现的镜子》的续篇,题目是《传奇故事》。我花了一个月写了七页!

《巴黎评论》:你开始写一部小说的时候,对将要发生的事情有想法吗?你提到《局外人》时说,是那个情境支配着谋杀的行为。

罗伯-格里耶:不是情境支配着谋杀的行为,而是文本。《局外人》中,这点是和过去分词的运用以及句子的节奏紧密相连的。文本是胡塞尔现象学的载体,也正是这一犯罪行为产生的根源。用"情境"这个词要小心,因为其中有萨特的社会情境内涵,而我指的则是文本中的情境。

《巴黎评论》:无论如何,你一定有一个宏观的想法,不然你怎么给一部小说开头?

罗伯-格里耶:很难表述。我对开头有想法。我写下第一行,一直继续到最后一行。我进行大量修改,努力写作,打好几遍草稿,但我从来不质疑最终完成的作品。因此,我一开始写下的几个词就是作品最开始的几个词,但我从来都不知道会发展成什么样子,又会怎样结束。最初的想法很模糊,但我知道这是原动力,之后一切都会改变。我完全可以想象普鲁斯特写下"在很长一段时期里,我都是早早就躺下了……"时,并不知道他要讲一个怎样的故事。

《巴黎评论》:我敢打赌他知道!

罗伯-格里耶:他当然知道!

《巴黎评论》:你一个月只写了七页,不担心进度太慢吗?海明威说,他总是留一些事情到第二天早上,以免第二天一开始就面对全新的空白页不知所措。

罗伯-格里耶:刺激的就是不知道。而且没感觉的时候千万别写作。

《巴黎评论》:是什么让你每天早上都有写作的欲望?

罗伯-格里耶:我不知道。难的是小说的第一页。之后,就会有一股先前写作时积蓄的能量推动着你。

《巴黎评论》:你有没有想过为剧院写剧本?

罗伯-格里耶:想过,但没如愿。我不可能为所欲为——有可能吗?

(原载《巴黎评论》第九十九期,一九八六年春季号)

君特·格拉斯

◎ 吴筠/译

君特·格拉斯在当代艺术和文学中的成就十分罕见,在每一种他涉猎的艺术领域和艺术媒介中,他都赢得了批评界的尊重和商业上的成功。他是一位小说家、诗人、散文家、剧作家、雕塑家和画家。君特·格拉斯在国际文坛崭露头角是由于他于一九五八年出版的畅销小说《铁皮鼓》。这部畅销书和他之后的系列作品——中篇小说《猫与鼠》(1961)和长篇小说《狗年月》(1963)并称为"但泽三部曲"。他所著的其他书籍还包括《蜗牛日记》(1972)、《比目鱼》(1977)、《相聚在特尔格特》(1979)、《头位分娩或德国人正在灭绝》(1980)、《母鼠》(1986)以及《亮出你的舌头》(1989)。君特·格拉斯总是自己设计书的封面,他的书里也经常有作者自己画的插图。他获奖无数,其中包括一九六五年的格奥尔格·毕希纳奖以及一九七七年的卡尔·冯·奥西埃茨基奖章,他还是美国艺术与科学院的外籍荣誉院士。

君特·格拉斯一九二七年出生在波罗的海沿岸的但泽市市郊,现称为格但斯克,属波兰。他的父母是杂货店老板。在第二次世界大战期间他应征入伍,成为了一名坦克射击手,一九四五年在战争中负伤并被美军俘虏。被释放后,君特·格拉斯先在一家稀土矿工作,后来又去杜塞尔多夫和柏林学习艺术。一九五四年他和他的第一任妻子——瑞士芭蕾舞演员安娜·施瓦茨结婚。一九五五年至一九六七年他积极参与"四七社"的活动,这是一个非官方但是影响很大的德国作家与文艺批评家协会,因其在一九四七年九月首次聚会而得名。该协会的会员包括了海因里希·伯尔、乌维·约翰

Günter Grass: DIE WOLKE ALS FAUST ÜBERM WALD

- Ein Nachruf -

Vom Sommer achtundachtzig bis in den Winter neunundachtzig
hinein zeichnete ich, unterbrochen nur von ~~den~~ Tatsachen-
behauptungen des Zeitgeschehens, totes Holz. Ein Jahr-
zehnt ging zu Ende, ~~xxxxxxxxxxxxxxxx~~ an dessen Anfang
ich mit "Kopfgeburten - oder die Deutschen sterben aus"
mein Menetekel gesetzt hatte; doch was nun, Bilanz ziehend,
unterm Strich stand, war keine Kopfgeburt mehr: anschaulich
lagen Buchen, Kiefern, denen das Strammstehen vergangen
war, Birken, um ihr Ansehen gebracht, vordatiert die Hin-
fälligkeit der Eichen. Und bemüht, diesen ~~xxxxxxx~~ Aus-
druck von Forstarbeit zu steigern, traten zu Beginn des neu-
en Jahrzehnt kurz nacheinander Orkane auf, *namentlich* ~~xxxxxxx~~ fünf
an der Zahl, *gewillt, mit auf rechten Bäumen bald Mikado
zu spielen.*
Es war wie Leichenfleddern. Hinsehen und festhalten. Oft fo-
tografiert und farbig oder schwarzweiß zur Ansicht gebracht
blieb dennoch unglaubhaft, was Statistiken und amtliche
Waldzustandsberichte bebildern sollte. Fotos kann jeder ma-
chen. Wer traut schon Fotos!
Also zeichnete ich vor Ort: in einem dänischen Mischwald,
im Oberharz, im Erzgebirge, gleich hinterm Haus, wo Wald
dicht ansteht und das Nadelholz aufgegeben hat. Anfangs
wollte ich mich mit Skizzen begnügen und den feingesiebten
~~xxxxxxx~~ Rest, was man nicht sieht, was in Ausschüssen
vertagt, in Gutachten und Gegengutachten zerredet oder
im allgemeinen Gequassel beschwiegen wird, aufschreiben,
wie ich anderes , zuletzt den Alltag in Calcutta aufge-
schrieben hatte. Aber über den Wald, wie er stirbt, steht
~~xxxx~~ alles geschrieben. Über ~~xxx~~ Ursachen und Verursacher.
Woran und wie schnell oder langsam er auf Kammlagen oder

君特·格拉斯《当浮士德越过森林时的云朵》第二遍草稿中的一页手稿

逊、伊尔泽·艾辛格,还有格拉斯。他们团结在一起创造并使用了一种新的文学语言,激烈地反对繁复且词藻华丽的纳粹时期宣传文学的文体,该协会的最后一次聚会是在一九六七年。

靠着鲁赫特汉德出版社的微薄资助,格拉斯和他一家从一九五六年至一九五九年在巴黎生活,就是在这里,他写成了《铁皮鼓》。一九五八年,书稿尚未完成就获得了"四七社"的年度大奖。这本小说震惊了德国文学批评界和读者,小说直接犀利地描绘了二次大战期间德国中产阶级的生活。君特·格拉斯一九七九年的作品《相聚在特尔格特》虚构了德国诗人在三十年战争即将结束的一六四七年举行的一场聚会,这次虚构的聚会和书中的角色一样,都以战后的"四七社"为蓝本。

在德国,格拉斯具有争议性的政治观点和他的小说一样出名。他担任威利·勃朗特的演讲稿撰写人长达十年时间,他长期以来还是社会民主党的支持者。他还是极少数公开质疑两德快速统一进程的知识分子之一。仅在一九九〇年,他就出版了两本有关该问题的演讲集和辩论集。

旅行之外,他把他的时间如此分配:他会去位于石勒苏益格-荷尔斯泰因的住所和自己的第二任妻子乌特·格鲁内特团聚,或者前往他位于柏林勋纳贝格区的住宅,他的四个孩子住在这里,他的助手埃娃·居内什在此打理他的事务。

本次采访分为两阶段,第一阶段是在曼哈顿的92街的YMWHA当着观众的面进行的,另一次则是在去年秋天在尼德大街的黄房子里进行的,那时格拉斯正好在短暂停留途中找到了几个小时的时间。

他在一间有老虎窗的书房里接受了采访,书房铺着木质地板,墙壁粉刷成白色,装满书和手稿的盒子在屋角堆得高高的。格拉斯穿着斜纹软呢的休闲服和衬衫。原来他答应用英语接受采访,这样就可以绕过后面复杂的翻译过程,但是当我们提醒他时,他斜着眼睛笑着说:"我太累了,我们还是说德语吧。"尽管旅途疲劳未消,但是他说起话来还是中气十足,谈起他的作品来充满热情,时常发出大笑。后来他的双胞胎儿子拉乌尔和弗兰茨来接他们的父亲去共进晚餐,庆祝他们的生日,采访就此结束。

——伊丽莎白·加夫尼、约翰·西蒙,一九九一年

《巴黎评论》：你是如何成为一名作家的？

君特·格拉斯：我想这和我成长的社会环境有点关系。我们家是一个中下阶层的家庭，我们有一套两间房的小公寓，我和我姐姐没有自己的房间，连个属于自己的角落也没有。在起居室的两扇窗之上，有一个小小的角落，刚好可以放我的书和其他杂物——我的水彩颜料等。那时我经常幻想拥有我想要的东西。很早我就学会了在嘈杂的环境中阅读。所以我很小就开始写作和绘画。另一个结果是我现在热衷于买房子。在四个不同的地方我都有自己的书房，我真的很害怕回到我小时候的那种状况：只能在一间小房子里拥有一个小角落。

《巴黎评论》：在这种情况下，究竟是什么让你转向阅读和写作，而不是，比如说体育或者其他事务的？

格拉斯：还是个孩子的时候，我就是个大话王。幸运的是，我母亲还挺喜欢我撒的谎，我向她许诺，说得天花乱坠。我十岁的时候，她就叫我"培尔·金特"，她说，你就告诉我些美妙的故事吧，比如说我们将要去那不勒斯的情况之类。因此我很小就开始把自己的谎话写下来，我还坚持下来了！十二岁的时候，我就开始试着写本小说，小说是关于卡舒比人的，很多年后他们出现在了《铁皮鼓》里，主人公奥斯卡的祖母安娜，就像我自己的祖母一样都是卡舒比人。

但是我的第一本小说犯了个错误，在第一章结束的时候我所有的角色都已经死完了，我就写不下去了！这就是写作中的第一个教训：小心处理角色的命运。

《巴黎评论》：哪些谎言曾给你带来最大的快乐？

格拉斯：那些不会伤害别人的谎言，和那些用来保护自己并伤害别人的谎言是不一样的。不会伤害人的谎言不是我的工作。事实往往是很乏味的，你得给它添加一点谎言。这样做无伤大雅，我知道我那些糟糕的谎言对于事实往往都毫无影响。比如数年前我写了文章，预测当下的德国的政治变迁,人们就说了:说的什么大话!

《巴黎评论》:你在第一部小说失败后,第二次进行的是怎样的尝试?

格拉斯:我的第一本书是诗集和插画集。永恒不变的是,我写的诗的头一稿有插画也有诗行,有时候是从一幅画上截取下来的,有时候则取自名人名言。我二十五岁的时候,买得起打字机了,我情愿用自己的两根手指来打。《铁皮鼓》的第一稿就是用这台打字机打出来的。我年纪大了,听说我的很多同行现在都用电脑写作,可我又回到了手写初稿的状态!《母鼠》的初稿就是写在印刷厂给我的一本不划线的大开本书上的。每次我的书要出版前,我都会要一本空白的书用来写下次的手稿。因此,现在第一稿往往是手写的,带插图,然后第二稿和第三稿都是用打字机打出来的。我从来没有一本书没有经过三稿,很多时候甚至有四稿,修正的地方很多。

《巴黎评论》:每一稿都是从头写到尾吗?

格拉斯:不是,第一稿写得很快,要是有漏洞的话,我就让它去。第二稿往往比较长,细节更具体,并且很完整。这时候就没有漏洞了,但是有点干巴巴的。第三稿我尝试着去保留第一稿的随性,并保持第二稿的精髓,这很困难。

《巴黎评论》:当你写作的时候,你每天的时间是怎么安排的?

格拉斯:当我写第一稿的时候,我每天写五到七页;等写到第三稿,我每天写三页,速度很慢。

《巴黎评论》:你是早上写,还是下午或者晚上写?

格拉斯:不,绝不晚上写。我觉得晚上写作不太可靠,因为写起来太轻巧。早上读的时候,我就会觉得写得不好。我需要日光才能写作。早上九点到十点之前我会吃早餐、阅读,还有听音乐。吃过早餐后开始工作,下午还有一个咖啡时刻,然后再开始,晚上七点前结束。

《巴黎评论》：你怎么知道什么时候一本书算是完了呢？

格拉斯：当我写一本史诗长度的小说时，写作的过程会非常长，要看完所有的稿子需要四到五年的时间，等到我筋疲力尽的时候，书也就写好了。

《巴黎评论》：布莱希特一直感到他应该重写他的作品，甚至在它们出版之后，他从来不觉得它们已经完成了。

格拉斯：我觉得我做不到。我只能在我生命的某一特定时期写一本像《铁皮鼓》或者《蜗牛日记》这样的书，因为所写的是我当时的感受和想法。我能肯定如果我坐下来重写《铁皮鼓》《狗年月》或者《蜗牛日记》的话，我情愿毁了这本书。

《巴黎评论》：你如何区分你的纪实作品和虚构文学创作？

格拉斯：这个虚构文学对纪实文学的命题毫无意义。对于书商来说，区分书的门类也许有意义，但是我不喜欢我的书被这样区分。我总是想象有些什么书商委员会开会讨论，什么书算是虚构文学，什么书算是纪实文学，我觉得书商们的这种行为才是虚构的！

《巴黎评论》：那么当你写散文或者演讲稿的时候，你所采用的技巧是不是和你讲故事说大话时候的技巧有所不同？

格拉斯：是的，不同是因为我会遇到我无法更改的事实。我并不常写日记，但是在准备写《蜗牛日记》的时候我留了本日记。我当时感觉一九六九年会是不同寻常的一年，这一年会发生真正的政治变革，比单单产生新一届政府要深刻得多。因此当我在一九六九年三月到九月为选举拉票时，我坚持写日记，这时间确实不短。同样的事情也发生在加尔各答，那本日记后来被我用来创作小说《亮出你的舌头》。

《巴黎评论》：你如何调和你的政治活动与你的视觉艺术和写作之间的关系？

格拉斯:作家并不仅仅关注他们内心的精神生活,他们与日常生活同样息息相关。对于我来说,写作、绘画和政治活动是三个不同的诉求;每一项都有自己的专注点。我恰好又是特别愿意关注并参与我所处社会的事务的人。我的写作和绘画都与政治发生着不同的联系,无论我是否主观上想要这么做。事实上,我并没有制定一个什么计划,把政治带入我写的东西之中。更接近事实的情况是,在我打草稿的四分之三的时间中,我发现了一些被历史遗忘的细节。我既不会去特意写一个简单的关于政治现实的故事,也觉得没有必要去回避政治话题,政治本身就对我们的生活有着巨大的决定性影响,它以不同方式渗透进了我们生活的方方面面。

《巴黎评论》:你把那么多种不同的艺术形式融入了你的创作中——历史、美食菜谱、歌词……

格拉斯:还有绘画、诗歌、对话、引述、演讲、书信等。你看,当我写史诗式的作品时,我觉得有必要使用语言可能的每一面以及语言沟通的不同形式。但是记住,有些我的作品在形式上是非常纯正的,如中篇小说《猫与鼠》和《相聚在特尔格特》。

《巴黎评论》:你将语言与绘画交织在一起,这种关联性是独一无二的。

格拉斯:绘画和写作是我的作品的基本组成部分,但不是唯一的。我有时间的话也会雕刻。对于我来说,艺术和写作之间存在一种非常明确的给予和接受的关系,这种联系,有时候强烈些,有时候微弱些。过去几年里,这种关系变得很强烈。《亮出你的舌头》就是一个例子,这本书的故事发生在加尔各答。我绝对不会在没有插图的情况下去写这本书。加尔各答地区难以置信的贫困经常使得来访者陷入语屈词穷的境地——你找不到语言来形容,绘画就帮助我重新找到了语言的感觉。

《巴黎评论》:在这本书里,诗歌里的文字不仅出现在印刷体里,还以手写的形式印到了插画上,这些文字可以被认为是绘画元素,是插图的一部分吗?

格拉斯:诗中的一些元素是由插图中来的,或者说是插图所暗示的。等到灵感一来,我就把这些文字写在我的插画上——文字和图叠加在一起。如果你能读懂图画上的文字,那很好。它们就是为了被人阅读才放在那里的。不过插画往往包含着最初的构思,那些在我正式坐在打字机前最初手写下来的内容。写这本书可不容易,我也不知道为什么。也许是因为主题,加尔各答。我到过那里两次,第一次是在我写《亮出你的舌头》前十一年,那也是我第一次到印度。我只在加尔各答待了短短几天,我被震惊了。从最开始,我就有愿望想要回去,想要待得长一点,想要看得更多,想要写些东西。我继续着我的旅程——在亚洲、非洲——但是无论我看到香港、马尼拉还是雅加达的贫民窟,我都会想到加尔各答的情况。没有任何其他我所知的地方能把第一世界和第三世界的问题如此开放地融合在一起,就这么赤裸裸地暴露在日光下。

因此,我又去了加尔各答。我失去了驾驭语言的能力,我一个字也写不出来。在这个时候,绘画就变得无比重要。这是另一种试图描绘加尔各答的现实的方法。在插画的帮助下,我终于又可以写散文诗了——这就是书的第一部分,算是一种散文吧。之后我开始着手写第三部分,一首长达十二个部分的长诗。它是一首城市叙事诗,关于加尔各答。如果你仔细看散文诗、插画和长诗,你就会发现它们写的都是加尔各答,但是是不同方面的。这就形成了这三种形式的对话,尽管这三者的结构是非常不同的。

《巴黎评论》:是不是其中有一种形式的结构比其他的重要一些?

格拉斯:我可以这么说,对我来说,诗是最重要的部分。一部小说的诞生,是从一首诗开始的。我并不是说它就永远那么重要,但是我离不开它。我需要诗作为一个起始点。

《巴黎评论》:也许是因为,比起其他的而言,诗是一种更优雅的艺术形式?

格拉斯：哦，不不不。散文诗、诗歌和绘画在我的作品中以一种非常民主的形式共存着。

《巴黎评论》：在绘画的过程中，有没有什么实际的或者感觉上的东西是写作所不具备的？

格拉斯：是的。写作本身就是一种艰苦的抽象思维过程。写作很有趣，但是这种愉悦与绘画的快乐完全不同。绘画的时候，我非常敏锐地感觉到在张纸上创作着什么。这是一种感受，你无法用来形容写作。事实上，我经常转而去绘画，以从写作的疲惫中恢复过来。

《巴黎评论》：写作就那么让人不愉快和痛苦吗？

格拉斯：这跟雕塑有点像。雕塑的时候，你必须从各个方向加以雕琢，如果你在这里改动了些什么，那么你就必须在那里再改。你突然改变了一个平面，雕塑作品就变成了另一样东西！这有点像音乐。同样的事情也可以发生在写作身上。我花时间写了第一稿、第二稿甚至第三稿，或者花很多时间写了一个长句，或者只是一个句点。正如你所知的，我喜欢句点。我写啊写啊，感觉都对。所有东西都在那儿了，但是语言感觉有点沉重。然后我改了几个地方，自己都不觉得那些地方很重要，居然就成了！这就是我理解的幸福，像幸福一样。这幸福持续了两三秒，接着我看下一个句点，这种感觉就消失了。

《巴黎评论》：回到诗歌的话题。你所写的作为小说的一部分的诗，和一般的独立的诗有没有什么不同？

格拉斯：曾经有一段时间，我在写诗这件事情上很老派。我觉得你有足够多的好诗，你就应该出去找个出版商，画点插画，随后出版。然后你就会有一本美妙的诗集，挺孤立的，只是写给喜欢诗的人看的。从《蜗牛日记》开始，我开始把诗和散文放在一起写，诗就有了一种不同的韵味。我没觉得有什么理由去把诗和散文分隔开，特别是德国文学传统中就喜欢把这两种形式融合在一起。于是,我开始热衷于把诗放在篇章之间,用诗来定义散文的结构。而且,认为"诗对我来说太沉重"的散文读者也有可能发现,有时候诗歌比散文简单易懂得多。

《巴黎评论》:说英语的读者在阅读你的作品英文版时,会因为翻译的关系错失多少内容?

格拉斯:这我很难回答——我不是一个英语读者。不过我的确在翻译过程中出过力。当我和德国出版商商讨《比目鱼》的手稿时,我要求获得一份新合同,其中规定一旦我完成手稿之后,书的译者也研究过之后,我的出版商组织我们两人见面,付给我们两人一笔钱。我们是从《比目鱼》开始这么做的,然后是《相聚在特尔格特》和《母鼠》。我觉得这很有帮助。译者熟读我的作品,问出些很棒的问题,他们对于书的熟悉程度甚至超过了我。这有时候让我觉得不太开心,因为他们也发现了书中的纰漏并告诉我。在见面时,法语、意大利语和西班牙语的译者互相比较笔记发现,他们的合作有利于他们的翻译工作。我当然更喜欢读那些感觉上我没有在读翻译作品的翻译。在德国文学圈中,我们很幸运地可以读到很好的俄语翻译作品。托尔斯泰和陀思妥耶夫斯基的翻译作品完美无瑕——它们几乎成为了德语文学的一部分。莎士比亚的翻译和其他浪漫主义作家的作品则充斥着错误,但是看起来也是很棒。这些作品的新译版本,错误是少了,甚至可以说没有错误,但是不能和弗里德里希·冯·施莱格尔、路德维希·蒂克的翻译相提并论。一部文学作品,无论是诗集还是小说,需要一名能够用他自己的语言重塑这部作品的译者。我试着鼓励我的译者去这么做。

《巴黎评论》:你是否认为你的小说《母鼠》就在英语翻译中吃了亏,因为标题翻译成英语就成了"老鼠",没有反映出这是只母的?"女老鼠"在美国人听来会觉得不太对劲,"老鼠夫人"则根本不对。特指一只母老鼠听来不错,然而无性别的英语单词"老鼠"会让人想起那些侵蚀地铁系统的丑陋野兽的形象。

格拉斯：德语里其实也没有这个词，是我生造出来的，我总是鼓励我的译者创造一些新词。如果一个词在你的语言中不存在，那就造一个。实际上，对我来说，"女老鼠"听起来就不错。

《巴黎评论》：为什么这本书中的老鼠是只母的？这是为了情色的目的，还是女权主义，还是政治目的？

君特·格拉斯：在《比目鱼》里就是只公老鼠。不过当我变老了，我发现自己的确一直在写女性，我不打算改变这一点。无论是一个女人还是一只母老鼠，这无关紧要。我得到了灵感，它让我又跳又蹦，然后我找到合适的语言和故事，开始撒我的谎。撒谎还是很重要的。我不会对一个男人撒谎——和一个男人坐在一起编造故事没什么意义，但是和一个女人在一起就不一样了！

《巴黎评论》：你的那么多作品，像《母鼠》《比目鱼》《蜗牛日记》和《狗年月》，主角都是动物，有什么特别的原因吗？

格拉斯：也许吧。我总觉得关于人类我们谈论得太多了。这个世界人很多，但是也有很多动物，鸟啊鱼啊还有昆虫。它们在我们存在之前就已经存在，等到人类灭亡那天它们依然会继续存在。我们之间有一个关键的区别：我们的博物馆里有恐龙的骨头，无数存于数百万年前的动物的骨头。当它们死去的时候，它们死得很环保，没留下任何毒素，骨头都很干净，我们可以发现这一点。人类可不是这样。我们死的时候会散布一种可怕的毒素。我们必须了解，我们在地球上并不孤单。《圣经》传授了糟糕的一课，说人类凌驾于鱼、禽类、牛和一切爬行动物之上。我们试图征服地球，结果却很糟糕。

《巴黎评论》：你有没有从批评中学到些什么？

格拉斯：尽管我想把自己想成一个好学生，但批评家往往不是好老师。但是还是有过一个时期，我还挺怀念的，我从批评中学到了东西。那是"四七社"时期,我们朗读手稿,讨论手稿。我从中学习探讨文本,并用理性观点支持我的意见,而不只是说"我喜欢这样"。批评不请自来。作者会讨论技法,怎么写一本书,等等。而批评家,他们对于作者如何写书有着自己的期待。批评家与作者两种身份合二为一,这对于我来说是个不错的经历,也是重要的一课。实际上,这一时期对于战后德国文学很重要。战后有那么多的迷茫,特别是文学圈内,因为在战争中长大的一代——也就是我这代人——要么没读过书,要么被教育坏了。语言被污染了,重要的作家都移居海外了,没人期待德国文学,"四七"社的年会给我们提供了一个背景,使德国文学重新整合。很多与我同时代的德国作家都打上了"四七社"的印记,尽管有些人并不承认。

《巴黎评论》:那些出版的批评文章呢,在杂志、报纸或者书中发表的文章,它们对你有没有影响?

格拉斯:没有。我倒是从其他作家那里学到了东西。阿尔弗雷德·德布林就对我造成了影响,我特意写了篇关于他的文章,叫《我的老师德布林》。你能从德布林这里学到东西而不用冒险去模仿他。对我来说,他比托马斯·曼要重要得多。德布林的小说并不对称协调,不像托马斯·曼的经典结构,他写这些的风险也要大得多。他的书内容丰富,开放性大,灵感勃发。我很遗憾,在美国和德国,他都只因为《柏林亚历山大广场》而为人所知。我还在学习中,有很多其他作家给我上过课。

《巴黎评论》:那美国的作家呢?

格拉斯:梅尔维尔一直是我的最爱。我也很喜欢读威廉·福克纳、托马斯·沃尔夫,还有约翰·多斯·帕索斯。现在美国没人像多斯·帕索斯那么去写作了——他对于群体的描绘简直棒极了。我很怀念一度存在于美国文学中的史诗传统,现在太知识分子化了。

《巴黎评论》:你觉得电影版的《铁皮鼓》怎么样?

格拉斯:施隆多夫导了一部好电影,即使他没有完全按照小说的文学形式来操作。也许这是必须的,因为如果从奥斯卡的视点出发——奥斯卡作为主角讲述故事,总是从一个时期跳跃到另一个时期,那么电影就会变得很复杂。施隆多夫用了一种简单的方式——他按照时间顺序来讲这个故事,当然书中的有些部分,施隆多夫在电影中完全没有采用。我觉得有些可惜,电影里也有些场景我不喜欢。在天主教堂的那一段效果不好,因为施隆多夫完全不理解天主教。他是个德国新教徒,导致影片中的天主教堂看起来像个有忏悔室的新教教堂。但这只是个小细节,从总体上来说,特别是在扮演奥斯卡的那个小演员的帮助下,我认为这是部好电影。

《巴黎评论》:你对于奇异的事物有种特别的兴趣——我对于《铁皮鼓》中那个鳗鱼蠕动着爬出马头的场景记忆犹新,这是从哪儿来的灵感?

格拉斯:这是我自己想出来的。我从来就不理解,为什么这一段,一共六页长,那么地让读者困惑。这是一段幻想的现实,我用与描绘其他细节一样的方式写了出来。但是由这幅画面所引发的死亡和性的联想,让人们感到无比的恶心。

《巴黎评论》:德国的统一对于德国人的文化生活造成了什么重大影响?

格拉斯:没人听那些反对两德统一的艺术家和作家的话。不幸的是,主流知识分子没有介入这场讨论,我不知道是出于懒惰还是漠不关心。早先,前德国总理威利·勃兰特就宣称,通往德国统一的列车已经驶离站台,没有任何人能够阻止它。一股盲目的群体热情推动事情向前发展。愚蠢的比喻被当成了事实,以确保没有人思考统一会给东部德国的文化带来多大的毁坏,更不用提经济了。不,我可不想乘上这么一列火车,完全无法驾驭且对于警示信号毫无反应;我情愿留在站台上。

《巴黎评论》:德国媒体尖锐地批评了你对于统一的观点,你对此有何回应?

格拉斯：哦，我都已经习惯了。这并不影响我的观点。两德统一的进程以一种违背我们基本法则的方式在进行。应该在两德统一之前就制定新的宪法——一部适合统一后的德国的宪法。结果是，我们没有制定一部新的宪法，取而代之的是所有东德联邦州归附于西德，这一切都做得漏洞百出。宪法中的一章允许个别东德联邦州成为西德的一部分，宪法中也规定东德人，比如从东德叛逃到西德去的人可以获得西德公民权。这是一个现实的问题，因为并不是关于东德的所有事情都是不好的，只不过是政府腐败而已。而现在所有东德的一切——包括他们的学校、他们的艺术、他们的文化都被贬得一文不值，受到压制。这已经被打上深深的烙印，全部的东德文化都会消失。

《巴黎评论》：两德统一是你在书中经常会提到的历史事件。你在描写这一史实的时候，会不会去还原历史的真实？虚构的历史，比如你的著作，是如何对我们在课本和报纸上读到的历史进行补充的呢？

格拉斯：历史比新闻要丰富得多。我在两本书中对于历史的进程尤其关注：《相聚在特尔格特》和《比目鱼》。在《比目鱼》中，讲的是关于人类营养史的发展过程，关于这一题目的素材并不多——我们通常只管那些与战争、和平、政治镇压和党派政策相关的内容叫历史。营养和人类进食的历史是一个重要问题，尤其是现在，饥饿和人口爆炸在第三世界横行。无论如何，我必须为这一历史创造出文献记录，因此我决定用一种童话的方式来作为引导。童话基本上说的都是事实，装入我们的生活经历、梦想、欲望和我们迷失于这个世界上的核心内容。因此，它们比很多事实都要更真实。

《巴黎评论》：那你书中的角色呢？

格拉斯：文学形象是很多不同的人、不同的意见、不同的经历全部捆绑在一块儿的组合，尤其是那些书中的主角。作为散文作者，你要去创造发明角色——有一些你喜欢，另一些则不喜欢。只有当你能进入这些角色，你才能成功。如果我无法从内心理解我自己创造出的角色，他们就会是纸片人，仅此而已。

《巴黎评论》：他们有时会在几本不同的书中重复出现，我想起了图拉、伊萨贝尔、奥斯卡和他的祖母安娜。在我的印象中，他们都是一个虚构世界中的成员，当你刚开始写作的时候，你有没有想过把他们分别作为一个独立的存在？

格拉斯：当我开始写一本书的时候，我绘制出几个不同角色的草稿。随着写书进度的深入，这些虚构的人物就开始活出他们自己的生命。比如在《母鼠》中，我从来就没有准备让马兹拉特先生以一个六十多岁老头的身份再登场，但是他不断地毛遂自荐，坚持要被包括在情节发展中，表示"我还在这儿呢，这也是我的故事"。他想要在书中出现。我在这些年里总是发现，那些被创造出的角色开始提要求了，和我顶撞，甚至拒绝登场。我建议应该偶尔注意一下这些角色，当然，人得听自个儿的。这会变成一种自我对话，有时候非常激烈，那就成了合作。

《巴黎评论》：为什么图拉·波克利夫卡成为了你那么多小说的主角？

格拉斯：她性格不佳且充满矛盾，在写这些书的时候我很受感动。我无法解读她。如果我真的那么做的话，我就得写一整个解释，我最恨解释了！请你自己解读。在德国，高中生们来到学校，想要的就是读一个精彩故事，或者一本写到某个红发人的书，但是这不被允许，他们转而被指导着去分析每一首诗、每一页文字，去探究诗人到底在说什么。这和艺术就完全无关了，你可以做技术性的解释，阐释它的功用，但是一幅图画、一首诗，或者是一个故事、一本小说实在有太多可能性了。每一个读者都在重新创造一首诗。这就是我为什么痛恨阐释和解释的原因，不过我仍然很高兴你还记得图拉·波克利夫卡。

《巴黎评论》：你的书经常从很多角度讲故事。在《铁皮鼓》里，奥斯卡从第一人称讲到了第三人称。在《狗年月》里，叙事角度从第二人称变到了第三人称。还有其他的例子。这种技巧是如何帮助你表达你对于世界的观点的？

格拉斯：人得找出新鲜的角度。比如说奥斯卡·马兹拉特，一个侏儒——一个成年后依然是孩童的人，他的体形和他的被动使他成为了许多不同角度的完美载体。他有自觉伟大的幻想，这就是为什么他有时用第三人称的原因，就像孩子有时候那么做一样。这是他给自己脸上贴金，就像皇室用语"我们"，还有戴高乐的说话方式，"我，戴高乐……"这些都是保持一定距离的叙事姿态。在《狗年月》中，有三种叙事角度，依照狗的角色的不同而各有不同，狗就是一个折射点。

《巴黎评论》：在你的职业生涯里，你的兴趣是如何改变的，你的风格是如何形成的？

格拉斯：我的三本重要小说，《铁皮鼓》《狗年月》和中篇小说《猫与鼠》代表着一个重要时期——六十年代。德国人关于第二次世界大战的经验，是这三本书的核心内容，它们构成了"但泽三部曲"。那时候我特别觉得有必要在写作中写纳粹时期的历史，探究它的原因和分支。几年之后，我写了《蜗牛日记》，也和战争历史相关，却偏离了我的散文风格和形式。情节发生在三个不同的时期：过去式（二次大战），现在式（一九六九年的德国，也是我当时写书的时间），还有将来式（由我的孩子来代表）。在我脑海里，在书里也是，所有这些时期都混杂在一起。我发现在语法学校所教的动词时态——过去式、现在式和将来式——在现实生活中并没有那么简单。每一次我想到将来的时候，我关于过去和现在的知识都在那里，影响着我所谓的"将来"。昨天说的那些句子并不一定是过去，也不一定和过去相关——它们也许会有一个将来。思想上，我们并不受限于时间顺序，我们同时可以意识到许多不同的时间点，就好像它们只是一个一样。作为一名作家，我必须要接受这种时间和时态的交叉，并能够把它们表现出来。这种时间的主题在我的作品中变得越来越重要。《头位分娩或德国人正在灭绝》是以一种全新的方式来讲述的，我发明的，叫过去现在将来式（Vergegenkunft）。这是用

"过去""现在"和"将来"这三个词拼起来的,在德语里,你可以把词组合在一起。Ver 代表过去 vergangenheit, -gegen 代表现在 gegenwart, -kunft 代表将来 zukunft。这个新的组合时态在《比目鱼》中也很重要。在这本书里,叙事者在时间里不断变形,他不同的形态也提供了不同的视角,每一个角度都在现在式。用那么多不同时期的角度来写一本书,从现在回望,和未来保持联系。我觉得我需要一个新形式。但是这本小说是一种开放形式,我发现我可以在书里从诗歌跳跃到散文形式。

《巴黎评论》:在《蜗牛日记》里,你将当代政治与一个虚构的"二战"期间降临到但泽市犹太社区的事件融合在了一起,你是否意识到你在一九六九年为威利·勃兰特所做的撰写演讲稿和参与助选会的事成为了一本小说的素材?

格拉斯:我没有选择,只能继续竞选计划,无论是不是会写书。我生于一九二七年的德国,我十二岁的时候二战爆发了,十七岁二战结束了。我身上充满了德国过去的回忆。不是我一个人,还有其他作家有同样的感受。如果我是一名瑞典或者瑞士作家的话,我也许会更戏谑一点,说点关于"二战"的笑话之类。然而这不可能,我的背景让我没有其他选择。在五六十年代,阿登纳执政时期,政治家们不喜欢谈论过去,要么他们说了也是把它描绘成是一个我们历史上的魔鬼时期,恶魔们背叛了可怜的无助的德国人民。他们撒着弥天大谎。告诉年轻一代,究竟发生了些什么,在朗朗乾坤下发生了什么,可以说得慢点但是要系统,这一点是非常重要的。在那时,每一个人都可能看到了究竟在发生些什么事,如今,德意志联邦共和国成立五十年了,最好的一点就是我们可以谈论纳粹时期。战后文学在促成这一点上扮演了重要角色。

《巴黎评论》:《蜗牛日记》一开始是这样的——"亲爱的孩子们",这是对于整个在战后成长起来的一代的呼吁,也是对你自己的孩子说的吧?

格拉斯:我想要解释种族灭绝的罪行是如何犯下的。我的孩子们出生在战后,他们有一个出去参与助选集会,在周一早上发表演讲,直到第二周周六才回家的父亲。他们问道:"你为什么这么做?你为什么总不在我们身边?"我想要跟他们解释,不仅仅是口头的解释,也通过我的作品。当时的执行总理库尔特·格奥尔格·基辛格在战争中变成了一个纳粹。所以我不仅仅在为了一个新的德国总理而助选,我也为了反对纳粹的过去。在我的书里,我不想只限于抽象的数字——"有那么多那么多的犹太人被屠杀了",六百万是一个无法理喻的数字,我想要一种更为实际的震撼。

因此我选择从但泽市犹太教堂的历史引出我的故事,这座犹太教堂矗立在市中心几百年了,直到"二战"中被纳粹德军给摧毁。我想要记录下那里发生过的史实。在这本书的最后一幅场景里,我把这些史实和现实联系在一起,写了关于我准备纪念阿尔布莱希特·丢勒三百年诞辰的演讲。这一章节是对于丢勒的雕刻作品《悲喜剧》的改编,把悲喜剧的效果投射到了人类历史上。我觉得一种文化悲喜剧的形式会是德国人对待屠杀犹太人的正确态度。悔恨而又悲痛,它会提供关于屠杀犹太人原因的洞见,这会延续到我们的时代,成为我们重要的一课。

《巴黎评论》:这是你许多作品中非常典型的一点,关注当今世界的某些悲惨方面,以及那些在不远处的恐怖。你的用意是否是去教育、警示或者去引导你的读者去做些什么?

格拉斯:简单来说,我不想欺骗他们。我想要展示他们所在的环境,或者他们想要的世界的样子。人们郁郁不乐,不是因为所有事情都很糟糕,而是因为我们作为人类有能力去改变事情,却没有那么做。我们的问题是由我们自身引起的,由我们所决定,也应由我们来解决。

《巴黎评论》:你的行动主义延伸到环境和政治话题,你还将此融入你的小说。

格拉斯:在过去的几年里,我旅行四方,在德国以及其他地方。我看了很多,也画了很多正在死亡的受污染的世界。我出版了一本画册叫做《树木之死》，关于在联邦德国和曾经的民主德国之间的地带。那里，远在政治整合之前，德国的统一就以森林死亡的形式开始了。这也适用于西德与捷克斯洛伐克之间的山岭地带。看起来就像是发生了一场屠杀。我把我在那里看到的都画了下来。图画都有简短而寓意深刻的标题，评论多于描述，还有结语。从主观角度来说，绘画与写作的比重相同，甚至比写作更重要。

《巴黎评论》：你是否认为，文学有足够的力量来描绘一个时代的政治现实？你进入政治圈，是否因为作为一名公民，你能够比一名作家做更多的事？

格拉斯：我并不认为政治应由政党去决定；那样会很危险。有很多关于"文学能否改变世界"的讨论会和研讨会，而我认为文学有改变世界的威力，艺术也是。感谢现代艺术，我们已经改变了我们视觉的习惯，我们自己都几乎没有意识到，就好比立体主义的发明给了我们新的视觉力量。乔伊斯在《尤利西斯》中的内心独白影响了我们理解存在的复杂性。问题是，文学所造成的改变是无法测量的。在一本书和读者之间的互动是和谐的，也是匿名的。

书籍究竟在何种程度上改变了人类？我们对此了解不多。我只能说，书籍对于我来说是至关重要的。我年轻的时候，战后有一本对我很重要的书，印数很少，是加缪的《西西弗的神话》。著名的神话英雄被罚将石头滚上山顶，石头又会再滚下来——传统上是个悲剧形象，但在加缪的阐释中，却变成了他在宿命中享受幸福感。持续不断的看似徒劳的重复滚石上山，实际上就是他的审判的执行。如果有人把石头拿走了，他可能还会不高兴。这一阐释对我产生了巨大影响。我不相信什么终极目标；我不认为石头会停留在山顶上。我们可以把这一神话变成一个对人的生活状况的积极阐释，即使它站在每一个理想主义和意识形态的对立面，也包括德国的理想主义。每一种西方的意识形态都对终极目标做出了承诺——一个幸福的公正的或者和谐的社会。我不相信这个，我们是流动的事物。也许石头将永远从我们身边滚离，又必须滚回来，但这是我们必须要做的事，石头属于我们。

《巴黎评论》：你如何看人类的未来？

格拉斯：只要我们还被需要，人类就有未来。我不能用一句话来告诉你，我也不想对这个问题只用一个词来回答，我写过一本书《母鼠》，你还指望什么呢？这是对于你的问题的一个长长的回答。

（原载《巴黎评论》第一一九期，一九九一年夏季号）

保罗·奥斯特

◎ btr/译

一九八五年,在十七家纽约出版社拒绝了"纽约三部曲"的主打中篇《玻璃城》之后,旧金山的日月出版社将之出版。另两篇中篇小说,《幽灵》和《锁闭的房间》于次年出版,那时保罗·奥斯特三十八岁。尽管他经常撰写评论和翻译,并于一九八〇年出版了散文诗《白色空间》,但三部曲依旧标志着其文学生涯的真正开端。

奥斯特在《穷途墨路:早年失败记事》(1997)中记录了那些作品出版前的时光。六十年代末,他在哥伦比亚大学念书,随后在一艘油轮上工作了数月,接着搬去巴黎,在那儿靠翻译勉强度日。他创办了一本小杂志《小手》,并与他的首任妻子莉迪亚·戴维斯一起开办了一家同名独立出版社。一九七二年,他出版了处女作,一本名为《超现实主义诗歌小辑》的译作集。一九七四年,他回到纽约城,从事各项商业投机活动,包括试图贩卖一种他发明的棒球卡游戏。一九八二年,奥斯特出版了他的第一本散文体作品《孤独及其所创造的》,这是他在父亲去世后不久开始写的回忆录,也是对父性的沉思。

在三部曲之后,奥斯特几乎每年出版一本书。一九八七年,小说《末世之城》面世,随后便是他的其他小说,包括《月宫》(1989)、《机缘乐章》(1990)、《巨兽》(1992)及《幻影书》(2002)。一九九一年,他被法国政府授予"法国艺术及文学勋章"骑士勋位(并于一九九七年晋升至军官勋位)。

奥斯特的作品范围甚广——小说、散文、翻译、诗歌、戏剧、音乐,及与多位艺术家的合作(包括苏菲·卡勒和山姆·梅瑟)。他也写过三个电影剧本:《烟》(1995)、《鼻青脸肿》(1995)及亦由他执导的《桥上的露露》(1998)。

保罗·奥斯特《神谕之夜》的一页手稿

他的第九本小说《神谕之夜》将于今年稍后出版。

以下访谈始于去年秋天在纽约城 92 街 Y 乌恩特伯格诗歌中心的一次现场采访,并于今年一个夏日午后在奥斯特的布鲁克林家中完成,他和妻子希莉·哈斯特维特住在那儿。作为优雅的主人,他为工人们在他们的十九世纪褐石建筑内安装中央空调而道歉,随后带我进行了简短的参观:客厅里装饰着他的朋友山姆·梅瑟和大卫·里德的画作;在他们的前厅里,有一系列的家庭照;书架则靠墙排列在底层工作室内;当然,在他桌上,是那台著名的打字机。

——迈克尔·伍德,二〇〇三年

《巴黎评论》:让我们先来谈谈你的工作方式,谈谈你是如何写作的。

保罗·奥斯特:我一直用手写。大部分时候用水笔,但有时候也用铅笔——尤其是修改时。如果我能够直接在打字机或电脑上写,那么我会那样做。但键盘总是让我害怕。我的手指保持那种姿势时,我永远无法清晰地思考。笔是一种基本得多的工具,你感觉到词语从你的身体里出现,随后你把这些词语刻入纸页。对我而言,写作一直有那种触觉的特性。这是一种身体经验。

《巴黎评论》:而且你在笔记本上写,不用标准拍纸簿或活页纸。

奥斯特:对,总是写在笔记本上。而且我特别迷恋那种带方格线的笔记本——小方格簿。

《巴黎评论》:但那台著名的奥林匹亚打字机呢?关于那机器,我们知道得不少——去年,你和画家山姆·梅瑟一起出版了一本精彩的书《我的打字机故事》。

奥斯特：一九七四年以来，我一直拥有这台打字机——至今已超过我的半生。我是从一个大学朋友那儿二手买来的，现在它一定差不多有四十岁了。它是另一个时代的遗物，但它依旧状况良好。它从没坏过，我只需要每隔一段时间换一下色带。但我担心有一天再也没有色带可以买——那样我将不得不数码化，加入二十一世纪。

　　《巴黎评论》：精彩的保罗·奥斯特故事，那天你出门去买最后一条色带。

　　奥斯特：我已经做了一些准备，囤了点库存。我想我家里大约有六十条或七十条色带。我很可能会坚持用打字机用到底，尽管不时有人极力怂恿我放弃。它麻烦又不便，但它也防止了我懒惰。

　　《巴黎评论》：为何如此？

　　奥斯特：因为打字机迫使我一旦完成就再从头开始。用电脑的话，你在屏幕上修改，随后你打印出一个干净的版本。用打字机，你就不会获得干净的手稿，除非你再一次从头开始。这是个难以置信的单调乏味的过程。你已经完成了你的书，而现在你不得不花上好几周，专注于这纯粹机械的工作，来誊写那些你已写好的东西。这对你的颈部不好，对你的背不好，而就算你能一天打二十到三十页，完成的纸页叠起的速度依旧极度缓慢。那种时候我就总想改用电脑写作，然而每次迫使自己经过这一本书的最后阶段之后，我最终会发现这一步有多重要。打字令我以一种新的方式体验该书，使我投身于叙事流中并感受它是如何作为一个整体运作的。我把这过程叫做"用我的手指阅读"，而令人惊异的是，你的手指会发现那么多你的眼睛从未注意到的错误。重复。笨拙的结构。破碎的节奏。从不失效。一旦我认为自己完成了这本书，就开始再打一遍，最后我意识到有更多工作要做。

　　《巴黎评论》：让我们再回到笔记本上来一会儿。《玻璃城》里的奎恩，在一本红色笔记本上记录他的观察。《末世之城》的叙事者安娜·布卢姆在一本蓝色笔记本上写信。在《昏头先生》里，沃尔特在十三本学校硬皮作文簿上写自传。而《在地图结束的地方》的错乱的主人公威利·基·克里斯马斯，在去世前将他整个一生的作品费力运到巴尔的摩送给他的高中英语老师——七十四本笔记本，里面有"诗歌、故事、散文、日记、警句、自传体冥思，还有一篇未完成的史诗《流浪的日子》的前一千八百行"。笔记本也出现在你最新出版的小说《幻影书》和《神谕之夜》里。更不用说你那本收集真实故事的《红色笔记本》。对此我们该作何感想？

奥斯特：我想我把笔记本看做词语的房子，视为可供思索和自我检视的秘密之地。我不但对写作的结果感兴趣，而且对过程、对将词语置于纸页上的行为感兴趣。别问我为什么。这或许与我早期的疑惑有关，那是一种对虚构本质的无知。作为一个年轻人，我常常会问自己，这些词是从哪儿来的？谁说的？传统小说里的第三人称叙事的声音是一种奇怪的工具。我们如习惯了，接受了，我们不再质疑它。但当你停下来思考它的时候，那个声音便有一种古怪的、空洞的特质。它好像凭空出现，而我觉得这令人不安。我总是被那些朝向自身的小说所吸引，它们带你进入书的世界，正如书又带你进入现实世界。可以说，书稿本身成了主人公。《呼啸山庄》就是那种小说。《红字》也是。当然，框架是虚构的，但它们赋予了故事一种其他小说所没有的理据和可信度。它们假定作品是一个幻影——更传统的叙事形式并不如此，而一旦你接受了这创作的"不真实"，它便悖论般地反而加强了故事的真实性。词语并非由一个看不见的作者之神刻在石头上，它们代表了有血有肉的人类的努力，而这相当有说服力。读者在故事展开的过程中成为一个参与者——而不只是一个疏离的观察者。

《巴黎评论》：你第一次意识到你想成为一个作家是在什么时候？

奥斯特：大约就在我明白我成不了大联盟棒球选手后一年。在我大约十六岁之前，棒球很可能是我生活中最重要的事。

《巴黎评论》：当时你打得多好？

奥斯特:很难讲。如果我持之以恒,或许可以进入低级别的小联盟。我击球不错,时而有力量爆发,但我跑得不是非常快。三垒是我经常打的位置,我反应很快,手臂很壮——但我的投球经常出界。

《巴黎评论》:任何熟悉你作品的人都知道你是个球迷,几乎你的每一本书里都提及了棒球。

奥斯特:我曾热爱打球,而现在我仍然喜欢看球并思考。棒球以某种神秘的方式向我提供了一个通向世界的缺口,一个弄明白自己是谁的机会。我还是小孩子的时候,身体不太好,有各种各样的生理病痛。我与母亲一起坐在医生办公室里的时间多过我和朋友们在外面乱跑的时间。直到四五岁之后,我才强壮到足以参加体育活动。而当我能参加时,我充满热情地投入其中——仿佛在弥补失去的时间。打棒球教会我如何与他人相处,让我明白了假如我花心思在其中,我或许真的可以成就某样东西。但在我自身的少量个人经验之外,也有该运动本身之美。它是无尽的快乐源泉。

《巴黎评论》:从棒球到写作是个不一般的转变——部分是因为写作是一项那样孤独的事业。

奥斯特:我在春天和夏天打棒球,但一年四季我始终读书。我很早就迷恋于此,长大后这迷恋更强烈。我无法想象有谁能成为一个作家而年轻时不是一位贪婪的读者。真正的读者理解书是一个通向自身的世界——而那个世界比我们以前去过的任何世界都更丰富、更有趣。我认为那就是令年轻男女们成为作家的东西——你发现活在书里的快乐。你还没有活得足够长,还没有很多东西可写,但那样一个时刻到来了,你意识到那就是你生来该去做的事。

《巴黎评论》:早期受过什么影响? 你高中时读些什么作家?

奥斯特:大部分是美国作家……通常的那些。菲茨杰拉德、海明威、福克纳、多斯·帕索斯、塞林格。但到十一年级时,我开始探索欧洲人——大部分是俄罗斯和法国作家。托尔斯泰、陀斯妥耶夫斯基、屠格涅夫,加缪和纪德。但也看乔伊斯和曼,尤其是乔伊斯,我十八岁时,他对我而言压倒了其他所有的人。

《巴黎评论》:他对你有最大的影响?

奥斯特:一度是的。但在不同的时候,我尝试着像每一位我正在阅读的小说家那样写作。你年轻时一切都会影响你,而你每过几个月都会不断改变主意。这有点像试戴新帽子。你还没有一种你自己的风格,于是你在潜意识里模仿你崇拜的作家们。

《巴黎评论》:多年来,你提到过一些影响你作品的作家:塞万提斯和狄更斯,卡夫卡和贝克特,还有蒙田。

奥斯特:他们都在我身体里。许多作家在我身体里,但我认为,我的作品读起来或感觉上并不像其他任何人的。我不在写他们的书,我在写我自己的书。

《巴黎评论》:你似乎也很迷恋十九世纪的美国作家,他们的名字以惊人的频率出现在你的小说里:坡、梅尔维尔、惠特曼、爱默生、梭罗和霍桑——霍桑出现得最多。范肖,《锁闭的房间》里的一个人物名,来自霍桑;《末世之城》以霍桑的格言开头;在《幽灵》里,霍桑的故事《韦克菲尔德》成为了小说结构的一部分;而在《幻影书》里,霍桑的另一个故事《胎记》是齐默和阿尔玛之间一次重要谈话的主题。而且今年五月,你发表了一篇关于霍桑的长文,也就是纽约书评杂志社出版的《爸爸笔下与朱利安和兔宝宝共处的二十天》一书的序言。你能说说对霍桑这持久的兴趣吗?

奥斯特:在所有过去的作家里,他是我感觉最接近的一个,他最深刻地对我讲话。他的想象力中有某种东西,似与我的想象力形成共振,而我不断地回到他那儿,不断地从他那儿学习。他是一位不惧怕想法的作家,但他也是一位心理学大师、人类灵魂的深邃的解读者。他的小说是彻底革命性的,以前从未在美国看见过类似的东西。我知道海明威曾说，所有的美国文学都来自《哈克·费恩》，但我不同意。美国文学开始于《红字》。

但霍桑除了他的故事和小说外，还有更多。我对他的笔记本同样感兴趣，其中包含了他的一些最出色、最有才华的文章，因此我才这样热衷于促成《二十天》作为一本独立的书出版。多年来，它一直可以在《美国笔记本》里找到，但这个学术版本要卖差不多九十美金，很少有人会费心去读。他写的关于在一八五一年的三个星期里照顾他五岁儿子的日记，是一本自足的作品。它能够独立存在，它极有魅力，极尽冷面幽默，它向我们展示了霍桑全然新鲜的一面。他不是大多数人所认为的那个阴郁、受难的形象——或不只那样。他是位有爱的父亲和丈夫，一个喜欢好雪茄和一两杯威士忌的人，而且他有趣、慷慨、热心。他超害羞，是的，但他也是那种享受世上简单乐趣的人。

《巴黎评论》：你的作品有许多不同类型，不但有诗歌和小说，而且有剧本、自传、批评和翻译。你觉得它们对你而言是非常不同的活动，还是其中存在某种方式的相互联系？

奥斯特：有联系，但也有重要差别。而且——我想，这也需要考虑进去——有时间的问题，我所谓的内在演变。我有多年没有做任何翻译或批评写作了。那些是我年轻时热衷关注的东西，从我十八九岁到二十八九岁。两者都有关探索其他作家，有关学习自己如何成为一个作家。你可以说，是我的文学学徒期。此后我也稍稍做过一些翻译和批评，但没什么可说的。而我写最后一首诗是在一九七九年。

《巴黎评论》：发生了什么事？你为什么放弃？

奥斯特：我碰壁了。有十年，我把大量精力集中在诗歌上，随后我意识到我把自己写尽了，我才思枯竭了。对我而言这是个黑暗的时刻。我那时觉得我的作家生涯完蛋了。

《巴黎评论》：作为诗人你消失了，但最终你作为小说家重生了。你认为这转变是如何发生的?

奥斯特:我认为这发生在那样一个时刻,当时我明白了我不再在乎,不再在乎做文学。我知道这听起来很奇怪,但从那个时点起,写作于我成为了另一种经验,当我沉溺了差不多一年、终于重新出发时,词语出口成章。唯一重要的是说出那件需要被说出的事。不考虑已然建立的惯例,不担心它听起来如何。那是在七十年代后期,从那之后我一直基于那种精神工作。

《巴黎评论》:你的第一本散文体作品是《孤独及其所创造的》,写于一九七九年至一九八一年间。非虚构类作品。那之后,你写了三个小说,被称为"纽约三部曲":《玻璃城》《幽灵》和《锁闭的房间》。你能精确地说出这两种形式的写作有何不同吗?

奥斯特:努力是同样的。要把句子写好是同样的。但想象作品比非虚构作品给予你更多的自由和机动性。另一方面,那种自由经常令人慌张。接下来会如何? 我怎么知道我写下的下一句句子不会令我跌下悬崖? 对于自传性作品,你提前知道了故事,而你的首要职责是讲述事实。但那不会令工作更简单些。在《孤独及其所创造的》第一部分的引言处,我用了赫拉克利特的句子——用了盖伊·达文波特不正统但优雅的翻译:"要追寻真理,就要准备好遇上意外,因为追寻真理之路并非一帆风顺,寻到真理之时亦会令人迷惑不解。"最终,写作就是写作。《孤独及其所创造的》或许不是本小说,但我想它探讨了许多我在写小说时着手处理的同样的问题。从某种意义上说,这是我所有作品的基石。

《巴黎评论》:那么剧本呢? 你参与了三部电影的制作:《烟》《鼻青脸肿》和《桥上的露露》。剧本写作和写小说有什么不同呢?

奥斯特:每方面都不同——除了一个关键的相似点。你试图讲一个故事,但可供你使用的手段迥然不同。小说是纯粹的叙事;剧本则类似戏剧,而在所有的戏剧写作中,唯一有用的词语是对话。碰巧,我的小说通常不会有许多对话,所以要为电影工作,我就不得不学习一种全新的写作方式,教会自己如何用图像思考,如何把词语放进活人嘴里。

剧本是一种比小说写作更具限制性的形式,有其长处和短处,有它能做到的事和它不能做到的事。比如说,时间问题在书和电影里以不同的方式运作。在小说里,你可以把一长段时间压缩成仅仅一句话:二十年来,每天早晨我都会走到街角报摊买一份《每日军号报》。在电影里就不可能这样做。你可以展示一个人在特定的一天走上街买了份报纸,但没法展示二十年里的每一天。电影发生在现时。甚至当你使用闪回时,过去也总是被处理成现时的另一个化身。

《巴黎评论》:《孤独及其所创造的》里有个短语我一直很喜欢:"轶事作为一种知识形式。"这是个非常重要的观念,我认为。知识不一定要以公告、宣言或解释的形式出现,它可以以故事的形式出现。我觉得那就是《红色笔记本》里那些篇章背后的指导精神。

奥斯特:我同意。我把那些故事看做一种"诗歌的艺术"——但没有理论,没有任何哲学包袱。我的生活中发生了那么多奇怪的事情,那么多未曾预料到的、几乎不可能的事件,我不再肯定我是否明白现实是什么。我能做的只有谈论现实的机制,收集世上发生了些什么的证据,试图尽可能忠实地将之记录下来。我在小说里使用了那种方式,与其说那是一种方法,还不如说那是出于一种信念。我的方式是:按照实际发生的样子呈现事件,而并非如应该发生的样子或我们希望发生的样子来呈现。当然,小说是虚构,因此它们说谎(以这个词最严格的意义而言),但通过这些谎言,每个小说家都试图讲述关于世界的真相。联系起来看的话,《红色笔记本》里的小故事发表了一种关于我如何看世界的立场声明,关于经验不可预测性的最基本的真相,其中没有一丝想象。不可能有。你和自己约定要讲述真相,假如你违背诺言,你宁可斩下右臂。有趣的是,当我写下那些篇章时心里想着的文学模型是笑话。笑话是最纯粹、最本质的讲故事的方式,每个词都得有用。

《巴黎评论》:那本书里最有力量的故事一定是那个闪电的故事了。发生时你十四岁,你和一群孩子去树林里远足,突然,你们被一场可怕的雷电风暴困住了,你边上的男孩被闪电击中身亡。如果我们要谈论你如何看待世界及写作,那肯定是个十分重要的时刻。

奥斯特:那件事改变了我的生活,这点毋庸置疑。在某一时刻男孩还活着,在下一个时刻他便死了;我仅仅离他几英寸远。这是我首次经历偶然的死亡,首次经历事物令人迷惑的不稳定性。你认为你站在坚实的土地上,转瞬间,你脚下的土地张开,你消失了。

《巴黎评论》:给我讲讲你和全国公共广播电台一起做的"全国故事项目"。照我的理解,他们喜欢你的嗓音,想找个方法让你上电台。

奥斯特:这一定与我多年来抽的雪茄有关。那种发自喉咙的低沉声音,那堵塞的小支气管,那消失了的肺的力量。我在磁带上听见了效果,听起来像一张砂纸在干燥的屋瓦上摩擦。

《巴黎评论》:是你的妻子希莉·哈斯特维特提议,由听众们寄来他们自己的故事,你从中挑选并在广播里朗读这些关于他们自身生活的真实故事。

奥斯特:我觉得这是个很聪明的想法。全国公共广播电台在全国有几百万听众,如果有足够的投稿进来,我觉得我们应该可以建立一个美国现实的小型博物馆。人们可以自由书写任何他们想写的东西,大事情和小事情,喜剧和悲剧。唯一的规则是文章必须短小——不超过两三页,而且它们必须是真实的。

《巴黎评论》:但你为什么会想要接下这样一份巨量工作呢? 在一年的时间里,你最后读了超过四千个故事。

奥斯特:我想我有好几个动机。最重要的一个是好奇心。我想弄明白别人是否拥有和我同样种类的经验,我是不是某种怪人,抑或现实真的和我想象的一样是奇怪和难以理解的? 有如此巨大的可能性储备可供使用,这个项目可以呈现出真正的哲学实验的诸多面相。

《巴黎评论》:那么结果如何?

奥斯特:我很高兴地报告,我并非独自一人。那儿是个疯人院。

《巴黎评论》:有些什么其他动机呢?

奥斯特:我成年生活的大部分时间都独自一人坐在房间里,写书。在那儿我完全快乐,但当我在九十年代中期参与电影工作时,我重新发现了与别人一起工作的乐趣。这很可能可以追溯到小时候参加的许多体育团队。我喜欢成为一个小团体的一部分,一个有目标的团体,其中每个人都为共同的目标而做贡献。赢一场篮球比赛或制作一部电影——其实只有极小的差别。对我而言,那很可能就是电影工作中的最佳部分:团结感、相互之间讲的笑话、我结下的友谊。然而到了一九九九年的时候,我的电影冒险近乎告终,我又回到了我的洞穴中写小说,一连好几个星期谁都不见。我想这就是为何希莉提出了她的建议的原因。并不仅仅因为这是个好主意,还因为她认为我会喜欢做一些有他人参与的工作。她是对的,我很开心。

《巴黎评论》:它占了你很多时间吗?

奥斯特:并不足以影响我的其他工作。故事渐渐持续地寄来,而只要我看稿跟得上投稿,就不算很糟。准备播音通常会花去一到两天,但那仅仅是一个月一次。

《巴黎评论》:你觉得你是在进行公益服务吗?

奥斯特:在某种程度上,我想是的。这是一个投身游击战对抗怪兽的机会。

《巴黎评论》:怪兽?

奥斯特:照艺术评论家罗伯特·休斯曾经的说法,叫做"娱乐业情结"。媒体向我们呈现的不外乎名人、八卦和丑闻,而我们在电视和电影里描述自己的方式已变得如此扭曲、如此低劣,以至于现实生活已被忘却。给予我们的,是暴力的冲击和愚笨的逃避者的幻想,而所有这一切背后的驱动力量就是钱。人们被当成白痴般对待。再也没有人类了,他们是消费者,是被操纵着去渴望他们并不需要的东西的失败者。所谓的资本主义的胜利。所谓的自由市场经济。随便叫什么,其中只有极小的空间可以代表真实的美国生活。

《巴黎评论》:你认为"全国故事项目"可以改变所有那些?

奥斯特:不,当然不。但至少,我试图稍微改变一下这体制。通过给予所谓的普通人机会,与听众分享他们的故事,我想证明并没有普通人那样一种东西。我们都拥有深刻的内心生活,我们都燃烧着惊人的激情,我们都经历了一种或另一种难忘的事。

《巴黎评论》:你的第一部小说《玻璃城》最具独创性的特色之一,是你把自己作为故事里的一个人物。不仅是你自己,还有你的妻子和儿子。我们已提到过,你写了不少自传性的作品,但你的小说是怎么样的呢? 你是否也利用自传性材料写小说?

奥斯特:在某种程度上是这样,但比你想的要少得多。在《玻璃城》之后,是《幽灵》。除了声称故事始于一九四七年二月三日——我的生日——之外,里面没有其他的私人指涉。但在《锁闭的房间》里,有些小事件直接来自我自己的生活。伊万·维斯纳格拉迪斯基,这位与范肖在巴黎做朋友的俄罗斯作曲家,是个真实的人。我遇见他的时候,他八十岁,当我七十年代前期住在巴黎时,经常与他见面。送给伊万一台冰箱这件事实际上也发生在我身上——与范肖一样。在油轮上伺候船长吃早餐的闹剧般的场景也是真的——在每小时七十英里的大风中一点一点移动,费力端牢盘子。这是我生命中真正感到身处巴斯特·基顿电影里的时刻。然后还有叙事者讲述的那个一九七〇年在哈勒姆为美国人口调查局工作的疯狂故事。那段故事的每一字每一句,都是与我自身经历一模一样的叙述。

《巴黎评论》:你是在告诉我们,这是真的——你真的创造了虚构人物,把他们的名字填在联邦政府的档案里?

奥斯特:我忏悔。我希望现在已经过了诉讼时效,不然我或许会因为此次访谈而落得进监狱的下场。为了给自己辩护,我得补充说是我的上级鼓励这种做法——出于同样的理由,他在小说里让步了。"你去敲一扇门,那门不开,可那并不等于里面没人。你可以运用自己的想象力,我的朋友。毕竟,我们可不想让政府扫兴,不是吗?"

《巴黎评论》:三部曲之后的小说呢? 有什么你愿意与我们分享的其他自传性秘密?

奥斯特:我在想……《机缘乐章》里想不出什么……《末世之城》里也没有……《昏头先生》里也没有。但《巨兽》里有一两个小元素,《在地图结束的地方》里有些好玩的——关于打字狗的故事。在书里,我把自己投射为威利的前大学室友——安斯特还是奥姆斯特(骨头先生不太记得这名字)。事实上,我的确在十七岁时去了意大利拜访我的姨妈——我母亲的姐姐。她在那儿住了超过十年,她有一个朋友恰是托马斯·曼的女儿伊丽莎白·曼·鲍吉斯,她是从事动物研究的科学家。有一天,我们受邀去她家午餐,我见到了她的狗欧利,一条很大的英国塞特种猎狗,人们教会了它如何用鼻子在一台特制的打字机上打出自己的名字。对此我亲眼目睹,这是我所见证的最荒谬、最非同寻常的事。

《巴黎评论》:《巨兽》里的叙事者和你有相同的首字母缩写——彼得·阿隆,他和一个叫艾瑞斯(Iris)的女人结婚,就是把你妻子的名字反过来拼。

奥斯特:是的,但彼得没有和希莉(Siri)结婚,他娶了希莉第一本小说《盲目》里的女主人公。

《巴黎评论》:跨小说的罗曼司。

奥斯特:的确如此。

《巴黎评论》：你还没提到《月宫》。它读来比你的任何其他小说都更像自传。佛格正是你的年纪，他去哥伦比亚正好在你去的时候。

奥斯特：是的，我知道这本书听起来很私人化，但其中几乎没有什么来自我自己的生活。我只能想出两个显著的细节。第一个与我父亲有关，我将之视为一种死后的报复，一种以他的名义以牙还牙的方式。在小说里，泰斯拉是个小角色，我用了几页来写十九世纪九十年代在爱迪生和泰斯拉之间爆发的交流电—直流电争论。埃奉，把这故事讲给佛格听的那个老人，对爱迪生进行了大量的诽谤。好吧，事实是当我父亲一九二九年高中毕业时，他曾受雇于爱迪生，作为助理在门罗公园的实验室里工作。我父亲在电子学方面很有天赋。工作两周后，爱迪生发现他是个犹太人便解雇了他。这男人不但发明了电椅，而且还是个臭名昭著的反犹人士。我想为我父亲反击他，来扯平旧账。

《巴黎评论》：另一个细节是什么？

奥斯特：埃奉在街上向陌生人分发钞票的那晚。那个场景直接来自一九六九年发生在我身上的事——我与 H. L. 休姆斯的会面。人称休姆斯博士的他是《巴黎评论》的创办者之一。这是一件如此疯狂的事，我想我自己也编不出来。

《巴黎评论》：在你的另一部自传作品《穷途墨路》里，你令人难忘地写了几页休姆斯博士。这本书主要有关你作为一个年轻人努力地维持经济平衡，它有个有趣的副标题"早年失败记事"，是什么促使你想写这个主题的？

奥斯特：我一直想写一些有关钱的东西。不是金融或生意，而是钱不够、贫困的经历。多年来，我一直想着这个计划，我的工作标题一直是"论需求"，非常洛克派、非常十八世纪、非常干涩。那时我打算写一本严肃的哲学作品，但当我坐下开始写时，一切都改变了。这本书变成了我自己处理金钱麻烦的故事，而尽管主题相当阴沉，写作气氛主要还是喜剧的。

尽管如此，这本书并不只关于我自己。我把它看成一次机会，可以来写

263

一写那些我年轻时遇见的各有特点的人物，给予他们应得的东西。我对在一间办公室里工作或长期做一份稳定的白领工作从来没有任何兴趣。我觉得这想法特别讨厌。我倾向于更卑下的工作，那令我有机会和与我不同的人共度时光：没有上大学的人、没读很多书的人。在这个国家，我们倾向于低估劳动阶级的智慧。根据我的自身经验，我发现他们中的大部分和管理这世界的人们一样聪明，他们只是不那么有野心——就是这样。但他们的谈话要有趣得多。每到一处，我都要很努力才能跟上他们的话头。我花了太多时间把鼻子埋在书本里，而大部分跟我共事的人都远比我能说会道。

《巴黎评论》：谁是海克特·曼，那个《幻影书》里的默片演员的来源？

奥斯特：大约十或十二年前的一天，他出现在我脑子里，而我带着他过了很长一段时间，后来才开始写这本书。但海克特自身从一开始就完全成型了。不仅他的名字，而且还有他出生于阿根廷，还有白外套、黑胡子和俊俏的脸——它们也都在那儿了。

《巴黎评论》：你凭空创造了他，但当我们阅读你描述他演的喜剧时，很难相信他不是一个真实的默片明星。他看起来真的进入了世界电影史。你知道是谁或什么给了你灵感吗？

奥斯特：我不太肯定。从外形上看，海克特·曼与一部六十年代早期的电影《意大利式离婚》里的马切罗·马斯特洛亚尼非常相像。胡须和白色外套或许是从那部电影里来的，尽管我不太肯定。海克特也有些特征与最早期的默片喜剧演员马克斯·林德相像。或许他身上还有点雷蒙德·格里菲思的味道。格里菲思的大部分电影都散失了，所以他成了一个相当模糊的人。但他演过一个世上最衣冠楚楚的人，就像海克特一样，他也有胡须。但海克特的行动更轻快，舞蹈动作比格里菲思更有艺术性。

《巴黎评论》：几部电影的描述使用了非凡的视觉化语言，你是如何着手写那些段落的？

奥斯特:这是个权衡利弊的问题。所有的视觉信息必须在那儿——动作的物理细节,这样读者便能"看见"发生了些什么,但同时,行文又必须以一种快节奏进行,以便模拟观看电影的经验——一秒钟里有二十四格画面从你眼前一晃而过。细节太多,你会因此而停滞。细节不够,你又会看不见任何东西。我不得不多次检视那些纸页,直到我觉得我把它们弄对了。

《巴黎评论》:海克特的电影是小说的重要组成部分,但大卫·齐默才是核心人物,当小说开始时,他的妻子和两个儿子刚死于一场空难。事实是,我们已经在你早前的一部作品里认识了大卫·齐默。在《月宫》里,他是马可·佛格的朋友。我们同样从那本书里知道他就是那位收到安娜·布卢姆来信的人,而这实际上构成了你的早期小说《末世之城》的全部内容。《幻影书》里没有提及佛格,但用齐默的第二个儿子马可的名字做了谨慎的指涉。

奥斯特:我已经认识齐默很长时间了。但他现在老了,且自从我们上次看见他后,发生了很多事。

《巴黎评论》:《幻影书》讲述了一个非常复杂的故事,但在它的核心,我会说这是一次对于悲痛的探讨。在灾难性的失去之后,我们如何继续生活?在我们所爱的人死去后,我们如何重新振作?从一个迥异的视角看,那也是《在地图结束的地方》的核心关注点,对吗?或者,让我这样来提问:你是否认为你能够在十或十五年前写出这些书里的某一本?

奥斯特:我不确定。我如今已年过五十,当你长大时,事物对你而言变化了。时间开始滑走,简单的算术告诉你,身后的时光比前面的多——多得多。你的身体开始衰退,会有从前没有的疼痛,而渐渐地,你爱的那些人开始死去。到了五十岁,我们中的大部分都会被幽灵所缠绕。他们住在我们身体里,我们花费与生者交谈同样多的时间与之谈话。年轻人很难理解这点。并不是说一个二十岁的人不知道他将来会死,而是他人的死亡会更深刻地影响一个年长些的人——而你并不知道那些死亡的累积会对你产生什么影响，直到你亲自体验到。生命是如此短暂、如此脆弱、如此神秘。毕竟，在一生中我们真正爱的有几个？只有一些，很少的一些。当他们中的大部分去世后，你内心世界的版图改变了。一如我的朋友乔治·欧本有一次与我谈及变老时所言：这小孩身上，发生了多么奇怪的事啊。

《巴黎评论》：你在《孤独及其所创造的》一书中引用了那句话。

奥斯特：这是我听过的对于老年的最佳评论。

《巴黎评论》：在《巨兽》中，你的叙事者彼得·阿隆写道："没人能说出书来自哪儿，写出它的那个人最能。书来于无知，而倘若它们在被写就之后继续活着，那也仅止于它们无法被理解的程度。"这与你自己的想法有多接近？

奥斯特：我很少直接通过我的人物说话。他们有时或许与我相像，或借用我的人生观，但我倾向于将他们视为自治的存在，有他们自己的观点及表达自身的方法。但在这个例子里，阿隆的观点与我的吻合。

《巴黎评论》：当你着手写一部小说时，你对正在做的事有多自觉？你会按计划工作吗？你事先就想出了情节吗？

奥斯特：我写的每本书都始于我称为"脑中的嗡嗡声"的东西。一种特定的音乐或节奏，一种音色。对我而言，写小说的大部分力气都花在试图保持对那种嗡嗡声、那种节奏的忠诚之上。这是种高度直觉的工作。你无法论证或理性地为之辩护，但你奏响强音的时候你会知道，而当你击中了正确的音符时你通常会很肯定。

《巴黎评论》：你写作时在故事里跳跃吗？

奥斯特：不。每本书都始于第一句，随后我继续，直到抵达最后一句。总是按顺序，一次一段。我有一种故事的线路感，经常会在开始前已经有了最后一句和第一句，但当我进行时，一切会不断改变。我出版的书里没有一本和我最初设想的一样。人物或情节消失,在过程中发展出其他人物和情节。你在写作的过程中找到了这本书。那就是这工作的激动人心之处。如果一切都预先详细制定好了,那就不会很有趣。

《巴黎评论》:然而你的书看起来结构总是那样松散,这是你最向往的东西之一。

奥斯特:《幻影书》一路上经历了好几个剧烈转折,直到写到最后几页时,我还在重新思考这故事。构想中,《在地图结束的地方》原本是一部长得多的书。威利和骨头先生本来在其中只有很小的、稍纵即逝的戏份,但一旦开始写第一章,我爱上了他们并决定抛弃我的计划。这项目变成了一本有关他们俩的抒情小书,几乎没有什么情节。而对于《昏头先生》,那时我想写一个三四十页的短篇小说,但它成功了,好像获得了自身的生命。对我来说,写作总是如此:缓慢地朝向意识蹒跚而行。

《巴黎评论》:我们可以回到"一次一段"这句话吗?

奥斯特:段落好像是我创作的自然单元。诗行是诗歌的单元,段落在散文体写作中起同样的作用——至少对我而言。我会一直在一个段落里工作,直到我感觉对之较为满意。我写作,我重写,直至它有了正确的形式、正确的平衡和正确的音乐性——直到它仿佛透明,浑若天成,不再是"写成的"。那段落可能会花一天完成,或半天,或一小时,或三天。一旦它好像完成了,我就把它打出来再看一看。于是每本书都有一个持续的手稿,除此之外还有个打印稿。当然,此后我会再着手处理打印出的纸页,做更多修改。

《巴黎评论》:而渐渐地,纸页堆积了起来。
奥斯特:对,非常缓慢地。

《巴黎评论》:作品完成前,你会把它给别人看吗?
奥斯特:希莉。她是我的第一个读者,我绝对信任她的判断。每次写小说，我差不多每个月都会从中读一些给她听——每当我有新的一沓二三十页的时候。对我而言，朗读帮助我将书客观化，以便听出我哪儿弄错了或没能表达我试图要说的东西。随后希莉进行她的评论。如今她做这个已有二十二年，她说的东西总是极其敏锐，我想不出有哪次我没有听取她的建议。

《巴黎评论》：你读她的作品吗？

奥斯特：是的。我试着为她做她为我所做的。每个作家都需要一个可信任的读者——一个能对你所做的感同身受、并希望这作品尽可能好的人。但是你必须诚实，那是最基本的要求。不说谎，不会假装鼓励，不会赞扬那些你觉得不值得表扬的东西。

《巴黎评论》：一九九二年，你把《巨兽》献给了唐·德里罗。十一年之后，他把《大都市》献给了你。你们显然有一段长久的友谊，并尊敬彼此的作品。如今你还看哪些当代作家？

奥斯特：相当多——可能我都数不过来。彼得·凯里、罗素·班克斯、菲利普·罗斯、E. L. 多克托罗、查尔斯·巴克斯特、J. M. 库切、大卫·格罗斯曼、奥尔罕·帕慕克、萨尔曼·拉什迪、迈克尔·翁达杰、希莉·哈斯特维特……这些名字是我此刻想到的，但如果你明天问我同样的问题，我肯定我会给你一张不同的名单。与很多人愿意相信的相反，小说在目前状况良好，像一直以来的那样健康而有活力。这是一种用之不竭的形式，不管悲观主义者说了些什么，它永远都不会灭亡。

《巴黎评论》：你为何这样肯定？

奥斯特：因为小说是世界上唯一一个两位陌生人能以绝对的亲密相遇的地方，读者和作者一起完成了这本书。没有其他艺术能够那样做，没有其他艺术能够捕获人类生命中最本质的亲密。

《巴黎评论》：你的最新小说《神谕之夜》将于年底出版，距离出版《幻影书》仅有十五个月。你一直很高产,但这好像将是某种纪录。

奥斯特:实际上,在《幻影书》之前我就开始写《神谕之夜》了。我写了开头大约二十页,但那时我停了下来。《幻影书》大约花了我三年时间来写,而在那整段时间里,我一直想着《神谕之夜》。当我最终回到它上面时,便以极快的速度完成了。我感觉就好像在一种恍惚里写作。

《巴黎评论》:整个过程一帆风顺吗——还是你在过程中遇到了困难?

奥斯特:直到结尾的最后二十来页之前都很顺利。当我开始写这本书时,我有个不同的结尾,但当我按照原先计划的将它写出来之后,我对此并不满意。太残酷、太耸人听闻,削弱了全书的风格。那之后我停滞了几周,我一度以为我会写不完这本书,就像小说里西德尼的故事一样。这就好像我落入了我自身作品的魔咒,与我的主人公一样经历了同样的挣扎。幸好,最终我想了出来,得以写出最后二十页。

《巴黎评论》:前面你用了这个词——"亲密",这是提起这本书时第一个从读者脑子里跳出来的词。这是本很亲密的小说,很可能是你写过的作品里最抓人的。

奥斯特:我将之视为某种室内作品。人物很少,所有的情节只发生在两周之内。它非常紧凑、紧密地回旋向自身——由相互联结的部分组成的小小奇特有机体。

《巴黎评论》:有一些元素你以前从没用过,比如说脚注。

奥斯特:当然,不算什么原创的想法,但对于这个特定的故事而言,我觉得很有必要。文本的主体将自身限制在现时,限制在那两周内发生的事件里,而我不想打断这叙事流。我把脚注用来谈论发生在过去的事。

《巴黎评论》:在几本早年的书里你使用了图画:《玻璃城》里的地图和《昏头先生》里的图表。但在《神谕之夜》里有两张照片——一九三七至一九三八年的华沙电话簿。它们尤其令人难以忘怀,且很有效。你怎么会有那本电话簿的,是什么令你决定采用那些照片的?

奥斯特:一九九八年我第一次去华沙,我的波兰出版商将之作为礼物送给我。在那本书里有一个奥斯特,毫无疑问,这个人在仅仅几年后被纳粹谋杀了。《神谕之夜》的叙事者西德尼以同样的方式找到了某位可能是他亲戚的人的名字。我需要这些照片来证明这本书真实存在——不是我编造出来的。整本小说充满着对二十世纪历史的指涉:第二次世界大战、大屠杀、第一次世界大战和刺杀肯尼迪。毕竟,这是本有关时间的书,而虽然那些指涉稍纵即逝,但它们是历史的关键部分。

《巴黎评论》:《神谕之夜》是你的第十一本小说,经过这些年后,写小说对你而言是否变得容易些了?

奥斯特:不,我不这样认为。每本书都是一本新的书。我以前从未写过,当我着手写时,我必须教我自己如何去写,过去写了几本书这一事实在其中并无作用。我一直感觉像个初学者,我不断碰见同样的困难、同样的障碍、同样的绝望。作为作家你犯了那么多错,改掉了那么多糟糕的句子和想法,丢弃了那么多无用的纸页,以至于最终你会知道你有多笨。这是个卑下的职业。

《巴黎评论》:很难想象你的第一部小说《玻璃城》曾被十七家美国出版商拒绝。如今,二十年后,你的书已经被翻译成超过三十种语言。你是否曾停下来思考你这奇怪的职业,包括所有那些辛勤的工作和耐心,还有最终的那些成功?

奥斯特:我试着不去想。对我而言,很难从外部来看我自己。我只是没有这心理机制来做这个,至少就我的作品而言。对于我所做的,要由他人来评断,我不想擅自回答那个问题。我希望我能,但我还没掌握同时身处两个地方的诀窍。

(原载《巴黎评论》第一六七期,二〇〇三年秋季号)

村上春树

◎ 比目鱼/译

在作品已被翻译为英文的日本小说家当中,村上春树不仅可能是最富实验色彩的,而且也是最受欢迎的,他的作品在全球拥有百万销量,其中最出色的小说往往游离于现实主义文学、寓言、侦探小说以及科幻小说的边缘:《世界尽头与冷酷仙境》的主人公拥有两套意念;而《奇鸟行状录》(大概是村上在日本以外的读者中最著名的作品)虽以一位男子寻找失踪妻子的平淡故事开头,却悄无声息地变异为继劳伦斯·斯特恩的《项狄传》之后最为怪异的混合体叙事。村上的世界是一个讽喻世界,构成这个世界的符号颇为熟悉——一口枯井、一座地下城市,然而这些符号的意义自始至终神秘莫测。尽管他的作品深受流行文化(特别是美国文化)的影响,但也许可以说,村上的小说比其他任何作家的作品都带有更强烈的个人化色彩。

村上一九四九年出生在日本古都京都府一个受益于民族文化的中产阶级家庭:父亲是教日本文学的老师,祖父是一位佛教僧人。村上两岁时随全家搬到了神户市,正是这座车水马龙、外国人(尤其是美国海员)往来不断的海港城市最为清晰地塑造了他的感知力。村上很早便开始排斥日本本土的文学、绘画及音乐;在爵士乐唱片、好莱坞电影和廉价平装书的影响下,他开始对日本以外的世界感到越来越强烈的共鸣。

六十年代后期,作为一名东京的学生,村上对已达到高潮的学生抗议运动持同情态度,但一直冷眼静观。在此期间,他对后现代文学发生了兴趣。他和一位二十三岁的女子结婚,此后花了几年时间在东京经营一间名叫"彼得猫"的爵士酒吧,一直持续到后来,随着第一部小说的出版,他完全能够靠

日曜の午後のピクニック

新聞で偶然彼女の死を知った友人が

電話で僕にそれを教えてくれた。彼は電話口

で朝刊の一致記事をゆっくり読み上げた。ごく

平凡な記事だ。大学を出たばか

りの駆けだしの記者が、練習のために書いた

ような文章だった。

何月何日、どこかの街角で、誰かの運転す

るトラックが誰かを轢いた。誰かは業務上

失致死の疑いで取り調べ中。

雑誌の扉に載っている短かい詩のようだ。

あたね。

「葬式はどこでやるんだろう?」と僕は訊

いてみた。

「さあ、わからないなと彼は言った。だ

いいち、あの子に家なんてあったのかな?」

もちろん彼女にも家はあったさ。

僕はその日のうちに警察に電話をかけて、

村上春树《寻羊冒险记》手稿第一页(1982)

写作挣钱为止。他的小说处女作《且听风吟》摘取了令人垂涎的"群像新人文学奖",并使村上开始拥有自己的读者(虽然此书已被译成英文,但按照作者的要求,并没有在日本以外发行)。此后村上的声誉随着每本新书的出版而不断扩大,直至一九八七年,他的第一部现实主义小说《挪威的森林》使他成为一颗文学巨星,他被誉为"真实地反映了那一代人的心声"、"日本八十年代的 J. D. 塞林格"。此书仅在日本就有超过二百万册的销量,相当于东京的每个家庭都拥有一本。

从那时起,村上在日本一直是一位家喻户晓的名人,虽然他本人对这种名望并无兴趣。为了远离这种公众形象,他一度在国外生活数年,在欧洲和美国都曾住过。他的小说,如《奇鸟行状录》,就是在普林斯顿大学和塔夫斯大学教学期间创作的。虽然村上再没有重返《挪威的森林》式的直白的抒情文体,他的小说却仍然不断吸引着更为广泛的读者——他的新作《海边的卡夫卡》在日本已经售出三十万册,其英译本也将在今年出版。在国际范围内,村上是他同时代作家中读者最多的日本小说家,他几乎已经拿到过日本所有的文学奖,其中包括最高奖项"读卖文学奖"。村上同时也是一位极其活跃的译者,曾为日本读者翻译过很多不同类型的作家,如雷蒙德·卡佛、蒂姆·奥布莱恩、F. 司各特·菲茨杰拉德等人的作品,其中很多都是首次被译成日文。

村上的办公室毗邻遍布时尚小店、相当于纽约苏荷区的东京青山。这座楼房低矮敦实,保留着旧日的痕迹,仿佛对周遭的景物变迁颇不以为然。他在这座楼的六层租了一套大小适中的套间,每个房间的陈设都基本相同:纯木柜子、转椅、铺着软玻璃的写字台——简言之,办公家具。这种装潢风格一方面与作家工作室的概念很不协调,但同时又似乎很相称:这位作家笔下的人物常常就是在这种平淡无奇的环境中发觉一个梦幻世界正在向他们招手致意。事实上,虽然村上有时候会在这里写作,但这个办公室主要用于处理商务方面的事宜。这里充满彬彬有礼的工作气氛,我见到过至少两名村上的助手,他们衣着得体、行事干练。

在连续两个下午的访谈中,不时可以听到村上的笑声,这虽然和安静的办公气氛不太和谐,却令人感到愉悦。显而易见,村上是一个大忙人,同时正如他自己承认的那样,不善侃侃而谈。然而一旦谈话转入正题,他就会聚精会神,率直作答。他的英语很流畅,但他喜欢在句子中间做长时间的停顿,好让自己有时间仔细斟酌词句,以求做出最准确的回答。当话题转入村上的两大爱好——爵士乐和马拉松长跑时,他流露出的兴奋很容易让人误以为他比实际年龄年轻二十岁,这时他看上去甚至像一个十五岁的男孩。

——约翰·雷,二〇〇四年

《巴黎评论》:我刚刚读完你的最新短篇小说集《地震以后》,觉得很有意思的是,这本书里既有像《挪威的森林》那样比较写实的小说,也有更接近于《奇鸟行状录》和《世界尽头与冷酷仙境》的作品,你把这些风格不同的短篇小说很自由地混合在一起。这两种不同的形式在你看来有什么根本区别吗?

村上春树:我的风格——我所认为的自己的风格——非常接近于《冷酷仙境》。我本人不喜欢现实主义风格,我喜欢更加超现实的风格。至于《挪威的森林》,我当时拿定主意写一本不折不扣的现实主义小说,我需要那种写作经验。

《巴黎评论》:当时你是想把那本书当做一种风格上的练习,还是因为它的故事用现实主义手法来讲述最为合适?

村上:如果我坚持写超现实的小说,我可能会成为一位邪典作家①。可

---

① 邪典作家(Cult Writer),指那些作品风格非主流、未必十分畅销,但在某些特定读者群中受到狂热追捧的作家。

我想打入主流,所以我需要证明自己有能力写现实主义小说,这就是为什么我写了那本书的原因。那本书在日本成了畅销书,这种结果在我的意料之中。

《巴黎评论》:所以说那是一个策略上的选择。

村上:是的。《挪威的森林》很容易读,也很容易理解。很多人都喜欢那本书,然后这些人又会对我其他的作品产生兴趣,所以它很有帮助。

《巴黎评论》:这么说来,日本读者很像美国读者,他们喜欢简单易懂的故事?

村上:我的新书《海边的卡夫卡》卖了三十万套——这本书一套两册,我很奇怪会卖掉这么多,这很不寻常。这部小说的故事很复杂、很难理解,但我的文字风格很容易读,书里有一些幽默成分,故事有戏剧性,能让读者拿起来就放不下。在故事情节和叙事语言这两个要素之间也许存在着一种神秘的平衡,这可能就是我获得成功的另一个原因。不管怎么说,这个结果让人难以置信。我每三四年写一部小说,读者总是在等我的新书上架。我采访过约翰·欧文,他说读一本好书就像注射毒品一样,一旦成瘾,就会不断地等待下一次。

《巴黎评论》:你想把你的读者变成瘾君子。

村上:这是约翰·欧文说的。

《巴黎评论》:这两个要素——直截了当、简单易读的叙事语言,配合一个扑朔迷离的故事情节,是不是你有意识的选择?

村上:不是。当我开始写一篇作品的时候,脑子里并没有一张蓝图,我是边写边等待故事的出现。我并没有事先想好故事的类型和故事情节,我等着故事发生。《挪威的森林》是另一种情况,因为当时我想写一部现实主义小说。但我基本上不会在动笔前做出选择。

《巴黎评论》：可是你选择了讲故事的语调——那种不带感情色彩、很容易读懂的叙事语言，是吧？

村上：头脑中出现一些画面，把这些画面联结在一起就成了故事情节，然后我再把故事情节讲给读者听。当你讲述故事情节的时候应该持一种宽厚的态度，如果你想的是"这没什么，反正我知道是怎么回事"，那就太傲慢了。简单的语言、恰当的象征和比喻——我做的就是这些。我叙事时认真仔细，力求清楚无误。

《巴黎评论》：这种技能是与生俱来的吗？

村上：我并不聪慧，也不傲慢，我和读我书的人并没有什么区别。我以前开过一间爵士乐酒吧，我调制鸡尾酒、做三明治，没想成为一名作家——事情自然而然地发生了。你知道，那是一种恩赐，来自上天。所以我觉得我应该保持谦卑。

《巴黎评论》：你是在什么年龄成为一名作家的？这在当时是否出乎你的意料？

村上：那是我二十九岁时候的事。对，这件事在当时有些出乎我的意料，不过我立刻就习惯了。

《巴黎评论》：立刻？从写作的第一天起你就感觉得心应手？

村上：我刚开始写小说的时候，是用午夜过后的时间在厨房的桌子上写的。我写第一本书花了十个月的时间。我把它寄给一家出版商，后来还得了个奖，这很出乎我的意料，感觉像在做梦。不过一段时间过后，我想：没错，事情已经发生，我现在是个作家了，这有什么不好呢？整个过程就这么简单。

《巴黎评论》：那时候你太太对你决定开始写作这件事作何感想？

村上：她当时什么也没说。我对她说我是个作家了，她听了以后有些诧异,而且觉得有些难为情。

《巴黎评论》:为什么她会觉得难为情？她觉得你不能成功吗？

村上:当一个作家是一件有些招摇的事。

《巴黎评论》:当时谁是你的写作典范？你受到过哪些日本作家的影响？

村上:我从小时候一直到少年时期都没有读过太多日本作家的作品。我想脱离这种文化,我觉得这种文化很无趣、很差劲。

《巴黎评论》:你的父亲不是一位教日本文学的教师吗？

村上:是的。所以说这也是一种"父与子"的关系。我只是走向了西方文化这一边:爵士乐、陀思妥耶夫斯基、卡夫卡,还有雷蒙德·钱德勒。这是一个属于我自己的世界、我的幻想乐园,如果我愿意,我可以去圣彼得堡或者西好莱坞,这是小说的魔力——你可以到处游历。现在去美国是一件很容易的事了——每个人都可以去世界上任何一个地方,可是在六十年代,这几乎是不可能的,所以我就靠阅读和听音乐的方式旅行,那是一种梦幻一般的心理状态。

《巴黎评论》:而这在后来又促使你开始写作了。

村上:是的。我二十九岁的时候开始写小说,这来得很突然。我想写点儿东西,可是我不知道怎么写,我不知道如何用日语去写——那时候我几乎没有读过任何日本作家的作品,于是我从自己读过的书里借鉴风格、结构和所有的一切,这些书都是美国或西方的作品,结果我形成了自己独特的风格,我的写作就这么开始了。

《巴黎评论》:你的第一本书出版以后获了奖,你基本上算是已经正式上路了,那时候你有没有开始去结交其他作家？

村上:没有,完全没有。

《巴黎评论》:那时候你一个作家朋友也没有?

村上:是的。

《巴黎评论》:后来你有没有和别的作家成为朋友或同事?

村上:没有,一个也没有。

《巴黎评论》:至今你也没有任何作家朋友?

村上:是的,没有。

《巴黎评论》:你会把正在写的作品拿给别人看吗?

村上:从来不给别人看。

《巴黎评论》:你的太太呢?

村上:嗯,我把我第一部小说的初稿给她看过,可她说她根本就没看!所以我猜她没有任何印象。

《巴黎评论》:她对那本书没什么感觉?

村上:是的。不过那是第一稿,写得很糟糕,我后来又改了不少次。

《巴黎评论》:现在你写小说的时候,她会好奇你在写什么吗?

村上:她是我每本新书的第一读者。可以说她是我的合作伙伴,我依赖她。这就像对于司各特·菲茨杰拉德来说,他妻子姗尔达是他的第一读者一样。

《巴黎评论》:在你的写作生涯中,就从来没有感觉自己属于任何一个作家团体吗?

村上:我是独行者,不喜欢团体、流派和文学圈子。普林斯顿大学有一个类似快餐厅的地方,他们请我去那里用餐,在场的有乔伊斯·卡罗尔·欧茨,还有托妮·莫里森,我非常恐惧,以至于吃不下饭！玛丽·莫里斯也在场,她非常和善,差不多和我同龄,可以说,我们成了朋友。可是在日本,我没有任何作家朋友,因为我想……保持距离。

《巴黎评论》：你的小说《奇鸟行状录》有很大一部分写于美国,在美国生活对于你的创作过程或者作品本身有什么明显的影响吗？

村上：写《奇鸟行状录》的那四年当中我一直作为一个怪人住在美国。这种"怪"的感觉一直像影子一样陪伴着我,而这部小说的主人公也是如此。现在想起来,如果这本书是在日本写的,那么它可能会变成一本相当不同的小说。

我在美国生活的"怪"和在日本感觉到的"怪"是不同的。在美国这种感觉更加明显和直接,它让我更清楚地认识了自己。在某种程度上,写这本书的过程就像一个把自己扒光的过程。

《巴黎评论》：当代日本作家的作品中有没有你读过而且喜欢的？

村上：有一些。比如村上龙,还有吉本芭娜娜的部分作品。不过我不写书评和文学评论,那些事我不想参与。

《巴黎评论》：为什么呢？

村上：我觉得我的工作是观察人和世界,而不是去对它们进行评价。我一直试图让自己远离所谓结论性的东西,我宁愿让世间万物都处于无尽的可能性当中。

比起评论,我更喜欢翻译,因为翻译的时候你几乎不需要作任何的评判。我翻译一本自己喜欢的作品,就好像让那些美妙词句一行一行地从我的身心穿过。毫无疑问,世界上需要有评论家,不过那不是我的差事。

《巴黎评论》：让我把话题拉回到你自己的作品上来。你的小说很明显地受到了冷硬派美国侦探小说的影响,你是什么时候开始接触这一类型的小说的？哪些作家让你觉得最来劲？

村上：我上高中的时候迷上了犯罪小说。我那时候住在神户，神户是一个海港城市，有很多过往的外国人和海员把自己的平装书卖给当地的二手书店。我那时候很穷，但可以买得起这些廉价的二手书。我通过这些书学习英语，读得非常带劲儿。

《巴黎评论》：你读的第一部英文小说是哪一本？

村上：是罗斯·麦克唐纳的《名叫阿彻》。我从那些书里学到很多东西，读起来经常欲罢不能。同一时期我还爱读托尔斯泰和陀思妥耶夫斯基，他们的书同样引人入胜，那些书虽然很厚，可是我读起来就不想停。所以在我看来，陀思妥耶夫斯基和雷蒙德·钱德勒是同一回事。即使现在我也这么认为，我写小说的理想就是把陀思妥耶夫斯基和钱德勒放在同一本书里——这是我的目标。

《巴黎评论》：你第一次读卡夫卡是在什么年纪？

村上：十五岁。我读了《城堡》，那是一部伟大的作品，还读了《审判》。

《巴黎评论》：这很有意思。这两本书都是没有写完的作品，也就是说它们都没有结局。你的小说也有类似的感觉，特别是你近期的作品，比如《奇鸟行状录》，经常让人感觉你拒绝提供那种读者所期待的结局。这里面是不是有卡夫卡的影响？

村上：不完全是。你当然读过雷蒙德·钱德勒的小说，他的小说并没有真正的结局。他可能会说，这个人是凶手，可是对我来说，到底是谁干的并不重要。有一件很有趣的轶事，霍华德·霍克斯想把钱德勒的《长眠不醒》拍成电影，但他搞不清楚到底是谁杀了那个司机，于是他打电话去问钱德勒，钱德勒的回答是：我不在乎是谁杀的！我也是同样的态度："结局"没有任何意义，我不在乎《卡拉马佐夫兄弟》里的凶手到底是谁。

《巴黎评论》:可是,《长眠不醒》之所以引人入胜,其中一个原因就是读者想发现杀死司机的凶手是谁。

村上:我本人写小说的时候,事先并不清楚谁干了什么,我和读者处境相同。当我开始写一个故事,我根本不知道故事的结局,也不知道接下去会发生什么。即便故事一上来就有一桩命案,我也并不知道凶手是谁,我写这本书是因为我想去发现谁是凶手,如果我事先知道是谁干的,那么写这个故事就没有意义了。

《巴黎评论》:你是不是也有意识地在回避对你自己的作品进行解释?就像一个梦一旦被分析就会变得苍白无力?

村上:写书的好处是你可以在醒时做梦。真实的梦你无法去控制它,而当你写作的时候,你是醒着的,你可以选择故事的时间、长度、所有的一切。我每天早晨花四五个小时写作,时间到了我就停止,第二天仍可继续。如果是一个真实的梦,那你就不可能像这样控制它。

《巴黎评论》:你说你写小说时事先并不知道凶手是谁,可我想到了一个可能属于例外的情况——《舞!舞!舞!》中的五反田这个角色。小说在塑造这个人物时使用了经典犯罪小说的技巧,故事的发展经过了有意的设计和营造,好让读者丝毫不去怀疑这个人物,直到最后他自己坦白为止。难道这样你还能说你事先并不知道五反田有罪?

村上:我写第一稿的时候,事先并不知道凶手是五反田,写到接近结尾的时候(大约全书三分之二的地方),我开始明白凶手是他。于是当我写第二稿的时候,在知道谁是凶手的情况下,我重写了那些有五反田出现的场景。

《巴黎评论》:这是不是就是修改小说的一个主要目的——根据初稿的结尾来修改前面的部分,好让读者产生一种故事非如此发生不可的感觉?

村上:没错。初稿总是很乱,我必须一遍一遍地改写。

《巴黎评论》：你一般来说改几遍？

村上：一共写四到五遍。我一般花六个月写完第一稿，然后再花七八个月修改。

《巴黎评论》：写得很快啊。

村上：我是一个勤奋的工作者。我对我的作品非常投入，所以写起来就容易。而且当我写小说的时候，我不干别的，只写小说。

《巴黎评论》：你的一个典型工作日是如何安排的？

村上：当我进入一本书的写作阶段时，我会在早晨四点钟起床，工作五至六个小时。下午的时候，我会跑步十公里或者游泳一点五公里（或者两样都干），然后读一会儿书，听听音乐。我晚上九点钟就寝。我每天重复这种作息，从不改变。这种重复本身变得很重要，就像一种催眠术，我沉醉于自我，进入意识的更深处。不过，要把这种重复性的生活坚持很长时间——半年到一年，那就需要很强的意志力和体力了。从这个意义上讲，写大部头小说就像救生训练一样，体力和艺术敏感性同样重要。

《巴黎评论》：我想请你谈一谈你笔下的人物。当你写作的时候，这些虚构人物在你眼里有多真实？对你来说，他们是否应该拥有各自独立于小说叙事之外的生命？

村上：当我塑造小说角色的时候，我喜欢观察生活中的真实人物。我这个人话不多，但我喜欢听别人的故事。对于笔下的人物，我并不事先想好此人到底是个什么样的人，我只是尽量设身处地地去体会他们的感受，思考他们将何去何从。我从这个人身上收集一些特征，再从那个人身上获得一些特点。我不知道这是"现实主义"（realistic）还是"不切实际"（unrealistic），不过对我来说，我笔下的角色要比真实生活中的人感觉更加真实。在我写作的六七月当中，那些人物就活在我的身体里，那里自有一片天地。

《巴黎评论》:你小说的主人公经常让人感觉是你本人的视角在你所描述的奇幻世界中的投影——一个身处梦境中的做梦者。

村上:你可以这么想:我有一个孪生兄弟,两岁时,我们中的一个——另外那个——被人绑架了,他被带到一个很远的地方,从此我们两个再也没见过面。我想我小说的主人公就是那个失踪的人,他是我的一部分,但并不是我本人,我们已经很久没有见面,他是我本人的另外一种形式。我们的DNA相同,但生活环境不同,所以我们的思维方式会有差别。我每写一本书都会让自己置身于不同的角色中去亲身感受,因为有时候我会对自己的生活感到厌倦,而我可以通过这种方式逃逸,这是一种想入非非的白日梦。如果不能做这种白日梦,写小说还有什么用?

《巴黎评论》:我有另外一个关于《世界尽头与冷酷仙境》的问题:这部小说具有一种对称性、一种比较正式的感觉,还有就是结尾的终结感——这一点和你后来的小说,如《奇鸟行状录》,有所不同。是不是在某一阶段你对小说结构的作用及重要性的认识发生了改变?

村上:是的。我最早写的两本书并没有在日本以外出版,我不想出版那两本书,我觉得它们是不成熟的作品,那是两本小书,写得很单薄——不知道"单薄"是不是一个合适的字眼?

《巴黎评论》:它们的缺点在什么地方?

村上:我写最初的那两本书时想要做的是解构传统的日本小说。所谓"解构",是指我想除去传统日本小说中内在的东西,只留框架,然后我再用一些新鲜、原创的东西来填充这个框架。直到一九八二年我写完第三本书——《寻羊冒险记》,我才成功地找到了实现这一构想的方法。前两本书在我摸索的过程中对我有所帮助,仅此而已。我认为我的小说是从《寻羊冒险记》开始才真正体现了我自己的风格。

从那本书以后,我的小说越写越长,结构也越来越复杂。每次当我写一本新书,我都想打破以往的结构,开创一种新的东西。我在每本新书里都尝试新的主题,或给自己设置一种新的限制,或者提供新的视野。我对小说的结构总是有着清醒的意识,如果我在结构上做了改动,那么我就不得不同时改变人物和文字风格。如果我每次都写同样的东西,那我肯定会感到疲惫和乏味。

《巴黎评论》:虽然你经常改变小说中的一些成分,但是还有一些东西是保持不变的:你的小说总是采用第一人称的叙事方式;在你的小说里,总有一个男人和一系列的女人发生性感十足的关系;一般来说这个男人相对于这些女人总处于被动的地位,而从这些女人身上可以反映出这个男人的恐惧和梦想。

村上:在我的长篇小说和短篇小说里,在某种意义上,女人是一种媒介,其功能是通过她们来使一些事情得以发生,那些事是主人公必须要去经历的。主人公总是被这种媒介带到某处,而他所目睹的一切都是由她展示给他的。

《巴黎评论》:你指的媒介是那种维多利亚式的、巫师型的"灵媒"吗?

村上:我认为性是一种……灵魂上的承诺。美好的性可以治疗你的伤口,可以激活你的想象力,是一条通往更高层次、更美好之处的通道。在这个意义上,我的故事当中的女人是一种媒介——一个新世界的使者。这就是为什么她们总是主动出现在主人公身边,而不是由主人公去接近她们的原因。

《巴黎评论》:你小说中的女人似乎可以分为两种:第一种女人和主人公的关系本质上是认真的,往往就是这个女人在小说里失踪了,而她在主人公的记忆里却挥之不去;另一种女人则较晚出现,她协助主人公去寻找,或者恰恰相反,帮助主人公去忘却。这第二种女人往往爽直坦率、性情古怪、在性方面毫不遮遮掩掩,比起那个失踪的女人,主人公和她的关系来得更加温暖、更具幽默感,而主人公和前者几乎没有什么沟通。这两种典型人物各起什么作用?

村上：我的主人公几乎总是被夹在真实世界和精神世界之间。在那个精神世界里，女人——或者男人——表现得平和、聪颖、谦逊、明智；而在现实世界中，就像你说的那样，女人则非常活跃、富有喜剧色彩、态度积极、具有幽默感。主人公的意识被分裂为这样两个完全不同的世界，而他无法从中做出选择。我想这就是我的作品的一个重要主题。这种情况在《世界尽头与冷酷仙境》里非常明显——主人公的意识在生理上就是分裂的。《挪威的森林》也是这样：自始至终都有两个女孩的存在，主人公无法在她们中间做出选择。

《巴黎评论》：我总是更同情有幽默感的女孩。我想读者更容易接受充满幽默的恋情，要想让他们被严肃的爱情描写所打动则是一件难事。在《挪威的森林》里我从头到尾一直喜欢绿子这个角色。

村上：我想大多数读者应该和你的感受相同，他们也都会选择绿子，当然小说的主人公最后也选择了绿子。然而，他有一部分自我一直处于另外一个世界，他无法抛弃那个世界，那是他的一部分、一个重要的部分。世上所有人的头脑中都有病态的部分，这块地方是人的组成部分之一。我们有理智的一半，也有疯狂的一半，我们在这两部分之间进行协调——我坚信这一点。当我写作的时候我可以特别清晰地感觉到我意识中那个疯狂的部分——"疯狂"并不是最恰当的字眼，应该说"不平常的"、"不真实的"。当然，我最终必须回到真实的世界中来，重新恢复健全的神志。可是如果我没有疯狂、病态的那部分，我就不会是今天的我。换句话说，我的小说的主人公是有两个女人作为后盾的，对他来说，这两个缺一不可。《挪威的森林》是个典型的例子。

《巴黎评论》：如此说来，《挪威的森林》中的玲子这个角色就很有意思了。我不知道该如何给她归类，她好像同时属于两个世界。

村上：她的头脑一半理智，一半疯狂，就像希腊戏剧中的面具：从某一侧看去,她是个悲剧角色;从另一侧看,她却是个喜剧角色。从这个意义上讲,她带有很强的象征性。我很喜欢玲子这个角色,当我写到她的时候我很开心。

《巴黎评论》:比起直子这样的角色,你是不是对那些带有喜剧色彩的人物,比如绿子和笠原 May,更有感情?

村上:我喜欢写诙谐的对话,我觉得那是一种乐趣,可是如果书中所有人物都是喜剧角色,那也会很乏味。喜剧角色对我来说是一种心灵稳定剂。幽默感是心绪平静的表现,你需要冷静才能幽默。而当你严肃的时候,你可能会处于心绪不稳的状态——严肃有这个问题。可是幽默的时候,你的心是平静的。虽然这么说,但你是不能用微笑去打赢一场战争的。

《巴黎评论》:我个人认为,很少有作家会像你一样如此着魔似的反复书写你所迷恋的主题。《世界尽头与冷酷仙境》《舞!舞!舞!》《奇鸟行状录》《斯普特尼克恋人》,这些小说几乎可以作为同一主题的不同变异来进行阅读,这个主题就是:一个男子失去了他所追求的目标,或者被其抛弃,对她的念念不忘使主人公来到一个与真实世界平行的异境,在这里他有可能失而复得,这在他(和读者)所熟悉的那个世界里是不可能办到的。你同意这种概括吗?

村上:同意。

《巴黎评论》:这个让你着迷的主题对于你的小说来说有多重要?

村上:我不清楚自己为什么反复写这些东西。读约翰·欧文的作品时,我发现在他的每一本书里都会出现一个缺失了身体某部位的人,我不明白他为什么反复描写这种身体的残缺,可能他自己也不明白。对我来说也是一回事。我的主人公总是失去了什么,于是他去寻找这个失去的东西。这就像寻找圣杯的传奇,也像菲利普·马洛①。

---

① 雷蒙德·钱德勒在《漫长的告别》与《高窗》等小说中塑造的侦探。

《巴黎评论》：如果没有缺失，侦探就不会出现。

村上：是的。面对缺失，主人公不得不去寻找它，就像奥德修斯一样，在寻找的过程中他经历了无数怪异的事情……

《巴黎评论》：发生在他试图回家的途中。

村上：在这些经历中他必须战胜逆境，最终他找到了那样东西，但是他不能肯定那就是他原来在寻找的同一样东西。我想这就是我的那些小说的主题。这些想法从何而来我并不知道，但这种主题很适合我。推动这些故事的动力就是：失去、寻找、发现，还有失望，以及对世界的一种新的认识。

《巴黎评论》：失望，作为成长过程中的一件必经之事？

村上：是的。经历本身就是意义所在。主人公通过这段经历发生了改变——这是最重要的。他找到了什么并不重要，重要的是他发生了什么样的改变。

《巴黎评论》：我想请你谈谈你的作品的翻译过程。你本人也是一位译者，所以你一定了解翻译的风险。你是如何选择译者的？

村上：我有三位译者——阿尔弗雷德·伯恩鲍姆、菲利普·加布里埃尔、杰伊·鲁宾。我们之间的规则是"先来者先译"。我们都是好朋友，彼此坦诚以待。他们读了我的书，其中一个觉得"这本书很棒！我想翻译"，于是那本书的翻译工作就交给他了。我自己也翻译，所以我明白对作品的热情是出色译本的一个重要条件。假如某人是个好译者，可他根本不怎么喜欢被翻译的书，那就不会有什么好结果。翻译是一件艰苦的工作，需要时间。

《巴黎评论》：这几个译者之间有没有发生过争执？

村上：没有。他们都有自己的偏爱，而且他们的性格各不相同。就拿《海边的卡夫卡》来说，这部小说菲尔很喜欢，于是他就翻译了那书。杰伊对那书就没有那么大的兴趣。菲尔是一个谦虚、温和的人；而杰伊是一个非常精细、一丝不苟的译者，一个个性很强的人。阿尔弗雷德则是一个浪子，我不知道他现在身在何处。他娶了一个缅甸女子为妻，她是一个政治活动的积极分子，他们两个有时候会被政府逮捕；阿尔弗雷德就是这种人。作为一名译者，他行文自由自在，有时候他会改动我的文字，这是他的风格。

《巴黎评论》：你是如何和你的译者合作的？具体是怎样一个过程？

村上：他们翻译的时候会问我很多问题，初稿译完以后我自己会读，有时候我会给他们提一些意见。我的小说的英译本很重要，有一些小国，比如克罗地亚、斯洛文尼亚，他们翻译我的作品时是从英译本而不是日语版翻译的，所以英译本一定要准确精细。不过大多数国家还是从日文原版翻译的。

《巴黎评论》：你自己好像喜欢翻译现实主义作家的作品，像卡佛、菲茨杰拉德、欧文。这种偏爱是否反映了你作为一名读者的阅读喜好？或者说，你是不是觉得沉浸于风格完全不同的作品中有助于你的写作？

村上：我从我翻译过的那些作家的作品里都有所收获，这是最重要的。我从现实主义作家那里学到很多，他们的作品需要仔细阅读才能翻译好，我可以发现他们的秘密所在。如果我去翻译后现代作家，比如唐·德里罗、约翰·巴思，或者托马斯·品钦，那就会"撞车"——我的癫狂撞上他们的癫狂。当然，我仰慕他们的作品，不过，当我翻译的时候，我会选择现实主义作家。

《巴黎评论》：你的作品经常被人称为美国读者最容易接受的日本文学作品，以至于人们把你称为最为西方化的当代日本作家。我想知道你是如何看待你与日本文化之间的关系的。

村上：我不想去写身在异国的外国人，我想写的是我们这些人，我想写日本，想写我们在这里的生活，这对我来说很重要。很多人说我的风格西方人很容易接受，这也许没错，但我的故事是我自己的，它们并没有西化。

《巴黎评论》:你作品中出现的很多看起来很西化的事物,比如,披头士乐队,其实也是日本文化的组成部分之一。

村上:我写一个人在麦当劳吃汉堡包,美国读者就会好奇:为什么这个角色吃的是汉堡包,而不是豆腐?可是,吃汉堡包对我们来说是一件十分平常的事情,每天都在发生。

《巴黎评论》:你是否同意你的小说准确地描绘了当代日本的都市生活?

村上:我的小说人物的行为方式,他们如何讲话、有何反应、怎么思考,都是非常日本的。没有日本读者——几乎没有任何日本读者——抱怨说我的故事和他们的生活相差太远。我在试图描绘日本人,我想描绘我们是什么样的人,我们从何而来、去向何方。这是我的主题,我想。

《巴黎评论》:你在其他场合谈到《奇鸟行状录》时说过,你对你的父亲、对他的经历以及他们那一代人都很感兴趣,可是你的小说里并没有父亲的形象,准确地说几乎任何地方都没有出现过,那么在你小说的哪些地方能反映出你的这种兴趣呢?

村上:几乎我的所有小说都采用第一人称叙事,主人公的主要任务就是观察周遭发生的事情,他在实际时间看到他所必须看到的一切。也许可以这么说,他就像《了不起的盖茨比》中的尼克·卡罗威。他是中立的,为了保持中立性,他必须摆脱所有血缘关系以及和家庭体系的联系。

你可以把这看做我对传统日本文学中"家庭"所扮演的角色过于重要这一事实所做的回应。我想把我的主人公描绘成一个完全独立的个体,他的城市居民的身份也与此有关,他是那种比起亲密关系和私人情意,更加看重自由和孤独的人。

《巴黎评论》:你的最新短篇小说集里有一篇小说名叫《青蛙君救东京》,写的是东京面临栖息于地下深处的一只巨虫的毁灭性威胁。当我读这篇小说的时候,我会不自觉地联想起漫画,还有早期的日本魔兽电影。日本民间还流传着这样一个传说:东京湾里一直沉睡着一条巨大的鲶鱼,它每隔五十年醒来一次,醒来便会引发一场地震。你觉得这些东西,比如漫画,和你的小说之间是否存在着联系?

村上:不,没有关系。我自己对漫画并不特别着迷。你说的这些东西对我的写作没有影响。

《巴黎评论》:那么日本民间传说呢?

村上:我小的时候听过很多日本民间传说和老故事,这些故事对于一个人的成长是至关重要的。比如那个青蛙的角色,可能就来自于这些故事的积蓄。你有你美国的民间传说,德国人有德国人的民间传说,俄国人也有俄国人的。可是同时还存在一种属于所有人的共同积蓄,比如《小王子》、麦当劳,还有披头士。

《巴黎评论》:世界性的大众文化积蓄。

村上:在今天这个时代,叙事对于写作非常重要。我不在乎理论,也不在乎辞藻,最重要的是叙事的好坏。我们如今有一种新的民俗,这是由互联网带来的,它是某种隐喻。我看过那部叫《骇客帝国》的电影,这个电影其实就是一个关于当代人思维的民间传奇,可是这里所有的人都说这部电影太乏味。

《巴黎评论》:你看过宫崎骏的动画片《千与千寻》吗? 在我看来这部片子和你的小说有相似之处,也是把来自民间的素材用当代手法表现出来。你喜欢宫崎骏的电影吗?

村上:我不喜欢动画片。那部电影我只看了一小半,它不是我喜欢的风格,我对那种作品不感兴趣。当我写小说的时候,我会看到一个影像,那个影像非常强烈。

《巴黎评论》:你经常看电影吗?

村上：是的，我很爱看电影。我最喜欢的导演是芬兰的阿基·考里斯马基。我喜欢他的每一部电影，他太出众了！

《巴黎评论》：也很有趣。
村上：非常有趣。

《巴黎评论》：你刚才说幽默具有使人平静的作用，它还有别的功能吗？
村上：我想让我的读者时而笑一笑。很多日本读者是在上下班的列车上读我的小说的。拿普通薪金的职员每天上下班要花两个小时，他们用这段时间来阅读，这就是为什么我的书都分成上下两册出版的原因——如果印成一本就会太沉了。我收到过读者来信，抱怨说他们在车上读我的小说时会发笑，这让他们很难为情！这些来信是我最喜欢的。我知道我的书让他们发笑，这很棒。我希望每隔十页就让读者笑一笑。

《巴黎评论》：这是你的秘密公式吗？
村上：我不做算术，可是如果我能做到每隔十页让读者笑一笑，那会很好。我上大学的时候喜欢读库尔特·冯内古特和理查德·布劳提根的书，他们都很有幽默感，但同时也写严肃题材，我喜欢那种类型的书。我第一次读他们的作品时惊异于竟然还有这样的书，那种感觉就像发现了一个新世界。

《巴黎评论》：可你自己为什么没有尝试去写那种类型的小说呢？
村上：我觉得这个世界本身就是一种喜剧。这种都市生活、可以收看五十个台的电视、那些政府里的蠢人——这是一出喜剧。所以，我试图写严肃的东西。可是我越是严肃，效果就越有喜剧性。我十九岁的时候，也就是一九六八、一九六九年左右，人们都极端严肃，那是一个严肃的时代，每个人都很理想化。

《巴黎评论》：很有意思的是《挪威的森林》就发生在那个年代，那本书可能是你的作品中最不带喜剧色彩的。

村上：我们那一代人可以说是严肃的一代，可是当你回望那个年代，就会发现它有强烈的喜剧色彩！那是一个模棱两可的时代，而我们那一代的人对此已经习惯。

《巴黎评论》：魔幻现实主义的一条重要法则就是不去让人注意故事中离奇怪诞的成分，可是你并没有遵守这一法则，你笔下的角色经常发表对故事中离奇事物的看法，甚至去唤起读者的注意。你为什么要这样写？

村上：这是一个很有意思的问题。让我想一下……嗯，我觉得那是我对这个奇怪的世界的真实观察，当我写下这些文字，我的主人公也就经历了我的经历，而这些经历又被读到这些文字的读者所经历。卡夫卡和加西亚·马尔克斯的作品更具传统意义上的文学性，我的小说则更加活生生、更加当代，涉及更多的后现代经验。你可以设想一个电影摄影棚，这里所有的东西——柱子、靠墙的书架和上面的书——都是假的道具，墙也是纸做的。在经典的魔幻现实主义作品中，这些墙和书本都是真的，而在我的小说里，如果有任何东西是假的，我会说出来，而不会假装那是真的。

《巴黎评论》：继续这个关于摄影棚的比喻。你会故意把镜头拉远，好让观众看到这个摄影棚的内部构造吗？

村上：我不想让读者相信那是真实的，我想让读者看到它的本来面目。可以说，我在告诉读者这只是一个故事，是假的。可是如果你以假当真，假的可以变成真的，这并不很容易解释清楚。

十九世纪和二十世纪初的作家给读者提供真实的东西，这是他们的职责。托尔斯泰在《战争与和平》里把战场描写得淋漓尽致，以至于读者信以为真。但我不那么做，我不去谎称那是真的。我们生活在一个虚假的世界里，我们观看电视里虚假的晚间新闻，我们在打一场虚假的战争，我们的政府是虚假的，但我们在这个虚假的世界里发现了真实。所以我们的小说也是一回事：我们走过一个个虚假的场景，但是在这个过程中我们本人是真实的，这种处境是真实的，从某种意义上讲，这是一种承诺，是一种真实的关系。这就是我想要写的东西。

《巴黎评论》：在你的作品中，你总是不断地描写生活中平凡的细节。

村上：我非常喜欢细节。托尔斯泰试图进行全景式的描绘，而我则更关注细微之处。当你描绘细枝末节的时候，你就会把焦距调得越来越近，这和托尔斯泰的做法完全相反，其效果是让人感觉越来越不真实——这是我想要做的。

《巴黎评论》：让镜头极度逼近被描绘的事物，打破现实主义的限度，于是日常生活中鸡毛蒜皮的琐事又变得奇异起来？

村上：距离越近，效果就越不真实。我的风格就是这样的。

《巴黎评论》：你刚才把自己和加西亚·马尔克斯、卡夫卡做了对比，你说他们是文学作家，那么你认为你自己是一名文学作家吗？

村上：我是一位当代文学作家，这和他们非常不同。在卡夫卡写小说的年代，人们只有音乐、书籍和剧院，现在我们有互联网、电影、影碟出租，以及更多。如今我们有如此多的竞争对手，而最主要的问题是时间。十九世纪的人——我指的是有闲阶级，有很多时间，他们读大部头的书，去戏院坐上三四个小时看一出歌剧。可是如今每个人都很忙，社会上也不再有真正的有闲阶级。阅读《白鲸》和陀思妥耶夫斯基是于身心有益的，但是人们现在没有那么多时间。所以小说本身经历了很多大幅度的改变，我们不得不抓住读者的脖子硬把他们拖进来。当代小说作家在使用很多来自其他领域的技术——爵士乐、电子游戏，等等，等等。我觉得在今天，电子游戏比任何东西都更接近文学。

《巴黎评论》：电子游戏？

村上：是的。我自己并不喜欢玩电子游戏,但我可以感觉到它和文学的相似性。当我写作的时候,有时候我会感觉自己是一个电子游戏的设计师,同时也是一个玩游戏的人。我编造了这个游戏程序,现在我正置身于游戏当中,我的左手并不知道右手在干什么。这是一种超脱,给人一种分裂的感觉。

《巴黎评论》：你是不是说,虽然你写小说的时候并不知道下一刻会发生什么,但你的另一部分却很清楚故事会往何处去?

村上：我想那是无意识的。当我沉浸在写作之中的时候,我可以同时体验到作者的感觉和读者的感觉。这是好事,它会加速我的写作,因为我和读者一样想要知道下面会发生什么。不过有时候你必须刹车停下来,如果你写得太快,读者会感觉疲惫和乏味,你必须让他们在某些地方停一停。

《巴黎评论》：你是怎么做到这一点的?

村上：凭感觉。我知道什么时候该停一停。

《巴黎评论》：音乐,特别是爵士乐对你的写作有多大帮助?

村上：我从十三四岁开始听爵士乐,音乐对我有很大的影响:音乐的和弦、旋律、节奏感,以及布鲁斯的感觉对我的写作都有帮助。我当初想当一名音乐家,但我掌握不好乐器,所以我就做了作家。写一本书就像演奏音乐一样:开始时我演奏主题,接着我即兴演奏,最后还有一个所谓的终曲。

《巴黎评论》：在传统的爵士乐作品中,乐曲在接近尾声的时候会重返最初的主题。你写小说时也会这样吗?

村上：有时候会。爵士乐对我来说是一段旅程,是内心之旅,和写作没什么差别。

《巴黎评论》：你最喜欢的爵士音乐家都有哪些?

村上：那就太多了! 我喜欢史坦·盖茨和杰瑞·莫里根,我十几岁的时候,他们是最酷的音乐家。当然,我还喜欢迈尔斯·戴维斯和查理·帕克。如果你问我谁的唱片听得最多,答案就是迈尔斯从五十年代到六十年代的作品。迈尔斯一直是一位创新家,他不断地进行革命性的创新,我对他非常仰慕。

《巴黎评论》:你喜欢柯尔特雷恩吗?

村上:嗯,一般。有时候他有点儿过头,过于固执。

《巴黎评论》:其他类型的音乐呢?

村上:我也很喜欢古典音乐,特别是巴洛克音乐。我的新书《海边的卡夫卡》的主人公,那个小男孩,他喜欢听"电台司令"和"王子"。有一件事让我很惊奇:有几个"电台司令"乐队的成员喜欢我的书!

《巴黎评论》:这我并不觉得奇怪。

村上:有一天我在读《Kid A》①这张专辑里的文字说明,那上面说他喜欢我的小说,这让我感觉很骄傲。

《巴黎评论》:能否简单地谈一谈《海边的卡夫卡》?

村上:这本书是我写过的书中最复杂的一本,比《奇鸟行状录》还要复杂,几乎无法解释。

这本小说有两条平行发展的故事主线。主人公是一个十五岁的男孩,名叫卡夫卡;另一条主线的主人公是一位六十岁的老人,他目不识丁,是个傻子,但他可以和猫交谈。名叫卡夫卡的男孩受到了父亲的诅咒——类似于俄狄浦斯受到的诅咒:你将杀掉我,你的父亲,并和你的母亲发生肌肤之亲。他从父亲那里逃脱,试图摆脱那个诅咒;他来到一个很远很远的地方,在那里接触到一个怪异的世界,经历了一番如梦如幻的奇事。

---

① 电台司令乐队于二〇〇〇年推出的音乐专辑。

《巴黎评论》：这本书在结构上是不是也像《世界尽头与冷酷仙境》那样，叙事在两条不同的故事主线之间按章节交替进行？

村上：是的。最初我是想写一部《世界尽头与冷酷仙境》的续篇，但后来决定还是写一个完全不同的故事。这两本书的风格非常相似，其灵魂也是相近的，主题都是关于这个世界和另外一个世界，以及你如何往返于两个世界之间。

《巴黎评论》：听上去很让人激动，因为在你的书中我最喜欢的就是《世界尽头与冷酷仙境》。

村上：那本书也是我最喜欢的。这本新书具有一定的挑战性，因为在我以前写过的小说里主人公都是二三十岁的年纪，而这本书的主人公只有十五岁。

《巴黎评论》：主人公更接近于《麦田里的守望者》中的霍尔顿·考尔菲德？

村上：是的。这本小说我写得很带劲。当我写这个男孩的时候，我可以回忆起我自己十五岁时的样子。我觉得记忆是人类最重要的财富，它就像一种燃料，可以温暖你，也可以把你烧成灰烬。我自己的记忆如同一只柜子，柜子有很多个抽屉，当我想变成一个十五岁的男孩，我就打开其中某个抽屉。于是我看到了自己孩提时代在神户看到的风景，我可以嗅到那时的空气，我可以抚摸那里的土地，我可以看见葱绿的树木。这就是为什么我要写这本书的原因。

《巴黎评论》：为了找回十五岁的感觉？

村上：是的，这是原因之一。

《巴黎评论》：你的成长期是在神户而不是别的日本城市度过的，神户是一座有名的浮华都市，而且似乎还有一点儿古怪。在神户的成长经历与你形成自己独特的文风有没有关系？

村上：京都人比神户人还要古怪！他们被大山包围，所以他们的头脑与众不同。

《巴黎评论》：你是在京都出生的，是吧？

村上：是的，但两岁的时候我家就搬到神户了，所以神户是我的故乡。神户临山靠海，地形狭长。我不喜欢东京，东京太平坦、太宽阔，我不喜欢这里。

《巴黎评论》：可你住在这里啊！我可以肯定，只要你愿意，你可以住在世界上的任何地方。

村上：我住在这里是因为在这里我可以过无名氏的生活，就像住在纽约一样，没人认识我，哪里我都可以去；我可以坐火车，没人会找我麻烦。我在东京附近的一个小城里有一座房子，当地所有人都认识我，每次我出去散步，都会有人认出我来，有时候这很让人烦。

《巴黎评论》：刚才你提到村上龙，他似乎是一位和你非常不一样的作家。

村上：我的风格是后现代的，村上龙则更主流。不过，当我第一次读他的《寄物柜婴儿》的时候，我感到震惊，我打定主意要写这种气势强大的小说，于是我开始写《寻羊冒险记》，算得上是一种比拼。

《巴黎评论》：你和村上龙是朋友吗？

村上：我们关系很好，至少不是敌人。他的天赋在于自然、有气势，他好像拥有一口离地面很近的油井。我的情况则不同，我的石油储藏在地下很深的地方，我必须不停地挖呀挖呀，非常辛苦，而且找到石油要花时间。可是一旦找到了，我就非常坚强和自信。我的生活是系统化的，一直不停地挖掘是件好事。

（原载《巴黎评论》第一七〇期，二〇〇四年夏季号）

奥尔罕·帕慕克

◎ 方柏林/译

奥尔罕·帕慕克一九五二年出生于伊斯坦布尔,至今仍在伊斯坦布尔生活。在土耳其共和国初期,帕慕克家人从事铁路建筑业致富。帕慕克在伊斯坦布尔富家子弟所上的罗伯特学院上学,接受了世俗的西式教育。帕慕克从小喜欢视觉艺术,上大学时报读建筑专业,但不久改变想法,希望从事写作。如今,他是土耳其读者最多的一位作家。

帕慕克的处女作为《杰夫代特先生》,出版于一九八二年。其后他又创作了《寂静的房子》(1983)、《白色城堡》(1985 原著出版/1991 年英译本出版)、《黑书》(1990/1994)、《新人生》(1994/1997)。二〇〇三年帕慕克获得国际 IMPAC 都柏林文学奖,获奖作品为《我的名字叫红》(1998/2001)。这是一部谋杀悬疑小说,故事背景为十六世纪的伊斯坦布尔,小说中有多重第一人称叙述,探索了他后来小说中常见的一些核心主题:在一个横跨东西方的国度身份的错综复杂性、兄弟之争、双重性的存在、美和原创的价值、文化影响的焦虑。《雪》(2002/2004)侧重宗教和政治极端主义,是他第一部质疑现代土耳其政治极端主义的著作,在土耳其国内颇多争议,但此书进一步奠定了他的国际地位。帕慕克近著为《伊斯坦布尔:一座城市的记忆》(2003/2005),此书记载了作者青少年时期的成长,也追忆了他成长的这个城市。

本访谈是在伦敦与奥尔罕·帕慕克的两次直接面谈,外加通信联系写成的。我们第一次谈话是二〇〇四年四月,帕慕克的《雪》在英国出版之后。为这次访谈我们专门在酒店地下层订了一间企业会议室,里面亮着日光灯,空调声很吵闹。帕慕克来的时候,身穿黑色灯芯绒夹克、淡蓝色衬衫、黑色

奥尔罕·帕慕克的一页手稿

休闲裤。他看了看,说了声:"我们死在这里都不会有人发现。"我们退到酒店大堂一个比较舒适、安静的角落,聊了三个小时,其间只有喝咖啡吃鸡肉三明治的时候有所中断。

二〇〇五年四月,帕慕克因《伊斯坦布尔》的出版而重回伦敦。我们又到了同一酒店同一角落,又聊了两个小时。一开始他似乎很憔悴,这不难理解。两个月前,他在接受瑞士报纸《每日导报》采访时说:"土耳其有三万库尔德人和上百万亚美尼亚人被杀害,但是只有我敢讨论。"此言一出,土耳其民族主义报刊发起了一场针对帕慕克的严厉批判。毕竟,土耳其政府坚决否认一九一五年针对在土耳其的亚美尼亚人的种族灭绝屠杀,还立法禁止讨论库尔德人现有的冲突。帕慕克拒绝当众讨论此次争议的内容,希望争议就此平息。但是八月份,由于在瑞士媒体上发表的言论,他吃了一场官司。根据《土耳其刑法》第三百零一条第一款的规定,他被指控"公开诋毁"土耳其,如罪名成立,最高刑罚为三年监禁。这场官司引起了一场轩然大波,被国际媒体广泛报道,欧洲议会和国际笔会也向土耳其政府提出了强烈抗议,但当本期《巴黎评论》十一月付印时,针对帕慕克的指控依旧生效,他须于二〇〇五年十二月十六日出庭受审①。

——安赫尔·葛利亚-昆塔纳,二〇〇五年

《巴黎评论》:你喜欢接受采访吗?

奥尔罕·帕慕克:我有时觉得紧张,因为有些问题很无聊,我的回答也同样会愚蠢,不管是用土耳其文还是英文。我的土耳其语说得很糟,句式很蠢。在土耳其,批评我访谈的人多过批评我作品的人。土耳其的那些政论家和专栏作家反正也不看小说。

---

① 二〇〇六年一月二十二日,土耳其司法部拒绝批准此指控,故指控撤销。

《巴黎评论》：你的著作在欧美反响不错，在土耳其评论界遭遇如何？

帕慕克：好日子已经过去了。我刚出头的那些年，老一辈作家正退出视线，我是新人，所以颇受欢迎。

《巴黎评论》：说起上一代作家的时候，你想到的是哪些人呢？

帕慕克：那些肩负社会责任感的人，那些认为文学担负着道德和政治责任的作者。他们是彻头彻尾的现实主义者，不玩实验。和大部分穷国作家一样，他们的才智浪费在为国家服务上了。我不希望和他们一样，因为在我年轻的时候，就喜欢福克纳、弗吉尼亚·伍尔夫、普鲁斯特。我从不想走斯坦贝克和高尔基这种现实主义的路子。六七十年代的写作过时了，我则是初出茅庐，作为新一代作家很受欢迎。

九十年代中期后，我的书的销量在土耳其已经超出了任何人的梦想。此后，我与土耳其媒体和知识分子的蜜月期就结束了。从此之后，评论界主要关注的是话题和销量，而不是我这些书的内容。很不幸，现在我因一些政治言论而臭名在外，这些言论本来都是在国外的访谈，但是被土耳其民族主义记者刻意扭曲，夸大了我的极端性和我在政治上的愚蠢。

《巴黎评论》：所以说你的受欢迎惹动了一些人的敌意？

帕慕克：我个人坚决认为这是对我销量和政治评论的一种报复。不过这话我不想多说，因为听起来像是在自卫。或许我对全局有所误解。

《巴黎评论》：你在什么地方写作？

帕慕克：我一直认为睡觉以及和家人在一起的空间，得和写作的地方分开。家庭的琐事和细节有时候会伤害想象力，会干掉我骨子里坏的一面。家庭琐事和日常生活，会让人对其他世界的向往（这正是想象力所系）渐渐消逝。因此多年来，我一直都在家之外另置一间办公室用来写作。

不过有一回，我在美国度过半学期，那时候我的前妻在哥伦比亚大学读博士。我们住在一个给已婚学生住的公寓，我的空间没有了，睡觉、写作都在这一个地方。家庭生活的提示到处都是。我很苦恼。每天早晨，我都跟妻子告别，仿佛去上班一样，离开家门，走上几个街区，然后再回来，就仿佛到办公室上班一样。

十年前，我在博斯普鲁斯找到了一处公寓，这里可俯瞰老城区。这里的风景在伊斯坦布尔或许是首屈一指的。从我住的地方去这里步行需要二十分钟。我在这里堆满了书，我的书桌就对着这片风景。我平均每天在那里待上十个小时。

《巴黎评论》：一天十小时？

帕慕克：是的，我很勤奋。我喜欢这样。人们说我心太野，或许没错。但是我喜欢我做的事情。我喜欢坐在桌子前，就如同孩子在玩玩具一样。我是在做事，可这也是玩，也是在游戏。

《巴黎评论》：《雪》中与你同名的奥尔罕形容自己是个每天在同一时间坐下来办事的小职员，你是不是一样也带着严格的纪律从事写作呢？

帕慕克：我强调小说家、小职员的特性。他们与诗人不一样，土耳其诗人地位高，做诗人很流行，也受人尊重。奥斯曼时代大多数苏丹和政治家是诗人，但这和我们今日理解的诗人不同。数百年来，写诗是成为知识分子的一种方式。这些人大都将自己的诗稿整理成集，这种诗集叫"集子"。事实上，奥斯曼时代的宫廷诗歌又称集子诗。奥斯曼帝国的政客有一半都有自己的集子。这种写作要遵循各种传统和仪式，这是一种很复杂很有学问的写作方式。很传统，也很有重复性。西方观念进入土耳其后，人们心目中的诗人是那种对真理有着火热追求的人，这是一个浪漫而又现代的理念，和土耳其原来的传统合流了，更是给诗人的声望锦上添花。而小说家则是借耐力来打拼，基本上是靠着耐心，慢慢地，像蚂蚁一般地前行。小说家令人印象深刻，凭的不是那种疯魔而浪漫的眼光，而是他的耐心。

《巴黎评论》：你写过诗？

帕慕克:经常有人这么问。我十八岁时,在土耳其发表过一些诗歌,但后来我放弃了。我的解释是,我认识到,诗人是神的代言人,对诗歌得有一种如同被附体的感觉。我试着写过诗,但过了一段时间,我意识到神没有在跟我说话。我为此感到难过,我也试图想象,如果神通过我说话,会让我说什么。我开始写,写得很较真、很慢,我想把这个问题弄清楚。这就是散文式写作、小说写作。因此,我就像一个职员。别的作家或许会觉得这么说有点侮辱性。但我能接受,我就像一名职员一样工作。

《巴黎评论》:可不可以这么说,随着时间的推移,散文体写起来会越来越顺手?

帕慕克:可惜不是。有时我觉得我笔下的人物应该进入一个房间了,可是我还是不知道如何让他进入。我可能更自信了一些,可是这也未必是好事,因为这样你就不去实验了,而是想到什么写什么。过去三十年来我一直在写小说,所以我想我也应该有了些长进。可是有时候,还会意外遇到思维的死胡同。人物进入不了房间,我也不知道该怎么办。还是这样!都三十年了!

对于我这种思维方式来说,将书分章节很关键。小说创作中,如果我提前知道情节——大部分时候我知道,我会将其分章节,然后再想出细节来。我不一定会从第一章开始动笔,然后按部就班一章一章写下去。如果在哪里受阻写不下去了(这对我来说也不是多严重的事),我就随兴之所至换个地方接着往下写。有时候我从第一章写到第五章,如果我写得不开心了,我就跳到第十五章接着写。

《巴黎评论》:你是不是每次都提前把整本书给筹划好?

帕慕克:全都筹划好。例如,《我的名字叫红》里面有很多人物,每个人物我都分配好章节。写的时候,有时候会想继续"做"其中的人物之一。所以等我写完了谢库瑞,或许是第七章,我会跳到第十一章,因为第十一章写的还是她。我喜欢扮演谢库瑞。从一个人物跳到另外一个人物,或许会让人郁闷。

但是最后的一章我总是最后写。这是肯定的。我想逗自己一把,问自己结尾该是什么样子。结尾我只能来一次。快到结尾,停笔之前,我会回去修改前面的章节。

《巴黎评论》:你写的时候,有没有个读者为你看?

帕慕克:我的作品,总是读给与我生活相交的人听,如果那人说,再给我看一点,把你今天写的给我看看,那我会很感谢。这是必要的压力,同时也像是父母在拍你的后背,说,干得不错。偶尔,对方会说,这个对不起,不敢苟同。这也好。我喜欢这套路。

我总是想起我的榜样之一——托马斯·曼。他有时候会让全家人聚到一起——他的六个孩子和妻子,他会给聚在一起的一家人念他的作品。我喜欢这样,老爸给你们讲故事这种。

《巴黎评论》:你年轻的时候想做画家,那你是什么时候想到弃画从文的?

帕慕克:是二十二岁的时候。自从七岁那年我就想成为一名画家,我的家人也都接受了这一点,他们都认为我将成为一位著名画家。但后来我脑海里起了变化,就仿佛一颗螺丝松了一般。我停住不画了,且马上开始写小说。

《巴黎评论》:螺丝松了?

帕慕克:我不能说我是出于什么原因这样做的。我最近出版了一本书,叫《伊斯坦布尔》。它一半是我到那个时刻为止的一个自传;另一半是关于伊斯坦布尔的文章,更确切地说,是通过一个孩子的视角看伊斯坦布尔,结合了一些关于伊斯坦布尔的图像、景观、风格的思考,和孩子眼中的这个城市,以及这个孩子的传记。在书的最后一句,我说:"我不想成为艺术家,我要当作家。"这里我也没有做什么解释。不过,把整本书看完,或许可以得到一些解答。

《巴黎评论》：你的家人对这一决定是否感到高兴？

帕慕克：母亲挺不高兴的。我父亲更能理解一些，因为他年轻的时候，曾想当诗人，将瓦莱里的作品翻译成土耳其语。但他所属的上流社会嘲笑他，于是他放弃了。

《巴黎评论》：你家人把你当画家而不是小说家看？

帕慕克：是的，因为他们认为我不会专职当画家。我们家的传统是做土木工程。我祖父是位土木工程师，通过修铁路赚了不少钱。我叔叔和父亲把钱都花掉了，但他们都上了同一所工程学院——伊斯坦布尔技术大学。家人也指望我去那里，好吧，那我就去那里吧。因为我是家人心目中的艺术家，大家觉得我应该顺理成章当建筑师。这似乎是一个人人满意的解决方案。于是我上了这所大学，但在学校学建筑期间，我突然放弃绘画，从事写作了。

《巴黎评论》：放弃绘画的时候，你是不是已经在酝酿第一部小说了呢？

帕慕克：我记得我还不知道要写什么，但我就想成为一名小说家。事实上，我开始写作时，开头两三次很不成功。我还有这些笔记本，可是过了大约六个月后，我开始写一部大部头，后来以《杰夫代特先生》的名字出版。

《巴黎评论》：此书还没有翻译成英文。

帕慕克：它实际上是一个家世传奇小说，就如同《福尔赛世家》或托马斯·曼的《布登勃洛克一家》。写完不久，我就开始后悔写了部这么过时、这么十九世纪的小说。之所以后悔，是因为到了二十五六岁的时候，我就认准了要做一个现代作家。小说最终出版的时候，我三十岁了，写作手法也开始有更多的实验色彩。

《巴黎评论》：当你说你想成为更现代、更有实验色彩的作家时，在你心中是否有一个榜样？

帕慕克：当时，我心目中最伟大的作家不是托尔斯泰、陀斯妥耶夫斯基、司汤达或托马斯·曼，我心目中的英雄是弗吉尼亚·伍尔夫和福克纳。现在我想把普鲁斯特和纳博科夫加入这一名单。

《巴黎评论》：《新生活》的开场白是"有一天，我读了一本书，从此我的生活完全改变"，什么书对你有这样的效果？

帕慕克：我二十一二岁的时候，《喧哗与骚动》对我很重要。我买了企鹅出版社出的版本。文字很难理解，况且我的英文不好。但是此书有个土耳其译本很好，所以我把土耳其版和英文版一起放在桌子上，用一种语言读半段，然后换另外一种语言。这本书对我影响很大。读罢此书的一个残留效果，是它帮我发展出了叙述的声音。不久，我就用单数第一人称来写作了。大部分时候，我用第一人称扮演他人的写作要胜过我用第三人称的写作。

《巴黎评论》：你说是经过了多年，第一部小说才出版？

帕慕克：在我二十多岁时候，我在文学界一个人都不认识。我没有加入伊斯坦布尔任何文学团体。我出版作品的唯一机会，是参加土耳其未出版书稿的文学竞赛活动。我参加了，而且获了奖，奖品是让一家优秀出版社出版我的作品。那时候，土耳其经济不景气。他们说，是的，我们会签合同的，可是小说的出版拖了好久。

《巴黎评论》：你的第二部小说的出版是不是顺利些？

帕慕克：第二本是政治作品。但不是宣传。我在等着第一部出版的时候，就在动笔写这一本了。这书我花了差不多两年半时间。突然一个晚上，土耳其发生军事政变了。那是一九八〇年。次日，原本要出版我第一本书《杰夫代特先生》的出版商说不出了，尽管我们已经签过合同。那时候我意识到，即使我第二部书当时写完了，五六年内也无法出版，军方是不会允许它出版的。所以，我的想法可归纳如下：我二十二岁时就说自己要写小说，写了七年，希望能在土耳其出版点什么作品……结果一无所获。现在我快三十了,也没有可能再发生什么了,手头还有那部没写完的二百五十页的政治小说放在抽屉里。

军事政变之后,我不想消沉下去,便开始写第三部书,就是你提到的《寂静的房子》。那是一九八二年我第一本书出版的时候我在写的书。《杰夫代特先生》的反馈很好,这意味着我可以将我当时在写的书出版,因此,我的第三本书成了我第二部出版作品。

《巴黎评论》:在军事政权统治下,到底是什么原因使得你的作品出版不了?

帕慕克:小说中的人物是上层的马克思主义者,他们的父母亲常去避暑胜地,他们拥有很大很宽敞很豪华的住宅;他们也为自己马克思主义者的身份沾沾自喜。但他们打斗、内讧,还阴谋炸死总理。

《巴黎评论》:养尊处优的革命小圈子?

帕慕克:上流社会的年轻人,还带着富人的习惯,故作极端状。不过我不想做什么道德评判。我只不过是要将自己的青春浪漫化而已。向总理投掷炸弹这个想法,就足以让此书被禁。

所以我并没有完成此书。写书的时候,人自己也会改变,总不能扮演同样的角色。你不能像以前一样继续。每个作者写的每一本书,都代表着他自己发展的某个阶段。一个人的小说,可以看做他精神发展史上的一块里程碑,过了就回不去了。一旦小说的弹性终结了,你也就无法再动它了。

《巴黎评论》:你在尝试各种思想观念的时候,如何在小说的形式上下功夫呢? 是从一个意象,还是从第一句话开始的?

帕慕克:没有固定的公式。但是我尽量不去同时写两部小说。我想全部重来。因此,很多读者告诉我说,我特别喜欢你这部小说,真可惜,你没沿这个路子接着写;还有人说,以前我看你的小说都不喜欢,直到你写出某某小说为止。很多人是这么议论《黑书》的。事实上,我很讨厌听人这么说。

在形式上、风格上、语言上、情绪上、形象上开展不同试验，用不同思维对待不同的书，这样才好玩，才有挑战性。

我通过不同渠道给书选材。《我的名字叫红》中，我想写我当画家的野心。我的头开得不大好。刚一开始，我写的是一部论文式作品，关注对象只是一个画家。接着我将这个画家，变成同一个画室里协作的多个画家。视角变了，因为现在有别的画家在说话了。一开始，我想的是写一个现代画家，但是接着我又想，这个土耳其画家或许太平庸、太受西方影响了，因此我在时间上开始回溯，写起细密画家来。就是这样，我找到了写作的题材。

有些题材要求你有正式的创新，或是故事叙述策略。例如有时候，你只是看到了什么，或者说读到了什么，或者说看了一部电影，或是看了一篇报纸文章，然后你就想，我来让土豆说话，或者让狗、树木来说话。一旦你有了这个想法，你就开始构思小说里的对称性和延续性。你会感觉这很妙，毕竟没有人这么干过。

最后，有些事情我已经想了多年。或许我会将有些想法告诉给亲密的朋友。为了自己要写的小说，我写了很多笔记。有时候一开始我并没有写这些小说的念头，可是一打开笔记本，开始做笔记的时候，我就有可能写这小说。所以我在完成一部小说的时候，我的心思或许已经跑到其他小说上去了。完成第一部小说两个月后，我就动笔写下一部了。

《巴黎评论》：许多小说家不会讨论正在创作的作品，你是不是也对这些小说保密？

帕慕克：我从来不讨论情节。在正式场合，如果有人问我写什么，我总是用同一句话来对付：发生在当代土耳其的一部小说。我很少向人透底，除非是我特别熟悉的、我知道不会伤害我的人。我说的都是些噱头，比如我说我会让云来叙述。我很想看大家对此的反应。这有点孩子气。我写《伊斯坦布尔》的时候就常这么干。这种思维很像向爸爸卖弄聪明的小顽童。

《巴黎评论》：噱头这个词有负面含义。

帕慕克：你是用噱头开始的，但是最后你如果相信作品在文学上、道德上的严肃性，它就会变成一种严肃的文学创造；它会成为一种文学声明。

《巴黎评论》：评论界常把你的作品归入后现代小说；可是在我看来，你的叙事手法主要来自传统，例如，你在作品中引用《一千零一夜》之类的东方经典。

帕慕克：这是从《黑书》开始的。不过早先我读过博尔赫斯和卡尔维诺的作品。我和妻子一九八五年访问过美国，在那里我接触到了极为出色、极为丰富的美国文化。作为一个来自中东的土耳其人、一个写作地位还没有奠定的作家，这些让我有一种高山仰止的感觉。因此，我退回到我自己的"根"。我意识到我们这一代人必须发明出一种现代的土耳其文学。

博尔赫斯和卡尔维诺解放了我。传统伊斯兰文学是很反动、很政治的，且被一些保守派用一种老式、愚蠢的方式在用，我从来不觉得我会去使用这些素材。可是到了美国后，我意识到我可以带着博尔赫斯和卡尔维诺式的心态，回到这些素材上。我得在伊斯兰文学的宗教和文学内涵之间作一明确区分，这样我才可以容易、合理地使用其中丰富的游戏、噱头和寓言。土耳其的装饰文学高度发达，这方面的传统源远流长。可是那些带着社会功用目的的作家，将这个传统中比较创新的内容给倒空掉了。

在中国、印度、波斯等国的口述文学传统里，一些寓言总是重复出现。我决定将它们放入当代伊斯坦布尔的语境下。这有实验性，是将一切拼凑起来，如同一幅达达主义的拼图。《黑书》就有这个特征。有时候所有这些来源会混到一起，出现新的东西。所以我将所有重述伊斯坦布尔的故事放在一起，加上一个侦探的情节，结果就有了《黑书》。不过该小说的源头，是强劲的美国文化，以及我想成为一个实验派严肃作家的愿望。我没法写关于土耳其问题的社会评论式作品，这些问题让我感到惶恐。所以我得写些别的东西。

《巴黎评论》：你有没有通过文学来开展社会评论这方面的兴趣？

帕慕克：不，我的写作是对老一辈小说家，尤其是八十年代那些作家的一种反拨。当然我是带着恭敬说这些的,可是他们作品的主题实在狭隘、偏颇。

《巴黎评论》:让我们回到《黑书》之前。是什么原因促使你写《白色城堡》的? 在这本书里,你第一次使用在后来其他小说里一再重复的主题——扮演他人。为什么成为他人这个主题,会一再出现在你的小说中?

帕慕克:这是一个很私人的事情。我有一个很要强的哥哥,比我只大十八个月。从某种程度上看,他是我父亲,我的所谓弗洛伊德式的父亲。他成了我的另一个自我,权威的代表者。另一方面,我们也有竞争,也有手足情谊。这关系非常复杂。我在《伊斯坦布尔》中写了很多这方面内容。我是个典型的土耳其男孩,热衷于足球、各种游戏和比赛。哥哥在学校里很成功,比我出色。我嫉妒他,他也嫉妒我。他是个很讲道理很负责的人,在上级和长辈面前说得上话的那一种。比赛的时候我关注游戏,他注重规则。我们一直在竞争。我想象我是他,诸如此类。这样就成了一种模式。羡慕、嫉妒,这些都是我喜欢的主题。我始终担心,哥哥的力量和成功,会在多大程度上影响我。这种担忧,是我思想的一个重要组成部分。我知道这一点,所以我在我自己和这些感情之间添加距离。我知道这些不好,所以和其他文明人一样,我与之抗衡。我不是说我是嫉妒的牺牲品。可是我一直要对付的就是这错综复杂的情绪。当然,到了后来,这就成了我所有小说的题材。在《白色城堡》里,两个人物之间那种施虐受虐的关系,就是在我和哥哥的关系基础之上加工的。

另外,关于扮演他人的主题,也体现在土耳其面对西方文化时感到的脆弱上。写完《白色城堡》后,我意识到这种嫉妒——这种被他人影响的焦虑,就像土耳其面对西方时的那种处境。你知道,土耳其试图西化,可是又有人说它西化得不真实。它想得到欧洲的精髓,又为自己的模仿感到内疚。这种情绪的起伏,也很像兄弟之间的比拼。

《巴黎评论》:在你看来,土耳其东方化和西方化之间的冲突,能否得到

310

和平解决?

帕慕克:我是一个乐观主义者。土耳其不应该担心有两个精神、属于两种不同的文化、有两个灵魂,精神分裂症会让你更聪明。或许你会脱离现实——我是写小说的,所以这反倒不是坏事,但是你不要担心你的精神分裂症。如果你总担心你的一个组成部分伤害另一个部分,你最后只剩下唯一一种精神,那倒还不如精神分裂。这是我的理论。我试图在土耳其政治中宣扬它,在追求土耳其灵魂一体化的政客中宣扬这一点,因为有些政客说土耳其要么东方化,要么西方化,要么民族主义化,而我反对这种铁板一块的思维。

《巴黎评论》:你这宣传在土耳其是否被人接受呢?

帕慕克:民主、自由的土耳其这一理念越是牢固,我的思想就越是能被人接受。土耳其也只有带着这种理念,才能进入欧盟。这是抗争民族主义,抗争"我们归我们,他们归他们"这种思维的一个方法。

《巴黎评论》:可是在《伊斯坦布尔》中,你将土耳其浪漫化,似乎是在缅怀一个已经不复存在的奥斯曼帝国。

帕慕克:我不是哀悼奥斯曼帝国的消失。我是一个西化派。我对西化进程感到高兴。我只是在有限的范围内批评统治精英——包括政治官僚和新富人阶层——对西化的理解方式。他们缺乏必要的自信,没法建设出一个本国文化、一个富有自己的象征和仪式的文化。他们不去追求建设一个伊斯坦布尔文化,将东西方有机地结合,而只是将东方和西方的东西像大杂烩一样掺和在一起。当然,这里有很强势的奥斯曼帝国文化,但是它也在慢慢消逝。他们应该不遗余力地去创造强势的本土文化,这种文化可以将东方的历史和西方的现实相结合,而不只是对二者的模仿。我力图在我的书里做同样的事。或许新一代更有可能在这方面成功。加入欧盟不会毁掉土耳其的定位,反倒会使得土耳其更加繁荣,让我们有更多自由、更大自信,让我们来创造一个土耳其新文化。奴隶一般模仿西方,或是奴隶一般模仿已经逝去的奥斯曼帝国文化,都不是好的解决方案。你得将这些拿来做成些事情,而不是只为自己属于这个或者那个感到焦虑。

《巴黎评论》:在《伊斯坦布尔》一书当中,你似乎对外国的、西方的目光有认同感,并用这样的目光观看自己的城市。

帕慕克:但我也解释了为什么一个西化的土耳其知识分子能够认同西方的目光的缘由。伊斯坦布尔的形成,就是对西方的一个认同过程。这里总有这种区分,也不难认同东方的愤怒。这里的人有时候是西方人,有时候是东方人,事实上常常是二者合一。我喜欢爱德华·萨义德的东方主义观念,可是土耳其从来没有被殖民过,将土耳其浪漫化对土耳其人来说从来都不是难事。西方人从来没有像羞辱阿拉伯人和印度人那样羞辱过土耳其人。伊斯坦布尔只被人入侵过两年时间,敌人的船只怎么来还是怎么走的,没有在民族精神上留下伤痕。留下伤痕的,是奥斯曼帝国的灭亡。所以我没有这种焦虑,没有这种被西方人瞧不起的感觉。不过自从共和国成立后,有了一种害怕,因为土耳其人想西化,但是又走不了多远,所以就有了一种文化上的自卑,这是必须对付的。我自己偶尔也会有这感觉。

可是另外一方面,我们这种伤痕,和那些被人统治或者殖民过两百年的国家没法比。土耳其人从来没有被西方大国压迫过。土耳其人受的压迫都是自找的。我们出于实用的目的,抹煞自己的历史。这种压迫中有一种脆弱。可是这种自己开展的西化,也同样带来了孤立。印度人曾经和压迫者面对面打交道。土耳其人很奇怪,是和自己所模仿的西方世界割裂开的。在二十世纪五十甚至六十年代,如果有外国人入住伊斯坦布尔的希尔顿酒店,都会被所有报纸报道。

《巴黎评论》:你是否相信有个正典的存在,或者说是否应该有个正典?我们听说过西方正典一说,那么非西方正典呢?

帕慕克:是的,还有另外一个正典。应该去探索、开发、共享、批评,然后加以接受。现在的所谓东方经典是一片废墟。那些皇皇巨著四处都有,但是没有人将它们整理出来。从波斯经典,到印度、中国、日本的经典,都必须带着批评的眼光来评估。目前,这些正典把握在西方学者手里,西方是传播和沟通的中心。

《巴黎评论》:小说是一个非常西方的文化形式,在东方传统里有没有它的地位?

帕慕克:现代小说,除了史诗的形式之外,本质上是个非东方的东西。小说家是个不属于特定社区的人,并无社区的那些本能,他带着和自己所经历的文化不同的一种文化,来思考、来评判。一旦他的意识和他所处的社区不同,他就成了局外人、孤独者。他文字的丰富性是来自局外人那种偷窥的视角。

一旦养成这种观察世界的方式,你就会用这种方式去写作,就有那种脱离社区的欲望,这就是我在《雪》里的思维模式。

《巴黎评论》:《雪》是你所发表的最有政治色彩的书。你是如何看待此书的?

帕慕克:二十世纪九十年代中期,我在土耳其开始成名的时候,针对库尔德游击队的战争还正打得很激烈,老一代的左翼作者和新一代的现代自由派都想拉我入伙,如签请愿书之类,他们开始让我做一些和我的书不相干的事情。

不久,统治阶层开始用污蔑名声的方式来反击,他们开始骂我,我很生气。过了一段时间我就想,不如我写一部政治小说,探究我自己在精神上的两难处境——一个来自中上阶层家庭的人,却对没有政治代言人的群体负有责任感。我相信小说艺术的作用。写小说把我变成了一个局外人,这是件奇怪的事情。我那时候就跟自己说,不如我写一部政治小说吧。完成《我的名字叫红》之后,我就开始动笔写。

《巴黎评论》:你为什么将故事发生地放在卡尔斯小城?

帕慕克：卡尔斯是土耳其以寒冷著称的小城,也是最贫穷的地方之一。在八十年代早期,我们有份主要报纸曾经用了头版一整版,专门报道该城的贫穷。有人计算过,用一百万,就可以把整个小城全部购买下来。我想去那里的时候,政治氛围不是很有利。小城周边大部分是库尔德人,但是小城中心住着库尔德人、阿塞拜疆人、土耳其人和其他各种类型的人。过去还有俄罗斯人和德国人。这里还有宗教上的差异,什叶派和逊尼派都有。政府反库尔德游击队的战斗打得很激烈,我们无法作为一个游客去那里。我知道我不能作为一个小说家过去,所以就去找一个和我有些联系的报纸编辑帮忙,让他给我发一张报社的通行证前往该地区。此人本事很大,直接就给那个小城的市长和警察局长打电话,说我要来。

到达之后,我立刻去找市长和警察局长,和他们握手,免得日后走在街上被他们给抓住。事实上,一些不知道我在这里的警察还真的在街上拦过我,将我带走过,或许是要虐待我。我马上给出了一些人的名字——我认识市长,也认识警察局长……但我是一可疑人物。土耳其理论上是一自由国家,可是直到一九九九年之前,任何外国人都可能遭到怀疑。但愿现在的情况好一些了。

书中的很多人物是根据真人改编,很多地方也真实存在。例如,发行量二十五万二千份的本地报纸就是真的。我带着照相机和摄像机到了卡尔斯,见什么拍什么,后来回到伊斯坦布尔,就拿出照片来给朋友看,大家都觉得我有点疯狂。另外还发生了一些事,就像我描述的卡和小报编辑的谈话,编辑把卡前日所为都告诉给他,卡问他是怎么知道的,编辑说他是听警察的对讲机听来的。这是真的,他们也一直在跟踪我。

当地电视台主持人让我上了电视,说,我们这位著名作家要给我们的全国大报写篇文章,这可是一件大事。当时镇上的选举很快就要来了,所以卡尔斯都对我开放门户。他们都想向全国性大报说点什么,想让政府了解他们的贫困。他们不知道我会把他们写进小说里。他们以为我会把他们写到文章里。我得承认,这么做我是有点见利忘义、有点残酷了,不过我确实也想过写篇文章的。

四年里我往返多次,那里有个小咖啡店,我偶尔光顾,在里面写作、记笔记。我还带了一个摄影师朋友一起到卡尔斯来,因为那里下雪的时候很漂亮。在我写笔记的时候,这位摄影师朋友听到人们在议论说,他到底写的是什么文章啊?都三年了,写本小说都够了——他们把我给琢磨出来了。

《巴黎评论》:这本书的反应怎样?

帕慕克:在土耳其,无论保守派(或政治伊斯兰教徒)和世俗派都感到不满。倒不至于禁止这本书,或是伤害我本人。但他们感到失望,他们在全国性日报里写评论。世俗派感到失望,因为我写道,在土耳其做世俗的激进者,代价是你会忘记做民主派的使命。土耳其世俗派的势力来自军方,这一势力破坏了土耳其的民主,破坏了宽容文化。一旦军队介入到政治文化当中,人们就开始失去自信,依靠军队来解决所有问题。大家通常会说,这个国家及其经济一团糟,我们找军队来收拾一下吧。可是他们在收拾的时候,也破坏了宽容的文化。很多嫌疑人被折磨,十万人被抓进了监狱,这就给新的军事政变铺平了道路。这新的政变十年一个轮回。我为此批评世俗派。他们也不喜欢我把伊斯兰教徒当成普通人来描写。

政治伊斯兰教徒也感到失望,因为我写到了伊斯兰教徒的婚前性行为。就是这些简单的事情惹火他们的。伊斯兰教徒总是怀疑我,因为我不是来自于他们的文化,另外我的语言、态度、甚至手势,都像一个更西化、更有特权者。他们也有自己的代表问题。他们会问,他怎么可能这么写我们? 他根本不了解。这个我也写进了小说。

但我不想夸大。我活得好好的。他们都看这部小说。他们可能会愤怒,但是他们原原本本地接受了我,也接受了我的书,这说明人们的心态越来越自由化。卡尔斯人的反应也千差万别。有的人说,是的,就是这样子。其他人,通常是土耳其民族主义分子,在我提到亚美尼亚的时候比较紧张。例如那位电视主持人,将我的书装在一个象征性的黑色袋子里邮寄给我,并在一次新闻发布会上说我是为亚美尼亚人宣传。当然,这个指控很荒谬。我们的文化实在有点太狭隘、太民族主义了。

《巴黎评论》:这本书有没有闹得沸沸扬扬,就如同拉什迪的遭遇那样?

帕慕克:没有,根本没有。

《巴黎评论》:这是一本叫人感到郁闷的、很悲观的书。这个小说中,唯一能听取各方说法的人,卡,最后却被所有人瞧不起。

帕慕克:或许是我将自己在土耳其当小说家的处境戏剧化了。卡知道自己在土耳其被人鄙视,但还是喜欢和所有人谈话。他还有很强的生存本能。卡被人瞧不起,是因为大家认为他是一个西方间谍。也常有人这么说我的。

关于小说的郁闷性,这个我认同。不过出路是幽默。每当有人说这小说让人郁闷的时候,我就问他们,小说写得好玩不好玩? 我想,小说中有不少幽默的成分,至少这是我的初衷。

《巴黎评论》:你写小说写出了麻烦,这麻烦日后没准还有。写小说也切断了你的一些感情链,这个代价可不小。

帕慕克:是的,但这是一件美妙的事情。如果我出去旅行,而不是坐在自己桌子前的时候,过一段时间我就会感到沮丧。独自一人在一个房间里创作的时候,我就感到开心。我是忠于艺术、忠于技艺的,可是还不止这些,我喜欢在一个房间里独处。我继续保持这个仪式,我相信我写的总有一天会发表,让我的白日梦不白做。我得长时间一个人待在桌子前面,有好的纸张和钢笔,这就像病人必须有药吃一样。我对这些仪式很在乎。

《巴黎评论》:你是为谁而写呢?

帕慕克:人生总是越来越短,这个问题你也会越发经常地问你自己。我写了七部小说。我希望在有生之年再写七部。不过还是那句话,人生苦短。要不要多享受一点呢? 有时候我写得也很费劲,得逼自己写。为什么要这么做呢? 这一切有什么意义呢? 首先,如我刚才说的,独处一室是一种本能。再者,我还有那种少年式的争强好胜,总想着再出一本好书。我越来越不相信作家能够不朽。两百年前写的书今日还被人读的已经很少。如今世界变化太快，如今的书，或许过个一百年就被人忘了。很少有几本书还会有人去读。再过两百年，或许今日所写的书还有五本能存在于世。我的书会不会在这五本之列，我说不准。可是这是不是写作的意义之所在？我为什么要去操心两百年后有没有人看我的书呢？我要不要操心如何长寿一点呢？要是知道日后还有人看我的书，我会不会有所安慰？这些问题我都在考虑，但还是继续在写。我也不知道，不过我就是不肯放弃。想到以后还有人看自己的书，就是人生的一大安慰、一大快事。

《巴黎评论》：你在土耳其是畅销作家，不过你的作品在土耳其的销量反倒不及国外。你的作品已被翻译成四十种文字。你如今在写作的时候，有没有考虑到更广泛的全球读者群？你现在是不是在为一个不同的读者群写作呢？

帕慕克：我知道我的受众已经不限于国内。可是即便是在刚走上写作之路的时候，我可能就已经考虑更广泛的读者群了。我的父亲过去常在背后说他认识的一些土耳其作家"只是写给土耳其读者看的"。

对自己的读者群有所意识是个问题，不管这读者群是国内还是国际的。这个问题我现在回避不了了。我最后两本书在全世界的读者平均有五十万，我无法否认他们的存在。可是另外一方面，我从来不觉得我应该去取悦他们。我也相信，如果我试图取悦读者，他们也会感受到。从一开始，我就下了决心，要是我感觉到读者在期待什么，那我就一定要绕开。即便句子结构上我都这样——我给出一些铺垫，最后却让读者吃惊。或许正因为这个原因，我喜欢写长句子。

《巴黎评论》：对于大多数非土耳其读者来说，你写作的独创性在很大程度上是和土耳其的背景有关。你在土耳其，是如何让你的作品脱颖而出的？

帕慕克：这里有哈罗德·布鲁姆所说的"影响的焦虑"问题。和所有作家一样，我年轻的时候有过这种焦虑。三十出头的时候，我经常在想，我或许受托尔斯泰和托马斯·曼影响太大了。我希望在我的第一部小说里,呈现出这种温和的贵族式文风。可是我最终意识到,我在技巧上平庸了些。但我毕竟是在世界上的这个地方写作,离欧洲很遥远——至少当时看来,在这种不同的文化和历史氛围里,吸引不同读者,我想这个事实本身,就能让我有独创性,哪怕这种独创性是通过一种廉价方式得来的。可是这么做也不容易,因为这些技巧不大容易翻译,也不大容易传播。

独创的公式很简单,就是将原本无关的两件事物摆到一起。如《伊斯坦布尔》,这是一篇散文,写的是这个城市和一些外国作家——福楼拜、奈瓦尔、戈蒂埃对这个城市的看法,其看法又是如何影响土耳其的一个作家群体。将这个再造伊斯坦布尔浪漫风情的文章,和自传结合起来,这是他人没有做过的。冒点险,你会有新发现的。在《伊斯坦布尔》一书上我有这一尝试,使之具有独创性,我也不知道这会不会成功。《黑书》也是像这样将一个怀旧的、普鲁斯特式的世界和伊斯兰的语言、故事、机巧结合起来,然后一起放在伊斯坦布尔的背景下,看会有什么结果。

《巴黎评论》:《伊斯坦布尔》一书让人感觉你像是一名孤独者。在如今的现代土耳其,你作为一个作家确实是孤独的。在你的成长过程中和如今的生活里,你似乎一直游离在自己所处的世界之外。

帕慕克:我成长在一个大家庭,而且我的教育让我重视社区,可是后来我有了一种脱离社区的冲动。我有自我毁灭的一面,有时候我会大发雷霆,做出些不当的事情,以至于和社区割裂开,无法与其和谐相处。在早年,我就意识到社区会扼杀我的想象力。我需要孤独的痛苦来激发想象力,此后我才会快乐。作为一个土耳其人,过了一阵子之后,我会需要社区的那种安慰和温和,而我或许已经破坏了这些。《伊斯坦布尔》破坏了我和母亲之间的关系——我们现在都不见面了。当然我也很少见到我哥哥。由于我最近的一些评论,我和土耳其大众的关系也很紧张。

《巴黎评论》:你觉得自己是不是很土耳其化呢?

帕慕克：首先，我生来就是土耳其人，我为此感到高兴。在国际上，人们比我自己更认同我的土耳其身份。我是以一个土耳其作家的身份为世人所知的。普鲁斯特写爱的时候，人们认为他写的是博爱。我写爱的时候，尤其是一开始，人们总以为我写的是土耳其式的爱。我的作品开始译成其他文字的时候，土耳其人为此感到自豪。他们把我当成自己的作家，我对他们来说更是一个土耳其人。等到开始享有国际知名度的时候，你这土耳其属性也就更被国际上强调了，接着这土耳其属性就更被土耳其人自己强调，土耳其人等于重新认同你了。你的民族属性意识就开始被人利用、被人冒犯。现在他们关心的是我在国际上如何代表土耳其，而非我的艺术。这在我的国家引发了越来越多的问题。很多人没有看过我的书，只是通过大众媒体看到一些东西，却在开始担心我会如何跟外界讲述土耳其。文学总是有好有坏，有魔鬼也有天使，大家现在越来越担心我作品里的魔鬼了。

（原载《巴黎评论》第一七五期，二〇〇五年秋/冬季号）

斯蒂芬·金

◎ 张坤/译

对斯蒂芬·金的采访始于二○○一年夏天，当时距离他在缅因州洛威尔中心区自己家附近散步时被小货车撞倒的车祸事故已过去了近两年。他很幸运地活了下来，但车祸造成他头皮撕裂、右肺衰竭、右腿和右胯多处骨折。事故后第一步的手术将六磅金属植入他体内。就在金接受《巴黎评论》访问前不久，这些金属才被取出。这位作家至今仍然时时遭受着疼痛的折磨。"整形医生发现好多肌肉组织发炎、坏死，一团糟。"金说，"关节位置液囊突出，像小眼睛一样。"采访在波士顿进行，金本人是红袜队的忠实粉丝，他为了看自己支持的球队参加夺标赛，暂住波士顿。虽然他身体仍很虚弱，却已重新开始每天写作，晚上他会带着手稿去芬威球场，利用赛间休息和换人时间校稿子。

采访的第二部分是今年早些时候在佛罗里达州金的冬季寓所完成的，他住的地方碰巧距离红袜队在迈尔斯堡的春季训练营地很近，开车去很方便。他的房子坐落在一片沙地半岛的海边，天花板很高，呈拱形，这么看起来房子很像是一条倒扣过来的帆船。那天上午很热，金穿着蓝牛仔裤和白球鞋，还有一件 Tabasco 牌辣椒酱的广告衫，坐在门前台阶上看当地的报纸。就在前一天，这份报纸把他的住址刊登在了商务版上，整整一上午，不停地有他的粉丝开着车过来，看看这位世界闻名的大作家。"人们都忘了，"他说，"我也是个凡人。"

金出生于一九四七年九月二十一日，出生地是缅因州波特兰市。金很小的时候，父亲就抛弃家庭出走，母亲搬来搬去换了许多地方，最后还是回缅

moment there, grappling with that screaming, twenty kid, trying to get the muzzle of his .45 socket into the cup of the kid's ear, it had almost felt like the old days, when the thing had been more than just an empty ritual, when it had been—

"Ron?" It was Johnny Speck again. He was looking at Darling anxiously.

"What?" he asked, annoyed. It was bad enough to think about these things at all without being jerked suddenly out of your own head every ten seconds.

"It's Harry," Johnny said. "Something's wrong with Harry Drake."

* * *

Marsha:
(New doc. starts here)

Chapter 3

Last night I dreamt I went to Manderley again. If there is any more beautiful and haunting first line in English fiction, then I have never read it. And it was a line I had come to think of a lot during the winter of 1997 and the spring of 1998. I didn't dream of Manderley, of course, but of Sarah Laughs, a lodge so far up in the western Maine woods that it's not really even in a town at all, but in an unincorporated area designated as TR-90 on the maps.

The last of these dreams was a nightmare, but until that one, they had a kind of surreal simplicity. You know how the air feels before a thunderstorm, how everything gets still and colors seem to stand out with the brilliance of things seen during a high fever? My winter dreams of Sarah Laughs were like that, and I would awake from them with a feeling that was not quite fear. I have dreamed again of Manderley, I would think sometimes, and sometimes I would awake thinking that Rebecca deWinter hadn't drowned in the ocean but in the lake — Dark Score Lake. That she had gone down while the loons cried out in the twilight. Sometimes after these dreams I would get up and drink a glass of water. Sometimes I just rolled

斯蒂芬·金的一页手稿

因州安顿下来，这次是在内地小城达勒姆。金的第一篇小说《我是少年盗墓者》于一九六五年发表在名叫《漫画评论》的专刊杂志上。大约同时，他得到奖学金去奥罗诺的缅因州立大学读书。读大学期间，他遇到了后来的太太塔碧莎。塔碧莎也是位小说家，两人育有三个孩子，婚姻至今仍然稳固。婚后几年间，他依靠在洗衣店打工、洗汽车旅馆床单、当高中英语教师以及偶尔在男性杂志上发表短篇小说的稿费勉强度日，养家糊口。直到一九七三年，他售出了小说《魔女嘉莉》的版权。这本小说立刻大获成功。从那时算起，金的作品已经售出了三亿本以上。

金写了四十三本长篇小说，还有八本短篇小说集、十一个剧本以及两本论写作的书，同时，他还与斯图亚特·奥南合著了一本《忠实》，以日志的形式记录红袜队二〇〇四年夺冠赛季的活动。他所有的长篇小说以及大多数的短篇小说都被改编成了影视作品。虽然在他的创作生涯中时时遭遇评论家冷言相讥，比如《纽约时报》一篇评论说金的作品"看似引人入胜，其实荒诞不经，一味哗众取宠而已"，但他的作品近年来赢得了相当多的赞誉，二〇〇三年他获得了美国国家图书奖基金会颁发的美国文学杰出贡献奖章。金还因为努力支持和推广其他作家的作品而广受好评。一九九七年他获得了《诗人与作家》杂志颁发的"作家为作家大奖"，最近他又被选中担任二〇〇七年度《美国最佳短篇小说选》的编辑。

金为人殷勤得体、幽默风趣、态度诚恳，讲话坦诚热情，还是个慷慨待客的好主人。采访进行到一半，他端来了午餐，有烤鸡（他随即拿出一把吓人的利刃对其一通猛砍）、土豆色拉、凉拌卷心菜、通心粉色拉，还有甜品是佛岛酸橙派。问到他现在在写什么时，金站起身，带我走到他家门口的海滩上。他解释说这片半岛的尽头原本还有两幢房子，其中一幢五年前在暴风雨中倒塌了，涨潮的时候到现在还会有墙皮、家具以及私人物品冲到岸上来。金的下一部小说就以另外那幢房子为主要场景。那房子还在，但早已被弃置，无疑一定闹鬼。

——克里斯托弗·雷曼–豪普特、纳撒尼尔·里奇，二〇〇六年

《巴黎评论》：你是几岁开始写作的？

斯蒂芬·金：你或许不信，我大约六七岁就开始写了，我把漫画书里的画面描下来，然后自己编故事。我记得我因为扁桃腺炎卧病在床不能上学，于是就写故事打发时间。电影也有很大影响。我从一开始就热爱电影。我还记得我妈带我去广播城音乐厅看《小鹿斑比》。哇噻，那地方真大，还有电影里的丛林大火让我印象非常深刻。因此，我一开始写作，就有种倾向，写得很形象化，因为那时候那就是我了解的一切。

《巴黎评论》：你是从什么时候开始阅读成人小说的呢？

金：也许是一九五九年，我们搬回到缅因州以后。我大概十二岁，当时的学校跟我家在同一条街道上，离得很近，学校只有一间教室，所有年级都在那一间教室上课，厕所在教室后面，臭得要死。镇上没有图书馆，但州里每星期有辆很大的绿色货车开进来，叫图书车。你可以从图书车上借三本书，他们才不管你借的是三本什么书——你不一定非拿少儿读物。在那以前我读的都是《南茜·朱尔》《哈迪男孩》之类的东西。一开始我挑的是伊德·麦克贝恩的"87区小说系列"。我读的第一本里面，警察来到一间出租公寓找一个女人问话，女人穿着睡裙站在那里。警察让她穿上衣服，她隔着睡衣抓起自己的乳房朝着警察挤弄，说："看个够吧你就！"于是我冲口而出，靠！我脑袋里立刻一激灵。我想，这太真了，真有可能发生这样的事。我的"哈迪男孩时代"就此宣告终结。这也是我一切青少年小说时代的终结。就好比是，拜拜了您哪。

《巴黎评论》：但你并不是只读流行小说？

金：我不知道什么是流行小说，那时候也没人告诉我。我读了很多书，各种类型都有。我这个星期读《野性的呼唤》和《海狼》，然后下星期读《冷暖人间》，再下个星期又读《穿灰色法兰绒套装的人》。我是想到什么读什么，拿到什么读什么。当初我读《海狼》的时候，并不理解那是杰克·伦敦对尼采的解读和批判；我读《麦提格》的时候，也不知道这就是自然主义，不理解弗兰克·诺里斯言下之意其实是说,你永远赢不了,体制总是会击败你。但从另外一个层面上讲,我确实理解到了这层意思。当我读《德伯家的苔丝》的时候,我明白了两件事:第一,如果那家伙搞她的时候她没醒过来,那她肯定是真的睡着了;还有第二,那时候女人的日子真是不好过。那是我读女性文学的入门作品。我爱极了那本书,所以我读了一大堆哈代的小说。但是读到《无名的裘德》我就打住了,我的哈代时期就此终结。我当时想,妈的,这太荒唐了。谁的生活也不会沦落到这种地步,快得了吧。你明白我意思?

《巴黎评论》:在《写作这回事》里,你曾经提到过你的第一本长篇小说《魔女嘉莉》的点子是怎么来的,说你将两种毫不相关的题材联系起来:残酷青春加上心灵致动能力。像这种出人意料的联想是否经常是你作品的起点呢?

金:对,经常是这样。当我写《狂犬惊魂》的时候——关于一条狂犬的故事——我的摩托车出了点问题,我听说有个地方能修理。我们当时住在缅因州的布里奇顿,是个度假胜地类型的小镇,在缅因州西面,位于湖边,但是布里奇顿再往北就是真正的荒野乡村,住着很多农民,很老派地自顾自过日子。那个修车师傅有座农庄,马路对面还开着铺子卖汽车。于是我把摩托车弄了过去,车进了院子就彻底熄火了。接着,我这辈子见过的最大的圣伯纳犬从那间车库里出来,朝我过来了。

那种狗本来长得就吓人,尤其是夏天。它们耷拉着下巴,眼睛水汪汪的,看起来就好像生病了似的。那狗冲着我叫,喉咙深处发出的那种低吼:汪……喔。那时候我体重大约有二百二十磅,所以我比那条狗大概重个十磅左右。修车师傅从车库里走了出来,对我说,哦,这是博赛什么的,我没记住那狗的名字,反正不是古卓。他说,别害怕,它对谁都这样。于是我朝那狗伸出手去,那狗冲着我的手就要咬。那哥儿们手里拿着柄管钳,直接朝那狗屁股来了一下,那可是柄铁钳。打上去声音就像是用拍子拍地毯一样。那狗只是呜咽一声,坐了下去。那哥儿们对我说,博赛一般不这样,它大概不喜欢你这副尊容什么的;立马就成了我的错儿。

我记得自己当时很害怕，因为根本没地方躲。我骑着摩托车，但车熄火了，我肯定跑不过那条狗。如果那哥儿们没提着管钳出来，那狗又决定出击……但那还不算个故事，顶多是有了点想法。几个星期之后，我想到了我们家那辆福特小汽车。那是我们买的第一辆新车，用双日公司给的《魔女嘉莉》的两千五百块预付金买的。刚买回来那车就有问题，因为化油器里的针阀有毛病。针阀动不动卡住，化油器满溢，车就发动不起来。我很担心老婆开着那车会抛锚，我想，如果她像我骑着摩托那次一样，开着车去修理，那针阀又卡住了，车发动不起来可怎么办？——如果那狗不光是脾气坏，要是条疯狗可怎么办？

然后我又想，也许是狂犬病呢。这时候我脑子里才真正有灵感爆发的感觉。有了这些想法之后，渐渐地故事的枝枝蔓蔓就出来了。你自问，为什么没人来救她呢？那里有人住，是座农庄。人都哪儿去了？回答是，我不知道，故事就在这里。她丈夫哪儿去了？为什么丈夫不来救她？我不知道，这也是故事要讲的。如果她被狗咬了会怎么样？这也会是故事的一部分。如果她也狂犬病发作呢？这本书写了七八十页之后，我发现狂犬病的潜伏期太长，因此她传染上狂犬病然后发作的因素就不适用了。这是现实世界侵入小说的一个例子。但事情总是这样，你看到某一件事，然后与别的什么"咔哒"契合在一起，就成了小说。但你永远不知道这种事何时会发生。

《巴黎评论》：除了个人经历之外，你的写作素材还来自哪些地方？

金：有时出自别人的作品。几年前，我听一本有声读物的磁带，是约翰·托兰写的，叫《迪林杰的日子》。其中一个故事说的是约翰·迪林杰①和他的朋友荷马·凡·米特还有杰克·汉密尔顿逃离小波希米亚，他们渡过密西西比河以后，杰克·汉密尔顿被警察从背后一枪击中。接下来还发生了很多事，但托兰并没有讲明白。我想，我不需要托兰告诉我到底发生了什么事，我也不需要实事求是地写故事。这些人已经名正言顺地成了美国传

---

① 美国二十世纪三十年代早期著名的银行劫匪，曾杀死多名警察。

奇的一部分,我要自己编,于是我就写了个短篇,叫《杰克·汉密尔顿之死》。

有时候我会利用电影里的故事。在"黑暗塔"七本系列小说之一《卡拉之狼》里,我决定试试看能不能重讲黑泽明的电影《七武士》和好莱坞翻拍的《七侠荡寇志》的故事。当然,这两部电影讲的是同一个故事,说的是一帮农民雇了枪手来保卫镇子抵御贼人攻击,那些贼一直来偷他们的庄稼。但我想玩得再大点,再狠点,于是在我的故事里,贼偷的不是庄稼,而是孩子。

《巴黎评论》: 现实世界侵入小说的时候你怎么办,比如像《狂犬惊魂》中你提到狂犬病潜伏期的问题,你怎么处理?

金: 永远不能为了故事方便去歪曲现实。当你发现类似情况的时候,得调整故事,让它符合现实。

《巴黎评论》:《狂犬惊魂》是部很特别的小说,通篇只有一章。你是一开始就计划这么写的吗?

金: 不,《狂犬惊魂》写的时候是部很标准的长篇,章节分明。但我记得当时有个想法,希望这本书像块砖头破窗而入,劈头朝你砸过来。我一向希望自己写的书能有这种效果,而且,或许是我妄自尊大,自以为是,但我认为每个小说家都应该这么干,要让小说有人身攻击的效果,就像有人从餐桌对面直冲过来,一把抓住你,兜头泼你个正着,直取面门。应该让你难受,惊到你、吓到你。而且不仅仅是让你恶心难过。我意思是说,如果有人寄来一封信说,我都吃不下饭了,我的态度就是:那太棒了!

《巴黎评论》: 你认为我们害怕的是什么?

金: 从某种层面上来说,我觉得我是什么都不怕。但如果你问的是,我们作为人类,害怕的是什么,那么我说是混乱和入侵者。我们害怕改变。我们怕一切分崩离析、方寸大乱。这就是我感兴趣的东西。我是说,有许多人的作品我都很喜欢,其中之一是美国诗人菲利普·布思,他写的都是些平凡生活的点滴,但我却做不到这样。

我曾经写过一个短篇小说,名叫《迷雾》,说的是迷雾升起,将一座小镇笼罩其中,一群人被迷雾阻挡,困在一间超市里。有个女人拿着一盒蘑菇在收银台前排队,当她走到窗口去看大雾弥漫,超市经理就把她的蘑菇拿走了;她对经理说:"把蘑菇还给我。"

我们害怕世界乱了方寸。我们害怕在收银台排队的时候有人偷走我们的蘑菇。

《巴黎评论》:你认为这种恐惧是你小说的主要题材吗?

金:我认为我写的东西就好像是镜子上的一道裂痕。回顾我写的东西,从《魔女嘉莉》至今,你会发现,我写的都是那本书写作的具体年代,那个时期普通的美国中产阶级的日常生活。每个人生活中都会遇到一些不可理喻的事你必须得应付,要么是医生说你得了癌症,要么是有人捣鬼打电话给你搞恶作剧。所以说,不论你要说的是幽灵也好,吸血鬼也罢,或是小区里住着个纳粹战犯也好,我们说的仍然是同一件事,就是异常情况侵入日常生活,还有就是我们如何应对。我更感兴趣的是,我们在这种情况下所展露出的我们的性格,还有我们与他人以及我们生活的社会之间的交流和互动,这远比怪兽、吸血鬼、幽灵和食尸鬼让我来劲。

《巴黎评论》:在《写作这回事》中,你是这样定义流行小说的,说读者可以在其中瞥见自己经历的某些方面——行事、地点、人际关系、对话。在你的作品中,你会不会有意识地要重现某个具体的时刻?

金:不,但我也不会刻意避免。比如《手机》,故事点子是这么来的:我从纽约的一间宾馆出来,看见一个女人拿着手机在讲电话。我想,如果她从手机上收到一个短信,就此不能自已,开始动手杀人,直到有人杀死她为止,那会怎样?各种可能性、各种枝蔓发展开始在我脑海中像乒乓球一样跳上跳下。如果人人都收到同样的短信,那么有手机的人就都发疯了。正常人看到这情况,要做的头一件事就是掏出手机给亲朋好友打电话。那样的话这传染病就会像毒藤一样蔓延开来。后来,我走在大街上,看到一个家伙在自言自语,大声嚷嚷,明显是个疯子。我特意绕到街对面躲开他。可那不是个流浪汉,他穿着一身西装。然后我才发现他戴着耳机,是在打电话。我心想,我必须得写这么个故事。

那是个一瞬间里出现的想法。后来我读了好多关于手机行业的资料,开始关注手机信号基站塔。因此这是本题材很入时的书,但仍然是出自对我们当今交谈方式的担忧。

《巴黎评论》:因为《手机》题材入时,你会不会认为,也许十年之后,这书就会过时了?

金:也许会。我敢说有些别的书,比如《导火索》,今天看来已经很落伍了。但我不担心这点。我只希望故事和人物能出彩。况且哪怕是过时的旧东西,也有一定价值。

《巴黎评论》:你想没想过你的哪些书能流传下去?

金:这是撞大运的事。你永远不知道五十年后谁会受欢迎,从文学意义上讲谁胜出谁出局。如果一定要我来预测一百年以后,假如人们还会读我的书,他们会读其中哪些,我首先会猜《末日逼近》和《闪灵》。还有《撒冷镇》——因为人们喜欢吸血鬼故事,而这本书的前提背景是那些经典的吸血鬼故事。这故事没什么特别的深意,不花哨,只是单纯的吓人,因此我认为人们会拿来看一看。

《巴黎评论》:当你回顾自己从前写的书,会不会给它们归类?

金:我写的书分为两种。我把《末日逼近》《绝望生机》,还有"黑暗塔系列"归为外向型的书。还有像《宠物公墓》《危情十日》《闪灵》和《桃乐丝的秘密》,归到内向型的书。我的读者要么喜欢外向型的书,要么喜欢内向型的,他们不会两种都喜欢。

《巴黎评论》:但是即便是在描写超自然力量的书里,恐怖也来自心理,对不对? 绝不仅仅是有妖怪从背后的角落里跳出来而已。这样算来,为什么不把它们都归类为内向型呢?

金: 这个……我的归类也是针对人物的,包括出场人物的数量。内向型的书一般围绕着一个人物,越来越深入他的内心。比如我的新小说《丽赛的故事》就是本内向型的书,因为小说很长,但里面只有寥寥几个人物;而像《手机》就是本外向的书,因为人物众多,说的是友情,应该算是本公路小说。《杰罗德游戏》是所有内向书里最内向的一本。里面只有一个人物,洁丝,被赤身裸体铐在床上。每件最小的小东西都被放得很大——一杯水,还有她竭力想把床上方的架子弄歪一点,好借机逃命。我记得写那本书的时候,我当时设想洁丝念书的时候大概是个体操高手,结尾的时候她只要把双脚举过头顶,伸到床头上方,卷起身体,然后立起来。写了大约四十页之后,我对自己说,最好看看这是不是行得通。于是我就找来了我儿子——我想是乔,因为他是两个男孩中柔韧性比较好的一个。我把他叫到我们的卧室,用丝巾把他捆在床柱上。我老婆进来问我,你搞什么呢? 我说,我就是做个试验,没什么。

乔试着照我说的做,但是做不到。他说,我的关节不往那儿走。于是又一次出现了我前面说的《狂犬惊魂》里狂犬病那样的情况。我心说,见鬼了! 这可行不通! 到了这种地步,你唯一能做的就是,好吧,我可以把她写成关节超灵活。然后你就会说,行啊,没错,这可不合理。

《危情十日》里只有两个人物在一间卧室里,但《杰罗德游戏》更上一层——只有一个人物在卧室里。我曾经想,最终我会再写一本书,就叫《卧室》,里面根本没有人物。

《巴黎评论》: 马克·辛格在《纽约客》里写道,《狂犬惊魂》《宠物公墓》和《杰罗德游戏》使你失去了部分读者,因为这几部小说太痛苦,读者受不了。你认为真是这样吗?

金: 我想我在不同阶段都曾失去过一些读者。这只是一种自然的消耗过程,仅此而已。人们不断向前,发现新东西。我想我本人作为一个作家这些年来也变了不少，就是说，我不能继续提供跟《撒冷镇》《闪灵》甚至《末日逼近》完全一个水准的消遣娱乐。外面有些人宁肯我在一九七八年就已经死去，这些人会走到我面前说，唉，你后来写的书都比不过《末日逼近》。通常我会回答他们说，听到人家对你说你最杰出的作品是二十八年前写的，这话实在让人沮丧。很可能迪伦也常听到对于《金发佳人》①的同样论调。但作为作家，你总是要尽力成长，而不仅仅总是一遍又一遍做同样的事，因为那么做毫无意义。

而且失去部分书迷在我也不成问题。这话听起来是妄自尊大，但我不是这个意思。即便失去一半的书迷，我仍然能过得很舒适。我向来是自由发展，走自己的路，这一点很棒。我也许失去了一些读者，但也许我又赢得了一些新人。

《巴黎评论》：你写了很多关于孩子的书，这是为什么？

金：我写了很多关于孩子的书，这有几方面的原因。我很幸运，很年轻的时候作品就得以出售，而且我结婚早，生孩子也比较早。内奥米生于一九七一年，乔是一九七二年生的，欧文是一九七七年——六年里生了三个孩子。因此，当我的许多同龄人在外面随着凯西与阳光合唱团的音乐跳舞的时候，我却有机会观察我的孩子的成长过程。我觉得这挺值得。带孩子比七十年代的流行文化强多了。

所以说我不了解凯西与阳光合唱团，但对于自己的孩子，我却是知道得一清二楚。所有那些你可能会经历的愤怒和疲惫我都经历过。这些东西都写进了书里，因为那是当时我所了解的东西。最近出现在我书中的内容是痛苦和受伤的人，因为这是眼下我了解的内容。也许十年之后会有不同的东西出现，如果我还在的话。

《巴黎评论》：在《宠物公墓》里，小孩子遭遇到了不幸，这是来自哪里？

---

① 指鲍勃·迪伦于一九六六年发行的《金发佳人》专辑。

金：那本书很个人化，里面的每一件事——一直到那个小男孩在马路中间被撞死为止，都是真实的。我们搬进一幢路边的房子，地方在奥灵顿而不是鲁德洛，但的确有大卡车时常开过，马路对面的老伙计确实曾提醒过我，说过马路的时候你得留心那些大家伙。我们的确曾去田野里游玩。我们放过风筝。我们的确曾上山去看过宠物公墓。我也确实曾在马路中间找到了女儿的宠物猫斯莫基被车撞死的尸体，我们把它埋在了宠物公墓里。埋葬它之后的当天晚上，我的确曾听到内奥米跑到车库里哭叫。我听到了好多声音——她在一堆包装盒上跳上跳下，一边哭一边说，把我的猫还给我！上帝想要猫自己养去！我立刻就把这些原话扔进了书里。而欧文的确曾经朝着马路直冲过去。他那时候还很小，也许才两岁。我大叫：别！当然，他跑得更快，还一边大笑着；他们这个年纪就是这样。我追上去飞身捉住他，将他拉到了路肩，这时一辆卡车疾驰而过。于是这些也都写进了书里。

然后你就想，必须再向前一步。如果你要以哀悼过程为主题——失去孩子怎么办——你就得从头到尾走一遍。于是我这么做了。我很为之自豪，因为我做到了，坚持到底，但结局太残酷、太糟糕了。我是说，在这本书的最后，任何人都毫无希望。通常我会把我的初稿拿给我老婆塔碧先读，但这本书我没给她看。写完之后我就把它放进书桌抽屉里不管了。接着我就写了《克里斯汀》，那本书我更喜欢，出版在《宠物公墓》之前。

《巴黎评论》：《闪灵》也是以个人经历为基础的吗？你住过那家酒店吗？

金：住过，科罗拉多州埃斯蒂斯帕克的斯坦利酒店。我和老婆十月份上山去的。那是他们当季的最后一个周末，所以酒店基本上全空了。他们问我能否付现金结账，因为他们要把信用卡收款机带走，拿到丹佛去。路过第一个写着"十一月一日之后可能会封路"的标牌时，我心想，天哪，这上头绝对有故事。

《巴黎评论》：你觉得斯坦利·库布里克改编的电影怎么样？

金：太冷酷。他完全没有体现剧中家人之间的情感因素。我认为谢莉·杜瓦尔演的温迪简直是对女性的侮辱。基本上她就是个尖叫机器,丝毫看不出任何她参与家庭的交流互动的痕迹。库布里克似乎完全没意识到,剧中杰克·尼科尔森呈现的角色跟他此前在一系列摩托骑士影片里的完全一样,仍然是一个精神病摩托车手的形象——与他在《地狱飙车天使》《野骑》《惊醒者的反叛》和《逍遥骑士》这些片中的形象毫无二致。那家伙是个疯子。如果那家伙去应聘这份工作的时候就已经疯了,那么悲剧何来?不,我讨厌库布里克导演的作品。

《巴黎评论》:你参与电影的创作了吗?

金:没有。我为《闪灵》写的剧本成了后来拍摄的电视连续剧的基础素材。但我疑心库布里克在拍摄电影之前根本看都没看过。他知道自己想要个什么样的故事。他雇用了小说家戴安·约翰逊,在他想要强调的东西的基础上另写了一个剧本。后来他又亲自重写了一遍。我是真的很失望。

电影看起来显然很美:场景美轮美奂,用稳定架拍摄。我曾经管这片子叫"没有发动机的凯迪拉克"。你只能把它当成一件雕塑品来欣赏,除此之外别无用处。它最初的目的已经被剔除了,那就是要讲故事。只需比较结尾就能明白最重要的区别所在。小说快结尾的时候,杰克·托伦斯对儿子说他爱他,然后就在爆炸中与酒店同归于尽,这是个充满激情的高潮结尾。但在库布里克的电影里,他是冻死的。

《巴黎评论》:你早年的作品经常以爆炸结尾,方便你把几条分散的情节线连在一起。但在最近的长篇和短篇小说里,比如《骑弹飞行》和《手机》,你似乎已经放弃了这种做法,你的结局留了许多悬而未决的问题。

金:《手机》的结尾有挺大一场爆炸呢。但你说的对。我收到许多读者愤怒的来信,他们想知道接下来发生了什么。对此,我现在的答复是,你们这帮哥儿们就像是《伴我同行》里高迪给他们讲了大屁仔参加吃馅饼大赛,以及孩子能做到的最厉害的报复故事之后,泰迪和维恩的反应一样。泰迪说:"后来怎么样了?"高迪说:"什么后来怎么样了?这就是结局。"泰迪又说："你为什么不接着编,说大屁仔开枪打死了他父亲,然后跑到得克萨斯当了护林员?"高迪说:"哎,我不知道。"同样,在《手机》中,结局就是结局。但是许多人就此事写信给我,以致我不得不在自己的网站上写道:"在我看来,显然克雷的儿子强尼后来逃脱了困境。"事实上,我从来没想过强尼结局会不好。

《巴黎评论》:真的吗? 我倒拿不准那孩子结局一定会好。

金:真的,我真的相信是这样,我靠,我就是个乐观的人!

《巴黎评论》:在你许多书的前言后记里,你都邀请读者给你反馈,这很不寻常,挺了不起的。你为什么主动要求读者写更多的信给你呢?

金:对于读者的看法我一直很感兴趣,而且我发现,很多读者想要参与到故事中去。对此我很欢迎,只要他们能理解,他们的想法不一定会改变我的思路。换句话说,我绝不会说,你瞧,我写了个故事,故事是这样的,现在大家来投票,你认为我这故事该怎么结尾?

《巴黎评论》:你写作的时候对环境有什么要求?

金:有张书桌和一把舒适的椅子就不错,这样你就不需要到处将就。还有光线要充足。你写作的地方应该是一个避难所式的地方,一个可以让你远离尘嚣的所在。环境越是封闭,就越容易迫使你回到自己的想象世界。我的意思是,如果我附近有窗户,短时间内没问题,但过不了多久,我就会留心看街上的美女,看人们上车下车,注意力转移到这些随时都在发生的街边小故事上头:这个人要干吗? 那边在卖什么东西?

我的书房基本上就是间工作室。我有套归档系统,很复杂、很规整。比如说我正在写的一部小说,名叫《杜马岛》,我把相关资料集中归档,做了个专门文件,以确保我记得不同情节链的内容。我把人物的出生日期记下来,以此计算出他们在各个特定时间年龄有多大。记得在这个人的胸口加上一个玫瑰文身,记得到二月底要给埃德加添一条工作用的长凳。因为如果我现在搞错了某件事,过后修改起来会烦得要死。

《巴黎评论》:你说到书房要感觉像一处避难所,可是,不是说你工作的时候喜欢听很吵的音乐吗?

金:现在不了。当我坐下来写作时,我的工作是要让故事向前发展。如果说写作中也存在步伐节奏的话,如果说人们爱读我写的东西是因为故事节奏对点儿,那是因为他们能感觉到我目标明确,立志到达。我不喜欢到处闲逛,东瞅瞅西看看。过去我听音乐是为了保持这种节奏。但那时候我年轻,坦白说,那时候我脑子比现在好使。现在我只有在一天工作结束的时候,一边回头翻看我这一天的工作,在屏幕上重读我一天写的稿子,才一边听音乐。很多时候这音乐搞得我老婆很抓狂,因为我总是一遍又一遍重复地放。我曾经有一张舞曲混音唱片,里面就一首歌,是庐贝加的《第五号曼波》,唱起来是这样:"一点点的莫尼卡,一点点的爱丽卡——迪嘎,迪嘎,迪嘎。"这是首欢快的、有点卡里普索风的歌曲。有一天,我老婆上楼来,说,斯蒂夫,再放一遍……你就死定了! 所以我不是真的在听音乐——音乐只是作为背景而存在。

但我觉得空间还不是唯一的,我认为你要尽可能每天都工作,这很重要。

《巴黎评论》:你今天上午写了吗?

金:我写了四页。就只有这么多。过去我曾经每天写两千字,有时候还更多。但现在我一天只能写出可怜巴巴的一千字。

《巴黎评论》:你用电脑吗?

金:用,但我偶尔会恢复手写的习惯,比如《劫梦惊魂》和《尸骨袋》,因为我想看看会发生什么事。手写确实有所不同。最重要一点是,它让我速度减慢了,因为手写比较费时。每当我开始手写新东西,这上头就会有个懒家伙出来说,哎,咱非这么干不可吗? 我手指上还有上次手写稿子留下的老茧没脱呢。但这样做使得改稿过程很愉快。在我看来,仅仅因为手写不可能太快,所以我的初稿更规整干净了。用手写你只能保持在一个相对较低的速度。这其中的不同就好比是驾着动力踏板车前进与徒步在乡间暴走的区别。

《巴黎评论》:你完成初稿之后会怎么办?

金:最好给这东西至少六个星期的时间,让它停下来,喘口气。但我并非总能享有这样的奢侈。对于《手机》我就没有这样的机会。出版商有两本我的手稿,其一是《丽赛的故事》,我很长一段时间没干别的,集中精力写了这一本书;另外一本就是《手机》,这本书我构思的时间很久,突然它就自己跳将出来说:是时候了,必须现在就写。出现这种情况的时候,你要么立刻就写出来,要么就错过了,所以说《手机》就好比是我意外怀孕得子。

《巴黎评论》:这么说,你是在写《丽赛的故事》的间歇写的《手机》,对吗?

金:有一段时间我是两本书同时进行。《丽赛的故事》初稿已经完成了,因此我晚上修改《丽赛的故事》,白天写《手机》。过去我喝酒的时候常这样工作。白天写新作品、新点子,一般是目标明确、一往无前,开弓没有回头箭。虽然经常是带着宿醉,但总是一路向前。晚上我就会转回头去,这时候我就修改稿子。这么做很有趣,感觉棒极了,很长时间以来这么干都行得通,但现在我无力继续了。

我想先出版《丽赛的故事》,但斯克里布纳出版社的编辑苏珊·摩尔多希望《手机》先出版,因为她认为这本书会引起关注,对《丽赛的故事》的销售会有促进作用。因此他们就把《手机》赶上了快速通道,所以我不得不立刻开始修改。这是如今的出版商能决定的许多事之一,但这对一本书来说,未必是件好事。

《巴黎评论》:难道你不能拒绝他们吗?

金:能,但具体在这件事上,他们这么做是对的,结果也取得了巨大成功。《手机》是个特例。格雷厄姆·格林曾经谈到过作为小说的书和作为消遣的书,《手机》就是本消遣之作。我不想说我不在乎它,因为我在乎——在我名下发表的一切我都很在乎。如果你打算以此为业,如果有人付钱给你干这差事,我想你就应该尽力而为做到最好。但是写完《丽赛的故事》之后,我给自己留了六个星期的时间。当你过了这么长时间之后再回头看一本小说,感觉就像是另外一个人写的。仿佛它不是你的结发伴侣,关系没那么紧密了。你会发现各种可怕的错误,但你也会发现一些片段,让你觉得,上帝啊,写得真棒!

《巴黎评论》: 你有没有推倒重写的经历?

金: 计算机给我的工作带来的改变之一就是,我现在越来越倾向于"现场编辑"——直接在屏幕上进行编辑。《手机》我就是这么做的。我重读一遍,进行了编辑和修改。我可以自己完成修改校对,在我看来,这感觉就好比是滑冰。这种工作方式还算可以,但并非最佳。《丽赛的故事》,我是把打印稿摆在电脑旁,新建一个文档,然后把通篇重新敲了一遍。在我看来,这感觉就好比游泳,这样更好。就好像重新把这书又写了一遍。的确,就是重写一遍。

每次你修改,每本书都不一样。因为当你写完一本书,总会这么想,这根本不是我想写的东西。实际上,在写作过程中你就会认识到这一点。但是,如果你试图人为改变它的发展方向,你就像是棒球投手试图操控快球的方向一样,结果一定会搞砸。科幻小说作家阿尔弗雷德·贝斯特曾经说过,书是老板,它说了算。你得让一本书朝着它想要的方向发展,你只要跟着走就行。如果这书不能这么走,那就是本坏书,我也写过坏书,我想《玫瑰疯狂者》就属于这个范畴,因为它没有自己展开,我感觉必须得推着它往前发展。

《巴黎评论》: 谁来编辑你的小说呢? 他们改动多吗?

金: 查克·维里尔编辑了很多,有时候他是个很挑剔的编辑。在斯克里布纳出版社,《丽赛的故事》的编辑是南·格雷厄姆,她让我的书改头换面,部分是因为这本书写的是个女人,而她也是女性,也因为她刚接手这份工作。她修改得很多。书中比较靠后的地方有一段写到丽赛去精神病院探望姐姐阿曼达,原本里面有一个很长的场景,写丽赛去那里之前先在阿曼达的家里逗留一阵,后来又和姐姐一道回到了阿曼达家中。南说,你得重新设计这个部分,你得拿掉她在阿曼达家里的第一次逗留,因为这会减慢叙事节奏,而且毫无必要。

我想并非是我个人的问题,也不因为是畅销书作家的缘故,我认为这是作家的天性——注定如此,历来这样,总之我的第一反应就是,她不能这么说我,她懂什么呀,她又不是作家。她哪里理解我的天才!但我转念一想,试试何妨?我说得格外坚决,因为在我的职业生涯里已经达到了一种境界,只要我愿意,想怎么来都可以。如果你人气够旺,哪怕你想到时代广场去上吊,也会有人递绳子给你。我也确实这么干过,尤其是当初我嗑药酗酒的那段时间里,真是为所欲为,其中也包括对编辑们说"滚你们的蛋"。

《巴黎评论》:如果《手机》算是消遣之作,那么你要把其他哪些作品归到另外一类呢?

金:要知道,我所有的书都应该是消遣之作。从一定意义上说,这正是问题的根结所在。如果不能成为消遣,那我认为就不是本成功之作。但如果你指的是不只在这一个层面有意义的小说,那么我会说《危情十日》《桃乐丝的秘密》,还有《死光》。《死光》的故事在几个人物童年和后来的成年时代穿插进行。我开始写的时候认识到,我写的是关于我们在人生的不同阶段如何运用自己的想象力的问题。我很喜欢这本书,而且这是我持续畅销的作品之一。读者真的有共鸣,我收到过很多来信,都说希望故事还能继续。可我说,我的天哪,现在这书就已经够长的了。

我想《死光》是我的书里最狄更斯式的一本,因为其中人物五花八门,故事交错穿插。这本小说毫不费力地将许多复杂的东西呈现出来,我经常希望自己能重新找回这种举重若轻的感觉。《丽赛的故事》也是这样,小说很长，里面有许多故事彼此关联，看似毫不费力地交织在一起。但我说起这些会挺不好意思的，因为我怕人家会笑话我说，瞧这个野人，居然还企图登堂入室了。不论什么时候说到这个话题，我总是打岔掩饰。

《巴黎评论》：接受国家图书奖杰出贡献奖的时候，你在发言中曾为流行小说辩护，你列举了几位你认为被文学正统低估的作家。随后上台的当年的最佳小说奖得主雪莉·哈泽德，马上毫不留情地反驳了你的观点。

金：雪莉·哈泽德当时是这么说的：我认为我们不需要你来给我们开书单。如果给我机会反驳她的话，我一定会说，恕我冒昧，可我们确实需要。我认为从一定意义上讲，雪莉恰好证明了我的观点。对于严肃文学的定义有发言权的那些人掌握着一张很短小的名单，只有名单上的人才能进入严肃文学的圈子。但常常出现的情况是，这个名单的制定者彼此相识，上过某些特定学校，通过某些特定途径在文坛上位。这很糟糕——它限制了文学的发展。如今正当美国文坛生死存亡的关键时期，遭到许多其他媒介的攻击：电视、电影、网络，还有其他种种不需印刷就能满足我们想象力的东西。而书籍这种讲故事的老方式正遭到攻击。所以，当雪莉·哈泽德这样的人说"我们不需要阅读书单"这种话的时候，就好像在乔治·佩勒卡诺斯或者丹尼斯·勒翰这些作家面前猛然关上了一道门。当这种事情发生，当我们把这些人关在门外不予理会，我们就会失去大片的想象空间。这些人——我们都明白，我说的并不是詹姆斯·帕特森——从事的是很重要的工作。

因此我要说，没错，雪莉·哈泽德确实需要一张阅读书单。雪莉·哈泽德还需要有人对她说，人生苦短，赶紧该干吗干吗。你不能坐在这里废话连篇，说我们该怎样怎样，而应该脚踏实地去干起来。老天赋予你一定的才华，但他也只给你短短这么几十年的生命。

还有，当你将严肃的流行小说关在门外，你也把许多普遍认为是严肃作家的人关在了门外。你对他们说，你写面向大众的通俗小说会危及自己的声誉，这样一来，许多作家就不肯像菲利普·罗斯那样，冒险去写一部《反美阴谋》。他写这本书是冒着一定的风险的，因为这本书通俗易懂，可以作为消遣读物——在叙事层面上引人入胜。跟雪莉·哈泽德的《大火》完全不同——顺便说一句,《大火》的确是本相当不错的好书,但完全不同。

《巴黎评论》:所谓严肃的流行小说,跟纯文学小说之间真的有那么大差异吗?

金:真正的突破点在于,你要问问,这本书是不是在情感层面上引起你的共鸣。而一旦你推动了这些杠杆,许多严肃批评家就会大摇其头,连连称不。在我看来,归根结底,这是因为那些以文学分析为生的人会说,如果我们让这些乌合之众都进来,人们就会发现随便什么人都能做这工作,这东西很容易,那还要我们做什么?

《巴黎评论》:你的小说里毫不避讳商标与品牌名,这一点似乎让某些批评家很反感。

金:我向来知道一定会有人对此有意见。但我也知道我绝对不会放弃这种做法,任何人都不可能说服我这么做是错的。因为每次我写到商标与品牌名,我就会感到头脑里灵机一动,仿佛正中靶心——就像迈克尔·乔丹来了个招牌大灌篮。有些时候,商标就是最佳的单词,画龙点睛,让场景清晰精准。《闪灵》中,当杰克·托伦斯倒出一片 Excedrin(止痛药商标)时,你立刻就知道这是什么。我一直想问问那些批评家——其中有些人是作家,还有些在大学里教授文学,你们这帮孙子干吗呢? 你们打开药品柜,就只看见些灰不溜秋的药瓶吗? 难道你们看到的就只是没名没号的洗发水,没名没号的阿司匹林吗? 你到超市去买六罐一捆的那个,上头就只写着"啤酒"二字吗? 你下楼打开车库的门,里头停的是什么? 一辆车。就只是车吗?

然后我想,我敢说他们真就只看到这些。这帮家伙中有些人,那些大学教授——比如说有个人,他对文学的认识真的就停留在亨利·詹姆斯为止,如果你跟他谈起福克纳或者斯坦贝克,他脸上就会浮现一种凝滞的笑容——说到美国小说,这些人都是些大蠢蛋,而他们竟然将这种愚蠢当成了美德。他们不知道考尔德·威林厄姆是谁,他们不知道斯洛恩·威尔逊是何许人。他们不知道格雷斯·麦泰莉是谁。这些人他们一概不知道,而这帮孙子还为之扬扬得意。当他们打开放药品的柜门,我想,或许他们看到的真就只是没标签的瓶子而已,这是他们观察力的丧失。我想我要做的事之一就是要明白告诉他们,这是瓶百事可乐,行吗?它不是瓶汽水。是百事。是样具体的东西。要有一说一,实事求是。如果可能,就拍张照片给读者看。

《巴黎评论》:你可曾被声誉拘束住?

金:如果你的意思是说,我是否感到限制,想去哪里都不行,那么我的回答是完全没有。不,从来没有这种事。别人会给我贴上各种标签,比如恐怖大师、蹩脚货专家、恐怖专家、悬疑大师、惊悚大师之类,但我从来没给自己写的东西下过定义,也从未写信对这些标签定义表示不满,因为那就显得我装腔作势,拉大旗做虎皮。我记得曾与我在双日出版社的第一个编辑比尔·汤普森谈到过这一点。那时他们刚刚出版了《魔女嘉莉》,大获成功,他们想要趁势再做一本。我把自己已经写完的两本书稿给了他们,《撒冷镇》和《修路》,后面这本书后来才出版,用的是我的笔名理查德·巴克曼。当时我问他想先做哪一本,他说,你一定会不喜欢我的答案。他说《修路》是一本更诚恳的小说——是作家小说,你明白我意思的话,但他想要出《撒冷镇》,因为他认为这本书在商业上会更成功。但是,他对我说,你会被人贴上标签。我说,什么标签?他说,恐怖作家的标签。我一笑而过。我想这有什么?就像 M. R. 詹姆斯、埃德加·爱伦·坡,还有玛丽·雪莱不也一样吗?我说,我不在乎。这没什么。

他们果然把我归到了恐怖作家的行列,但这个界定从来没有拘束我的创作。在我全部的职业生涯里,唯独一次感到这是种负担,就是我写一本名为《必需品》的书的时候。不过那时候我本来就很敏感,因为那是我自打十六岁以来,头一次在既无酒精也无药物影响的情况下写出的作品。我当时什么都戒了,只是吸烟。写完这本书的时候,我想,这书真棒。我终于写出点真正搞笑的东西来了。我认为自己写了一本关于八十年代美国里根经济战略的讽刺佳作。你知道的,人们什么都买,什么都拿来卖,灵魂也不例外。书中收买灵魂的店主利兰·冈特的形象,我一直认为是以罗纳德·里根为原型的:很有魅力,上了点年纪,卖的都是些垃圾货色,但却看起来闪亮诱人。

《巴黎评论》:稍等,桑迪·考法克斯的签名棒球卡,你说这不过是垃圾货色? 得了吧。

金:但那孩子拿的并不真的是这东西呀——那玩意儿只是看起来像是桑迪·考法克斯的卡片,结果发现那根本是别人的卡。还有,我的个乖乖,桑迪·考法克斯可火大了。尤其是那孩子最后说的一句话是"桑迪·考法克斯真差劲",随后"砰"一声巨响,他就轰掉了自己的脑袋。考法克斯说在他作为投手的整个职业生涯里,他一直尽力想为年轻人树立榜样,结果却被安排在一个小孩的自杀故事里担任角色,他对此感到非常愤怒。

我试图跟他解释,说那孩子的本意并不是说桑迪·考法克斯差劲,他想说的是利兰·冈特和那家商店,还有这整件事很糟糕。你明白吧,这个人物只能通过这种方式来表达"出卖灵魂换取别的东西这种做法是错误的"这个意思。考法克斯不理解。后来他们拍电影的时候,把这个人物换成了米奇·曼托。曼托丝毫不在意,他觉得这很搞笑。

《巴黎评论》: 你如何对待这本书受到的负面批评?

金:书评家说这是部失败的恐怖小说,尽管我以为人人都会把它看成一本讽刺作品。这些年过去了,渐渐地我开始认为,也许这书确实没那么好看。

《巴黎评论》:你会不会认为一本反响不好的书一旦改编成电影,就会得到批评界更严肃的对待?

金:电影确实会招来更多的评论,坦白说,这种评论来得略微容易一些。在我来说,《危情十日》和《伴我同行》的改编电影就是这样,从一定程度上讲，《热泪伤痕》①也是这样。

《巴黎评论》：你多少算是个藏书家。书商格伦·霍罗威茨有一次告诉过我，说他给你寄错了书，他跟你道歉的时候，你说没关系，还是买下来了。

金：我想真有过这事。我不是什么大藏书家，只是有大约一打的福克纳签名本，还有好多西奥多·德莱塞的书。我还有卡森·麦卡勒斯的《金色眼睛里的倒影》。我爱极了麦卡勒斯。我家里有个老式杂货店摆放平装书的架子，我有好多五十年代的平装书，因为我喜欢那些封面。我还收藏了相当多的六十年代唐纳德·维斯雷克和劳伦斯·布洛克等人写的色情小说，收这些书纯粹是因为我乐在其中，从中可以窥见他们的写作风格。

《巴黎评论》：你从福克纳、德莱塞和麦卡勒斯这些作家那里都学到了什么？

金：腔调。我在重读《国王的人马》，同时也在听这本书的CD版，那个朗读者是个中好手。威利·斯塔克在里面说："谁都有罪恶。人生始出臭尿布，蹬腿裹上臭尸布。谁都不干净。"你听在耳朵里，不由得心说，哎呀天哪，就是这种腔调！脑子里激灵一下。

《巴黎评论》：你的语言扎根于地道的美式口语，你可能算得上是当今还在创作的作家中最有地方色彩的一位。

金：我一辈子都住在缅因州，我写到缅因州的时候，这里的方言声口自然就回来了。还有几位很不错的作家也在描写这片区域，只不过读者没有那么多，其中有卡罗琳·丘特，著有《缅因州的埃及豆》；还有约翰·古尔德，他写了《绿叶之火》——但我是读者最多的一个。说到地方色彩，格里沙姆在这方面很出色，他的《粉刷过的房子》写南方写得很不错。

---

① 即《桃乐丝的秘密》改拍成的电影。

《巴黎评论》:好像你会不遗余力地宣传其他作家,比如替新作家美言几句,在你的小说里提到其他的当代作家之类,难道你真的这么赞赏那么多人吗?

金:我读到好故事会很激动。我还发现市场小得可怜。我本人非常幸运,我也希望能把这种幸运散给别人一些。我是从短篇小说起步的,是从短篇小说杂志的市场里走出来的。如今书籍的市场已经大大缩小,短篇小说就更是读者寥寥,所以我会尽力让大家注意到这些作品的存在。

《巴黎评论》:在编辑明年的《美国最佳短篇小说选》的时候,你会考虑从你读过的那些类型杂志里挑选作品吗?

金:会。我在读所有的科幻小说杂志,尤其是《艾勒里·奎恩神秘故事杂志》和《阿尔弗雷德·希区柯克推理小说杂志》,看看里面有什么东西。《阿尔弗雷德·希区柯克》过去曾是本文学水平很高的杂志,但如今被艾勒里·奎恩的母公司并购了,稿件质量一路下滑。编辑《美国最佳短篇小说选》是件很好的工作,但做起来有点如履薄冰的感觉,因为外面作品太多了。我总是不放心,怕错过了什么。

《巴黎评论》:你自己的短篇小说都是什么时候写的?

金:我经常在两部长篇之间的空当写短篇。《丽赛的故事》和《手机》写完之后,我闲了一阵。我试图开写一部长篇,但写不出,于是就写了几个短篇小说。然后我就开始读许多许多"全美最佳"的候选稿件——先是一打,后来两打三打,上百篇都读完了,最后我终于着手写下一部长篇。我在写东西的时候,脑子里总会有几个将来要写的故事点子,但这时候你不能细想下一本小说要怎么写。这就好像是已婚男人总要尽量避免在大街上瞄别的美女一样。

《巴黎评论》:你会不会像《尸骨袋》里的作家迈克·努南那样,因为已经有太多作品存着,所以写完一本小说就先藏起来?

金:我这一辈子大概有一两回,有两三本书做后备。《尸骨袋》的这个细节出自一种传言,我听说丹妮尔·斯蒂尔每年写三部长篇小说却只出版两部。我心说,如果过去十年都真是这样,那她肯定攒了好多作品没出呢。流行小说界还有其他几位正牌好作家,比如诺拉·罗伯茨,我的老天,她已经出版了一百五十本书。可大家还以为我就算多产作家了。

《巴黎评论》:你曾采用多种不同战略来推广你的作品——连载、电子书、在新作品结尾刊登下一部小说的节选,等等,你还在策划更大的市场战略吗?

金:没有。我只是很好奇会发生什么事,就像你给小孩一套化学实验器械,他会想:如果我把这两种东西混在一起会怎么样?因特网的出版实验等于是用这种方法告诉出版商,你们要知道,我不一定非得通过你们才行。我还想为其他人开出条路来。再说这有助于保持新鲜感。

斯克里布纳出版社问我有没有短篇小说可以在网络上发表。其实他们的着重点始终都不在网络。他们想的是那种掌上阅读的小玩意儿,揿个按钮就翻页的那种东西。我始终都不喜欢这点子,大多数人也都不喜欢。他们喜欢实实在在翻书页。就像二十世纪一零年代买汽车的那些人,车子动不动抛锚停在路边,路人会喊,买匹马多好! 现在人们会喊,买本书看多好! 其实是一回事。但大家对于网络出版这么兴致高涨,让我很感兴趣,因为有些从来没跟我聊过的人——商业人士,西装革履的——突然注意到我了。你在做什么? 你一个人能做成吗? 你有能力改变整个出版业吗? 他们的兴致始终都是金钱驱动的,从来都无关故事内容。

这是网络泡沫的末日时代——崩盘之前的最后一场豪华大戏。亚瑟·克拉克已经在互联网上卖出了一篇作品——只有六页纸,讲星际传回无线电广播的故事,于是我心想,耶稣啊,这就好比是吻你亲妹妹一样,简直易如反掌啊! 这家伙可能只是趁某天午睡睡不着的工夫,随手写下了这么篇小文章。

《巴黎评论》:既然斯克里布纳发表的短篇小说《骑弹飞行》大获成功,你为什么没继续在网上发表作品呢?你的后一部网络作品《植物》,只连载了六期就停了。

金:许多人以为我没连载完《植物》是因为这种销售方式不成功,这件事使我罕有地感觉到媒体虽力道不大,却实在起到了推波助澜、歪曲事实的作用。事实上,《植物》非常非常成功。这小说我是以诚信为本的原则发表在网上的。当初发表《骑弹飞行》的时候,好多人说有黑客试图破坏系统,免费拿到作品。我想,得,反正网民就是爱干这种事。他们这么做倒不是为了窃取作品,而是为了看看到底能不能窃得到。这是场游戏。于是我想,如果你径直跟他们说:瞧,给你就是——就像是开放式报架,付款全凭诚信。如果你真那么想当大傻瓜大笨蛋,尽管下手偷去就是!但愿你感觉良好,傻蛋!大多数人都付钱买了小说。我猜大概还是有些人想看看能不能偷得到,但过后他们还是付了钱。

我赚了大约二十万美元,一点管理费用都没花。想来这真是不可思议。我所做的就只是写故事,装台服务器而已。往庸俗里说,这就好比是拿到一张印钞执照。但那篇小说内容一般,是我没了灵感,到现在也没写完。

《巴黎评论》:我猜,对你来说,写作与金钱之间的关系恐怕早已超越了维持生计的阶段。赚钱对你还有什么意义吗?

金:我认为工作就应该得到报酬。我每天早上被闹钟叫醒,做腿部锻炼,然后就坐到文字处理机旁开始写作。到中午背就开始疼,我就累得受不了了。我跟从前一样拼命工作,也许比从前更拼了,所以我想要得到报酬。但是基本上,就眼下来说,这相当于一种记分方式。

有一件事我不想再做了,就是收取巨额预付金。我拿过几回。汤姆·克兰西显然也拿了不少。收取巨额预付金的作家等于是说,我想先把钱赚足了,哪怕这些书最后滞销,搁在架上无人理会,我也一分钱都不会退。而出版社答应照此办理是因为他们想出斯蒂芬·金、汤姆·克兰西或者约翰·格里沙姆的书。这能给他们出版目录上的其他书凝聚人气。书店的人愿意把这些作家的东西摆在醒目位置,是因为能吸引更多人进到店里来。卖书的人几乎要跪倒在地,膜拜约翰·格里沙姆,倒不仅仅因为他卖得好、销量大,更是因为他出书的时机恰好:他总是二月份推出新作,而一般圣诞节热潮过去之后,书店销售量会急剧下滑,甚至接近停顿。

我能拿这种巨额预付金,但我不拿这钱也能照样过得不错。离开维京出版社的时候我做了个决定,我要申请参与出版,当合伙人。只需付我较少的钱作为定金,然后我们分享利润。为什么不呢?对他们来说这笔生意很合算。但是如果纯粹是为了钱,那么我不干,因为钱我够多了。

《巴黎评论》:你就从来没想过,你也一定要拿到克兰西或者丹妮尔·斯蒂尔那么高的一个分数吗?

金:我们这是个竞争社会,我想我也倾向于根据赚到的钱数来测算自己是不是像上述几位成就这么大。但底线总是销量,而这几位卖得比我好。格里沙姆卖得比我好,他卖四本,我只能卖一本。可我现在觉得这也没什么大不了。有时候,当你看到《纽约时报》上的畅销书排行榜,不禁自问,难道我真的非得削尖了脑袋拼命挤到这张榜上,去跟丹妮尔·斯蒂尔、戴维·鲍尔达奇,还有那些重新流行的书一争高下吗?

《巴黎评论》:现在距离当初的交通事故已经过去七年了,你还痛吗?

金:还是痛。一直痛。但我已经不再吃药了。几年以前我生了肺炎,不得不住院治疗,又做了一次手术,直到后来我终于明白,我不能永远靠吃药维持生命,因为那样的话,我吃的药得用卡车装了。那时候我已经连续吃了五年止痛药了,就是 Percocet、OxyContin 之类,我都上瘾了。如果你是为了止痛嗑药,而不是为了爽,那么戒掉药物依赖就没那么困难。问题在于,你得习惯于脱离药物生活。你会经过脱瘾期,最大的麻烦就是失眠。但熬过一阵之后,身体就会说,哎,可以了!

《巴黎评论》:你还吸烟吗?

金：一天三根，写作的时候不吸。但是当你只吸三根的时候，烟的味道真是不错。我的医生说，你明白吗，如果你要吸三根，慢慢你就会想吸三十根，可我不是这样。我戒了酒，戒了安定，戒了可卡因。这些瘾我都有过。唯一没戒掉的就是香烟。通常我上午吸一根，晚上吸一根，下午吸一根。我真的非常享受吸烟。我知道这不应该。我明白。吸烟嘛，坏习惯！健康嘛，很重要！但我真的很喜欢坐下来两腿一伸，看本好书，抽根烟。我昨天晚上还在想这事儿呢。我看了场比赛回来，红袜队赢了。我躺在床上读格雷厄姆·格林的《沉静的美国人》。这本小说真是太棒太棒了。我抽着一根烟，心里想，还有谁爽得过我呀？

香烟。所有这些让人上瘾的东西都是我们生活中坏的一面。我想这些瘾、这些迷恋，正是我们成为作家的首要因素之一，你想把这些都写下来：酒精、香烟、毒品。

《巴黎评论》：这是不是意味着写作也是一种瘾？

金：我想是的。对我来说是这样，哪怕是我写得不顺的时候。如果我不写，这停滞就会让我很难受。能够写作是件很棒的事。写得顺自然是超爽，写得不那么顺当的时候，只能说还可以，但也不失为一种极好的消遣。何况还能写出那么多小说来展示给大家看。

《巴黎评论》：你还参加戒酒会的活动吗？

金：去。我尽量定时去。

《巴黎评论》：这其中的宗教因素你怎么看？

金：我倒从来没觉得这是个问题。活动大纲里说，如果你不信，那么假装相信也行。假装下去，直到你做到为止，他们是这么说的。我知道这对很多人来说是个问题，但我照着大纲做事。所以我早上会跪倒在地，说，主啊，帮助我不要想饮酒嗑药。晚上我会再次跪下来，说，感谢主，我不需要饮酒或者嗑药。

每当我说到这些,我总会跟人讲起约翰·沃特斯跟异装癖演员、大胖子迪万拍的一部电影《粉色火烈鸟》。《粉色火烈鸟》里有一个场景是迪万在人行道上吃了一块狗的大便。人们总是跟沃特斯问起这个场景,终于有一次他爆发了,说道,听着,那只不过是一小块狗屎,让她一举成名,当了明星而已!行了吧?对我来说,关系到上帝的一切就只不过是一小块狗屎而已。但是如果你能把戒酒会的这一点点狗屎吞下去,你就不需要再酗酒和吸毒了。

《巴黎评论》:你有没有进行过任何一种脱瘾治疗?

金:当初我戒酒戒毒的时候,咨询过一个顾问专家,问有没有办法把这些东西从我生中戒除掉。但如果你说的是真正意义上的心理治疗,我怕这会在我生活的铁桶底部钻出个洞来,结果一切都会漏掉,坏了事。我不知道那样会不会当真毁掉我的作家生涯,但我想,很可能会让我失去许多好东西。

《巴黎评论》:你在写作过程中有没有想到过你的创造力何来?

金:时不时地,有些东西会不证自明,不认都不行。比如说《危情十日》中的那个精神病护士。这本书是我毒瘾最大最难受的那段时间写的。我知道我写的是什么,对此我从来没有过疑问。安妮就是我的毒瘾,她就是我的头号粉丝。上帝啊,她说什么都不肯离开。同时这其中又不乏可笑之处。这种情况经常出现。我记得写到我和彼得·斯特劳布合著的小说《黑色之家》的结尾部分,有一个场景是其中一个人物谈到他决计无法回到此时此地的航班上来——即二〇〇一或二〇〇二年的美国生活,因为如果这样的情况真的发生了,那么这个人就会生病死去。我当时想,用这种方式来形容我当时所经历的一切真是优雅漂亮,最恰当不过。那时候我总是病痛缠身,但是当我写作的时候,我就感觉不到病痛了,因为那时我就逃脱了……你编故事的时候总是潜入另外一个时空。我去到那里的时候,就不大留意到自己肉身的情况。我想,这是对创作状态的一个很不错的类比。就是一个你可以躲起来,感觉不错的地方。

《巴黎评论》:在你写一篇小说的过程中,到了哪一步你就知道会有超自然的神奇因素开始起作用?

金:并不是我想要它来它就会来。并不是我把它赶进门的。它自然而然就来了。关键是我太爱这感觉。我正在写的一本小说《杜马岛》,讲的是一个叫埃德加·弗里曼特尔的人,因为事故失去了一条胳膊。于是我就想,也许关于断肢会有些超自然症状。我知道因为事故失去肢体的人过了很久还会有幻觉。

于是我就上谷歌网去搜"残肢幻觉",想查查这种幻觉能持续多久。我真是爱"谷歌"。结果我发现有好几千个这样的病例,其中最棒的一条——我写进书里了,是说一个人有只手被打包机切断了,他把断手用大手帕包起来带回了家,装在罐子里用酒精泡着。他把这个罐子放在家中地下室里。随后的两年里这个人都没事。突然冬天里有一天,他的断肢末端寒冷无比。他给医生打电话,说,那只手明明早就不在了,我手臂末端却冷得要死。医生说,你把那只手怎么样了? 他说,我放在罐子里,搁地下室了。医生说,你下去查看一下。于是那家伙下了楼。罐子摆在一个架子上,窗玻璃破了,冷风正吹在那只手上。于是他把罐子挪到火炉旁边,他就没事了。这显然是个真实案例。

《巴黎评论》:最近,尤其是《丽赛的故事》,看起来你的小说是以人物而不是某个特定情境开篇。你是否正在有意识地尝试这种变化?

金:也许确实有这种转变。显然《手机》并不是这样,但《手机》的点子很老了。而《丽赛的故事》的确是围绕一个人物的故事。我在车祸过后三四年,想到了这个故事的点子。那时候我以为自己全都好了,但结果我的肺底部还是碎裂得很严重。我生了肺炎,后来他们直接把我的肺从胸腔里取出来完成修补手术。我差点死掉。真的是命悬一线。在此期间,我老婆决定要重新装修我的书房。等我出院回家,发现一切都给拖到了外面,我感觉自己就像个鬼魂。我想，也许我已经死了，我死了以后，我的书房就是这副样子了。于是我开始写这部小说，关于一个死去的著名作家，还有他的妻子丽赛在两年之后努力重拾生活、整理心情的故事。

《丽赛的故事》就这么开始了，然后自行往下发展。故事发展到一定程度，这本书就不再仅仅是讲这个女人悼念亡夫的过程了，开始讲我们如何掩埋往事、隐瞒秘密，然后又从这里跳到另一个点子，即压抑就是创造，因为当我们压抑记忆，就会编出故事来填充过去的空白。

《巴黎评论》：你太太觉得这本书怎么样？

金：她对《丽赛的故事》从来没多说什么，不过她经常不多说。很多时候她就只是说，不错。我想人人都会希望老婆说，哎，亲爱的，这太棒了！我喜欢这段，我喜欢那段！可她不是这种人。"不错"就可以了。

《巴黎评论》：你认为《丽赛的故事》是你转型之作吗？

金：这个，问我好像问错了人。我是身在此山中，我感觉这本书很特别，以至于我很不情愿交出去面世。只有这一本书我不想读相关的书评文章，因为一定会有人说丑话怪话，那样我会受不了，感觉就像是别人说你爱人的丑话怪话似的。我爱这本书。

《巴黎评论》：为什么你认为他们一定会说丑话怪话？

金：因为这本小说的确在尝试超越一般流行小说的水平。从一定意义上说，它希望比玛丽·希金斯·克拉克或者乔纳森·凯勒曼的小说得到更严肃的对待。当作家把部分的生命消耗在一本书上时，他有责任扪心自问，为什么此书如此重要？我写完这本书之后，心想，从一定程度上讲，这本书写的是传奇、抑郁和故事的讲述，但同时也是关于婚姻和忠诚的故事。

《巴黎评论》：如今你也在《纽约客》上发表过文章了，还获得了全美图书奖以及其他国际大奖，比起你写作生涯的早年，很明显如今你已经受到更严肃的对待。你仍然强烈感到被文学正统排斥在外吗？

金：情况已经大大改观。你知道怎么回事？如果你有一点点天分，你尽力发挥到最大，坚持一步不退，一直往前走，那么人们就会严肃对待。那些少年时代读过你书的人长大之后成了文学正统的组成部分，他们会把你当作他们沿途经过的风景之一接受下来。从某些方面讲，你会受到更公平的对待。马丁·莱文在《纽约时报》上评论《末日逼近》，他说这本"描写瘟疫的小说直通魔界"，说这书"直接秉承了《罗斯玛丽的婴儿》的血脉"。我想，我的天哪，我足足花三年时间写出这么一本小说，才赢得此人这番评语。身为作家，我总是非常明白自己的位置，我从不妄自尊大，斗胆与更伟大的作家比肩。我对自己从事的职业很认真，但我绝不想欺骗任何人，让人以为我有多了不起。

还有一个大问题就是你年纪越来越大。我马上就满六十岁了。我的创作生命也许还剩下十年，最多十五年。我对自己说，我只有这多时间，能不能干出点更出色的活儿来？我不图钱。我不需要再来一部根据我的书改编的电影。我不需要再写电影剧本了。我也不需要再住进一幢又丑又大的豪宅——我已经有幢房子住着了。我想写一部比《丽赛的故事》更好的书，可我不知道能不能做到。天哪，我希望不要重复自己。我希望不要干出粗制滥造的活计。但我希望能继续工作。我拒绝认定自己已经探索过房里的一切，再无新突破的可能。

（原载《巴黎评论》第一七八期，二〇〇六年秋季号）

翁贝托·埃科

◎ 张芸/译

第一次打电话给翁贝托·埃科时,他正坐在他那座十七世纪庄园里的书桌前。庄园位于乌尔比诺城外的小山上,离意大利亚得里亚海岸不远。他大赞泳池的漂亮和优点,但担心我能否顺利获得手续繁琐的山区通行证。因此,我们把会面地点改定在他米兰的公寓。我到的那天是八月下旬的仲夏节,适逢天主教会庆祝圣母马利亚升天的日子。米兰灰色的楼房散发出热气,路面上积了薄薄一层尘土,几乎听不见一辆汽车的声音。我走进埃科住的那栋楼,搭乘世纪之交的古老电梯,听见顶楼开门的嘎吱声,埃科引人注目的身躯出现在电梯铁栅栏外:"啊——"他眉头微蹙。

公寓里排列的书架,个个顶到特别高的天花板,中间的过道宛若迷宫——共有三万册书,埃科说,另有两万册在他的庄园。我看见有托勒密的科学专著和卡尔维诺的小说,有论索绪尔和论乔伊斯的研究著作,有中世纪历史和神秘手稿的特别专区。许多书由于翻得太多而显残旧,从而赋予这些藏书一种生命力。埃科读书速度飞快,记忆力惊人。在他的书房,一屋子书架上摆放了埃科自己的作品全集,包括所有译本(阿拉伯语、芬兰语、日语……数到三十多种语言后,我数不过来了)。埃科喜滋滋、仔细地把他的作品一本一本指给我看,从早期批评理论的成名作《开放的作品》到最近的新著《丑的历史》。

埃科最初是一位研究中世纪和符号学的学者。后来,一九八〇年,四十八岁的他,出版了一本小说《玫瑰的名字》,在国际书坛引起轰动,销量超过一千万册,这位教授摇身变成文坛明星。他受到记者的追捧,人们推崇他的

翁贝托·埃科为《玫瑰的名字》画的僧侣素描

文化评论,敬仰他的渊博学识,认为他是当代最重要的意大利作家。自那以后,他继续撰写充满奇思怪想的散文、学术著作,并创作了四本更畅销的小说,包括《傅科摆》(1998)和《罗安娜女王的神秘火焰》(2004)。

挺着领路的大肚子,埃科在地板上挪动脚步,带我走进客厅。透过窗户,米兰的天空中映着一座中世纪城堡的巨大剪影。我期待客厅里会有挂毯和意大利古董,结果却发现是现代风格的家具,几只玻璃橱里陈列着海贝壳和珍本漫画、一把鲁特琴、一套唱片、一幅粘着画笔的拼贴画。"这个,你看,是阿曼①的作品,特别送给我的……"

我坐在宽大的白沙发上,埃科陷在一张低矮的扶手椅里,手里拿着雪茄。他告诉我,他曾经一天最多抽六十支烟,可现在只有一支没有点燃的雪茄。在我提第一个问题时,埃科的眼睛眯成黑线,轮到他回答时,眼睛突然睁开来。"我爱上中世纪,"他说,"就和有的人爱上吃椰子一样。"在意大利,埃科以他的玩笑、他滑稽俏皮的打趣著称,绕来绕去的话里,几乎每个转折处,都会扔下笑料。话说得多了,他的声音似乎也跟着响起来。不一会儿,他整理出几点大纲,仿佛在对一班全神贯注的学生讲课。"第一,在写《玫瑰的名字》时,由于没人知道,我当然也不知道,亚里士多德《诗学》最后一卷、那卷著名的《论喜剧》里写了什么,但不知怎的,在创作小说的过程中,我发现了其中的内容。第二,侦探小说提出了哲学的核心问题——'谁是凶手'。"当他认为对话的人够聪明时,便迅速展开专业论述:"对,没错。但我还要补充的是……"

访谈时间过了两个小时后,埃科的意大利出版商、邦皮亚尼出版社文学主编马里奥·安德鲁斯来接我们去吃晚饭。埃科的妻子、四十五岁的雷内特·朗姆格与安德鲁斯坐在前面,埃科和我坐在后座。几分钟前还思如泉涌、妙语连珠的埃科,此时却显得冷漠、闷闷不乐。但一踏进餐厅,一盘面包摆在我们面前,他的心情马上开朗起来。他兴奋地浏览菜单,侍应生一走过来,他就迫不及待地点了一份披萨饺和一杯苏格兰威士忌。"是的,是的,我

---

① 即阿曼德·皮埃尔·费尔南德兹(1928—2005),美国当代艺术家,生于法国尼斯。

不该,我不该……"一位满脸欣喜的读者走近桌旁,"你是翁贝托·埃科吗?"这位教授抬起一边眉毛,咧嘴一笑,摇摇手。接着,埃科兴致勃勃地一再提起教皇本笃十六世、波斯帝国的覆亡和最新的"007电影",我们的对话终于得以继续。"你知道吗,"他一边把叉子叉进披萨饺,一边说,"我以前发表过一篇文章,是关于伊恩·弗莱明小说原型情节的结构分析。"

——丽拉·阿桑姆·桑格纳,二〇〇八年

《巴黎评论》:你生于哪里?

翁贝托·埃科:亚历山德里亚镇,那儿以制作博尔萨利诺帽出名。

《巴黎评论》:你出生在一个怎样的家庭?

埃科:我父亲是会计师,他的父亲是印刷工人。我父亲是十三个小孩里的老大,我是家中的头一个儿子,我儿子是我的第一个孩子,他的第一个小孩也是儿子。所以,如果有人偶然发现埃科家族是拜占庭皇帝的后裔,那我的孙子就是皇太子!

尽管我不常去探望我的祖父,因为他住的地方离小镇有三英里,而且我六岁时他就过世了,但他对我有格外重要的影响。他对世界怀有巨大的好奇,博览群书。不可思议的是,退休后他开始从事图书装订,因此,他的公寓里四处摊着未装订的书——十九世纪戈蒂埃和大仲马的通俗小说,附有漂亮插图的古老版本。那是我最早所见的书。一九三八年他过世后,这些未装订的书被主人索要回去,家人把它们全都装进一个大箱子。十分偶然地,这个箱子放置在我父母的地窖里。我不时被差遣到地窖去取煤或拿酒,有一天,我打开这个箱子,发现了一个书的宝藏。从那以后,我常常光顾地窖,结果发现,我祖父收集的还有一套传奇杂志《海陆旅行探险画报》,里面尽是发生在异国他乡的奇怪、残忍的故事。这是我第一次闯入小说世界的美妙体验。可惜的是，所有那些书和杂志都遗失了，不过数十年来，我慢慢从旧书店和跳蚤市场上找回了相同的副本。

《巴黎评论》：如果你在去祖父家之前没见过任何书，是不是表示，你父母连一本藏书都没有？

埃科：这是怪事。我父亲年轻时嗜好读书。由于我祖父母有十三个子女，家里只能勉强度日，我父亲买不起书，所以去书摊旁站在街上看书。书摊主人见他流连不走，面露难色，我父亲就走去下一个书摊，读第二部分，依此类推。那是我心中一幅珍贵的画面。那种锲而不舍的阅读追求。长大后，我父亲只在晚上有空余时间，他主要看看报纸和杂志。在我们家，只有几本小说，但不摆在架子上，而放在壁橱里。有时，我见父亲在读从朋友处借来的小说。

《巴黎评论》：你那么年轻就成为一名学者，对此他有什么想法？

埃科：喔，他去世得很早，在一九六二年，不过那时我已出版了几本书，都是学术方面的内容，可能让我父亲一头雾水，不过我发现，他会在深夜试图读读看。《开放的作品》恰好在他去世前三个月问世，《晚邮报》上有篇著名诗人欧杰尼奥·蒙塔莱写的书评。那篇评论毁誉参半——奇特、友好、尖刻，但毕竟写评论的人是蒙塔莱。我想，对我父亲来说，能这样，夫复何求。在某种意义上，我还了债，最终，我觉得我达成了他所有的愿望，不过我猜，他会更有兴致读我的小说。我母亲又过了十年才去世，所以她知道我写了许多其他的书，受邀去国外大学做讲座。她病得很重，但很开心，不过我觉得她并不十分清楚发生的事。你知道，母亲总是把自己的儿子引以为傲，即使他是十足的笨蛋。

《巴黎评论》：法西斯主义在意大利盛行、战争开始时，你还是个小孩，那时你对此有什么认识？

埃科：那是段匪夷所思的时光。墨索里尼非常具有领袖风范，和当时每个意大利学童一样,我加入了法西斯青年运动。我们统统被要求身着军装式的制服,参加星期六的集会,我们都乐意这么做。就像今天把一个美国男孩打扮成水兵的样子,他会觉得好玩。对我们小孩来说,整个运动是某种自然而然的事,犹如冬天下雪、夏天酷暑一样。我们不能想象还有另一种生活方式。我回想起那段时光,与任何人回忆起童年一样,带着绵绵温情,连想起那些轰炸和在避难所度过的夜晚,都是温软的。一九四三年,伴随法西斯的第一次垮台,一切都结束了,我在民主报纸上读到不同政党和政见的存在。一九四三年九月到一九四五年间,为躲轰炸——那是我们国家最饱受创伤的年代,我和母亲、妹妹住到乡下,在北面的蒙费拉托,皮埃蒙特的一个村庄,那儿位于抵抗运动的中心。

《巴黎评论》:你亲眼目睹过那些战斗吗?

埃科:我记得看过法西斯军队与游击队的枪战,差点希望自己能加入战斗。甚至记得有一次,为躲一颗子弹,我从树上跳到地上。那时,从我们住的村庄,每星期都能看见他们轰炸亚历山德里亚,我父亲仍在那儿工作。天空被炸成橘黄色。电话线断了,我们只有等到周末父亲回家,才能知道他是否还安然无恙。那期间,一个住在乡下的年轻人,不得不学会求生的本领。

《巴黎评论》:战争有没对你决定从事写作产生影响?

埃科:没有,没有直接关系。我在战前就开始写东西,和战争无关。青少年时期,我读了许多漫画和以马来西亚及中亚为背景的奇幻小说,所以画起漫画来。我是个完美主义者,要把它们弄得像印出来的一样,所以我用大写字母写,并制作扉页,配摘要和插图。工程太累人,以致我从未完成过其中任何一本。那时,我就是个有未完成杰作的大作家了。但显然,我开始创作小说后,有关战争的记忆在写作中起着一定的影响作用。不过,每个人都困在自己儿时的回忆里。

《巴黎评论》:你把那些早期作品给什么人看过吗?

埃科：我父母可能看到过我在做什么，但我想我没给其他人看过。那只是私人爱好而已。

《巴黎评论》：你之前提到，你在这个时期尝试写诗。在一篇有关写作的文章里，你说，"我的诗歌和少年的青春痘一样，有相同的功能起源和形式结构。"

埃科：我觉得在一定年龄，比如十五六岁时，写诗像是种自慰。但到晚年，优秀的诗人会焚毁他们早期的诗作，拙劣的诗人则把它们出版。幸好我很快放弃了写诗。

《巴黎评论》：谁激发了你在文学上的努力？

埃科：我的外祖母——她嗜读成瘾，虽然只上到小学五年级，但她是市立图书馆的会员，每星期带两三本书回家给我。可能是地摊小说，或巴尔扎克的作品，在她眼里没有太大区别，一样引人入胜。另一方面，我母亲受的教育，是将来做一名打字员。她从法语和德语打字学起。年轻时她读过许多书，但上了年纪后，惰性渐生，只读爱情小说和女性杂志。所以我没读过她读的那些书。但她说一口漂亮优雅的意大利语，文笔也很美，因此她的朋友请她代笔写信。虽然早早辍学了，但她拥有出色敏锐的语感。我想，从她身上，我继承了一种对写作发自内心的喜爱，我早期的文风也受她的影响。

《巴黎评论》：你的小说带有多少自传色彩？

埃科：我觉得在某种意义上，每本都是。当你构思一个角色时，你把部分的个人回忆转借给他或她，把自己的这一部分给角色一，另一部分给角色二。从这个意义上讲，我不是在撰写任何一本自传，但写出来的小说是我自己的传记。这是不同的。

《巴黎评论》：里面有许多画面是你直接照搬的吗？我想起《傅科摆》里

在墓地吹小号的贝尔勃。

埃科：这一幕绝对是我个人的写照。我不是贝尔勃，但这场景曾发生在我身上，意义非凡，所以此刻我要透露一点以前我从未提过的。三个月前，我花了约两千美元，买了支高品质的小号。要吹小号，嘴唇必须经过长期训练。我十二三岁时吹得不赖，但现在技艺生疏，吹得糟透了。尽管如此，我仍每天练习，原因是，我想回到童年时代。对我来说，小号标志着年轻时的那个我。我对小提琴毫无感觉，但一看到小号，就觉得体内的血液都沸腾起来了。

《巴黎评论》：你发现自己能吹得出儿时的曲子吗？

埃科：我吹得越多，越能清晰地回想起那些曲子。当然，有的小节音太高，太难吹。我重复若干遍，一再努力，但我明白，我的嘴唇根本无法做出正确的反应。

《巴黎评论》：你的记忆出过同样的状况吗？

埃科：说来奇怪，我年纪越老，记起的事越多。举个例子给你听：我的家乡话是亚历山德里亚方言，一种不标准的皮埃蒙特语，掺杂了伦巴第、艾米利亚和热那亚的方言。我不会说这种方言，因为我们家出生于小资产阶级家庭，我父亲认为妹妹和我应该只说意大利语。然而在大人们之间，我父母说的是方言。所以我完全能听懂，但不会说。半个世纪后，突然间，这种方言从我的肚子或潜意识里冒出来，在亚历山德里亚碰到老朋友时，我竟然会说了！因此，随着生命时光的流逝，我不仅重拾起遗忘的往事，还捡回了我以为自己从未学会过的东西。

《巴黎评论》：你为什么决定研究中世纪美学？

埃科：我接受的是天主教教育，大学期间，我主持一个国立天主教学生团体，因此被中世纪的学术思想和早期基督教神学所吸引。我着手写关于托马斯·阿奎那美学的毕业论文，但就在完稿前，我的信仰遭到一次重创。

那是一起错综复杂的政治事件。我属于学生团体里比较激进的一派，意思是，我关心社会问题和社会正义。右翼派受到教皇庇护十二世的保护。一天，团体中我这一派被指控为异端和共产主义分子，连梵蒂冈的官方报纸也攻击我们。这件事促使我对自己的信仰做了一个哲学上的修正。但我仍怀着莫大的敬意，继续攻读中世纪和中古哲学，更别提我深爱的阿奎那。

《巴黎评论》：你在《玫瑰的名字》的后记里写道："我无处不看到这个时期的存在，它显而易见地掩盖在我的日常观照上。虽然这些观照看上去不是中世纪的，但它们其实是。"为什么说你的日常观照是中世纪的？

埃科：我的一生，有无数次全身心沉浸在中古时期的体验中。例如，在准备毕业论文时，我两度去巴黎，每次历时一个月，在法国国家图书馆做研究。我决定那两个月只活在中世纪里。如果你缩小巴黎的版图，从中只挑出固定的几条街道，你就真的活在中世纪里了。然后你开始思考，觉得自己像是中世纪的人。比如我记得，在写《玫瑰的名字》以前，我太太总责备我观察大自然的方式不对。她精通园艺，几乎知晓世界上所有香料和花的名字。一次在郊外，我们生起一堆篝火，她说，看，那升起在树丛间的余火。我当然不会去注意。后来，她读到《玫瑰的名字》的最后一章，我在里面描写了类似的一堆火，她说，所以你的确曾看到那些余火！我回答，没有，但我知道，一个中世纪的僧侣会怎么去看那余火。

《巴黎评论》：你觉得你有可能真的喜欢生活在中世纪吗？

埃科：啊，倘若如此，在我这个年纪，我已经死了。我猜，如果我活在中世纪，我对那个时代的感受会决然不同。我宁可只是想象而已。

《巴黎评论》：对门外汉而言，中世纪弥漫了一种神秘的、遥不可及的色彩。是什么吸引了你？

埃科：这很难回答。你为什么坠入爱河？如果非要解释的话，我会说，因为那个时期与人们想象中的恰恰相反。在我看来，它不是黑暗时代，而是一个光辉灿烂的时期,迸发出文艺复兴的富饶土壤。一个混乱而活跃的过渡期——诞生了现代城市、银行体系、大学以及我们现代概念中的欧洲,包括语言、国家和文化。

《巴黎评论》:你说过,在你的书里,你从未有意识地把中世纪和现代做比较,但看起来,这是中世纪吸引你的部分原因。

埃科:对,但在做类比时必须极其小心。我曾在一篇文章里把中世纪和我们所处的时代做过一些对比。但如果你给我五十美元,我可以给你写一篇文章,比较我们的时代和尼安德特人的时代。要找到可比之处总是容易的。不过我认为,关注历史的意义,在于把它与今天进行深入广博的比较。我承认我老派得可怕,像西塞罗一样,我依旧相信“历史是人生的导师”。

《巴黎评论》:作为一名中世纪领域的年轻学者,你为什么突然研究起语言来?

埃科:因为自有记忆以来,我就想弄懂传播和交流是怎么一回事。在美学里,这个问题是,什么是艺术品,一件艺术品怎么向我们传达信息?我对“怎么”这个问题尤为着迷。此外,我们被当做人的一个限定条件是我们能创造语言。所以结果,一完成毕业论文,我就去意大利国家电视台工作。那是一九五四年,第一套电视节目刚于几个月前推出播放,开启了意大利大众视觉传播的时代。于是,我开始好奇,自己是不是有某种奇异的人格分裂。一方面,我对实验文学和艺术里语言最超前的功能感兴趣,另一方面,我爱好电视、漫画和侦探小说。我不由问自己,我的兴趣有可能真那么大相径庭吗?

我转向符号学,因为我想把不同层次的文化统一起来。我认识到,任何大众传媒的产物均可以作为文化分析的对象。

《巴黎评论》:你曾说,符号学是一门说谎的学问。

埃科:与其用“说谎”,更应该说是“讲述真相的反面”。人类会讲童话,

18.6.7. Schema definitivo

Talora il versetto è una volta, talora due,
sempre nell'archivolto che porta alla camera da
leggere dopo

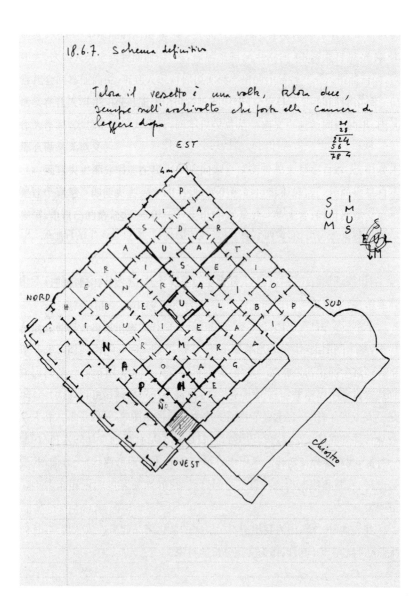

EST

$$\frac{21}{28}$$
$$\frac{224}{56}$$
$$\frac{78}{}$$

SUM   IMUS

NORD   SUD

OVEST   Chiostro

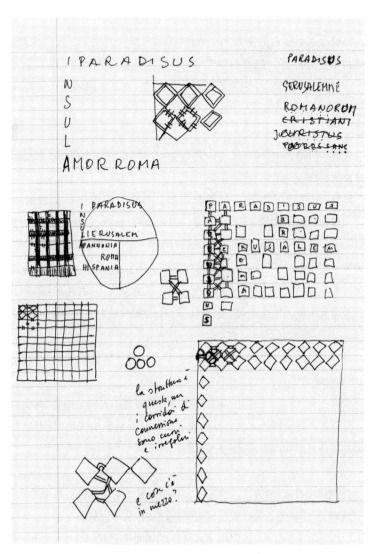

翁贝托·埃科为创作《玫瑰的名字》而画的草图和写的笔记

会幻想新世界，会犯错——还有，我们会撒谎，所有那些可能性都归结到语言。

说谎是人类特有的能力。一条狗，循着气味追踪足迹，可以说，狗和气味都不会"说谎"。但我可以骗你，告诉你往那个方向走，却不是你问的方向，然而你会信我，结果走错路。原因是，对我们来说，依赖符号是可行的。

《巴黎评论》：一些反对把符号学作为一个研究领域的人断言，符号学家最终使所有现实都消失、不复存在了。

埃科：这是所谓解构主义者的立场。他们不仅把一切都假定为文本——连这张桌子也是，每个文本可以被无限解读，而且，他们遵循一个来自尼采的观点——他说，没有事实，只有阐释。相反，我追随的是查尔斯·桑德斯·皮尔士。毫无疑问，他是最伟大的美国哲学家、符号学和阐释理论之父。他说，我们通过符号阐释事实。如果没有事实，只有阐释，那余下的什么是需要阐释的？这是我在《诠释的界限》里提出的。

《巴黎评论》：在《傅科摆》里，你写道："一个符号越含糊难懂，就越受重视，越具有魔力。"

埃科：一个空洞无内容的秘密具有强大的魔力。人们常提起"共济会之谜"，究竟什么是共济会之谜？没人说得出。只要它空洞无物，就可以往里面填塞任何可能的内容，它便有了魔力。

《巴黎评论》：你是否认为符号学家和小说家的工作是完全割裂的？

埃科：听起来可能难以置信，但我写小说时，从不去想符号学，而是让其他人去做接下来的工作，他们得出的结论，往往令我吃惊。

《巴黎评论》：你还迷电视吗？

埃科：我猜，没有哪个严肃学者是不喜欢看电视的。我只是唯一承认的一个。然后我试着把它当做我研究的素材。但我不是一个一切照单全收的电视迷，不是什么电视节目都爱看，我喜欢看电视剧，讨厌垃圾秀。

《巴黎评论》：有什么节目是你特别喜爱的？

埃科：警察连续剧，比如《警界双雄》。

《巴黎评论》：这个连续剧从七十年代开始播，已经不再演了。

埃科：我知道，但我听说刚出了DVD全集，在考虑弄一套。除此以外，我喜欢《犯罪现场调查》《迈阿密风云》《急诊室的故事》，其中最喜欢的是《神探科伦坡》。

《巴黎评论》：你读过《达·芬奇密码》吗？

埃科：读过，说来我也有责任。

《巴黎评论》：那本小说像是从《傅科摆》衍生出的一个奇特的小分支。

埃科：作者丹·布朗就是从《傅科摆》里走出来的一个角色！是我创造的。他和我笔下的人物着迷于相同的事——玫瑰十字会颠覆世界的阴谋、共济会成员和耶稣会的信徒、圣殿骑士团所扮演的角色、深奥难解的秘密。原理是一切事情都有关联。我怀疑丹·布朗这个人也许根本不存在。

《巴黎评论》：郑重提出一个虚构的前提，这似乎出现在你多部小说里。小说在某种意义上具有实质性和真实性。

埃科：对，虚构的故事能创出现实。我的第四本小说《波多里诺》写的就是这个。波多里诺是个小骗子，混迹在神圣罗马帝国腓特烈·巴巴罗萨大帝的宫廷里。这男孩编造了一大堆稀奇古怪的事——从圣杯的传说到博洛尼亚陪审团授予巴巴罗萨政权合法性。他的行为造成了实际的后果。捏造的故事或错误可以引致真实历史事件的发生。就像祭司王约翰的书信，它是伪造的——在我的小说里，伪造它的不是别人，正是波多里诺自己。但它真的激发了中世纪对亚洲的探险,因为信里描述,在神秘东方的某个地方,有个传奇式的基督教王国,繁荣昌盛。又或举克里斯多夫·哥伦布的例子。他对地球的认识,完全是错误的。虽然和古代每个人一样,包括他的对手在内,他知道地球是圆的,但他认为的地球比实际小得多。受这种错误观点引导,他发现了美洲。另一个著名的例子是《犹太长老秘密会议纪要》。它是假造的,但它为纳粹意识形态提供了证据,在某种意义上,为犹太人大屠杀铺平了道路。希特勒用这份文献证明消灭犹太人的合理性,他可能知道是假的,但在他的意识里,里面描述的犹太人与他所要的恰好吻合,因此,他把它当做真的。

《巴黎评论》:波多里诺最后宣称:"'神父之国'是真实存在的,因为我和我的同伴们耗费了三分之二的生命去寻找它。"

埃科:波多里诺伪造文书、设计乌托邦、构思假想中的未来蓝图。当他的朋友们兴高采烈地踏上征程、实际探寻起传说中的东方时,他的谎言成真了。不过这只是叙事的一个方面。另外,在小说的架构里,你可以用看上去难以置信、简直像编造出来的真实事件。在我的小说里,我用过无数真实的故事和真实的场景,因为我发现,它们远比我在以往所谓小说里读到的任何内容更浪漫、更戏剧化。比如,在《昨日之岛》里,有一幕纯粹的滑稽闹剧,卡斯帕神父制造了一样古怪的工具,用来观测围绕木星的卫星。伽利略的书信里描写过这个工具。我只是幻想,如果伽利略的工具真被造出来,会发生什么事。但我的读者以为这全都是一种喜剧的虚构。

《巴黎评论》:是什么促使你以历史事件为基础创作小说的?

埃科:对我而言,历史小说不只是真实事件的一个小说化版本,事实上,作为小说,它能使我们更好地理解历史。我也喜欢在历史小说里加入成长小说的元素。在我所有的小说里,都有一个年轻的主人公,在一系列的经历中成长、学习、受难。

《巴黎评论》：你为什么直到四十八岁才开始写小说？

埃科：这没有人们想象的那么大的跳跃，因为即使在我写博士论文、在立论说理时，做的就已经是叙述的工作。长久以来，我认为，绝大多数哲学书真正的核心是在讲述他们做研究的故事，诚如一个科学家解说他们得到重大发现的经过。因此，我觉得一直以来我都在讲故事，只是用的文体略有不同。

《巴黎评论》：是什么让你觉得一定要写一部小说？

埃科：一九七八年，有一天，一个朋友告诉我，她要负责出版一套业余作者写的小型侦探小说。我说，我压根不会写侦探故事，但如果让我写的话，一定是本五百页、以中世纪僧侣为人物的书。那天回到家，我虚构了一个中世纪僧侣的名单。后来，我脑中突然涌现出一个僧侣被毒杀的画面。创作的念头全部源自于此，源自那幅画面，继而变成一种不可抑制的冲动。

《巴黎评论》：你的许多小说似乎都仰赖睿智的观点，你是不是在自然而然地弥合理论研究与小说创作之间的裂缝？你曾说，"对于那些我们无法将之理论化的事，我们只能叙述。"

埃科：这是借用维特根斯坦的一个说法，没有实际含义。事实是，我写了无数关于符号学的文章，但我认为，没有哪篇比《傅科摆》更好地表达出了我的观点。你的某个观点可能不是原创的——亚里士多德总在你之前想到。但由这个观点创作一部小说，你能赋予它原创性。男人爱女人，这不是个新创的观点，但如果你用某种方式，就此写出一部杰出的小说，那么，经过文学的戏法，它就变成绝对的原创了。我十分相信，到头来，更丰富的是故事——一个观点经过改造，融入事件中，借角色来表达，通过精雕细琢的语言使它焕发光彩。因此，显然，当一个观点被转化为一个有生命的机体后，它就变成某种截然不同的东西，而且可能更富表现性。

另一方面，矛盾可以构成一部小说的核心。杀死老太婆是件有意思的事——带着这个论点，你的伦理课论文会不及格，移到小说里，它成了一部文学经典《罪与罚》，里面的人物不能告诉你杀死老太婆是对是错，他的挣扎摇摆——即我们所说的矛盾，成为富有诗意和挑战性的主题。

《巴黎评论》：你怎么为你的小说着手进行研究？

埃科：就《玫瑰的名字》而言，由于我对中世纪早就有兴趣，手头有数百份资料，所以只用两年就写完了。写《傅科摆》，从研究到完稿花了我八年时间！由于我不把自己在做的事告诉别人，现在想起来，几乎整整十年，我活在自己的世界里。我走到街上，看见这辆车、那棵树，对自己说，啊，这可以和我的故事联系起来。就这样，我的故事一天天成形，我做的每件事、生活里的每个小片段、每段对话，都会给我灵感。然后，我实地探访那些写到的地方——法国和葡萄牙所有圣殿骑士居住的区域。它变得像一种电子游戏，而我可能在里面扮演一名武士，走进某个魔法王国。除了玩游戏时间，其余时候你完全恍恍惚惚，而在写作时，总有一个临界点，你在那一刻跳下火车，为的只是第二天早晨重新上车。

《巴黎评论》：你的写作进度是否有条不紊？

埃科：不，完全不是。一个想法迅即唤起另一个。随便一本书令我想要读另一本书。读着一篇完全没用的文献，突然有了故事接下来怎么写的正确灵感，或知道怎么在一系列大组合框里再插入一个小框框，这种情况时有发生。

《巴黎评论》：你说，写一部小说，必须先创造一个时空，然后"文字会近乎自动地蹦出来"，你的意思是不是说，小说的文体总是由它的主题决定的？

埃科：是，对我来说，主要的问题是构建一个时空——一座僧侣被毒杀的十四世纪修道院，一个年轻人在墓地吹小号，一个困于君士坦丁堡之劫的骗子。之后进行的研究，是指给这些时空设置限制：旋梯有多少级台阶？洗衣单上有多少样衣物？一次任务派遣多少同伴？文字盘绕在这些限制上。用文学的术语来说，我觉得我们经常误以为文体只和句法及词汇有关。其实文体也包括一种叙述元素,它决定我们用什么方式把部分素材组合起来构建一个情景。拿倒叙来说,它属于文体的一个结构元素,却和语言无关。因此,文体远比纯粹的书写更复杂,在我看来,它的功能更像电影里的蒙太奇。

《巴黎评论》:你如何努力找到恰当的叙事口吻?

埃科:我会把一页内容重写几十遍。有时,我喜欢把段落大声朗读出来。我对我作品的语调极为敏感。

《巴黎评论》:你是否像福楼拜那样,觉得连写一个好句子,都要费尽苦心?

埃科:没有,我没觉得有那么困难。的确,我会把同一个句子重写好几遍,但现在有电脑后,改变了我的写作方式。创作《玫瑰的名字》时,我先写草稿,由我的秘书用打字机把它打印出来。当你把同一个句子改写十遍时,很难做到一遍遍重打。那是实实在在的白纸黑字,不过我们也用剪刀和胶水帮忙。在电脑上,可以很容易地在同一天内把一页内容改上十遍或二十遍,进行改正和重写。我觉得我们天生对自己的作品永不满意。但现在,修改变得如此容易,可能是太容易了,因此,在某种意义上,我们变得更苛刻了。

《巴黎评论》:成长小说通常包含一定程度的情感和性爱教育。在你所有的小说中,你只写过两幕做爱的场景——一次在《玫瑰的名字》里,另一次在《波多里诺》里,这有什么原因吗?

埃科:我想,相比描写性,我只是更喜欢身体力行。

《巴黎评论》:《玫瑰的名字》里,阿德索和农家女发生关系时,为什么引用《圣经·旧约·雅歌》的诗句?

埃科:这是一种文体上的打趣,因为我感兴趣的,与其说是做爱这个行为本身,不如说是描写一个年轻僧侣如何通过他的文化感知力来体会性。因此,我至少拼凑了五十个不同的神秘文本,包括《圣经·旧约·雅歌》的节选,来描述他们狂喜的高潮。在整整两页描述他做爱的文字中,几乎没有一个词是出自我自己之口。阿德索只能透过他吸收的文化来理解性。我将之定义为文体的一例。

《巴黎评论》:一天当中,你在哪个时候写作?

埃科:没有规律。对我来说,不可能有固定的时间安排。有可能,我早晨七点开始写,写到深夜三点,只停下来吃个三明治。有时,我一点创作欲望也没有。

《巴黎评论》:如果写的话,一天写多少? 还是同样没有规律可言?

埃科:没有一点规律。注意,不是一定要把单词写在纸上才叫写作。你可以在走路或吃饭时,创作出一章内容。

《巴黎评论》:因此你每天的创作进度都不一样?

埃科:如果在乡下,住在蒙特菲尔托山顶的家中,我有一定的工作日日程。打开电脑,浏览电子邮件,先读点东西,然后动手写,一直写到下午。之后到村里的酒吧喝杯酒,读读报纸。回到家,晚上我看看电视或碟片,看到十一点,接着再工作到午夜一两点。因为不受打扰,所以在那儿我有一定的规律。如果身在米兰或大学里,我无法掌控自己的时间——总有别人替我决定我该做什么。

《巴黎评论》:当你坐下来写作时,会有什么样的焦虑?

埃科:我没有焦虑。

《巴黎评论》:没有焦虑,这么说,你只是感到非常兴奋?

埃科:在坐下写作前,我心情很愉快。

《巴黎评论》：如此高产的秘诀是什么？你既写了数量惊人的学术著述，又有五部篇幅一点不短的长篇小说。

埃科：我一直说我善于利用空隙。原子和原子之间、电子和电子之间，存在很大空间，如果我们缩减宇宙、去除中间所有的空隙，整个宇宙可能压缩成一个球。我们的生活充满空隙。早晨你按了门铃，随后你得等电梯，到你出现在门前，中间又流逝了好几秒时间。在等你的若干秒里，我在思考正在写的一篇新文章。我可以在厕所、在火车上工作。游泳时，我想出很多东西，特别是在海里时。在浴缸里，想出的没那么多，但也有收获。

《巴黎评论》：你有过不工作的时候吗？

埃科：没有，没有不工作的时候。噢，对，有，我做手术的那两天。

《巴黎评论》：如今你最大的乐趣是什么？

埃科：夜读小说。有时，我觉得好奇，作为一个天主教的叛徒，会不会仍有那个柔和而清澈的声音在我脑海低语，说小说给人太多快乐，不能在白天读？因此，白天通常用来写论文和努力工作。

《巴黎评论》：是说罪恶的快乐吗？

埃科：我不是在忏悔！好吧，要杯苏格兰威士忌。抽烟是种罪恶的快乐，直到三年前我戒了烟。我可以一天大概抽六十支烟，但以前抽的是烟斗，所以我习惯一边把烟喷出去，一边写东西，吸入的不多。

《巴黎评论》：有人批评你在作品里炫耀学问。一位批评家甚至说，对门外汉读者而言，你作品的主要魅力源于他对自己无知所感到的羞耻，进而转化为对你博学轰炸的天真崇拜。

埃科：我是虐待狂吗？我不知道。还是暴露狂？也许吧，我开玩笑。当然不是！我一生写了这么多书，绝不只是为了在我的读者面前堆弄学问。诚然，我的学问相当程度地渗透在我小说错综复杂的结构里，尔后取决于我的读者去发现它们。

《巴黎评论》：你觉得，作为小说家获得非比寻常的欢迎和成功之后，有否改变你对读者这一角色的看法？

埃科：身在学术界那么久，写起小说，就像戏剧评论家突然登上舞台，让以前的同事——评论家们——把目光聚集在他身上，开始时让人觉得十分错乱、迷惑。

《巴黎评论》：但从事小说创作后，在身为作者可能对读者产生多大影响这个问题上，你的看法有无变化？

埃科：我始终认定，一本好书比它的作者更富智慧，它能传达出作者没有意识到的东西。

《巴黎评论》：你是否认为畅销小说家的身份降低了你在世界范围内作为一个严肃思想家的声誉？

埃科：自从我的小说出版后，我已收到世界各地大学授予的三十五个荣誉学位。以此而论，对你的问题，我得出的答案一定是否定的。在大学校园里，介于叙事和理论之间的摇摆激发起教授们的兴趣，他们常在我的作品里发现这两方面的关联，甚至多到超出我本人相信的范围。如果你要的话，我可以带你看看，以我为论述对象的学术出版物占了整整一面墙。

此外，我继续撰写理论文章，过的仍是一个大学教授的生活，周末写写小说，而不是一个在大学兼职教书的作家。我参加学术讨论会的次数多于参加笔会。事实上，可以反过来说，也许是我的学术工作，阻断了我想成为大众媒体眼中的作家的念头。

《巴黎评论》：天主教会无疑曾为难过你一段时间，梵蒂冈的报纸形容《傅科摆》"充斥着玷污亵渎神灵、插科打诨和污秽猥亵的内容，傲慢自大的态度和犬儒主义贯穿其中"。

埃科:奇怪的是,我刚收到两所天主教大学——鲁汶大学和洛约拉大学授予的荣誉学位。

《巴黎评论》:你相信上帝吗?

埃科:为什么人前一天爱上某人,第二天发现这份爱不见了? 唉,感觉的消失没有理由,常常无迹可寻。

《巴黎评论》:如果你不相信上帝,那你为何写了那么多有关宗教的内容?

埃科:因为我的确信仰宗教。人类是宗教性的动物,人类行为的这一特征不容忽视或置之不理。

《巴黎评论》:除了学者和小说家,你有第三个潜在的身份——译者。你是一位翻译家,对翻译中的难题做过详尽的论述,作品得到广泛的译介。

埃科:我编辑过无数译作,翻译过两部作品,我自己的小说被译成数十种语言。我发现,每部译作都是一个妥协的案例。比如你卖东西,我来买,我们要协商——你失去一些,我失去一些,但最后,我们双方收获或多或少的满意。在翻译中,文体关涉的不仅仅是词汇,还有节奏。词汇的翻译用Altavista网站就可以做到。研究者测试了十九世纪意大利文学名著、曼佐尼的《约婚夫妇》的词频。曼佐尼的词汇量极其贫乏,发明不出新颖的比喻,把形容词"好"用得多到吓人。但他的文笔出众,纯净素朴。翻译《约婚夫妇》,和所有伟大的译作一样,需要译出他笔下世界的灵魂,它的风格和精确的语言节奏。

《巴黎评论》:你在多大程度上参与自己作品的翻译?

埃科:我能读得懂的语言,其译本我都读过。由于译者和我一起工作,而且幸运的是,我一辈子拥有固定的译者,所以大抵上我都满意。现在,我们在一种相互了解的基础上合作。我不懂的语言,偶尔我也和译者合作——像日语、俄语和匈牙利语，因为他们很有才学，能解释给我听在翻译成他们的语言时遇到的实际问题，于是，我们可以共同讨论解决的方法。

《巴黎评论》：有没有哪位优秀的译者提出的建议，揭示了你在原著中未曾注意到的可能性？

埃科：有，有可能。还是那句话，作品比它的作者更富智慧。有时，作品暗示出作者没有想到的含义。译者在把文本转化成另一种语言时，发现那些新含义，透露给你。

《巴黎评论》：你有时间阅读同时代作家写的小说吗？

埃科：没有那么多时间。自从变成小说家后，我发现自己有偏见。不是认为一本新小说比我的还糟，不喜欢，便是怀疑写得比我好，不喜欢。

《巴黎评论》：你对今日意大利文学的现状持何看法？有什么杰出的意大利作家是美国人尚需知晓的？

埃科：我不知道有没有杰出的大作家，但我们中等水平的作家有了起色。你看，美国文学的优势，不仅在于有福克纳、海明威和贝娄，而且还有一大群二流作家，创作了相当数量的通俗文学。这类文学要求有良好的写作技巧，特别在侦探小说这片兴盛的领域，在我看来，它是任何一个国家文学产业的晴雨表。这个中等水准的作家群体，也意味着，美国能够生产足够多的作品，满足本国读者的需求。因此他们翻译的作品很少。在意大利，这类文学缺席了很长一段时间，但现在，至少有一批年轻作家在创作这类书。我不是个自视清高的学究，我自认为不是，我确实认识到，这类文学是一个国家文学文化的组成部分。

《巴黎评论》：但为什么我们对意大利作家没有耳闻？你可能是目前唯一一位至少在很大程度上享有全球读者的意大利作家。

埃科：翻译是症结所在。在意大利，市面上百分之二十的书是翻译作品,在美国,这个数字是百分之二。

《巴黎评论》:纳博科夫曾说:"我把文学分为两类,一类是我想写的,一类是我写过的。"

埃科:嗯,这么说,我会把库尔特·冯内古特、唐·德里罗、菲利普·罗斯和保罗·奥斯特的书归为前一类。大体上说,尽管我的文化背景,从地域角度,本质上属于法语区,但我喜欢美国当代作家远胜过法国。我出生在意法边境,法语是我学的第一语言。我对法语文学的通晓程度,甚至可能超过意大利文学。

《巴黎评论》:如果一定要你说出几个影响过你的作家呢?

埃科:通常,我会回答是乔伊斯和博尔赫斯,从而让采访者打住,不过这并不全对。几乎每个人都影响过我。当然有乔伊斯和博尔赫斯,也有亚里士多德、托马斯·阿奎那、约翰·洛克——凡是你能想到的。

《巴黎评论》:你在米兰这儿的藏书本身就是个传奇,你喜欢收集哪些书?

埃科:我一共有大约五万册书。但作为一个珍本收藏者,我对于人类对离经叛道思想的偏好很着迷,因而收集的书,都是关于我本人不信的事,像犹太神秘教、炼金术、魔法、胡编乱造的语言。书本会骗人,尽管是在你不知不觉中。我有托勒密的书,没有伽利略的,因为伽利略讲的是事实。我更喜欢疯子学说。

《巴黎评论》:拥有这么多册书,你走到书架前时,怎么决定要挑哪一本读呢?

埃科:我不是走到书架前去挑书读。我知道那一刻我需要哪本书,然后从书架上拿下来,这是两回事。比如,如果你问我有关当代作家的问题,我会翻阅收藏的罗斯或德里罗作品集,确切回想起自己喜欢的是什么。我是位学者。在某种程度上应该说，我从来没有漫无目的地选择，我依据的是特定时期内从事的工作的需要。

《巴黎评论》：你曾经把书送出去过吗？

埃科：我每天收到大量的书——小说、我已有的书的新版本，所以每个星期，我会装几箱书，送到我教书的大学，那儿有张大桌子，上面竖着一块牌子："拿本书，快跑！"

《巴黎评论》：你是世界最著名的公共知识分子之一，你会怎么定义"知识分子"？它仍具有一种特殊含义吗？

埃科：如果你指的知识分子仅仅是脑力工作者，而非体力劳动者，那么，银行职员是知识分子，而米开朗基罗不是。今天，有一台电脑，每个人都是知识分子，所以我觉得，知识分子的定义和一个人的职业或所处的社会阶层无关。按我的观点，知识分子是一类具有创造力、生产新知识的人。一个农民，领会了一种新的嫁接术，能生产出一个新的苹果品种，在那一刻，他所做的就是一种知识分子的行为。相反，一辈子重复同一门海德格尔课的哲学教授，算不上知识分子。批判的创造性——对我们所做的提出批评或创造出更好的方法，是知识分子职能的唯一标识。

《巴黎评论》：今天的知识分子，是否还像在萨特和福柯的时代那样背负着政治使命？

埃科：我不认为，为承担政治使命，知识分子必须加入一个政党，或更糟地、无一例外地只针对眼前的社会问题撰文。知识分子的政治参与度，应该和其他公民一样。至多，知识分子可以利用他的声望，支持某个特定议题。例如，如果有一份关于环境问题的宣言，我的签名也许有所帮助，那么我会为一件单个的普遍性事务运用我的声望。问题是，知识分子真正发挥作用的，只在关系到未来、而不是现在的议题上。如果剧院发生了火灾，诗人肯定不能爬到椅子上朗诵一首诗歌，他必须和其他人一样，打电话找消防员。

知识分子的职能在于预见性,注意到那个剧院年深日久,有隐患!因此他提出的诉求,具有预言的功能。知识分子的职能在于,指出我们应该那样做,而不是我们现在必须这么做!——那是政治家的工作。如果托马斯·莫尔的乌托邦真的实现,我毫不怀疑,那会是个斯大林主义的社会。

《巴黎评论》:在你一生中,知识和文化给你什么收获?

埃科:一个目不识丁的人,假如说在我这个年纪死了,那么他只活了一种人生;而我却体验了拿破仑、恺撒、达达尼昂的多种人生。因此,我一直鼓励年轻人读书,因为这是一条拓展记忆容量、极大地丰富个性的理想途径。那么,到生命终点,你得以体会了无数种人生,这是项了不起的特权。

《巴黎评论》:但庞大的记忆也可能是巨大的负担,就像《博闻强记的富内斯》里你最喜欢的博尔赫斯的人物之一、富内斯的记忆容量。

埃科:我喜欢一个说法,叫固执的无兴趣。要培养一种固执的无兴趣,你必须把自己局限在特定的知识领域。你不可能对事事都求知若渴,必须强迫自己不要样样都学,否则你什么也学不到。文化在这个意义上,关涉的是知道怎么遗忘。不然,人就变成像富内斯那样,记得三十年前看见的那棵树上的所有树叶。从认知学的观点,区分什么是你要学习和熟记的,是关键。

《巴黎评论》:但从广义上讲,文化本身不就已经是一个过滤器吗?

埃科:对,可以这么说,我们个人的文化是第二重过滤,因为在普遍意义上,文化已经有区别对待的含义。在某种程度上,一个群体通过文化这种机制,暗示我们要记住什么、忘记什么。比如——看看每本百科全书——文化决定了丈夫尤利乌斯·恺撒死后,发生在妻子卡珀里纳身上的事无关紧要。最有可能的是,没有有意思的事发生在她身上。但舒曼死后,克拉拉·舒曼的地位变得益发重要。传闻她是勃拉姆斯的情人,凭自身实力成为公认的钢琴家。所有这一切都确凿无疑,直到有位历史学家发掘出一份无人知晓的文献，揭示出某些被我们忽略的事实其实有着重大关联。

如果文化不具过滤性，那么它是空洞无意义的——像无形无垠的因特网本身一样空洞无物。如果我们所有人都拥有网络那样无边无际的知识，我们就成了白痴！文化是一种工具，对智力劳动进行分门别类。对你我而言，知道爱因斯坦提出了相对论，就够了，至于彻底弄懂这个理论，则留给专家去做。真正的问题在于，太多人被授权成为专家。

《巴黎评论》：你怎么理解那些宣布小说已死、书本已死、阅读已死的人？

埃科：相信某件事走到尽头是一种典型的文化姿态。自希腊人和拉丁人以来，我们就坚信祖先比我们更优秀。大众媒体日益激烈地履行这项实践，每每让我觉得有趣好笑。每个季度都有一篇文章讨论在美国小说已死、文学已死、文化已死。人们不再读书！青少年只玩电子游戏！事实是，全世界有数以千计的店里堆满了书、挤满了年轻人。人类历史上，从未有过这么多书、这么多卖书的地方、这么多光顾那些地方买书的年轻人。

《巴黎评论》：你对危言耸听的人有什么看法？

埃科：文化在不停地适应新情势。可能会出现不同的文化，但肯定会有一种文化存在。罗马帝国覆亡后，历经了数个世纪的深刻变迁——语言的、政治的、宗教的、文化的。目前，这类变化以十倍的速度发生。令人激动的新面貌将持续出现，文学不会消亡。

《巴黎评论》：你过去曾说，相比小说家，希望自己更多地被当做一名学者为人铭记。你真是那么想的吗？

埃科：我不记得那样说过，因为这种心情会随被问到时的情境而变化。但此刻，经验告诉我，学者的著作要流传后世非常困难，因为理论在变化。亚里士多德活到了今天，而无数仅一个世纪前的学术文章已不再重印。相反，许多小说在不断再版。因此，从技术上讲，作为一个作家流传后世的可能性大于作为一个学者，这些是我考虑的因素，与我自己的愿望无关。

《巴黎评论》：对你来说，作品流传后世有多重要？你有否经常想到你留给后人的遗产？

埃科：我相信，没有一个人是为了自己而写作的。我认为，写作是一种爱的行为——你写作，是为了付出某些东西给他人，传达某些东西，和别人分享你的感受。作品能够流传多久这个问题，不仅对小说家或诗人，对每个写作者来说，都是至为重要的。事实是，哲学家写书，为了说服许多人相信他的理论，希望在将来三千年后，人们仍会读他写的那本书。这好比你希望你的孩子继承你的血脉，如果你有孙儿，他就延续你孩子的血脉。人们追求一种连续性。一个作家说，我对自己作品的命运不感兴趣，那他根本是在撒谎。他这样说，是为了取悦采访的人。

《巴黎评论》：截至此刻，在你一生中有过憾事吗？

埃科：我为做过的每一件事后悔，因为在人生的各个方面，我犯过许许多多错误。但如果让我从头再来，老实说，我觉得我还会犯同样的错误。我是说真的。我终生都在检视自己的行为和思想，批判自我。这方面我极其严苛，所以绝不会告诉你，我对自己最严厉的批评是什么，即便给我一百万美元也不说。

《巴黎评论》：有没有那样一本你还没写过但却热切渴望写的书？

埃科：有，就一本。五十岁以前，贯穿我整个青年时期的梦想，是写一本关于喜剧理论的书。为什么？因为每本探讨这个主题的书，至少我所能读到的那些，写得都不成功。从弗洛伊德到柏格森，每个喜剧理论家都解释了这一现象的某个方面，但不是全部。这个现象太复杂，以致没有理论，或者说迄今为止没有一种理论，能够把它解释通透。因此，我对自己说，我要写出真正的喜剧理论。但之后证明，这项任务异常困难。如果能明确知道它为什么这么困难，我就有了答案，就能写出这本书了。

《巴黎评论》：但你已经写过论美，还有新近论丑的书，这些难道不是一样难以捉摸的概念吗？

埃科：相比美和丑，喜剧更令人惊叹。注意，我谈的不是笑的问题，喜剧性里有一种神奇的情感，非常复杂——以致我无法说清楚。唉，这就是我为何还没写出这本书的原因。

《巴黎评论》：如你所言，和说谎一样，喜剧是人类特别的产物？

埃科：对，因为动物似乎缺乏幽默感。我们知道，动物有玩乐的意识，会伤心、会哭、会难受。有证据证明，动物与我们嬉戏时，会觉得快乐，但没法证明它们有喜剧细胞，那是人类独特的经验，由什么组成——具体的，我说不出来。

《巴黎评论》：为什么？

埃科：好吧，这么说。我有个猜测，觉得这与一个事实有关，即，我们是唯一知道自己必定会死的动物。别的动物不知道，它们只在当场、死去的那一刻才理解死。它们不可能明白地表述出"人终将一死"这类说法。我们可以，这可能是我们有宗教、祭祀等诸如此类东西的原因。我觉得喜剧是人类对恐惧死亡做出的典型反应。如果你再问下去，我就答不上来了。但也可能，我现在制造了一个空白的谜团，让每个人以为我的作品集里有一本关于喜剧理论的书，因而我死后，人们会花许多时间，试图找出我写的那本神秘之书。

其实，真正的实情是，我想写一本有关喜剧的书的愿望，演变成我写了《玫瑰的名字》。这是众多例子中的一个，当你无法构建一套理论时，你可以讲述一个故事。我相信，在《玫瑰的名字》里，通过叙事的形式，我的确建构并完善起了某种喜剧理论。喜剧性是摒除狂热的一个必要途径。每条真理宣言的背后，都藏有怀疑那恶魔般的影子。

（原载《巴黎评论》第一八五期，二〇〇八年夏季号）